"十三五"江苏省重点出版物出版规划项目

走向深蓝·海上执法系列

海上犯罪侦查实务

裴兆斌 姚 瑶 著

《大连海洋大学—大连海事法院法学实践教育基地》项目资助
《大连海洋大学—蓝色法学课程群》项目资助
《大连海洋大学—法学特色学科B》项目资助
北京龙图教育/龙图法律研究院资助
辽宁省社会科学界联合会：《辽宁海洋发展法律与政策研究基地》项目资助
中国太平洋学会海洋维权与执法研究分会资助
辽宁省法学会海洋法学研究会资助
大连市社会科学界联合会、大连市国际法学会资助
大连海洋大学社会科学界联合会资助

东南大学出版社
SOUTHEAST UNIVERSITY PRESS
·南京·

图书在版编目(CIP)数据

海上犯罪侦查实务 / 裴兆斌，姚瑶著. —南京：东南大学出版社，2017.1 (2018.8重印)
(走向深蓝 / 姚杰，裴兆斌主编. 海上执法系列)
ISBN 978-7-5641-6939-8

Ⅰ．①海… Ⅱ．①裴… ②姚… Ⅲ．①海上－犯罪侦查－研究－中国 Ⅳ．①D993.5

中国版本图书馆 CIP 数据核字(2017)第 015540 号

海上犯罪侦查实务

出版发行	东南大学出版社
出 版 人	江建中
社　　址	南京市四牌楼 2 号(邮编:210096)
网　　址	http://www.seupress.com
责任编辑	孙松茜(E-mail:ssq19972002@aliyun.com)
经　　销	全国各地新华书店
印　　刷	虎彩印艺股份有限公司
开　　本	700mm×1000mm　1/16
印　　张	25.25
字　　数	509 千字
版　　次	2017 年 1 月第 1 版
印　　次	2018 年 8 月第 2 次印刷
书　　号	ISBN 978-7-5641-6939-8
定　　价	49.80 元

(本社图书若有印装质量问题，请直接与营销部联系。电话:025-83791830)

走向深蓝·海上执法系列编委会名单

主　任：姚　杰

副主任：张国琛　胡玉才　宋林生　赵乐天
　　　　裴兆斌

编　委（按姓氏笔画排序）：
　　　　王　君　王太海　田春艳　邓长辉
　　　　刘　臣　刘海廷　刘新山　朱　晖
　　　　李　强　高雪梅　彭绪梅　戴　瑛

总 序

人类社会发展史上,海权与世界强国伴生,互为倚重。无海权,便无真正的世界强国;而无强大的国力,则无法形成和维持强大的海权。海洋权益是海洋权利和海洋利益的总称。按照《联合国海洋法公约》规定,国家的海洋权利包括:沿海国在国家自己管辖海域(领海、毗连区、专属经济区和大陆架)享有的主权、主权权利和管辖权;在国家自己管辖之外海域(公海、国际海底区域、他国管辖海域)依法享有航行自由和捕鱼、深海底资源勘探开发等权利。国家海洋利益主要是指维护国家主权和领土完整的政治利益,以及开发利用领海、专属经济区、大陆架、公海、国际海底等所获得的收益。

伴随着《联合国海洋法公约》的生效,世界沿海各国不断加强对国家管辖海域的管理,随着世界各国对海洋问题的重视程度不断加深,沿海国家相继调整海洋战略,制定相对完善的海洋法律体系,强化海洋综合管理与执法,以维护本国在海洋上的利益。纵观世界各国,随着管理内容的变化,世界各国逐渐形成了各自独特的海洋管理与执法体制,主要有以下发展模式:

第一,"管理部门集中—执法权集中"模式。"管理部门集中—执法权集中"模式,是指一个行政机关或法定组织通过一定的法律程序,集中行使几个行政机关的行政检查权和行政处罚权的一种行政执法体制[1],具体而言,就是指由一个部门统一管理全国的各项涉海事务,同时也由一个部门集中行使执法权。其具有以下特点:一是有覆盖海洋管理各个方面的专门国家海洋管理机构;二是有健全、完善的海洋管理体系;三是有较为系统和完善的国家海洋法律法规及海洋政策;四是有统一的海上执法队伍。美国是"管理部门集中—执法权集中"模式的典型代表。

第二,"管理部门分散—执法权集中"模式。"管理部门分散—执法权集中"模式是指虽然没有一个能够完全管理国家海洋事务的机关,但是它却有一个能管理大部分或绝大部分海洋事务的组织,在发展趋势上,是不断向"管理部门集中—执

---

[1] 刘磊,仇超.行政综合执法问题略论.泰安教育学院学报岱宗学刊,2004(1).

法权集中"模式发展的。其具有以下特点：一是全国没有统一的海洋管理职能部门；二是建有海洋工作的协调机构，负责协调解决涉海部门间的各种矛盾；三是已经建立了统一的海上执法队伍。日本是"管理部门分散—执法权集中"模式的典型代表。

第三，"管理部门分散—执法权分散"模式。"管理部门分散—执法权分散"模式是指海洋管理工作分散在政府的各个部门，中央政府没有负责管理海洋事务的统一职能部门，也没有形成统一的执法体系。其具有以下特点：一是全国没有统一的海洋管理职能部门，海洋管理分散在较多的部门；二是没有统一的法规、规划、政策等；三是没有统一的海上执法队伍。此种模式在世界上相对来说是非常少的。加拿大是"管理部门分散—执法权分散"模式的典型代表。

这三种不同管理与执法体制模式虽然呈现出不同的特点，但是目前仍然属于"管理部门分散—执法权分散"模式的国家少之又少，并且"管理部门分散—执法权集中"模式也在向着"管理部门集中—执法权集中"模式转变，因而"管理部门集中—执法权集中"模式是国际大趋势。

我国现行的海上行政执法体制是在我国社会主义建设初期的行政管理框架下形成的，其根源可推至我国计划经济时期形成的以行业执法和管理为主的模式，是陆地各行业部门管理职能向海洋领域的延伸。[1] 自新中国成立以来，我国海洋管理体制大概经历了四个阶段：

第一阶段大致为新中国成立至20世纪60年代中期，分散管理阶段。对海洋管理体制实行分散管理，主要是由于新中国刚刚成立对于机构设置、人员结构的调整还处于摸索和探索时期，其主要效仿苏联的管理模式，导致海洋政策并不明确，海上执法建设相对落后，又随着海洋事务的增多，海洋管理规模的扩大，部门与部门之间，区域与区域之间出现了职责交叉重叠、力量分散、管理真空的现象。[2]

第二阶段是海军统管阶段。从1964年到1978年，我国海洋管理工作由海军统一管理，并且成立国务院直属的对整个海洋事业进行管理的国家海洋局，集中全国海洋管理力量，统一组织管理全国海洋工作。此时的海洋管理体制仍是局部统一管理基础上的分散管理体制。

第三阶段是海洋行政管理形成阶段。这一阶段的突出特点是地方海洋管理

---

[1] 刘凯军.关于海洋综合执法的探讨.南方经济,2004(2).
[2] 宋国勇.我国海上行政执法体制研究.上海:复旦大学,2008年硕士学位论文.

机构开始建立。至1992年年底,地(市)县(市)级海洋机构已达42个,分级海洋管理局面初步形成。海上行政执法管理与涉海行业或产业管理权力混淆在一起,中央及地方海洋行政主管部门、中央及地方各涉海行业部门各自为政、多头执法、管理分散。

第四阶段是综合管理酝酿阶段。国家制定实施战略"政策""规划""区划"协调机制以及行政监督检查等行为时,开始注重以海洋整体利益和海洋的可持续发展为目标,但海洋执法机构仍呈现条块结合、权力过于分散的复杂局面。[①] 这一阶段仍然无法改变现实中多头执法、职能交叉、权力划分不清等状况。

2013年3月10日《国务院机构改革和职能转变方案》公布,为进一步提高我国海上执法成效,国务院将国家海洋局的中国海监、公安部边防海警、农业部中国渔政、海关总署海上缉私警察的职责整合,重新组建国家海洋局,由国土资源部管理,国家海洋局以中国海警局的名义开展海上维权执法,接受公安部的业务指导。[②] 重组后的海警具备了原有海监、渔政、边防海警的多项职能。从《国务院机构改革和职能转变方案》以及实践来看,中国海警局是海上执法的执法主体之一。在这一轮的改革中,虽然整合了原有的海监、渔政等力量形成海警局,但目前在海洋执法方面还是平行地存在两个执法机构,即海警局和海事局。同时,在整个海洋执法体系中也存在一定的地方政府海洋执法力量。

总之,为了建设强大的海洋国家,实现中华民族的伟大复兴,更好地维护我国海洋权益和保障我国海上安全,有效地遏制有关国家在海上对我国的侵扰和公然挑衅,尽快完善我国海洋管理与执法体系显得尤为必要,也是现阶段的紧迫要求和时代赋予我们的神圣使命。

为使我国海洋执法有一个基本的指导与理论依据,大连海洋大学法学院、海警学院组织部分教师对海上执法工作进行研究,形成了以下成果:

1.《海上安全与执法》
2.《海上治安案件查处》
3.《海上行政案件查处》
4.《海上犯罪侦查实务》
5.《海洋行政处罚通论》
6.《海洋行政案件证据规范指南》

---

① 仲雯雯.我国海洋管理体制的演进分析(1949—2009).理论月刊,2013(2).
② 李军.中国告别五龙治海.海洋世界,2013(3).

7.《海上治安执法实务若干问题研究》
8.《蔚蓝的秩序——西非渔事咨询案评析》
9.《海上渔事纠纷与治安案件调处》
10.《最新海洋执法实务实用手册》

丛书编委会主任由姚杰担任;张国琛、胡玉才、宋林生、赵乐天、裴兆斌担任丛书编委会副主任。王君、王太海、田春艳、邓长辉、刘臣、刘海廷、刘新山、朱晖、李强、高雪梅、彭绪梅、戴瑛担任编委。

丛书主要作者裴兆斌系大连海洋大学法学院院长、海警学院院长,长期从事海上安全与执法、海上维权与综合执法、海洋行政法、海洋法教学与科研工作,理论基础雄厚。其余作者均系大连海洋大学法学院、海警学院等部门教师、研究生及其他院校教师、硕士和博士研究生,且均从事海上安全与执法、海上维权与综合执法、海洋行政法、海洋法教学与科研工作,经验十分丰富。

本丛书的最大特点:准确体现海上执法内涵;体系完整,涵盖海上执法所有内容;理论联系实际,理论指导实际,具有操作性。既可以作为海警和其他海上执法部门执法办案的必备工具书,又可作为海警和其他海上执法部门的培训用书;既可以作为海洋大学法学专业本科生、研究生的教学参考书,又可作为海洋大学法学专业本科生、研究生的专业方向课的教材。

希望该丛书的出版,对完善和提高我国海上执法水平与能力提供一些有益的帮助和智力支持,更希望海洋管理法治化迈上新台阶。

大连海洋大学校长、教授

二〇一五年十月于大连

前　言①

2013年，第十二届全国人民代表大会常务委员会第一次会议批准《国务院机构改革和职能转变方案》，将原国家海洋局中国海监、公安部边防海警、农业部中国渔政、海关总署海上缉私警察进行整合，重新组建国家海洋局，国家海洋局以中国海警局的名义开展海上维权执法，结束了长期以来海上执法"五龙闹海"的局面。至此，中国海警成为了唯一的海上犯罪侦查主体，这对于有效打击海上刑事犯罪活动，维护我国海洋主权与安全，具有十分重要的意义。

海上发生的刑事案件具有种类多、涉及面广、社会影响大的特点，侦查工作极其复杂，这对侦办案件的中国海警应当具备的专业知识、法律素质、办案能力提出了更高要求。

为进一步提高中国海警侦办海上发生的刑事案件的业务能力，我和姚瑶博士在深入调研的基础上，根据我国《刑法》《刑事诉讼法》及有关立法解释、司法解释，坚持理论联系实际的原则，力求详细阐述刑法的基本概念、原理，准确解答中国海警管辖刑事案件在定性方面的重点、难点和疑点问题，通过图表形式直观地表述了中国海警侦办刑事案件的程序、步骤、方法，以突出本书的实用性、系统性、科学性和可操作性。

本书的付梓得益于大连海洋大学党委书记董亲学、校长姚杰的鼎力支持与指导，也受益于中国海警局司令部、南海分局，辽宁省海警总队，广东省海警总队，海南省海警总队等部门领导和执法者的无私帮助与启迪，大连海洋大学法学院、海警学院诸多老师都给予了大力帮助，在此深表衷心的谢意！东南大学出版社的编辑孙松茜老师任劳任怨，不辞劳苦逐字逐句予以核校勘正，在此也表达我们深深

---

① 基金项目：2016年度辽宁经济社会发展立项课题（2016lslktzifx-02）、辽宁省法学会课题（辽会〔2016〕20号）、辽宁省国际教育"十三五"科研规划课题（16NGJ044）、大连市社科联（社科院）重点课题（2015dlskzd114）、2016年辽宁省教育厅科学研究项目（w201607）、2015年大连海洋大学研究生教育教学改革与创新工程优秀教材建设项目海上犯罪侦查实务（dhdy20150403）、2016年度大连海洋大学社科联立项课题（xsklzd-11）。

谢忱！本书在撰写过程中参阅了许多教材、著作和学术论文，再次向引用的有关教材、文章和资料的编著者表示衷心的感谢。

当然，作者愿望良好，但效果尚待实践去检验。本书肯定存在一些不足与疏漏之处，恳请诸位热心读者发现、提出、指正，我们一定会倾听各界的批评与建议，希望各位读者不吝赐教。

二〇一六年十月于大连

目 录

第一部分 海上犯罪案件的范围 …………………………………… 1
    一、危害公共安全案件 ………………………………………… 1
    二、破坏社会主义市场经济秩序案件 ………………………… 2
    三、侵犯公民人身权利、民主权利案件 ……………………… 2
    四、侵犯财产案件 ……………………………………………… 2
    五、妨害社会管理秩序案件 …………………………………… 3
    六、危害国防利益案件 ………………………………………… 3

第二部分 海上犯罪案件的个案认定 ……………………………… 4
    一、放火案件的认定 …………………………………………… 4
    二、爆炸案件的认定 …………………………………………… 5
    三、失火案件的认定 …………………………………………… 7
    四、过失爆炸案件的认定 ……………………………………… 8
    五、破坏交通工具案件的认定 ………………………………… 10
    六、破坏交通设施案件的认定 ………………………………… 11
    七、破坏易燃易爆设备案件的认定 …………………………… 12
    八、过失损坏交通工具案件的认定 …………………………… 14
    九、过失损坏交通设施案件的认定 …………………………… 15
    十、过失破坏易燃易爆设备案件的认定 ……………………… 16
    十一、劫持船只、汽车案件的认定 …………………………… 17
    十二、非法制造、买卖、运输、邮寄、储存枪支、弹药、爆炸物案件的认定 …… 18
    十三、非法制造、买卖、运输、储存危险物质案件的认定 …… 20
    十四、交通肇事罪案件的认定 ………………………………… 24
    十五、重大责任事故案件的认定 ……………………………… 25
    十六、强令违章冒险作业案件的认定 ………………………… 28

十七、重大劳动安全事故案件的认定 …………………………… 29
十八、大型群众性活动重大安全事故案件的认定 ……………… 31
十九、危险物品肇事案件的认定 ………………………………… 33
二十、工程重大安全事故案件的认定 …………………………… 35
二十一、消防责任事故案件的认定 ……………………………… 38
二十二、不报、谎报安全事故案件的认定 ……………………… 39
二十三、走私武器、弹药案件的认定 …………………………… 42
二十四、走私核材料案件的认定 ………………………………… 48
二十五、走私假币案件的认定 …………………………………… 53
二十六、走私文物案件的认定 …………………………………… 58
二十七、走私贵重金属案件的认定 ……………………………… 60
二十八、走私珍贵动物、珍贵动物制品案件的认定 …………… 62
二十九、走私国家禁止进出口的货物、物品案件的认定 ……… 65
三十、走私淫秽物品案件的认定 ………………………………… 66
三十一、走私废物案件的认定 …………………………………… 69
三十二、走私普通货物、物品案件的认定 ……………………… 73
三十三、强迫交易案件的认定 …………………………………… 77
三十四、故意杀人案件的认定 …………………………………… 78
三十五、过失致人死亡案件的认定 ……………………………… 79
三十六、故意伤害案件的认定 …………………………………… 80
三十七、抢劫案件的认定 ………………………………………… 81
三十八、盗窃案件的认定 ………………………………………… 84
三十九、聚众哄抢案件的认定 …………………………………… 87
四十、故意毁坏财物案件的认定 ………………………………… 88
四十一、破坏生产经营案件的认定 ……………………………… 89
四十二、妨害公务案件的认定 …………………………………… 90
四十三、伪造、变造、买卖国家机关公文、证件、印章案件的认定 ……… 92
四十四、聚众扰乱社会秩序案件的认定 ………………………… 94
四十五、聚众扰乱公共场所秩序、交通秩序案件的认定 ……… 95
四十六、聚众斗殴案件的认定 …………………………………… 97
四十七、寻衅滋事案件的认定 …………………………………… 98
四十八、赌博案件的认定 ………………………………………… 102
四十九、开设赌场案件的认定 …………………………………… 104
五十、运送他人偷越国（边）境案件的认定 …………………… 105

五十一、偷越国(边)境案件的认定 ……………………………………… 107
五十二、破坏永久性测量标志案件的认定 ……………………………… 108
五十三、污染环境案件的认定 …………………………………………… 109
五十四、非法处置进口的固体废物案件的认定 ………………………… 112
五十五、擅自进口固体废物案件的认定 ………………………………… 115
五十六、非法捕捞水产品案件的认定 …………………………………… 117
五十七、非法猎捕、杀害珍贵、濒危野生动物案件的认定 …………… 119
五十八、非法采矿案件的认定 …………………………………………… 121
五十九、破坏性采矿案件的认定 ………………………………………… 124
六十、非法采伐、毁坏国家重点保护植物案件的认定 ………………… 125
六十一、非法收购、运输、加工、出售国家重点保护植物、国家重点保护植物
　　　　制品案件的认定 ………………………………………………… 126
六十二、走私、贩卖、运输、制造毒品案件的认定 …………………… 128
六十三、走私、贩卖、运输、制造制毒物品案件的认定 ……………… 132
六十四、破坏武器装备、军事设施、军事通信案件的认定 …………… 134
六十五、过失损坏武器装备、军事设施、军事通信案件的认定 ……… 136

第三部分　中国海警侦办刑事案件的程序 ……………………………… 139

一、管辖与移送 …………………………………………………………… 139
二、受案与初查 …………………………………………………………… 140
三、立案和侦查计划的制订与实施 ……………………………………… 148
四、回避 …………………………………………………………………… 156
五、刑事案件侦查中的律师介入 ………………………………………… 159
六、办案协作 ……………………………………………………………… 162
七、讯问犯罪嫌疑人 ……………………………………………………… 164
八、询问证人和被害人 …………………………………………………… 169
九、勘验、检查 …………………………………………………………… 171
十、案情分析 ……………………………………………………………… 175
十一、确定重点犯罪嫌疑人和摸底排队 ………………………………… 176
十二、搜查 ………………………………………………………………… 177
十三、扣押、查封 ………………………………………………………… 181
十四、查询、冻结 ………………………………………………………… 185
十五、鉴定 ………………………………………………………………… 189
十六、辨认 ………………………………………………………………… 195

十七、技术侦查 197
　　十八、通缉 201
　　十九、拘传 205
　　二十、取保候审 207
　　二十一、监视居住 224
　　二十二、拘留 228
　　二十三、逮捕 233
　　二十四、撤案 239
　　二十五、并案侦查 240
　　二十六、侦查终结 241
　　二十七、补充侦查 248
　　二十八、侦查羁押期限 249

第四部分　海上犯罪案件个案侦查 251
　　一、放火案件的侦查 251
　　二、爆炸案件的侦查 253
　　三、失火案件的侦查 255
　　四、过失爆炸案件的侦查 257
　　五、破坏交通工具案件的侦查 258
　　六、损坏交通设施案件的侦查 260
　　七、破坏易燃易爆设备案件的侦查 261
　　八、过失破坏交通工具案件的侦查 263
　　九、过失损坏交通设施案件的侦查 265
　　十、过失损坏易燃易爆设备案件的侦查 266
　　十一、劫持船只、汽车案件的侦查 268
　　十二、非法制造、买卖、运输、邮寄、储存枪支、弹药、爆炸物案件的侦查 269
　　十三、非法制造、买卖、运输、储存危险物质案件的侦查 272
　　十四、交通肇事案件的侦查 275
　　十五、重大责任事故案件的侦查 277
　　十六、强令违章冒险作业案件的侦查 281
　　十七、重大劳动安全事故案件的侦查 285
　　十八、大型群众性活动重大安全事故案件的侦查 288
　　十九、危险物品肇事案件的侦查 290
　　二十、工程重大安全事故案件的侦查 293

二十一、消防责任事故案件的侦查 …… 299
二十二、不报、谎报安全事故案件的侦查 …… 300
二十三、走私武器、弹药案件的侦查 …… 302
二十四、走私核材料案件的侦查 …… 305
二十五、走私假币案件的侦查 …… 307
二十六、走私文物案件的侦查 …… 310
二十七、走私贵重金属案件的侦查 …… 312
二十八、走私珍贵动物、珍贵动物制品案件的侦查 …… 315
二十九、走私国家禁止进出口的货物、物品案件的侦查 …… 317
三十、走私淫秽物品案件的侦查 …… 320
三十一、走私废物犯罪案件的侦查 …… 323
三十二、走私普通货物、物品案件的侦查 …… 326
三十三、强迫交易案件的侦查 …… 329
三十四、故意杀人案件的侦查 …… 331
三十五、过失致人死亡案件的侦查 …… 333
三十六、故意伤害案件的侦查 …… 334
三十七、抢劫案件的侦查 …… 336
三十八、盗窃案件的侦查 …… 338
三十九、聚众哄抢案件的侦查 …… 339
四十、故意毁坏财物案件的侦查 …… 341
四十一、破坏生产经营案件的侦查 …… 343
四十二、妨害公务案件的侦查 …… 345
四十三、伪造、变造、买卖国家机关公文、证件、印章案件的侦查 …… 346
四十四、聚众扰乱社会秩序案件的侦查 …… 347
四十五、聚众扰乱公共场所秩序、交通秩序案件的侦查 …… 349
四十六、聚众斗殴案件的侦查 …… 351
四十七、寻衅滋事案件的侦查 …… 354
四十八、赌博案件的侦查 …… 356
四十九、开设赌场案件的侦查 …… 358
五十、运送他人偷越国(边)境案件的侦查 …… 360
五十一、偷越国(边)境案件的侦查 …… 361
五十二、破坏永久性测量标志案件的侦查 …… 362
五十三、污染环境案件的侦查 …… 364
五十四、非法处置进口的固体废物案件的侦查 …… 366

五十五、擅自进口固体废物案件的侦查 …………………………………… 367
五十六、非法捕捞水产品案件的侦查 …………………………………… 369
五十七、非法猎捕、杀害珍贵、濒危野生动物案件的侦查 …………… 370
五十八、非法采矿案件的侦查 …………………………………………… 371
五十九、破坏性采矿案件的侦查 ………………………………………… 372
六十、非法采伐、毁坏国家重点保护植物案件的侦查 ………………… 374
六十一、非法收购、运输、加工、出售国家重点保护植物、国家重点保护植物
    制品案件的侦查 …………………………………………………… 376
六十二、走私、贩卖、运输、制造毒品案件的侦查 …………………… 378
六十三、走私、贩卖、运输、制造制毒物品案件的侦查 ……………… 381
六十四、破坏武器装备、军事设施、军事通信案件的侦查 …………… 383
六十五、过失损坏武器装备、军事设施、军事通信案件的侦查 ……… 385

参考文献 ………………………………………………………………… 387

第一部分
海上犯罪案件的范围

一、危害公共安全案件

这里主要是《刑法》分则第二章危害公共安全罪中的22种案件

1. 放火案件(第一百一十四条,第一百一十五条第1款)
2. 爆炸案件(第一百一十四条,第一百一十五条第1款)
3. 失火案件(第一百一十五条)
4. 过失爆炸案件(第一百一十五条)
5. 破坏交通工具案件(第一百一十六条,第一百一十九第1款)
6. 破坏交通设施案件(第一百一十七条,第一百一十九条第1款)
7. 破坏易燃易爆设备案件(第一百一十八条,第一百一十九条第1款)
8. 过失损坏交通工具案件(第一百一十九条)
9. 过失损坏交通设施案件(第一百一十九条)
10. 过失损坏易燃易爆设备案件(第一百一十九条)
11. 劫持船只、汽车案件(第一百二十二条)
12. 非法制造、买卖、运输、邮寄、储存枪支、弹药、爆炸物案件(第一百二十五条第1款、第3款)
13. 非法制造、买卖、运输、储存危险物质案件(第一百二十五条)
14. 交通肇事案件(第一百三十三条)
15. 重大责任事故案件(第一百三十四条第1款)
16. 强令违章冒险作业案件(第一百三十四条第2款)
17. 重大劳动安全事故案件(第一百三十五条)
18. 大型群众性活动重大安全事故案件(第一百三十五条之一)
19. 危险物品肇事案件(第一百三十六条)
20. 工程重大安全事故案件(第一百三十七条)
21. 消防责任事故案件(第一百三十九条)
22. 不报、谎报安全事故案(第一百三十九条之一)

二、破坏社会主义市场经济秩序案件

这里主要指《刑法》分则第三章破坏社会主义市场经济秩序罪中的11种案件

23. 走私武器、弹药案件(第一百五十一条第1款、第4款,第一百五十五条,第一百五十六条,第一百五十七条)

24. 走私核材料案件(第一百五十一条第1款、第4款,第一百五十五条,第一百五十六条,第一百五十七条)

25. 走私假币案件(第一百五十一条第1款、第4款,第一百五十五条,第一百五十六条,第一百五十七条)

26. 走私文物案件(第一百五十一条第2款、第4款,第一百五十五条,第一百五十六条,第一百五十七条)

27. 走私贵重金属案件(第一百五十一条第2款、第4款,第一百五十五条,第一百五十六条,第一百五十七条)

28. 走私珍贵动物、珍贵动物制品案件(第一百五十一条第2款、第4款,第一百五十五条,第一百五十六条,第一百五十七条)

29. 走私国家禁止进出口的货物、物品案件(第一百五十一条第3款、第4款,第一百五十五条,第一百五十六条,第一百五十七条)

30. 走私淫秽物品案件(第一百五十二条第1款、第3款,第一百五十五条,第一百五十六条,第一百五十七条)

31. 走私废物案件(第一百五十二条第2款、第3款,第一百五十五条,第一百五十六条,第一百五十七条,第三百三十九条第3款)

32. 走私普通货物、物品案件(第一百五十三条,第一百五十四条,第一百五十五条,第一百五十六条,第一百五十七条)

33. 强迫交易案件(第二百二十六条)

三、侵犯公民人身权利、民主权利案件

这里主要指《刑法》分则第四章侵犯公民人身权利、民主权利罪中的3种案件

34. 故意杀人案件(第二百三十二条)

35. 过失致人死亡案件(第二百三十三条)

36. 故意伤害案件(第二百三十四条)

四、侵犯财产案件

这里主要指《刑法》分则第五章侵犯财产罪中的5种案件

37. 抢劫案件(第二百六十三条)

38. 盗窃案件(第二百六十四条)

39. 聚众哄抢案件(第二百六十八条)
40. 故意毁坏财物案件(第二百七十五条)
41. 破坏生产经营案件(第二百七十六条)

五、妨害社会管理秩序案件

这里主要指《刑法》分则第六章妨害社会管理秩序罪中的 22 种案件

42. 妨害公务案件(第二百七十七条)
43. 伪造、变造、买卖国家机关公文、证件、印章案件(第二百八十条)
44. 聚众扰乱社会秩序案件(第二百九十条第 1 款)
45. 聚众扰乱公共场所秩序、交通秩序案件(第二百九十一条)
46. 聚众斗殴案件(第二百九十二条)
47. 寻衅滋事案件(第二百九十三条)
48. 赌博案件(第三百零三条第 1 款)
49. 开设赌场案件(第三百零三条第 2 款)
50. 运送他人偷越国(边)境案件(第三百二十一条)
51. 偷越国(边)境案件(第三百二十二条)
52. 破坏永久性测量标志案件(第三百二十三条)
53. 环境污染案件(第三百三十八条,第三百四十六条)
54. 非法处置进口的固体废物案件(第三百三十九条第 1 款)
55. 擅自进口固体废物案件(第三百三十九条第 2 款)
56. 非法捕捞水产品案件(第三百四十条)
57. 非法猎捕、杀害珍贵、濒危野生动物案件(第三百四十一条第 1 款)
58. 非法采矿案件(第三百四十三条第 1 款)
59. 破坏性采矿案件(第三百四十三条第 2 款)
60. 非法采伐、毁坏国家重点保护植物案件(第三百四十四条)
61. 非法收购、运输、加工、出售国家重点保护植物、国家重点保护植物制品案件(第三百四十四条)
62. 走私、贩卖、运输、制造毒品案件(第三百四十七条,第三百五十六条)
63. 走私、贩卖、运输、制造制毒物品案件(第三百五十条)

六、危害国防利益案件

这里主要指《刑法》分则第七章危害国防利益罪中的 2 种案件

64. 破坏武器装备、军事设施、军事通信案件(第三百六十九条第 1 款)
65. 过失损坏武器装备、军事设施、军事通信案件(第三百六十九条第 2 款)

第二部分
海上犯罪案件的个案认定

一、放火案件的认定

（一）法条链接

《刑法》第一百一十四条规定：放火、决水、爆炸以及投放毒害性、放射性、传染病病原体等物质或者以其他危险方法危害公共安全，尚未造成严重后果的，处三年以上十年以下有期徒刑。

第一百一十五条第1款规定：放火、决水、爆炸以及投放毒害性、放射性、传染病病原体等物质或者以其他危险方法致人重伤、死亡或者使公私财产遭受重大损失的，处十年以上有期徒刑、无期徒刑或者死刑。

（二）罪名释义

放火罪，是指故意纵火焚烧公私财物，危害公共安全，引起了公共危险的行为。

（三）犯罪构成

本罪的犯罪构成表现在如下四个方面：

第一，本罪侵犯的客体是公共安全。本罪的犯罪对象是体现着公共安全的公私财物。放火罪烧毁自己或家庭所有的房屋或其他财物，足以引起火灾、危及公共安全的，也应以放火罪论处。因此，放火烧毁自己的摩托艇、游艇，危及公共安全的，也应当以放火罪论处。

第二，本罪的客观方面表现为放火焚烧公私财物的行为。本罪的着手，就是"放火"。所谓"放火"，是指使用各种引火物，点燃目的物，引起公私财物的燃烧，制造火灾的行为。直接点燃延烧对象是放火，点燃导火物引起对象燃烧的行为，也是放火。放火既可以用作为的方式实行，如用引燃物将焚烧目的物点燃；也可以用不作为的方式实行，但是以不作为方式构成放火罪，必须以行为人负有防止火灾发生的特定义务为前提。

第三，本罪的主体为一般主体。根据《刑法》第十七条第2款规定，已满14周岁不满16周岁的人犯放火罪的，也应当负刑事责任。

第四,本罪的主观方面只能由故意构成,包括直接故意和间接故意。

(四) 疑难问题

1. 划清本罪与破坏交通工具等犯罪的界限

如果行为人以放火的手段,破坏交通工具、交通设施、电力设备、易燃易爆设备、广播电视设施、公用电信设施的,虽然也具有以危险方法危害公共安全的特征,但因法律对这几种破坏行为都已作了专门的规定,因此,应当分别以破坏交通工具罪、破坏交通设施罪、破坏电力设备罪、破坏易燃易爆设备罪或者破坏广播电视设施、公用电信设施罪定罪处罚,而不能认定为放火罪。

2. 既遂与未遂

理论上关于放火罪的既遂、未遂有各种学说。我国多采纳"独立燃烧说"。即只要放火的行为将目的物点燃后,已经达到脱离引燃媒介也能够独立燃烧的程度,即使没有造成实际的危害结果,也应视为放火罪既遂。反之,为未遂。如放火行为尚未实行完毕(如正要点火时被捉获),或者虽然当时已经点燃,但过后即熄灭,则应视为放火罪未遂。

(五) 立案标准

放火罪是一种危险犯,只要行为人实施的放火行为危及了公共安全,就应当立案。

二、爆炸案件的认定

(一) 法条链接

《刑法》第一百一十四条规定:放火、决水、爆炸以及投放毒害性、放射性、传染病病原体等物质或者以其他危险方法危害公共安全,尚未造成严重后果的,处三年以上十年以下有期徒刑。

第一百一十五条第1款规定:放火、决水、爆炸以及投放毒害性、放射性、传染病病原体等物质或者以其他危险方法致人重伤、死亡或者使公私财产遭受重大损失的,处十年以上有期徒刑、无期徒刑或者死刑。

(二) 罪名释义

爆炸罪是指故意以爆炸的方法,足以对不特定或者多数人的生命或健康、重大公私财物的安全构成危险,或致人重伤、死亡或者使公私财产遭受重大损失的行为。

(三) 犯罪构成

本罪的犯罪构成表现在如下四个方面:

第一,本罪侵犯的客体是公共安全,即不特定多数人的生命、健康或者重大公私财产的安全。

第二，本罪的客观方面表现为用实施爆炸的方法使不特定或多数人的生命、健康和公私财产遭受重大损失,危害公共安全的行为,或者足以危害不特定多数人的生命、健康或重大公私财产的安全。实施爆炸的方法很多,但主要是在人群集中或者财产集中的公共场所、交通线路、财物堆放处等处实施爆炸,如将爆炸物放在船只、飞机、汽车、火车上定时爆炸;在商场、车站、影剧院、街道、群众集会的地方制造爆炸事件。

第三，本罪的主体为一般主体。根据《刑法》第十七条第2款规定,已满14周岁不满16周岁的人犯爆炸罪的,也应当负刑事责任。

第四，本罪的主观方面表现为故意。包括直接故意和间接故意。另外,犯罪动机不影响本罪的成立。

(四) 疑难问题

1. 划清爆炸罪与以爆炸方法实施的故意杀人罪、故意伤害罪的界限

故意杀人罪,是指故意非法剥夺他人生命的行为。故意伤害罪,是指故意非法损害他人身体健康的行为。这两种犯罪与爆炸罪的主体范围相同,都是年满十四周岁、具有刑事责任能力的自然人。主观方面也相同,都只能是故意,包括直接故意和间接故意。两者使用的手段和危害后果也有相同之处,即都可以使用爆炸的方法,都可能造成人员伤亡的严重后果。但两者也存在一定的区别,主要表现在:第一，侵犯的客体不同。爆炸罪侵犯的客体是公共安全,即不特定多数人的生命、健康和重大公私财产的安全;而故意杀人罪、故意伤害罪侵犯的客体是特定且是少数人的人身权利。第二，客观方面不同。首先,爆炸罪的犯罪手段只能是爆炸方法;故意杀人罪、故意伤害罪的犯罪行为人虽也使用爆炸的方法,但还可以使用其他多种方法。其次,爆炸犯罪行为人引发爆炸物或以其他方法制造爆炸,造成或足以造成不特定多数人的伤亡或重大公私财产的毁坏;而故意杀人罪、故意伤害罪的行为所造成的危害后果是特定的某个人或者少数几个人的伤亡,而且一般只造成人身伤亡,不造成财产损失。因此,行为人针对特定的少数人实施爆炸行为,所选择的作案地点及外部环境只能杀伤特定的某个人或某几个人的,而不危及公共安全的,应按照故意杀人罪或者故意伤害罪论处。但要注意的是,如果爆炸行为虽然指向特定的人,但行为人为杀害或伤害特定人而实际实施的爆炸行为危害到了公共安全,应当以爆炸罪论处而不应以故意杀人罪或故意伤害罪论处。第三，犯罪既遂标准不同。爆炸罪是危险犯,行为人实施的危害行为一旦发生法律规定的危险状态即为犯罪既遂,并不以物质性和有形的实害后果为既遂标准;而故意杀人罪、故意伤害罪是结果犯,必须造成法定的实际损害结果方可达到犯罪既遂标准。例如,故意杀人罪必须造成被害人死亡的结果才构成既遂,故意伤害罪必须造成被害人轻伤以上的伤害后果才构成犯罪既遂。

2. 划清爆炸罪与以爆炸方法破坏交通工具、交通设施、电力设备、易燃易爆设备、广播电视设施、公用电信设施罪的界限

《刑法》分则第二章危害公共安全罪中规定了爆炸罪,同时也规定了破坏交通工具罪、破坏交通设施罪、破坏电力设备罪、破坏易燃易爆设备罪、破坏广播电视设施、公用电信设施罪。从犯罪构成上来看,使用爆炸方法破坏交通工具、交通设施、电力设备、易燃易爆设备、广播电视设施、公用电信设施犯罪与爆炸罪有许多相似之处,例如,它们的行为方式、所侵害的客体,所造成的危害后果都是一样的。但是,由于刑法针对特殊的犯罪对象有专门的规定,应按照特别法优于普通法的处理原则,当行为人使用爆炸的方法破坏交通工具、交通设施、电力设备、易燃易爆设备、广播电视设施、公用电信设施,应分别以破坏交通工具罪、破坏交通设施罪、破坏电力设备罪、破坏易燃易爆设备罪、破坏广播电视设施、公用电信设施罪定罪处罚。

(五)立案标准

爆炸罪是一种危险犯,只要行为人实施的放火行为危及了公共安全,就应当立案。

三、失火案件的认定

(一)法条链接

《刑法》第一百一十五条规定:放火、决水、爆炸以及投放毒害性、放射性、传染病病原体等物质或者以其他危险方法致人重伤、死亡或者使公私财产遭受重大损失的,处十年以上有期徒刑、无期徒刑或者死刑。

过失犯前款罪的,处三年以上七年以下有期徒刑;情节较轻的,处三年以下有期徒刑或者拘役。

(二)罪名释义

失火罪,是指由于过失行为引起火灾,致人重伤、死亡或者使公私财产遭受重大损失,危害公共安全的行为。

(三)犯罪构成

本罪的犯罪构成表现在如下四个方面:

第一,本罪侵犯的客体是公共安全。

第二,本罪的客观方面表现为行为人过失引起火灾、致人重伤、死亡或者使公私财产遭受重大损失,危害公共安全的行为。

第三,本罪的犯罪主体为一般主体,为年满16周岁具有刑事责任能力的自然人。

第四,本罪的主观方面表现为过失,包括过于自信的过失和疏忽大意的过失。

(四) 疑难问题

划清本罪与放火罪的界限

失火罪与放火罪在客观方面都表现为与火灾有关的危害公共安全的行为,但二者之间有着明显区别:第一,主观的罪过形式不同。失火罪的主观方面表现为应当预见却没有预见到可能发生火灾,或者已经预见到可能发生而轻信能够避免以致引起火灾。放火罪的行为人明知自己的行为会引起火灾,而希望或者放任发生。第二,行为人的失火行为必须造成致人重伤、死亡或者使公私财产遭受重大损失的后果,才能构成失火罪;而放火罪则并不要求必须发生上述严重后果作为法定构成要件,只要行为人实施了足以危害公共安全的放火行为,即构成放火罪。第三,放火罪有既遂和未遂之分;失火罪是过失犯罪,以发生严重后果作为法定构成要件,不存在犯罪未遂形态。第四,如果由于过失行为引起火灾的危险有条件、有能力及时扑灭,但故意不扑灭任其燃烧,造成火灾的,失火行为应当转化为放火行为,以放火罪论处。

(五) 立案标准

根据2008年6月25日最高人民检察院、公安部发布的《最高人民检察院、公安部关于公安机关管辖的刑事案件立案追诉标准的规定(一)》第一条规定:过失引起火灾,涉嫌下列情形之一的,应当立案追诉:(1)造成死亡一人以上,或者重伤三人以上的;(2)造成公共财产或者他人财产直接经济损失五十万元以上的;(3)造成十户以上家庭的房屋以及其他基本生活资料烧毁的;(4)造成森林火灾,过火有林地面积二公顷以上,或者过火疏林地、灌木林地、未成林地、苗圃地面积四公顷以上的;(5)其他造成严重后果的情形;本条和本规定第十五条规定的"有林地""疏林地""灌木林地""未成林地""苗圃地",按照国家林业主管部门的有关规定确定。

四、过失爆炸案件的认定

(一) 法条链接

《刑法》第一百一十五条规定:放火、决水、爆炸以及投放毒害性、放射性、传染病病原体等物质或者以其他危险方法致人重伤、死亡或者使公私财产遭受重大损失的,处十年以上有期徒刑、无期徒刑或者死刑。

过失犯前款罪的,处三年以上七年以下有期徒刑;情节较轻的,处三年以下有期徒刑或者拘役。

(二) 罪名释义

过失爆炸罪是指过失引起爆炸物爆炸,致人重伤、死亡或者使公私财产遭受重大损失的行为。

（三）犯罪构成

本罪的犯罪构成表现在如下四个方面：

第一，本罪侵犯的客体是不特定或多数人的生命、健康或者重大公私财产的安全。

第二，本罪的客观方面表现为由于过失行为引起爆炸物爆炸，致人重伤、死亡或者使公私财产遭受重大损失，危害公共安全的行为。

第三，本罪的犯罪主体为一般主体。即已满16周岁且具有刑事责任能力的自然人。

第四，本罪的主观方面表现为过失。即行为人对其引起爆炸物爆炸进而造他人重伤、死亡或者公私财产造成重大损失的严重后果已经预见，但轻信能够避免或者行为人应当预见爆炸行为可能造成的严重结果，但由于疏忽大意而没有预见，以至于发生了这种后果。

（四）疑难问题

划清过失爆炸罪与爆炸罪的界限

这两种罪都是因爆炸危害公共安全的犯罪，两者的区别在于：在罪过的表现形式上，前者是出于过失，而后者则是出于故意；在客观方面，过失爆炸行为只有造成致人重伤、死亡或者使公私财产遭受重大损失的严重后果，才构成犯罪，而爆炸罪只要求行为人故意实施了足以危害公共安全的爆炸行为，无论是否造成了严重的结果，即构成爆炸罪；在犯罪形态上，过失爆炸罪没有未遂的形态，而爆炸罪有既遂和未遂之分。

（五）立案标准

2008年6月25日印发的《最高人民检察院、公安部关于公安机关管辖的刑事案件立案追诉标准的规定（一）》的第一条规定了失火罪的立案标准，具体规定如下：过失引起火灾，涉嫌下列情形之一的，应当立案追诉：（1）造成死亡一人以上，或者重伤三人以上的；（2）造成公共财产或者他人财产直接经济损失五十万元以上的；（3）造成十户以上家庭的房屋以及其他基本生活资料烧毁的；（4）造成森林火灾，过火有林地面积二公顷以上，或者过火疏林地、灌木林地、未成林地、苗圃地面积四公顷以上的；（5）其他造成严重后果的情形；本条和本规定第十五条规定的"有林地""疏林地""灌木林地""未成林地""苗圃地"，按照国家林业主管部门的有关规定确定。目前，没有关于过失爆炸罪的立案标准，对于过失爆炸罪的立案标准要参照上述失火罪的立案标准。

五、破坏交通工具案件的认定

（一）法条链接

《刑法》第一百一十六条：破坏火车、汽车、电车、船只、航空器，足以使火车、汽车、电车、船只、航空器发生倾覆、毁坏危险，尚未造成严重后果的，处三年以上十年以下有期徒刑。

《刑法》第一百一十九条第1款：破坏交通工具、交通设施、电力设备、燃气设备、易燃易爆设备，造成严重后果的，处十年以上有期徒刑、无期徒刑或者死刑。

（二）罪名释义

破坏交通工具罪，是指故意破坏火车、汽车、电车、船只、航空器，足以使火车、汽车、电车、船只、航空器发生倾覆、毁坏危险，危害公共安全的行为。

（三）犯罪构成

本罪的犯罪构成表现为如下四个方面：

第一，本罪侵害的客体是交通运输安全。破坏交通工具不但对安全运输造成严重威胁，而且严重危害经济建设和公民的生命、财产安全。犯罪对象仅限于正在使用中的火车、汽车、电车、船只、航空器等大型的现代化交通工具。"正在使用中"的交通工具，包括运行中的和正在使用期间而暂时停置待用的交通工具。如果破坏正在制造或者修理过程中，尚未交付使用的交通工具，不会危及到公共安全，因而不构成本罪。因此，破坏在船厂正在建造或者维修中的船只，不能够成为本罪的犯罪对象。

第二，本罪的客观方面表现为实施破坏火车、汽车、电车、船只、航空器，足以使火车、汽车、电车、船只、航空器发生倾覆、毁坏危险，危害公共安全的行为。"破坏"，是指以拆卸、碰撞、在燃料中掺以杂质等各种手段和方法破坏交通工具，危害公共安全的行为。"倾覆"，是指火车出轨、颠覆。汽车、电车翻车、撞毁，船只翻沉，航空气坠毁等等。"毁坏"使交通工具受到严重破坏或者完全报废，以致不能行驶或者安全行驶。"足以使火车、汽车、电车、船只、航空器发生倾覆、毁坏危险"，是指虽未造成交通工具实际倾覆、毁坏，但具有使之倾覆、毁坏的实际可能性和危险性。在海上，本罪的客观方面主要表现为破坏在海上运行中或暂时停靠港口码头的船只，足以使船只发生翻沉的危险。本罪是危险犯，只要达到足以使船只发生倾覆、毁坏的危险即可，不要求实际发生船只倾覆或者毁坏的严重后果，一旦发生了船只倾覆或者毁坏的严重后果，应当作为本罪的加重结果，增加量刑幅度。另外，这里的船只主要是指客运船、公务船、科考船、大型渔船等。

第三，本罪的犯罪主体为一般主体。凡年满16周岁且具有刑事责任能力的自然人，都可以构成本罪的主体。但是单位不能成为破坏交通工具罪的犯罪主体。

第四,本罪的主观方面由故意构成。犯罪动机不影响本罪的成立。

(四) 疑难问题

1. 划清罪与非罪的界限

成立本罪要求行为人必须破坏了交通工具的重要部位和机件,如交通工具的操作驾驶系统、制动、刹车系统、导航系统等,只有破坏这些关键部位才可能使交通工具发生倾覆、毁坏的危险,进而危害公共安全。如果行为人只破坏了交通工具的座椅、门窗玻璃或者其他不影响安全行驶的辅助设备的,不构成本罪。

2. 划清本罪与放火罪、爆炸罪的界限

以放火、爆炸的手段实施的破坏交通工具的犯罪行为与放火罪、爆炸罪侵犯的客体、客观方面、犯罪主体、犯罪的主观方面都相同。两者主要的区别在于犯罪对象不同:前者侵害的对象是正在使用中的火车、汽车、电车、船只、航空器等交通工具;而放火罪、爆炸罪侵害的对象则是停置不用的交通工具或者其他公私财物和不特定多数人的生命、健康。所以应当注意,行为人无论采用何种手段破坏交通工具,只要足以使交通工具发生倾覆、毁坏的危险,就应当以破坏交通工具罪定罪处罚。如果行为人使用放火、爆炸的手段破坏尚未交付使用的交通工具的,则应当根据具体案情,分别以放火罪、爆炸罪或者故意毁坏财物罪定罪处罚。

六、破坏交通设施案件的认定

(一) 法条链接

《刑法》第一百一十七条:破坏轨道、桥梁、隧道、公路、机场、航道、灯塔、标志或者进行其他破坏活动,足以使火车、汽车、电车、船只、航空器发生倾覆、毁坏危险,尚未造成严重后果的,处三年以上十年以下有期徒刑。

《刑法》第一百一十九条第 1 款:破坏交通工具、交通设施、电力设备、燃气设备、易燃易爆设备,造成严重后果的,处十年以上有期徒刑、无期徒刑或者死刑。

(二) 罪名释义

破坏交通设施罪,是指故意破坏轨道、桥梁、隧道、公路、机场、航道、灯塔、标志或者进行其他破坏活动,足以使火车、汽车、电车、船只、航空器发生倾覆、毁坏危险,危害公共安全的行为。

(三) 犯罪构成

本罪的犯罪构成表现为如下四个方面:

第一,本罪侵犯的客体是交通运输安全。犯罪对象是正在使用中的轨道、桥梁、隧道、公路、机场、航道、灯塔、标志等交通设施。在海上实施的破坏交通设施的犯罪案件的犯罪对象主要是是灯塔、标志。

第二,客观方面表现为破坏轨道、桥梁、隧道、公路、机场、航道、灯塔、标志或者进行其他破坏活动,足以使火车、汽车、电车、船只、航空器发生倾覆、毁坏危险的行为。"破坏"不仅包括使交通设施遭受有形的损坏,还包括对交通设施正常功能的损害。如使用无线电干扰信号,致使正常行驶中的交通工具与调度、指挥、导航系统无法取得联系,处于极大的危险之中。"其他破坏活动",是指破坏除轨道、桥梁、隧道、公路、机场、航道、灯塔、标志以外的其他交通设施或者虽然没有直接破坏交通设施,但其破坏行为却足以使火车、汽车、电车、船只、航空器发生倾覆、毁坏危险的行为。"足以使火车、汽车、电车、船只、航空器发生倾覆、毁坏危险"是指行为人对交通设施的破坏程度已经达到了可以使交通工具发生倾覆、毁坏的现实可能和危险。在海上,该罪的客观方面表现为破坏灯塔或者标志,足以使船只发生倾覆、毁坏的危险。本罪是危险犯,只要达到足以使船只发生倾覆、毁坏的危险即可,不要求实际发生船只倾覆或者毁坏的严重后果,一旦发生了船只倾覆或者毁坏的严重后果,应当作为本罪的加重结果,增加量刑幅度。另外,这里的船只主要是指客运船、公务船、科考船、渔船等。

第三,本罪的犯罪主体为一般主体。凡年满16周岁且具有刑事责任能力的自然人,都可以构成本罪的主体。但是单位不能成为破坏交通设施罪的犯罪主体。

第四,本罪的主观方面由故意构成。犯罪动机可能是多种多样的,但动机不影响本罪的成立。

(四)疑难问题

划清本罪罪与非罪的界限

破坏行为必须足以使交通工具发生倾覆、毁坏的危险才构成本罪,如果破坏行为不可能使交通工具发生倾覆、毁坏,没有危及交通运输安全的,不构成犯罪。

七、破坏易燃易爆设备案件的认定

(一)法条链接

《刑法》第一百一十八条:破坏电力、燃气或者其他易燃易爆设备,危害公共安全,尚未造成严重后果的,处三年以上十年以下有期徒刑。

《刑法》第一百一十九条第1款:破坏交通工具、交通设施、电力设备、燃气设备、易燃易爆设备,造成严重后果的,处十年以上有期徒刑、无期徒刑或者死刑。

(二)罪名释义

破坏易燃易爆设备罪,是指故意破坏燃气或者其他易燃易爆设备,危害公共安全的行为。

（三）犯罪构成

本罪的犯罪构成表现为如下四个方面：

第一，本罪侵害的客体是社会的公共安全。犯罪对象是正在使用中的燃气或者其他易燃易爆设备。"燃气设备"，主要是指生产、储存、输送和使用各种燃气的设施、设备，如煤气罐、煤气管道、天然气罐、天然气管道、天然气锅炉等等。"其他易燃易爆设备"主要是指除电力、燃气设备以外的生产、储存和输送易燃易爆物品的设备，如石油管道、汽车加油站、火药及易燃易爆的化学物品的生产、储存、运输设备等等。具体到涉海的破坏易燃易爆设备罪针对的对象主要是指海底的天然气管道和石油管道。

第二，本罪的客观方面表现为故意破坏正在使用中的燃气或者其他易燃易爆设备，危害公共安全的行为，破坏易燃易爆设备的方法多种多样，如爆炸、放火、毁坏、拆卸重要机件，割断、拆除输气管道，故意违反操作规程使设备损毁等等。行为人实施上述破坏易燃易爆设备的行为，必须足以危害公共安全，即有可能引起不特定多数人伤亡，使公私财产遭受重大损失，或者使社会的生产、生活秩序受到严重影响，才能构成本罪。行为人使用爆炸、放火、毁坏、拆卸重要机件，割断、拆除输气管道，故意违反操作规程使设备损毁等方式破坏海底的天然气管道和石油管道，有可能引起不特定多数人伤亡，造成海洋生态环境的严重损坏，使公私财产遭受重大损失。

第三，本罪的犯罪主体是一般主体。凡年满16周岁且具有刑事责任能力的自然人，都可以构成本罪的主体。但是单位不能成为破坏易燃易爆设备罪的犯罪主体。

第四，本罪的主观方面由故意构成。即行为人明知自己破坏易燃易爆设备的行为会发生危害公共安全的结果，并且希望或者放任这种结果的发生。包括直接故意和间接故意。犯罪动机可能是多种多样的，但无论出于何种动机，均不影响本罪的成立。

（四）疑难问题

1. 划清本罪罪与非罪的界限

构成本罪要求行为人的破坏行为必须足以使易燃易爆设备发生毁坏，具有危害公共安全的现实的危险。如果破坏行为不可能使易燃易爆设备发生毁坏，没有危及公共安全的，则不构成本罪。

2. 划清本罪与放火罪、爆炸罪的界限

使用放火、爆炸方法破坏易燃易爆设备罪同放火罪、爆炸罪的犯罪方法相同，而且两罪侵犯的客体相同，都是危害了公共安全。他们之间的区别主要在于犯罪对象不同：前者破坏的对象是易燃易爆设备；而放火罪、爆炸罪破坏的对象是特定的易燃易爆设备以外的其他公私财物。因此，无论以何种方法破坏易燃易爆设备，只要是足以危害到公共安全的，就构成破坏易燃易爆设备罪。

八、过失损坏交通工具案件的认定

（一）法条链接

《刑法》第一百一十九条：破坏交通工具、交通设施、电力设备、燃气设备、易燃易爆设备，造成严重后果的，处十年以上有期徒刑、无期徒刑或者死刑。

过失犯前款罪的，处三年以上七年以下有期徒刑；情节较轻的，处三年以下有期徒刑或者拘役。

（二）罪名释义

过失损坏交通工具罪，是指由于过失损坏火车、汽车、电车、船只、航空器，使火车、汽车、电车、船只、航空器发生倾覆、毁坏的严重后果，危害公共安全的行为。

（三）犯罪构成

本罪的犯罪构成表现为如下四个方面：

第一，本罪侵犯的客体是交通运输安全。犯罪对象仅限于正在使用中的火车、汽车、电车、船只、航空器等大型的现代化交通工具。犯罪对象仅限于正在使用中的火车、汽车、电车、船只、航空器等大型的现代化交通工具。"正在使用中"的交通工具，包括运行中的和正在使用期间而暂时停置待用的交通工具。如果破坏正在制造或者修理过程中，尚未交付使用的交通工具，不会危害到公共安全，即使发生了严重危害结果也不构成本罪。因此，破坏在船厂正在建造或者维修中的船只，不能够成为本罪的犯罪对象。

第二，本罪的客观方面表现为过失损坏火车、汽车、电车、船只、航空器，使火车、汽车、电车、船只、航空器发生倾覆、毁坏的严重结果，危害公共安全的行为。"破坏"，是指以拆卸、碰撞、在燃料中掺以杂质等各种手段和方法破坏交通工具，危害公共安全的行为。"倾覆"，是指火车出轨、颠覆。汽车、电车翻车、撞毁，船只翻沉，航空气坠毁等等。"毁坏"使交通工具受到严重破坏或者完全报废，以致不能行驶或者安全行驶。在海上，本罪的客观方面主要表现为破坏在海上运行中或暂时停靠港口码头的船只，这里的船只主要是指客运船、公务船、科考船、大型渔船等，另外注意，构成本罪要求实际发生船只倾覆或者毁坏的危害结果。

第三，本罪的犯罪主体为一般主体。凡年满16周岁且具有刑事责任能力的自然人，都可以构成本罪的主体。但是单位不能成为过失破坏交通工具罪的犯罪主体。

第四，本罪的主观方面由过失构成。即因为疏忽大意而没有预见危害结果的发生，或者已经预见了而轻信能够避免。

(四) 疑难问题

划清本罪与破坏交通工具罪的界限

两者侵害的客体都是交通运输安全,犯罪对象都是正在使用中的交通工具,两者的主要区别是:第一,主观的罪过形式不同。前者是过失犯罪,而后者是故意犯罪。第二,对危害结果的要求不同。前者把造成严重后果作为构成犯罪的法定要件。如果行为人过失实施了损坏交通工具的行为,但没有造成严重后果的,不构成本罪;而后者则无论是否发生了严重后果,只要行为人故意实施了破坏交通工具的行为,足以使火车、汽车、电车、船只、航空器发生倾覆、毁坏危险的,就构成破坏交通工具罪。

九、过失损坏交通设施案件的认定

(一) 法条链接

《刑法》第一百一十九条:破坏交通工具、交通设施、电力设备、燃气设备、易燃易爆设备,造成严重后果的,处十年以上有期徒刑、无期徒刑或者死刑。

过失犯前款罪的,处三年以上七年以下有期徒刑;情节较轻的,处三年以下有期徒刑或者拘役。

(二) 罪名释义

过失损坏交通设施罪,是指由于过失损坏轨道、桥梁、隧道、公路、机场、航道、灯塔、标志等交通设施,致使火车、汽车、电车、船只、航空器发生倾覆、毁坏的严重后果,危害公共安全的行为。

(三) 犯罪构成

本罪的犯罪构成表现为如下四个方面:

第一,本罪侵犯的客体是交通运输安全。犯罪对象是正在使用中的轨道、桥梁、隧道、公路、机场、航道、灯塔、标志等交通设施。在海上实施的过失破坏交通设施的犯罪案件的犯罪对象主要是是灯塔、标志。

第二,客观方面表现为过失损坏轨道、桥梁、隧道、公路、机场、航道、灯塔、标志等交通设施,致使火车、汽车、电车、船只、航空器发生倾覆、毁坏等严重后果的行为。"破坏"不仅包括使交通设施遭受有形的损坏,还包括对交通设施正常功能的损害。如使用无线电干扰信号,致使正常行驶中的交通工具与调度、指挥、导航系统无法取得联系,处于极大的危险之中。"其他破坏活动",是指破坏除轨道、桥梁、隧道、公路、机场、航道、灯塔、标志以外的其他交通设施或者虽然没有直接破坏交通设施,但其破坏行为却使火车、汽车、电车、船只、航空器发生倾覆、毁坏危险的行为。在海上,该罪的客观方面表现为过失损坏灯塔或者标志,以使船只发生倾覆、毁坏的实际危害后果。本罪是结果犯,只有实际发生船只倾覆、毁坏等严重后果才构成本罪。另外,这里的船只主要是指客运船、公务船、科考船、渔船等。

第三,本罪的犯罪主体为一般主体。凡年满16周岁且具有刑事责任能力的自然人,都可以构成本罪的主体。但是单位不能成为过失破坏交通工具罪的犯罪主体。

第四,犯罪的主观方面表现为过失。即因为疏忽大意而没有预见危害结果的发生,或者已经预见了而轻信能够避免。

（四）疑难问题

划清本罪与破坏交通设施罪的界限

两者都是以交通设施为犯罪对象的危害交通运输安全的犯罪,主要区别在于:第一,主观罪过形式不同。前者是过失犯罪,而破坏交通实施罪是故意犯罪。第二,对危害结果的要求不同。前者把造成严重的危害后果作为法定的构成要件,如果行为人过失实施了损害交通设施的行为,没有造成严重后果的,则不够成本罪;而后者则不问是否发生了严重的危害后果,只要行为人故意实施了破坏交通设施的行为,危害到了公共安全,就构成破坏交通设施罪。

十、过失破坏易燃易爆设备案件的认定

（一）法条链接

《刑法》第一百一十九条:破坏交通工具、交通设施、电力设备、燃气设备、易燃易爆设备,造成严重后果的,处十年以上有期徒刑、无期徒刑或者死刑。

过失犯前款罪的,处三年以上七年以下有期徒刑;情节较轻的,处三年以下有期徒刑或者拘役。

（二）罪名释义

过失损坏易燃易爆设备罪,是指由于过失致使燃气或者其他易燃易爆设备毁坏,危害公共安全的行为。

（三）犯罪构成

本罪的犯罪构成表现为如下四个方面:

第一,本罪侵害的客体是社会的公共安全。犯罪对象是正在使用中的燃气或者其他易燃易爆设备。"燃气设备",主要是指生产、储存、输送和使用各种燃气的设施、设备,如煤气罐、煤气管道、天然气罐、天然气管道、天然气锅炉等等。"其他易燃易爆设备"主要是指除电力、燃气设备以外的生产、储存和输送易燃易爆物品的设备,如石油管道、汽车加油站、火药及易燃易爆的化学物品的生产、储存、运输设备等等。具体到涉海的破坏易燃易爆设备罪针对的对象主要是指海底的天然

气管道和石油管道。

第二,本罪客观方面表现为过失损坏正在使用中的燃气或者其他易燃易爆设备,致使燃气或者其他易燃易爆设备毁坏,危害公共安全的行为。构成本罪必须已经引起不特定多数人伤亡、公私财产遭受重大损失,或者社会的生产、生活秩序受到严重影响的实际危害后果危害。另外,值得注意的是,行为人过失损坏正在使用中的海底的天然气管道和石油管道,只有造成了严重的危害后果才可构成本罪。

第三,本罪的犯罪主体为一般主体。凡年满16周岁且具有刑事责任能力的自然人,都可以构成本罪的主体。但是单位不能成为过失破坏易燃易爆设备罪的犯罪主体。

第四,本罪的主观方面由过失构成。即因为疏忽大意而没有预见危害结果的发生,或者已经预见了而轻信能够避免。

(四)疑难问题

划清本罪同破坏易燃易爆设备罪的界限

两者都是以易燃易爆设备为侵害对象的危害易燃易爆设备安全的犯罪,两者的主要区别在于:第一,主观罪过形式不同。前者是过失犯罪,后者是故意犯罪。第二,对危害结果的要求不同。前者以发生严重的危害后果作为构成犯罪的法定要件,换言之,如果行为人过失实施了损坏易燃易爆设备的行为,没有造成严重后果的,则不能构成本罪;而后者则不论是否发生了严重后果,只要行为人故意实施了破坏易燃易爆设备的行为,危害到了公共安全,就构成破坏易燃易爆设备罪。

十一、劫持船只、汽车案件的认定

(一)法条链接

《刑法》第一百二十二条:以暴力、胁迫或者其他方法劫持船只、汽车的,处五年以上十年以下有期徒刑;造成严重后果的,处十年以上有期徒刑或者无期徒刑。

(二)罪名释义

劫持船只、汽车罪,是指以暴力、胁迫或者其他方法劫持船只、汽车的行为。

(三)犯罪构成

本罪的犯罪构成表现为如下四个方面:

第一,本罪侵犯的客体是船只、汽车的运输安全,即不特定的多数旅客和乘务组人员的生命、健康安全,以及运载物品的船只、汽车的安全。犯罪对象是正在使用中的船只、汽车。涉海的劫持船只、汽车罪的犯罪对象主要是指船只,包括客运船、公务船、科考船、渔船等。

第二，本罪的客观方面表现为以暴力、胁迫或者其他方法劫持船只、汽车的行为。"暴力"，是指犯罪分子对船只、汽车上的人员，特别是驾驶人员、乘务组人员，实施殴打、伤害等行为，迫使船只、汽车改变行驶方向或者自己亲自驾驶船只、汽车。"胁迫"，是指对船只、汽车上的人员施以精神或者暴力恐吓，使驾驶、操纵人员不敢反抗，服从犯罪分子的指挥或者由其亲自驾驶船只、汽车。"其他方法"，是指上述暴力、胁迫以外的任何劫持方法，如醉酒驾驶人员等。"劫持"，是指犯罪分子以上述方法按照自己的意志强行控制船只、汽车的行为。"船只"是指各种运送旅客或者物资的水上运输工具。

第三，犯罪主体是一般主体，中国人、外国人和无国籍人都可以构成本罪的犯罪主体。但是单位不可构成本罪的犯罪主体。

第四，犯罪的主观方面是由故意构成。犯罪动机不影响本罪的成立。

（四）疑难问题

1. 划清本罪与破坏交通工具的界限

本罪与破坏交通工具罪的犯罪对象都可以是船只、汽车，两者侵犯的客体都是交通运输安全。两者的主要区别在于：第一，客观方面的表现不同，前者在劫持船只、汽车的过程中可能由于使用暴力而使船只、汽车遭到破坏，也有可能不造成破坏；而破坏交通工具罪必须是实施了破坏船只、汽车的行为，并因其破坏行为而足以使船只、汽车发生倾覆、毁坏的危险或者已经发生倾覆、毁坏的结果。

2. 划清本罪与抢劫罪的界限

行为人实施劫持船只、汽车行为的主要目的不是为了抢劫车、船所载货物，有的犯罪分子劫持船只、汽车的目的是为了绑架人质；有的是为了逃避追捕或者以劫持船只、汽车为要挟手段以求到其他犯罪目的等，而不是以获取财物为主要目的。抢劫罪则属于侵犯财产的犯罪，犯罪目的就是为了非法占有财物。因此，对于以抢劫为目的劫持船只、汽车并占有船只或者汽车的行为，应当以抢劫罪定罪处罚。

3. 划清一罪与数罪的界限

劫持船只、汽车的过程中，行为人如果将驾驶、乘务人员或者其他乘客打死、打伤，而不是因劫持行为导致撞车、沉船致人死、伤的，则应当以劫持船只、汽车罪与故意杀人罪或者故意伤害罪数罪并罚。

十二、非法制造、买卖、运输、邮寄、储存枪支、弹药、爆炸物案件的认定

（一）法条链接

《刑法》第一百二十五条第1款：非法制造、买卖、运输、邮寄、储存枪支、弹药、爆炸物的，处三年以上十年以下有期徒刑；情节严重的，处十年以上有期徒刑、无

期徒刑或者死刑。

第3款：单位犯前两款罪的，对单位判处罚金，并对其直接负责的主管人员和其他直接责任人员，依照第1款的规定处罚。

（二）罪名释义

非法制造、买卖、运输、邮寄、储存枪支、弹药、爆炸物罪，是指违反国家有关枪支、弹药、爆炸物管理的法律、法规，非法制造、买卖、运输、邮寄、储存枪支、弹药、爆炸物，危害公共安全的行为。

（三）犯罪构成

本罪的犯罪构成表现为如下四个方面：

第一，本罪侵犯的客体是不特定多数人的生命、健康和公私财产的安全。

犯罪对象是枪支、弹药、爆炸物。所谓"枪支"，根据枪支管理法的规定，是指以火药或者压缩气体等为动力，利用管状器具发射金属弹丸或者其他物质，足以致人伤亡或者丧失知觉的各种枪支，包括军用枪支、民用枪支、公务枪支、射击运动枪支等；"弹药"主要是指各种军用枪支、民用枪支的弹药，包括子弹、炸弹、手榴弹等；"爆炸物"主要是指各种炸药、雷管及其制成的爆炸装置等。

第二，本罪的客观方面表现为非法制造、买卖、运输、邮寄、储存枪支、弹药、爆炸物的行为。"非法制造"，没有经过国家有关主观部门的许可，没有法律上的依据，私自建造枪支、弹药、爆炸物的行为。这里的"制造"既包括制作，也包括加工、修理、改装等行为。而且，只要进行了制造的行为，无论其制造的目的是什么，都构成本罪的既遂。"非法买卖"是指违反法律规定私自购买或者出售枪支、弹药、爆炸物的行为。"非法运输"，是指违反法律规定运输枪支、弹药、爆炸物的行为，运输的方式和目的不影响本罪的成立。"非法邮寄"是指违反法律规定，通过邮局将枪支、弹药、爆炸物寄往目的地的行为。"非法储存"是指明知是他人非法制造、买卖、运输、邮寄的枪支、弹药、爆炸物而为其存放的行为。

按照法律的规定，行为人只要实施了非法制造、买卖、运输、邮寄、储存枪支、弹药、爆炸物其中一种行为就构成本罪；实施两种行为的，仍为一罪，不实行并罚。

第三，本罪的犯罪主体为一般主体，凡年满16周岁且具有刑事责任能力的自然人，都可以构成本罪的主体。但是单位不能成为破坏易燃易爆设备罪的犯罪主体。另外，单位也可以构成本罪的犯罪主体。

第四，本罪的主观方面只能由故意构成，过失不构成本罪。

（四）疑难问题

一罪与数罪的界限

本罪属于选择性罪名，犯罪行为和犯罪对象都可以"被选择"，只要行为人实施其中行为之一,犯罪对象只有枪支、弹药、爆炸物中的一种,即可构成本罪。但是,行为人实施其中多个行为的,犯罪对象为多种的,也仅构成本罪一罪,不实行并罚。

行为人在非法制造、买卖、运输、邮寄、储存枪支、弹药、爆炸物的同时还非法制造、买卖、运输、储存危险物质的,应数罪并罚。但是,如果行为人一车运输的物质既有危险物质又有枪支、弹药、爆炸物的,则属于想象竞合犯,应从一重罪处断。

(五)立案标准

根据《最高人民法院关于审理非法制造、买卖、运输枪支、弹药、爆炸物等刑事案件具体应用法律若干问题的解释》第1条规定,个人或者单位非法制造、买卖、运输、邮寄、储存枪支、弹药、爆炸物,具有下列情形之一的,依照《刑法》第一百二十五条第1款的规定,以非法制造、买卖、运输、邮寄、储存枪支、弹药、爆炸物罪定罪处罚:(1)非法制造、买卖、运输、邮寄、储存军用枪支1支以上的;(2)非法制造、买卖、运输、邮寄、储存以火药为动力发射枪弹的非军用枪支1支以上或者以压缩气体等为动力的其他非军用枪支2支以上的;(3)非法制造、买卖、运输、邮寄、储存军用子弹10发以上、气枪铅弹500发以上或者其他非军用子弹100发以上的;(4)非法制造、买卖、运输、邮寄、储存手榴弹1枚以上的;(5)非法制造、买卖、运输、邮寄、储存爆炸装置的;(6)非法制造、买卖、运输、邮寄、储存炸药、发射药、黑火药一千克以上或者烟火药三千克以上、雷管三十枚以上或者导火索、导爆索三十米以上的;(7)具有生产爆炸物品资格的单位不按照规定的品种制造,或者具有销售、使用爆炸物品资格的单位超过限额买卖炸药、发射药、黑火药十千克以上或者烟火药三十千克以上、雷管三百枚以上或者导火索、导爆索三百米以上的;(8)多次非法制造、买卖、运输、邮寄、储存弹药、爆炸物的;(9)虽未达到上述最低数量标准,但具有造成严重后果等其他恶劣情节的,介绍买卖枪支、弹药、爆炸物的,以买卖枪支、弹药、爆炸物罪的共犯论处。

该解释第2条规定了该罪加重情节,该条规定:非法制造、买卖、运输、邮寄、储存枪支、弹药、爆炸物,具有下列情形之一的,属于《刑法》第一百二十五条第一款规定的"情节严重":(1)非法制造、买卖、运输、邮寄、储存枪支、弹药、爆炸物的数量达到本解释第一条第(1)、(2)、(3)、(6)、(7)项规定的最低数量标准五倍以上的;(2)非法制造、买卖、运输、邮寄、储存手榴弹三枚以上的;(3)非法制造、运输、邮寄、储存爆炸装置,危害严重的;(4)达到本解释第一条规定的最低数量标准,并具有造成严重后果等其他恶劣情节的。

十三、非法制造、买卖、运输、储存危险物质案件的认定

(一)法条链接

《刑法》第一百二十五条规定:"非法制造、买卖、运输、邮寄、储存枪支、弹药、

爆炸物的,处三年以上十年以下有期徒刑;情节严重的,处十年以上有期徒刑、无期徒刑或者死刑。

非法制造、买卖、运输、储存毒害性、放射性、传染病病原体等物质,危害公共安全的,依照前款的规定处罚。

单位犯前两款罪的,对单位判处罚金,并对其直接负责的主管人员和其他直接责任人员,依照第一款的规定处罚。"

（二）罪名释义

非法制造、买卖、运输、储存危险物质罪,是指违反国家有关毒害性、放射性、传染病病原体等危险物质管理法规,擅自制造、买卖、运输、储存毒害性、放射性、传染病病原体等危险物质,危害公共安全的行为。

（三）犯罪构成

本罪的犯罪构成表现在如下四个方面:

第一,本罪侵犯客体的是公共安全,即不特定或多数人的生命、健康和财产安全。犯罪对象是危险物质,包括毒害性、放射性、传染病病原体等危险物质。所谓"毒害性物质",是指含有毒质能够致人患染疾病、死亡的有机物或者无机物,如氰化钾、氰化钾、砒霜、毒鼠强等禁用剧毒化学品等。根据根据2003年10月1日起实施的《最高人民法院、最高人民检察院关于办理非法制造、买卖、运输、储存毒鼠强等禁用剧毒化学品刑事案件具体应用法律若干问题的解释》第六条规定,"毒鼠强等禁用剧毒化学品",是指国家明令禁止的毒鼠强、氟乙酰胺、氟乙酸钠、毒鼠硅、甘氟。所谓"放射性物质",是指能放射出穿透力很强的损害人体的射线的物质。所谓"传染病病原体",是指能引起疾病的微生物和寄生虫的统称。微生物占绝大多数,包括病毒、细菌、真菌、螺旋体、衣原体、支原体、寄生虫等。

第二,客观方面表现为非法制造、买卖、运输、储存毒害性、放射性、传染病病原体等危险物质的行为。这里的"非法",是指违反国家关于毒害性、放射性、传染病病原体等危险物质管理法律法规,没有制造、买卖、运输、储存危险物质的权限而实施制造、买卖、运输、储存危险物质的行为。

"非法制造"是指未经国家有关部门批准或者超过批准权限,私自生产、合成、研制开发毒害性、放射性、传染病病原体等危险物质,因此对于未经有关部门批准设立的单位或个人生产、加工危险物质,涉嫌构成犯罪的,应以非法制造危险物质罪立案追诉。

"非法买卖"是指未经国家允许私自购买或者销售毒害性、放射性、传染病病原体等物质的行为,因此对于未取得危险化学品经营许可证,擅自销售危险物质的单位或个人,涉嫌构成犯罪的,应以非法买卖危险物质罪立案追诉。

"非法运输"是指未经国家允许私自运输毒害性、放射性、传染病病原体等物质的行为。从运输形式上看,有陆运、水运、空运,以及包括以自行车、人力车、兽力车或者肩挑背扛、随身携带等方式将毒害性、放射性、传染病病原体等物质从甲地运往乙地的行为;从运输的空间范围来看,仅限于在我国境内,不包括非法运输上述物品进出国边境的行为。因此,对于未取得危险品道路运输通行证的单位或个人,通过公路运输危险性物质,涉嫌构成犯罪的,应以非法运输危险物质罪立案追诉。另一方面,危险物质经营单位,向未取得危险物质购买凭证的单位或个人出售危险物质,涉嫌构成犯罪的,应以非法买卖危险物质罪立案追诉。

"非法储存"指违反国家有关规定,私自存放毒害性、放射性、传染病病原体等物质的行为,因此不具有储存危险物质资质的单位或者个人私自存放毒害性、放射性、传染病病原体等物质的行为,涉嫌构成犯罪的,应以非法储存危险物质罪立案追诉。

按照法律的规定,行为人只要实施了非法制造、买卖、运输或者储存危险物质其中一种行为就构成本罪;实施两种行为的,仍为一罪,不实行并罚。

第三,本罪的主体为一般主体,即年满16周岁且具有刑事责任能力的自然人都可以构成本罪的犯罪主体。另外单位也可以构成本罪的犯罪主体。

第四,主观方面特征为故意,即行为人明知制造、买卖、运输、储存毒害性、放射性、传染病病原体等物质为法律所不允许而为之。这里所谓的"明知",并不要求必须是"确知",认识到可能性的,仍然符合明知的故意因素。如果行为人确实不知的,不构成本罪。动机不影响本罪的成立。

(四)疑难问题

1. 罪与非罪的界限

主要从三方面来界定:一是行为的合法性。毒害性、放射性、传染病病原体等物质并不是国家不允许制造、买卖、运输、储存,而是实施这些行为必须得到有关主管部门的批准,按照法律规定的程序来办。如果行为人制造、买卖、运输、储存毒害性、放射性、传染病病原体等物质合法,例如工厂生产农药、实验室培养传染病病原体、农民储存少量农药等,就阻却行为的犯罪性。二是从主观上来界定合法性。本罪属于故意犯罪,行为人必须明知是毒害性、放射性、传染病病原体等物质。如果行为人出于过失,则不构成犯罪。三是从情节上界定合法性。本罪虽然没有要求情节严重,但是要求危及公共安全。如果行为人非法制造、买卖、运输、储存毒害性、放射性、传染病病原体等物质的量很少,不足以危及公共安全的,应不以犯罪论处。

根据2003年10月1日起实施的《最高人民法院、最高人民检察院关于办理非法制造、买卖、运输、储存毒鼠强等禁用剧毒化学品刑事案件具体应用法律若干问题的解释》第五条规定:"本解释施行以前,却因生产、生活需要而非法制造、买卖、运输、储存毒鼠强等禁用剧毒化学品饵料自用,没有造成严重社会危害的,可以依照《刑法》第十三条的规定，不作为犯罪处理。本解释施行以后，确因生产、生活需要而非法制造、买卖、运输、储存毒鼠强等禁用剧毒化学品饵料自用，构成犯罪，但没有造成严重社会危害，经教育确有悔改表现的，可以依法从轻、减轻或者免除处罚。"

2. 一罪与数罪的界限

本罪属于选择性罪名，只要行为人实施其中行为之一，即可构成本罪。但是，行为人实施其中多个行为的，也仅构成本罪一罪，不实行并罚。

行为人在非法制造、买卖、运输、储存危险物质的同时还非法制造、买卖、运输、储存枪支、弹药、爆炸物的，应数罪并罚。但是，如果行为人一车运输的物质既有危险物质又有枪支、弹药、爆炸物的，则属于想象竞合犯，应从一重罪处断。

（五）立案标准

最高人民检察院、公安部2008年6月25日印发的《最高人民检察院、公安部关于公安机关管辖的刑事案件立案追诉标准的规定（一）》的第二条对非法制造、买卖、运输、储存危险物质案的立案标准作出了规定："非法制造、买卖、运输、储存毒害性、放射性、传染病病原体等物质，危害公共安全，涉嫌下列情形之一的，应予立案追诉：（一）造成人员重伤或者死亡的；（二）造成直接经济损失10万元以上；（三）非法制造、买卖、运输、储存毒鼠强、氟乙酰胺、氟乙酰钠、毒鼠硅、甘氟原粉、原液、制剂50克以上，或者饵料2000克以上的；（四）造成急性中毒、放射性疾病或者造成传染病流行、暴发的；（五）造成严重环境污染的；（六）造成毒害性、放射性、传染病病原体等危险物质丢失、被盗、被抢或者被他人利用进行违法犯罪活动的；（七）其他危害公共安全的情形。"

2003年10月1日起实施的《最高人民法院、最高人民检察院关于办理非法制造、买卖、运输、储存毒鼠强等禁用剧毒化学品刑事案件具体应用法律若干问题的解释》第一条规定："非法制造、买卖、运输、储存毒鼠强等禁用剧毒化学品，危害公共安全，具有下列情形之一的，依照《刑法》第一百二十五条的规定，以非法制造、买卖、运输、储存危险物质罪，处三年以上十年以下有期徒刑：（一）非法制造、买卖、运输、储存原粉、原液、原药制剂50克以上，或者饵料2千克以上的；（二）在非法制造、买卖、运输、储存过程中致人重伤、死亡或者造成公私财产损失10万元以上的。"第二条规定："非法制造、买卖、运输、储存毒鼠强等禁用剧毒化学品，具有下列情形之一的，属于《刑法》第一百二十五条规定的'情节严重'，处十年以上有期徒刑、无期徒刑或者死刑：（一）非法制造、买卖、运输、储存原粉、原液、制剂500克以上，或者饵料20千克以上的；（二）在非法制造、买卖、运输、储存过程中致3人以上重伤、死亡，或者造成公私财产损失20万元以上的；（三）非法制造、买卖、运输、储存原粉、原液、制剂50克以上不满500克，或者饵料2千克以上不满20千克，并具有其他严重情节的。"

十四、交通肇事罪案件的认定

(一) 法条链接

《刑法》第一百三十三条:违反交通运输管理法规,因而发生重大事故,致人重伤、死亡或者使公私财产遭受重大损失的,处三年以下有期徒刑或者拘役;交通肇事后逃逸或者有其他特别恶劣情节的,处三年以上七年以下有期徒刑;因逃逸致人死亡的,处七年以上有期徒刑。

(二) 罪名释义

交通肇事罪,是指违反交通运输管理法规,因而发生重大事故,致人重伤、死亡或者使公私财产遭受重大损失的行为。

(三) 犯罪构成

本罪的犯罪构成表现在如下四个方面:

第一,本罪侵犯的客体是交通运输的正常秩序和安全。这里的"交通运输",主要指公路、水路和城市机动车辆的交通运输。

第二,本罪的客观方面表现为违反交通运输管理法规,因而发生重大交通事故,致使人重伤、死亡或者使公私财产遭受重大损失的行为。"违反交通管理法规"是指违反国家有关交通运输管理的法律、法规和国家有关主管部门制定的交通运输安全的规章等。涉海的交通运输管理法律主要是指《中华人民共和国海上交通安全法》《中华人民共和国内河避碰规则》等。违反交通管理法规的行为,是指司机酒后开车、非司机无照驾驶机动车、汽车驾驶员违章操作强行超车、船舶驾驶员违反避碰规则等交通规则以及超船、超载等。"重大事故"主要是指撞车、沉船、翻车、人员伤亡、公私财产受损失等情形。

第三,本罪的主体为一般主体。中国人、外国人和无国籍人均可以构成本罪的犯罪主体。实践中主要是从事交通运输的人员,包括公路运输人员和水路运输人员等。

第四,本罪的主观方面主要由过失构成,包括疏忽大意的过失和过于自信的过失。行为人违反交通运输法规可能是出于故意,但是对于因此而造成的严重的交通肇事的危害后果则是过失的,即行为人并未预见到可能发生的严重后果,或者虽然已经预见,但是轻信可以避免,以至于发生了严重后果。

(四) 疑难问题

1. 划清罪与非罪的界限

如果行为人没有违反交通运输管理法规,或者违反了交通运输管理法规但是并未导致发生交通事故或者虽然发生了交通事故,但并未致人重伤、死亡或者使公私财产遭受损失的,不构成犯罪。

2. 划清本罪与破坏交通工具罪的界限

两者侵犯的客体都是交通运输秩序和安全,其主要区别在于:第一,客观方面表现不同。前者表现为违反交通运输管理法规因而发生重大交通事故,致使人员伤亡或者使公私财产遭受重大损失的行为;而后者表现为实施破坏火车、汽车、电车、船只、航空器,足以使火车、汽车、电车、船只、航空器发生倾覆、毁坏危险,危害公共安全的行为。第二,主观方面的内容不同。前者由过失构成,后者由故意构成。

(五) 立案标准

根据 2000 年 11 月 21 日起施行的《最高人民法院关于审理交通肇事刑事案件具体应用法律若干问题的解释》第 2 条规定,交通肇事具有下列情形之一的,处 3 年以下有期徒刑或者拘役:(1) 死亡 1 人或者重伤 3 人以上,负事故全部或者主要责任的;(2) 死亡 3 人以上,负事故同等责任的;(3) 造成公共财产或者他人财产直接损失,负事故全部或者主要责任,无力赔偿数额在 30 万元以上的。

交通肇事致 1 人以上重伤,负事故全部或者主要责任,并具有下列情形之一的,以交通肇事罪定罪处罚:(1) 酒后、吸食毒品会驾驶机动车辆的;(2) 无驾驶资格驾驶机动车辆的;(3) 明知是安全装置不全或者安全机件失灵的机动车辆而驾驶的;(4) 明知是无牌证或者已报废的机动车辆而驾驶的;(5) 严重超载驾驶的;(6) 为逃避法律责任逃离事故现场的。

第 4 条规定,交通肇事具有下列情形之一的,属于"有其他特别恶劣情节",处 3 年以上 7 年以下有期徒刑:(1) 死亡 2 人以上或者重伤 5 人以上,负事故全部或者主要责任的;(2) 死亡 6 人以上,负事故同等责任的;(3) 造成公共财产或者他人财产直接损失,负事故全部或者主要责任,无能力赔偿数额在 60 万元以上的。

十五、重大责任事故案件的认定

(一) 法条链接

《刑法》第一百三十四条第 1 款规定:"在生产、作业中违反有关安全管理的规定,因而发生重大伤亡事故或者造成其他严重后果的,处三年以下有期徒刑或者拘役;情节特别恶劣的,处三年以上七年以下有期徒刑。"

(二) 罪名释义

重大责任事故罪,是指在生产、作业中违反有关安全管理的规定,因而发生重大伤亡事故或者造成其他严重后果的行为。

（三）犯罪构成

本罪的犯罪构成表现在如下四个方面：

第一，本罪侵犯的客体是生产、作业的安全，即从事生产、作业的不特定或多数人的生命、健康的安全和重大公私财产的安全。海上石油开采、渔船出海捕捞等作业的安全是必须引起重视的，在生产过程中违反安全管理的规定可能导致正常的生产秩序遭到破坏，甚至发生重大的海上伤亡事故，造成财产损失。

第二，本罪的客观方面表现为行为人在生产、作业活动中，不服管理、违反规章制度，因而发生重大伤亡事故或者造成其他严重后果的行为。实践中多表现为"不服管理"或者"违反规章制度"。《安全生产法》第五十四条规定："从业人员在作业过程中，应当严格遵守本单位的安全生产规章制度和操作规程，服从管理，正确佩戴和使用劳动防护用品。""不服管理"是指从事生产、施工、作业等工作人员不服从本单位管理人员的管理，或者不服从本单位领导出于安全生产考虑对工作的安排。"违反规章制度"，是指违反国家颁布的各种与安全生产有关的法律、法规的明文规定；企业、事业单位及其上级管理机关所制定的规程、规则、章程等明文规定；虽无法律法规等的明文规定，但却在实践中为职工所公认的行之有效的操作习惯和惯例等等。在海上，行为人在生产、作业的过程中，不服管理、违反规章制度，因而发生重大伤亡事故或者造成其他严重后果，亦可能涉嫌构成重大责任事故罪。

第三，本罪的犯罪主体为一般主体。即年满16周岁且具有刑事责任能力的自然人。2015年12月16日起实施的，由最高法、最高检联合发布的《关于办理危害生产安全刑事案件适用法律若干问题的解释》第一条规定："《刑法》第一百三十四条第一款规定的犯罪主体包括对生产、作业负有组织、指挥或者管理职责的负责人、管理人员、实际控制人、投资人等人员，以及直接从事生产、作业的人员。"

实际控制人，是指虽然在名义上不是企业的法定代表人或者具体的管理人员，但是实际上却指挥、控制着企业的生产、经营、安全、投资和人事任免等重大事项和重要事务，对重大决策起决定作用。这些人之所以藏在幕后原因大致有两方面：第一，因为没有法律依据，有的人不能担任企业的经营与管理人员，如国家工作人员；第二，有的人害怕承担安全管理责任，而隐藏于幕后。

投资人是指负责生产经营管理的投资人，不包括其他投资人。这是因为，负责生产经营管理的投资人对劳动安全设施和其他安全生产条件的投入和维护负有资金投入义务，而基于投资权益，投资人享有生产经营管理权，但是要考虑到大股东和小股东之分，对于实际没有参与到经营管理的投资人，则不能追究其刑事责任。

第四，本罪的主观方面表现为过失。行为人在生产、作业中违反有关安全管理的规定，可能是出于故意，但对于其行为引起的严重后果而言，则是过失，因为行为人对其行为造成的严重后果是不希望发生的。

(四) 疑难问题

1. 罪与非罪的界限

第一,本罪与自然事故、技术事故的界限。所谓自然事故,是指由于不能预见和不能抗拒的自然条件所引起的事故。所谓技术事故,是指由于技术条件的限制或者设备条件的限制而发生的无法避免的事故。区分本罪与这两种情况,关键是要看行为人主观上是否存在过失以及是否有违反安全管理规定的行为。如果事故发生是由于行为人违反安全管理规定引起,行为人主观上存在过失,则成立本罪,否则则为自然事故或技术事故,不构成犯罪。

第二,本罪与一般事故的界限。两者的相同点是行为人在生产、作业过程中都有违反安全管理规定的行为,而且都造成了一定的损害后果。区别在于违反安全管理规定的行为是否造成了重大伤亡事故或者其他严重后果。造成重大伤亡事故或者其他严重后果的构成本罪(本罪的立案标准将在下文具体表述),没有造成重大伤亡事故或者其他严重后果的,则属于一般安全生产事故,依据《安全生产法》给予处罚。

2. 此罪与彼罪的界限

第一,本罪与失火罪、过失爆炸罪、过失投放危险物质罪的界限。本罪的重大损失的后果,可以表现为火灾、爆炸、中毒事故,而且,这三种犯罪的共同点是主观方面都表现为过失。区别的关键在于行为发生的场合不同。本罪行为是在生产、作业活动中,违反有关安全管理规定而发生重大伤亡事故或者造成其他严重后果,而失火罪、过失爆炸罪、过失投放危险物质罪的行为,不是在生产、作业过程中,而是在日常生活中由于缺乏安全意识,违规操作而引发的火灾、爆炸或者中毒事故。

第二,本罪与危险品肇事罪的界限。危险物品肇事罪是指违反爆炸性、易燃性、放射性、毒害性、腐蚀性物品的管理规定,在生产、储存、运输、使用中发生重大事故,造成严重后果的行为。两罪都是过失犯罪,在客观方面都表现为违反有关规定、制度而导致严重后果。区别主要有以下两点:首先,主体的范围不同。本罪为从事生产、作业的人员;危险品肇事罪则是从事生产、储存、运输、使用爆炸性、易燃性、放射性、毒害性、腐蚀性危险物品工作人员或者一般主体。其次,行为发生的场合不同。本罪发生在生产、作业过程中,而危险品肇事罪则只能发生在生产、储存、运输、使用危险物品的过程中。

第三,本罪与玩忽职守罪的界限。玩忽职守罪是指国家机关工作人员玩忽职守,致使公共财产、国家和人民利益遭受重大损失的行为。两罪都是过失犯罪,且都造成了严重后果。区别主要有以下三点。第一,犯罪侵犯的客体不同。重大责任事故罪的犯罪客体是厂矿等企事业单位的生产安全,玩忽职守罪侵犯的客体是国家机关的正常活动。第二，犯罪客观方面不同。重大责任事故罪发生在生产、作业过程中，行为人不服管理、违反章程制度，因而发生重大伤亡事故或者造成其他严重后果；玩忽职守罪发生在国家机关工作人员执行行政管理职能的职务活动中，行为人马马虎虎，严重不负责任，不履行或者不正确履行职责。第三，犯罪主体不同。重大责任事故罪的主体是厂矿等企事业单位中的生产、作业人员；玩忽职守罪的主体是国家机关工作人员。

（四）立案标准

根据2015年12月16日起实施的，由最高法、最高检联合发布的《关于办理危害生产安全刑事案件适用法律若干问题的解释》，此罪中的"发生重大伤亡事故或者造成其他严重后果"是指：（一）造成死亡一人以上，或者重伤三人以上的；（二）造成直接经济损失一百万元以上的；（三）其他造成严重后果或者重大安全事故的情形。"情节特别恶劣的"是指：（一）造成死亡三人以上或者重伤十人以上，负事故主要责任的；（二）造成直接经济损失五百万元以上，负事故主要责任的；（三）其他造成特别严重后果、情节特别恶劣或者后果特别严重的情形。

十六、强令违章冒险作业案件的认定

（一）法条链接

《刑法》第一百三十四条第2款规定："强令他人违章冒险作业，因而发生重大伤亡事故或者造成其他严重后果的，处五年以下有期徒刑或者拘役；情节特别恶劣的，处五年以上有期徒刑。"

（二）罪名释义

强令违章冒险作业罪，是指强令他人违章冒险作业，因而发生重大伤亡事故或者造成其他严重后果的行为。这里的"他人"特指对生产、作业具有管理、指挥职权的行为人下属，不包括对行为人无权直接指挥、管理的人员。

（三）犯罪构成

本罪的犯罪构成表现在如下四个方面：

第一，本罪侵犯客体的是生产、作业的安全，即从事生产、作业的不特定或多数人的生命、健康的安全和重大公私财产的安全。

第二，本罪的客观方面表现为强令他人违章冒险作业，因而发生重大伤亡事故或者造成其他严重后果的行为。2015年12月16日起实施的，由最高法、最高检联合发布的《关于办理危害生产安全刑事案件适用法律若干问题的解释》第五条规定，明知存在事故隐患、继续作业存在危险，仍然违反有关安全管理的规定，实施下列行为之一的，应当认定为《刑法》第一百三十四条第二款规定的"强令他人违章冒险作业"：(一)利用组织、指挥、管理职权,强制他人违章作业的;(二)采取威逼、胁迫、恐吓等手段,强制他人违章作业的;(三)故意掩盖事故隐患,组织他人违章作业的;(四)其他强令他人违章作业的行为。

第三,本罪的主体为一般主体。2015年12月16日起实施的,由最高法、最高检联合发布的《关于办理危害生产安全刑事案件适用法律若干问题的解释》第二条规定了本罪的犯罪主体,表述如下:"《刑法》第一百三十四条第2款规定的犯罪主体,包括对生产、作业负有组织、指挥或者管理职责的负责人、管理人员、实际控制人、投资人等人员。"

实际控制人,是指虽然在名义上不是企业的法定代表人或者具体的管理人员,但是实际上却指挥、控制着企业的生产、经营、安全、投资和人事任免等重大事项和重要事务,对重大决策起决定作用。这些人之所以藏在幕后原因大致有两方面:第一,因为没有法律依据,有的人不能担任企业的经营与管理人员,如国家工作人员;第二,有的人害怕承担安全管理责任,而隐藏于幕后。

投资人是指负责生产经营管理的投资人,不包括其他投资人。这是因为,负责生产经营管理的投资人对劳动安全设施和其他安全生产条件的投入和维护负有资金投入义务,而基于投资权益,投资人享有生产经营管理权,但是要考虑到大股东和小股东之分,对于实际没有参与到经营管理的投资人,则不能追究其刑事责任。

第四,本罪的主观方面表现为过失,即行为人对发生重大伤亡事故或者造成其他严重后果存在过失心理。

(四) 立案标准

根据2015年12月16日起实施的,由最高法、最高检联合发布的《关于办理危害生产安全刑事案件适用法律若干问题的解释》,此罪中的"发生重大伤亡事故或者造成其他严重后果"是指:(一)造成死亡一人以上,或者重伤三人以上的;(二)造成直接经济损失一百万元以上的;(三)其他造成严重后果或者重大安全事故的情形。"情节特别恶劣的"是指:(一)造成死亡三人以上或者重伤十人以上,负事故主要责任的;(二)造成直接经济损失五百万元以上,负事故主要责任的;(三)其他造成特别严重后果、情节特别恶劣或者后果特别严重的情形。

十七、重大劳动安全事故案件的认定

(一) 法条链接

《刑法》第一百三十五条规定:"安全生产设施或者安全生产条件不符合国家规定,因而发生重大伤亡事故或者造成其他严重后果的,对直接负责的主管人员和其他直接责任人员,处三年以下有期徒刑或者拘役;情节特别恶劣的,处三年以上七年以下有期徒刑。"

(二) 罪名释义

重大劳动安全事故罪,是指安全生产设施或者安全生产条件不符合国家的规定,因而发生重大伤亡事故或者造成其他严重后果的行为。

(三) 犯罪构成

本罪的犯罪构成表现在如下四个方面:

第一,本罪的客体是生产安全,即从事生产、作业的不特定或多数人的生命、健康的安全和重大公私财产的安全。

第二,本罪的客观方面表现为安全生产设施或者安全生产条件不符合国家规定,因而发生重大伤亡事故或者造成其他严重后果的行为。所谓"安全生产设施"是指为了防止和消除在生产过程中的伤亡事故,防止生产设备遭到破坏,用以保障劳动者安全的技术设备、设施和各种用品。主要有:(1) 防护装置,用以屏护方法使人体与生产中危险部分相隔离的装置;(2) 保险装置,即能自动消除生产中由于设备事故和部件损害而引起的人身事故危险的装置,如安全阀、自动跳闸、卷扬限制器等;(3) 信号装置,即应用信号警告、预防危险的装置,如信号灯、电器指示灯等;(4) 危险牌示和识别标志,即危险告示标志和借助醒目颜色或图形判断是否安全的标志。"安全生产条件"主要指有关安全生产的资格、技术保障、岗位设置、作业人员培训和规章制度等确保安全生产的要素。所谓"安全生产设施或者安全生产条件不符合国家规定"既包括根本没有装备安全生产设施或者根本不具有安全生产条件,也包括虽然装备了安全生产设施或具有一定的安全生产条件,但是还没有达到国家规定的要求。本罪一定是由于安全生产设施或者安全生产条件不符合国家规定而发生重大伤亡事故或者造成其他严重后果。

第三,本罪的主体为特殊主体。直接负责的主管人员和其他直接责任人员才可以构成本罪的犯罪主体。2015年12月16日起实施的,由最高法、最高检联合发布的《关于办理危害生产安全刑事案件适用法律若干问题的解释》第三条规定,《刑法》第一百三十五条规定的"直接负责的主管人员和其他直接责任人员",是指对安全生产设施或者安全生产条件不符合国家规定负有直接责任的生产经营单位负责人、管理人员、实际控制人、投资人,以及其他对安全生产设施或者安全生产条件负有管理、维护职责的人员。

实际控制人,是指虽然在名义上不是企业的法定代表人或者具体的管理人员,但是实际上却指挥、控制着企业的生产、经营、安全、投资和人事任免等重大事项和重要事务,对重大决策起决定作用。这些人之所以藏在幕后原因大致有两方面:第一,因为没有法律依据,有的人不能担任企业的经营与管理人员,如国家工作人员;第二,有的人害怕承担安全管理责任,而隐藏于幕后。

投资人是指负责生产经营管理的投资人,不包括其他投资人。这是因为,负责生产经营管理的投资人对劳动安全设施和其他安全生产条件的投入和维护负有资金投入义务,而基于投资权益,投资人享有生产经营管理权,但是要考虑到大股东和小股东之分,对于实际没有参与到经营管理的投资人,则不能追究其刑事责任。

第四,本罪的主观方面为过失,即行为人对发生的重大伤亡事故或者造成的其他严重后果应当预见,但是由于疏忽大意而没有预见或者虽然已经预见但是轻信能够避免的心理态度。对于安全生产设施或者安全生产条件不符合国家规定而没有采取改进措施的情况,行为人既可以是故意的,也可以是过失的。

(四)疑难问题

1. 罪与非罪的界限

如果直接负责的主管人员和其他直接责任人员对安全生产设施或者安全生产条件不符合国家规定的情况,虽然没有采取预防或者补救措施,但没有发生劳动安全事故,或者只是发生了较轻的安全事故的,则不构成犯罪。

2. 此罪与彼罪的界限

划清本罪与重大责任事故罪的界限

两罪都是涉及违反安全生产规定的犯罪,并且立案的标准也是一样的,两者的差别主要表现在适用的范围不同。本罪更强调劳动场所的硬件设施或者对劳动者提供的安全生产防护用品和防护措施不符合规定,犯罪主体是"直接负责的主管人员和其他直接责任人员"的刑事责任。而重大责任事故罪主要强度的是自然人在生产作业过程中违章操作而引起的安全生产事故的行为,犯罪的主体是违规操作的自然人。

(五)立案标准

2015年12月16日起实施的,由最高法、最高检联合发布的《关于办理危害生产安全刑事案件适用法律若干问题的解释》规定,本罪的"重大伤亡事故或者造成其他严重后果"是指:(一)造成死亡一人以上,或者重伤三人以上的;(二)造成直接经济损失一百万元以上的;(三)其他造成严重后果或者重大安全事故的情形。"情节特别恶劣的"是指:(一)造成死亡三人以上或者重伤十人以上,负事故主要责任的;(二)造成直接经济损失五百万元以上,负事故主要责任的;(三)其他造成特别严重后果、情节特别恶劣或者后果特别严重的情形。

十八、大型群众性活动重大安全事故案件的认定

(一)法条链接

《刑法》第一百三十五条之一规定:"举办大型群众性活动违反安全管理规定,

因而发生重大伤亡事故或者造成其他严重后果的,对直接负责的主管人员和其他直接责任人员,处三年以下有期徒刑或者拘役;情节特别恶劣的,处三年以上七年以下有期徒刑。"

(二) 罪名释义

大型群众性活动重大安全事故罪,是指举办大型群众性活动违反安全管理规定,因而发生重大伤亡事故或者造成其他严重后果的行为。

(三) 犯罪构成

本罪的犯罪构成表现在如下四个方面:

第一,本罪的客体是公众的人身和财产安全。一些大型活动的组织者只顾谋取经济利益,对群众的人身和财产安全置之不理,由于安排和疏导不当,致使在大型群众性活动现场秩序严重混乱、失控、造成人员挤压、发生踩踏等恶性事件。在海上,一些组织者利用游轮组织大型的观光、游览等活动,这些活动内容丰富,参与人员多,一旦发生安全事故,可能会造成人员伤亡和财产损失的重大事故。

第二,本罪的客观方面为举办大型群众性活动违反安全管理的规定,因而发生重大伤亡事故或者造成其他严重后果的行为。2007年10月1日起实施的《大型群众性活动安全管理条例》对举办大型群众性活动进行了具体规范。"大型群众性活动",是指法人或者其他组织面向社会公众举办的每场次预计参加人数达到1000人以上的下列活动:(一)体育比赛活动;(二)演唱会、音乐会等文艺演出活动;(三)展览、展销活动;(四)游园、灯会、庙会、花会、焰火晚会等活动;(五)人才招聘会、现场开奖的彩票销售等活动。"违反安全管理规定"中的"安全管理规定"主要有:(一)进行安全风险预测或者评估,制定安全工作方案和处置突发事件应急预案;(二)配备与大型活动安全工作需要相适应的专职保安等专业安全工作人员;(三)建立并落实安全责任制度,确定安全责任人,明确安全措施、岗位职责;(四)为大型活动的安全工作提供必需的物质保障;(五)组织实施现场安全工作,开展安全检查,发现安全隐患及时消除;(六)一般人数在千人以上的,应报公安机关审批。

第三,本罪的主体为大型群众活动的"直接负责的主管人员和其他直接责任人员"。"直接责任的主管人员"是指大型群众活动的策划者、组织者、举办者;"其他直接责任人员"是指对大型群众性活动的安全举行、紧急预案负有具体落实、执行职责的人员。

第四,本罪的主观方面表现为过失。即行为人对举办大型群众性活动违反安全管理规定所发生的重大伤亡事故或者造成的其他严重后果具有疏忽大意或者过于自信的心理。

（四）疑难问题

划清本罪罪与非罪的界限

在认定大型群众性活动重大安全事故罪应当注意划清罪与非罪的界限。《大型群众性活动安全管理条例》第二章规定了安全责任问题。其中第七条规定："承办者具体负责下列安全事项：（一）落实大型群众性活动安全工作方案和安全责任制度，明确安全措施、安全工作人员岗位职责，开展大型群众性活动安全宣传教育；（二）保障临时搭建的设施、建筑物的安全，消除安全隐患；（三）按照负责许可的公安机关的要求，配备必要的安全检查设备，对参加大型群众性活动的人员进行安全检查，对拒不接受安全检查的，承办者有权拒绝其进入；（四）按照核准的活动场所容纳人数数量、划定的区域发放或者出售门票；（五）落实医疗救护、灭火、应急疏散等应急救援措施并组织演练；（六）对妨碍大型群众性活动安全的行为及时予以制止，发现违法犯罪行为及时向公安机关报告；（七）配备与大型群众性活动安全工作需要相适应的专业保安人员以及其他安全工作人员；（八）为大型群众性活动的安全工作提供必要的保障。第八条规定："大型群众性活动的场所管理者具体负责下列安全事项：（一）保障活动场所、设施符合国家安全标准和安全规定；（二）保障疏散通道、安全出口、消防车通道、应急广播、应急照明、疏散指示标志符合法律、法规、技术标准的规定；（三）保障监控设备和消防设施、器材配置齐全、完好有效；（四）提供必要的停车场地，并维护安全秩序。"对于违反该条例的行政违法行为没有导致发生重大伤亡事故或者造成其他严重后果，那么就不构成犯罪，反之如果发生了重大伤亡事故或者造成了其他严重后果，则构成犯罪。

（五）立案标准

2015年12月16日起实施的，由最高法、最高检联合发布的《关于办理危害生产安全刑事案件适用法律若干问题的解释》规定，本罪的"重大伤亡事故或者造成其他严重后果"是指：（一）造成死亡一人以上，或者重伤三人以上的；（二）造成直接经济损失一百万元以上的；（三）其他造成严重后果或者重大安全事故的情形。"情节特别恶劣的"是指：（一）造成死亡三人以上或者重伤十人以上，负事故主要责任的；（二）造成直接经济损失五百万元以上，负事故主要责任的；（三）其他造成特别严重后果、情节特别恶劣或者后果特别严重的情形。

十九、危险物品肇事案件的认定

（一）法条链接

《刑法》第一百三十六条规定："违反爆炸性、易燃性、放射性、毒害性、腐蚀性物品的管理规定，在生产、储存、运输、使用中发生重大事故，造成严重后果的，处三年以下有期徒刑或者拘役；后果特别严重的，处三年以上七年以下有期徒刑。"

（二）罪名释义

危险物品肇事罪，是指违反爆炸性、易燃性、放射性、毒害性、腐蚀性物品的管理规定，在生产、储存、运输、使用中发生重大事故，造成严重后果的行为。

（三）犯罪构成

本罪的犯罪构成表现在如下四个方面：

第一，本罪侵犯的客体是公共安全，即危险物品在生产、储存、运输、使用中的安全。危险物品一旦失控，往往对人民群众的生命、健康或者公司财产造成严重危害。

第二，本罪的客观方面表现为违反爆炸性、易燃性、放射性、毒害性、腐蚀性物品的管理规定，在生产、储存、运输、使用中发生重大事故，造成严重后果的行为。"爆炸性物品"是指能引起爆炸的物质，如雷管、导火索、导爆管、非电导爆系统等各种起爆器材，雷汞、雷银、硝基化合物类炸药、硝基胺类炸药、硝酸类炸药、高能混合炸药、爆破剂等各类炸药，以及焰火剂、民用信号弹、烟花爆竹等；"易燃性物质"是指能燃烧的物质，如汽油、酒精、液化气、煤气、氢气、胶片以及其他易燃液体、易燃固体、自燃物品等；"放射性物质"是指那些能自然地向外辐射能量，发出射线的物质。如镭、铀、钴等放射性化学元素；"毒害性物质"是指能够引起健康受损的物质，如甲胺磷、磷化铝、砒霜、五氯酚、氯化钾、氰化钠、敌敌畏、敌百虫等；"腐蚀性物质"是指能引起其他物质发生腐蚀性破坏的物质，如硫酸、盐酸、硝酸等。对于危险品安的管理规定有很多。如《危险化学品的安全管理条例》《核材料管理条例》《民用爆炸物品安全管理条例》《医疗用毒性药品管理办法》《农药安全使用规定》《关于搬运危险性物品的几项办法》《关于加强烟花爆竹企业安全生产管理的紧急通知》《放射性同位素与射线装置安全和防护条例》。上述法规对危险物品的范围、种类及其生产、储存、运输、使用都有明确而具体的规定。根据上述规定，在生产过程中违反规定的行为，主要表现为不按规定设置相应的通风、防火、防爆、防毒、监测、报警、降温、防潮、避雷、防静电、隔离操作等安全设施。在储存过程中违反规定的行为，主要表现为不按照规定设置相应的防爆、防火、防雷、报警、防晒、消除静电等安全设施。在运输过程中违反规定的行为，主要表现为将客、货混装，不按规定分运、分卸；不按规定限速行驶；运输中无专人看管等等。在使用方面违反规定的行为，主要表现为不按规定的计量、范围、方法使用，或者不采取必要的防护措施等等。

第三，本罪的主体为一般主体。在实践中多表现为从事生产、储存、运输、使用危险物品的职工。

第四，本罪的主观方面表现为过失。即行为人多违反爆炸性、易燃性、放射性、毒害性、腐蚀性物品的管理规定而发生的重大伤亡事故或者其他严重后果具有疏忽大意的过失或者具有过于自信的过失。应当注意，行为人多违反爆炸性、易燃性、放射性、毒害性、腐蚀性物品的管理规定可能是故意的。

(四) 疑难问题

1. 划清本罪罪与非罪的界限

在认定危险物品肇事罪时应当划清罪与非罪的界限。行为人违反相关的危险品管理行政法规，但没有发生重大伤亡事故，此时就不应当将行为人的行为认定为犯罪行为，只需根据行政法规进行行政处罚即可。

2. 划清本罪与非法储存爆炸物罪的界限

非法储存爆炸物罪是指违反国家有关规定，私自存放爆炸物的行为。危险物质肇事罪与非法储存爆炸物罪的犯罪对象都是危险物品，都违反了有关危险物品的管理规定。两罪的区别主要有：犯罪主体不同。危险物品肇事罪的主体主要是从事危险物品生产、储存、运输和使用的人；而非法储存爆炸物质罪的主体则可以是任何达到刑事责任年龄、具备刑事责任能力的人。二是客观方面表现不同。危险物品肇事罪行为人违反的是正确进行生产、储存、运输和使用危险物品的管理规定；而非法储存爆炸物罪违反的则是不得私自储存爆炸物的规定，至于储存的方法是否得当，并不影响该罪的成立。另外对两罪对犯罪结果的要求和不一样。危险物品肇事罪是结果犯，必须发生重大事故，造成了严重后果才构成本罪；而非法储存爆炸物罪是行为犯，只要行为人实施了非法储存爆炸物的行为，不论是否造成严重后果，都构成本罪。三是主观方面不同。危险物品肇事罪的主体的主观方面表现为过失；而非法储存爆炸物罪的主体的主观方面表现为故意。

(五) 立案标准

2015年12月16日起实施的，由最高法、最高检联合发布的《关于办理危害生产安全刑事案件适用法律若干问题的解释》规定，本罪的"重大伤亡事故或者造成其他严重后果"是指：(一) 造成死亡一人以上，或者重伤三人以上的；(二) 造成直接经济损失一百万元以上的；(三) 其他造成严重后果或者重大安全事故的情形。"情节特别恶劣的"是指：(一) 造成死亡三人以上或者重伤十人以上，负事故主要责任的；(二) 造成直接经济损失五百万元以上，负事故主要责任的；(三) 其他造成特别严重后果、情节特别恶劣或者后果特别严重的情形。

二十、工程重大安全事故案件的认定

(一) 法条链接

《刑法》第一百三十七条规定："建设单位、设计单位、施工单位、工程监理单位违反国家规定，降低工程质量标准，造成重大安全事故的，对直接责任人员，处五年以下有期徒刑或者拘役,并处罚金;后果特别严重的,处五年以上十年以下有期徒刑,并处罚金。"

(二)罪名释义

工程重大安全事故罪,是指建设单位、设计单位、施工单位、工程监理单位违反国家规定,降低工程质量标准,造成重大安全事故的行为。

(三)犯罪构成

本罪的犯罪构成表现在如下四个方面:

第一,本罪侵犯的客体是建筑工程质量标准的规定以及公众的生命、健康和重大公私财产的安全,即公共安全。人民群众的生活离不开建筑工程,而每一项建筑工程都与人民群众的生命和财产安全密不可分。如果建设单位、设计单位、施工单位、工程监理单位违反国家规定,为牟取暴利而偷工减料,一旦建筑物发生倒塌或倾覆,会对人民群众的生命和财产安全造成极大的损害。在海上,跨海大桥和海底隧道具有重要的交通运输功能,如果工程建设单位、施工单位为谋求非法利益,偷工减料或者使用不达标、不合格的产品,就会埋下巨大的安全隐患,最终导致跨海大桥或者海底隧道倒塌,使得群众的生命和财产遭受重大损害。

第二,本罪的客观方面表现建设单位、设计单位、施工单位、工程监理单位违反国家规定,降低工程质量标准,造成重大安全事故的行为。对于建设单位而言,主要表现为在不符合安全要求的地段建设、盲目增加房屋层数、不合理的压缩工程造价、所提供的建筑材料、建筑构配件和设备不合格,要求施工、设计单位删减配套的安全设施,要求或者同意工程监理单位对不合格工程验收通过等;对于设计单位而言,主要表现为随意设计,听从建设单位降低工程质量标准的设计要求等;对于施工单位而言,主要表现为不配备必要的技术人员,不严格按照合格的施工图施工,使用不具备相应资质的员工,在施工中偷工减料,使用不合格的建筑材料、建筑构配件和设备等;对于工程监理单位而言,主要表现为不认真履行职责,对工程质量不严格把关,对发现的建设工程质量安全隐患不及时指出,疏于监督,严重失职等。所谓"重大安全事故"则是指建筑工程在建设中或者交付使用后,由于达不到质量标准,导致楼房倒塌、桥梁断裂而造成人员伤亡或重大经济损失等。本罪是结果犯,也就是说只有客观上造成了重大安全事故,才能构成本罪。如果仅仅是违反国家规定,降低工程质量标准,但未造成重大安全事故,则不构成本罪。另外要说明的是违反国家规定,降低工程质量标准的行为必须与严重后果之间具有因果关系。跨海大桥和海底隧道具有重要的交通运输功能,如果工程建设单位、施工单位为谋求非法利益,偷工减料或者使用不达标、不合格的产品,就会埋下巨大的安全隐患,最终导致跨海大桥或者海底隧道倒塌,发生人员伤亡和财产损失的危害后果,对于这样的行为,相关单位就涉嫌构成工程重大安全事故罪。

第三,本罪的主体是特殊主体,即建设单位、设计单位、施工单位、工程监理单位实施了违反国家规定,降低工程质量标准,造成重大安全事故的行为才构成本罪。其他单位不能成为本罪的主体。

"建设单位"是指建筑工程的投资方,对该工程拥有产权。"设计单位"是指对建筑工程进行图纸等设计的单位。"施工单位"是指根据建设单位的要求和设计单位的设计,承担具体施工的单位。"工程监理单位"是指对建筑工程进行监督管理,担任工程质量监督工作的单位。所谓"违反国家规定"是指违反国家关于建筑工程质量监督管理的法律、法规。降低工程质量标准的行为有很多表现。

第四,主观方面由过失构成,即建设单位、设计单位、施工单位、工程监理单位的直接负责人员应当知道违反国家规定,降低工程质量可能带来的严重后果,由于疏忽大意而没有预见,或者虽然已经预见,但轻信可以避免,结果导致重大安全事故的发生。

(四)疑难问题

1. 划清本罪罪与非罪的界限

本罪是结果犯,也就是说只有客观上造成了重大安全事故,才构成本罪。如果仅仅是违反《建筑法》《建设工程勘查设计管理条例》等法律法规,降低工程质量标准,但未造成重大安全事故,则不构成本罪。

2. 划清本罪与重大劳动安全事故罪的界限

本罪与重大劳动安全事故罪罪名相似,并且所侵犯的客体都是公共安全,主观方面都表现为过失,易发生混淆。两罪的不同之处表现在以下两个方面。第一,客观方面的表现形式不同。本罪表现为建设单位、设计单位、施工单位、工程监理单位违反国家规定,降低工程质量标准,造成重大安全事故的行为;重大劳动安全事故罪表现为行为人明知本单位的劳动安全设施不符合国家规定,因而发生重大伤亡事故或者造成其他严重后果的行为。第二,犯罪主体不同。前者只有建设单位、设计单位、施工单位、工程监理单位的直接责任人员才能构成本罪的主体,其他单位不能成为本罪的主体;而重大劳动安全事故罪的犯罪主体是对劳动安全设施直接负责的主管人员和其他直接责任人员,范围较本罪宽泛得多。

3. 划清本罪与重大责任事故罪的界限

本罪与重大责任事故罪有一些相似之处,都是过失犯罪,都以法定的严重后果作为构成犯罪的必备条件,都与生产有关。但是,两罪有明显的区别,主要表现在:首先,犯罪主体不同。工程重大安全事故罪的犯罪主体是建设单位、设计单位、施工单位、工程监理单位。该罪属于单位犯罪,但处罚的是直接责任人员。重大责任事故罪的主体是生产、作业单位的职工或生产管理人员,该罪是自然人犯罪。其次,犯罪发生的时空范围不一样。工程重大安全事故罪发生在工程建设、设计、施工、监理的过程之中。重大责任事故罪却不仅局限于此,凡是在生产、作业过程中,除法律有特别规定的以外,都有可能出现此类犯罪。最后,行为方式不一样。工程重大安全事故罪的行为方式表现为违反国家规定,降低工程质量标准。重大责任事故罪的行为方式则表现为在生产、作业中违反安全管理规定。

(五) 立案标准

2015年12月16日起实施的,由最高法、最高检联合发布的《关于办理危害生产安全刑事案件适用法律若干问题的解释》规定,本罪的"造成重大安全事故"是指:(一)造成死亡一人以上,或者重伤三人以上的;(二)造成直接经济损失一百万元以上的;(三)其他造成严重后果或者重大安全事故的情形。"后果特别严重的"是指:(一)造成死亡三人以上或者重伤十人以上,负事故主要责任的;(二)造成直接经济损失五百万元以上,负事故主要责任的;(三)其他造成特别严重后果、情节特别恶劣或者后果特别严重的情形。

二十一、消防责任事故案件的认定

(一) 法条链接

《刑法》第一百三十九条规定:违反消防管理法规,经消防监督机构通知采取改正措施而拒绝执行,造成严重后果的,对直接负责人员,处三年以下有期徒刑或者拘役;后果特别严重的,处三年以上七年以下有期徒刑。

(二) 罪名释义

消防责任事故罪,是指违反消防管理法规,经消防监督机构通知采取改正措施而拒绝执行,造成严重后果的行为。

(三) 犯罪构成

本罪的犯罪构成表现在如下四个方面:

第一,本罪侵犯的客体是消防管理制度。

第二,本罪的客观方面表现为违反消防管理法规,经消防监督机构通知采取改正措施而拒绝执行,造成严重后果的行为。"违反消防管理法规"是指违反国家有关消防方面的法律、法规和消防管理部门制定的有关规定等。"消防监督机构"是指根据法律、法规设定的专门负责消防监督管理工作的机构,船舶的消防安全接受公安消防和港务监督的监督和检查。船舶消防接受公司消防监督员、海务监督员、机务监督员、劳动安全监督员的检查监督检查,对检查发现的各类隐患必须立即整改,整改有困难的,要采取安全防范措施,并报船舶管理处,由船舶管理处负责协助船舶消除隐患。"造成严重后果"是指导致发生重大火灾,造成人员伤亡,或者公私财产遭受重大损失等情形。

第三,本罪的犯罪主体为一般主体,多为对消防工作负有直接责任的工作人员。在船上,船长对船舶防火安全负全面的责任;大副、轮机长对其部门放火安全负责;船员对其工作场所和居所放火安全负责。

第四,本罪的主观方面有过失构成。

(四) 疑难问题

1. 划清本罪罪与非罪的界限

违反消防管理法规,经消防监督机构通知采取改正措施而拒绝执行,并且造成严重后果才能构成犯罪,这里的严重后果即是下文所阐述的立案标准。如果没有造成严重后果,或者虽然导致火灾事故的发生,但是后果并不严重的,则不构成犯罪。

2. 划清本罪与失火罪的界限

两罪的客观方面的表现形式不同。本罪表现为违反消防管理法规,经消防监督机构通知采取改正措施而拒绝执行,造成严重后果的行为;失火罪表现为行为人过失引起火灾,导致人员重伤、死亡或者使公私财产遭受重大损失的行为。另外,本罪与失火罪的犯罪主体不同。本罪的主体是对消防工作负有直接责任的人员,行为人并非因为自己的过失行为直接引发火灾;而失火罪的犯罪主体可以是任何人,是通过自己的不当行为直接引发火灾的任何人。

(五) 立案标准

本罪的立案标准需要达到"造成严重后果",根据 2015 年 12 月 16 日起实施的《最高人民法院、最高人民检察院关于办理危害生产安全刑事案件适用法律若干问题的解释》第六条规定,此罪中的"造成严重后果"是指:(一)造成死亡一人以上,或者重伤三人以上的;(二)造成直接经济损失一百万元以上的;(三)其他造成严重后果或者重大安全事故的情形。"后果特别严重的"是指:(一)造成死亡三人以上或者重伤十人以上,负事故主要责任的;(二)造成直接经济损失五百万元以上,负事故主要责任的;(三)其他造成特别严重后果、情节特别恶劣或者后果特别严重的情形。

二十二、不报、谎报安全事故案件的认定

(一) 法条链接

《刑法》第一百三十九条之一规定:"在安全事故发生后,负有报告职责的人员不报或者谎报事故情况,贻误事故抢救,情节严重的,处三年以下有期徒刑或者拘役;情节特别严重的,处三年以上七年以下有期徒刑。"

(二) 罪名释义

不报、谎报安全事故罪,是指在安全事故发生后,负有报告职责的人员不报或

者谎报事故情况，贻误事故抢救，情节严重的行为。

（三）犯罪构成

本罪的犯罪构成表现在如下四个方面：

第一，本罪侵害的客体是安全事故监管制度。本罪主要是针对近年来一些事故单位的负责人和对安全事故负有监管职责的人员在事故发生后弄虚作假，结果贻误事故抢救、造成人员伤亡和财产损失进一步扩大的行为而设置的。当海上发生交通肇事、重大安全事故等造成安全事故后，具有报告职责的人员应当第一时间将事故上报，请求救援，以避免危害后果的进一步扩大。

第二，本罪的客观方面表现为在安全事故发生后，负有报告职责的人员不报或者谎报事故情况，贻误事故抢救，情节严重的行为。"不报"既包括没有报告，也包括只报告了部分情况，而没有报告事故的全部情况，还包括能及时报告而不及时报告，即拖延报告时间，以及在第一次报告后，不报告又出现的新情况。"谎报"是指不按照事实报告，虽然向有关负责人员报告发生了安全事故，但对事故的有关情况做了不真实的报告，如对事故发生的原因予以掩饰，缩小伤亡的人数或者遭受财产的损失等，对于应当报告的部分隐瞒不报的，也属于谎报。根据国务院发布并于 2007 年 6 月 1 日起实施的《生产安全事故报告和调查处理条例》第 12 条规定，事故情况应当包括：（1）事故发生单位概况；（2）事故发生的时间、地点以及事故现场情况；（3）事故的简要经过；（4）事故已经造成的或者可能造成的伤亡人数（包括下落不明的人数）和初步估计的经济损失；（5）已经采取的措施；（6）其他应当报告的情况。

第三，本罪的犯罪主体为对安全事故负有报告职责的人员。根据 2015 年 12 月 16 日起实施的，由最高法、最高检联合发布的《关于办理危害生产安全刑事案件适用法律若干问题的解释》第四条规定，《刑法》第一百三十九条之一规定的"负有报告职责的人员"，是指负有组织、指挥或者管理职责的负责人、管理人员、实际控制人、投资人以及其他负有报告职责的人员。

第四，本罪的主观方面由故意构成。

（四）疑难问题

1. 划清本罪罪与非罪的界限

本罪是结果犯，只有符合上述立案标准才构成刑事犯罪。对于违反行政法律法规，情节轻微的不构成犯罪，相关责任人员只接受行政处罚即可。例如，2002 年 11 月 1 日颁布实施的《安全生产法》第九十一条规定："生产经营单位主要负责人在本单位发生重大生产安全事故时，不立即组织抢救或者在事故调查处理期间擅离职守或者逃匿的，给予降职、撤职的处分，对逃匿的处 15 日以下拘留；构成犯罪的，依照刑法有关规定追究刑事责任。生产经营单位主要负责人对生产安全事故隐瞒不报、谎报或者拖延不报的,依照前款规定处罚。"该法第九十二条规定:"有关地方人民政府、负有安全生产监督管理职责的部门,对生产安全事故隐瞒不报、谎报或者拖延不报的,对直接负责的主管人员和其他直接责任人员依法给予行政处分;构成犯罪的,依照刑法有关规定追究刑事责任。"2001年4月21日颁布实施的《国务院关于特大安全事故行政责任追究的规定》第16条第1款规定,特大安全事故发生后,有关县(市、区)、市(地、州)和省、自治区、直辖市人民政府及政府有关部门应当按照国家规定的程序和时限立即上报,不得隐瞒不报、谎报或者拖延报告,并应当配合、协助事故调查,不得以任何方式阻碍、干涉事故调查。

2. 划清本罪与玩忽职守罪的界限

在司法实践中,这两种罪名时常被混淆。它们的区别主要表现在以下三个方面:首先,犯罪主体不同。不报、谎报安全事故罪的主体既可以是生产经营单位的负责人,也可以是对安全生产不由直接责任的国家机关工作人员;而玩忽职守罪的主体只能是国家机关工作人员。其次,侵犯客体不同。不报、谎报安全事故罪侵害的客体是公共安全,也就是不特定的多数人的生命健康或者重大公私财产的安全;玩忽职守罪侵害的客体是国家机关正常的管理活动。最后,客观方面的表现不同。不报、谎报安全事故罪的客观方面表现为安全事故发生以后,负有报告职责的人员不报或者谎报事故情况,贻误事故抢救,情节严重的行为;玩忽职守罪的客观方面表现为严重不负责任,不履行或不正确履行工作职责,致使公共财产、国家和人民利益遭受重大损失的行为。

(五) 立案标准

根据2015年12月16日起实施的,由最高法、最高检联合发布的第八条规定,在安全事故发生后,负有报告职责的人员不报或者谎报事故情况,贻误事故抢救,具有下列情形之一的,应当认定为《刑法》第一百三十九条之一规定的"情节严重":(一)导致事故后果扩大,增加死亡一人以上,或者增加重伤三人以上,或者增加直接经济损失一百万元以上的。(二)实施下列行为之一,致使不能及时有效开展事故抢救的:1. 决定不报、迟报、谎报事故情况或者指使、串通有关人员不报、迟报、谎报事故情况的;2. 在事故抢救期间擅离职守或者逃匿的;3. 伪造、破坏事故现场,或者转移、藏匿、毁灭遇难人员尸体,或者转移、藏匿受伤人员的;4. 毁灭、伪造、隐匿与事故有关的图纸、记录、计算机数据等资料以及其他证据的。(三)其他情节严重的情形。具有下列情形之一的,应当认定为《刑法》第一百三十九条之一规定的"情节特别严重":(一)导致事故后果扩大,增加死亡三人以上,或者增加重伤十人以上,或者增加直接经济损失五百万元以上的;(二)采用暴力、胁迫、命令等方式阻止他人报告事故情况,导致事故后果扩大的;(三)其他情节特别严重的情形。

二十三、走私武器、弹药案件的认定

(一) 法条链接

《刑法》第一百五十一条第 1 款规定:"走私武器、弹药、核材料或者伪造的货币的,处七年以上有期徒刑,并处罚金或者没收财产;情节特别严重的,处无期徒刑,并处没收财产;情节较轻的,处三年以上七年以下有期徒刑,并处罚金。"

第 4 款规定:"单位犯本条规定之罪的,对单位判处罚金,并对其直接负责的主管人员和其他直接责任人员,依照本条各款的规定处罚。"

第一百五十五条规定:"下列行为,以走私罪论处,依照本节的有关规定处罚:(一) 直接向走私人非法收购国家禁止进口物品的,或者直接向走私人非法收购走私进口的其他货物、物品,数额较大的;(二) 在内海、领海、界河、界湖运输、收购、贩卖国家禁止进出口物品的,或者运输、收购、贩卖国家限制进出口货物、物品,数额较大,没有合法证明的。"

第一百五十六条规定:"与走私罪犯通谋,为其提供贷款、资金、账号、发票、证明,或者为其提供运输、保管、邮寄或者其他方便的,以走私罪的共犯论处。"

第一百五十七条规定:"武装掩护走私的,依照本法第一百五十一条第一款的规定从重处罚。"

以暴力、威胁方法抗拒缉私的,以走私罪和本法第二百七十七条规定的阻碍国家机关工作人员依法执行职务罪,依照数罪并罚的规定处罚。

(二) 罪名释义

走私武器、弹药罪,是指违反海关法规,逃避海关监督,非法运输、携带、邮寄国家禁止进出口的武器、弹药,以及直接向走私人非法收购武器、弹药,或者在内海、领海、界河、界湖运输、收购、贩卖武器、弹药,应当追究刑事责任的行为。

(三) 犯罪构成

本罪的犯罪构成表现在如下四个方面:

第一,本罪侵害的客体是国家的对外贸易管制。我国的对外贸易管制既包括对允许进出口的货物、物品征收关税的制度,也包括对特定性质的物品禁止进出境的制度。因此,走私武器、弹药罪侵犯的直接客体具体是指国家对外贸易管制中禁止武器、弹药进出境的管理制度。

第二,本罪的客观方面表现为违反海关法规,逃避海关监督,非法运输、携带、邮寄国家禁止进出口的武器、弹药,以及直接向走私人非法收购武器、弹药,或者在内海、领海、界河、界湖运输、收购、贩卖武器、弹药的行为。本罪的犯罪对象是"武器、弹药",主要指军用武器、弹药和爆炸物,包括各种军用舰艇、飞机、战车、枪、炮、弹药、地雷、手榴弹等。根据 2014 年 9 月 10 日起实施的《最高人民法院、最高人民检察院关于办理走私刑事案件适用法律若干问题的解释》第二条规定："《刑法》第一百五十一条第一款规定的'武器、弹药'的种类,参照《中华人民共和国进出税则》及《中华人民共和国禁止进出境物品表》的有关规定确定。"武器、弹药的威力巨大,一旦走私入境后落入不法分子手中,就可能会造成更为严重的后果,严重威胁到社会的稳定和人民群众的生命安全。

违反海关法规,主要是违反了海关法及其他法律法规。《海关法》第八十二条规定,运输、携带、邮寄国家禁止或限制进出境货物、物品进出境的,是走私行为。《禁止进出境物品表》规定,各种武器、弹药为禁止进出境物品。《枪支管理法》第三十三条规定,国家严格管理枪支的入境和出境。任何单位或个人未经许可,不得私自携带枪支入境、出境。第三十七条规定,经批准携带枪支入境的,入境时,应当凭批准文件在入境地边防检查站办理枪支登记,申请领取枪支携运许可证件,向海关申报,海关凭枪支携运许可证件放行;到达目的地后,凭枪支携运许可证件向社区的市级人民政府公安机关申请换发持枪证件。经批准携带枪支出境的,出境时,应当凭批准文件向出境地海关申报,边防检查站凭批准文件放行。《出境入境边防检查条例》第 30 条规定,出境、入境的人员携带或者托运枪支、弹药,必须遵守有关法律、行政法规的规定,向边防检查站办理携带或者托运手续;未经许可,不得携带、托运枪支、弹药出境、入境。

逃避海关监督,主要是通过藏匿、伪报品名等手段,瞒骗海关的监督、检查,利用通关货运渠道、旅检渠道、邮寄渠道或绕关、海上实施的走私行为。走私数量多、体积大的武器、弹药基本选择通过货运藏匿方式走私,将走私的武器、弹药藏匿在一般货物中以期蒙混过关;走私数量少、体积小的曲奇、弹药,一般贵选择行李夹带的方式。在司法实践中,走私武器、弹药犯罪的具体行为方式多种多样,根据其实施的途径不同,通常将走私犯罪分为绕关走私、通关走私、后续走私、间接走私四种。绕关走私,是指未经国务院或者国务院授权的机关批准,从未设立海关的地点运输、携带或者邮寄武器、弹药进出境的行为。通关走私,是指行为人经过设立海关的地点,以藏匿、伪装、瞒报、伪报或者其他手法逃避海关监督,运输、携带、邮寄武器、弹药进出境的行为。与绕关走私不同的是,通关走私主要发生在海关监督现场的通关环节,因此,走私分子要逃避海关监督的目的,必须采取伪报、瞒报、伪装、藏匿等欺骗手段。[①] 间接走私,是指直接向走私人非法收购武器、弹药的行为或者在内海、领海、界河、界湖运输、收购贩卖武器、弹药的行为。从实质上来说,间接走私行为对走私罪起着帮助和辅助的作用,是前期走私活动的一种延续。这类走私行为人帮助走私分子完成了走私过程,帮助走私分子实现了走私目的,使得走私武器、弹药得以迅速地销售和扩散,使走私分子获得非法利益。

[①] 曹云清,宋利红.走私犯罪案件侦查.北京:中国人民公安大学出版社,2015:5-6.

这里应该注意几点:第一,行为人必须是直接向走私人收购走私来的武器、弹药的购买者,即"第一手交易"人,对第二手及其以后的购买人则不能以走私行为人论处。第二,行为人必须"明知"对方为走私人,而且是直接将走私的武器、弹药从海关境外走私进境的人,而向其收购走私进境的武器、弹药。第三,收购行为必须是非法进行的。

第三,本罪的主体是一般主体,单位和个人均可以构成本罪。缉私实践中,个人或个人假借单位名义实施的走私武器、弹药案件占多数。与走私罪犯通谋,为其提供贷款、资金、账号、发票、证明,或者为其提供运输、保管、邮寄或者其他方便的,以走私罪的共犯论处。对于单位犯走私武器、弹药罪的,应对直接负责的主管人员和直接责任人员判处刑罚。根据 2002 年 7 月 8 日起实施的《最高人民法院、最高人民检察院、海关总署关于办理走私刑事案件适用法律若干问题的意见》第 18 条的规定,具备下列特征的,可以认定为单位走私犯罪:(1) 以单位的名义实施走私犯罪,即由单位集体研究决定,或者由单位的负责人或者被授权的其他人员决定、同意;(2) 为单位谋取不正当利益或者违法所得大部分归单位所有。另外,依照 1999 年 7 月 3 日起实施的《最高人民法院关于审理单位犯罪案件具体应用法律有关问题的解释》第 2 条的规定,个人为进行违法犯罪活动而设立的公司、企业、事业单位实施犯罪的,或者个人设立公司、企业、事业单位后,以实施犯罪为主要活动的,不以单位犯罪论处。单位是否以实施走私武器、弹药犯罪行为为主要活动,应根据单位实施走私行为的次数、频度、持续时间、单位进行合法经营的状况等因素综合考虑认定。根据单位人员在走私犯罪活动中所发挥的不同作用,对其直接负责的主管人员和其他直接责任人员,可以确定为一人或者数人。对于受单位领导指派而积极参与实施走私犯罪行为的人员,如果其行为在走私犯罪的主要环节起重要作用的,可以认定为单位犯罪的直接责任人员。

第四,本罪的主观方面表现为故意行为。行为人明知运输、携带、邮寄的是国家禁止进出口的武器、弹药,仍然采取各种手段逃避海关监管实施走私的行为。过失不构成本罪。如果行为人确实不知是武器、弹药,且没有走私的故意,不构成本罪。在缉私实践中,走私分子走私有的是为了从事恐怖活动犯罪,有的是为了实施刑事暴力犯罪案件,有的是为了赚钱牟利,有的只是简单地为了满足对枪支的爱好,但是无论犯罪嫌疑人的犯罪动机如何,都不影响本罪的成立。

(四) 疑难问题

1. 划清本罪罪与非罪的界限

走私武器、弹药罪明显为刑法中的行政犯,只有违反行政法律法规,达到一定的程度,触犯刑事法律,才可以构成犯罪。认真分析上述立案标准,我们可以看到,走私武器、弹药行为人的行为达到了"情节较轻"的程度,即可构成走私武器、弹药罪。换而言之,如果行为人的行为没有到达"情节较轻"的程度,行为人的行为是不能构成犯罪的,此时行为人的走私行为是行政法上的一般违法行为,应由《海关法》等相关行政法律规范进行调整。纵观上述司法解释所列举的"情节较轻"的四种类型,可以看出,行为人若走私以压缩气体等非火药为动力发射枪弹的枪支一支的,并且该行为人不是犯罪集团的首要分子,也没有使用特种车辆从事走私活动,也没有走私的武器、弹药被用于实施犯罪等情形,那么这是行为人的行为是不构成走私武器、弹药罪的。

2. 划清本罪与非法买卖、运输、邮寄、储存枪支、弹药罪的界限

非法制造、买卖、运输、邮寄、储存枪支、弹药、爆炸物罪,是指违反法律规定,擅自制造、买卖、运输、邮寄、储存枪支、弹药、爆炸物的行为。两罪的主体都是一般主体,即都可以由单位和个人构成;主观方面都表现为故意。两罪的主要区别是:(1)犯罪客体不同。走私武器、弹药罪的客体是国家的对外贸易管理制度;非法制造、买卖、运输、邮寄、储存枪支、弹药、爆炸物的客体是国家对枪支、弹药、爆炸物的管理制度。(2)客观方面表现不同。前者的行为是与逃避海关监管相联系的,表现为非法出入国(边)境的行为,即使是以走私武器、弹药罪论处的在境内直接向走私分子非法收购武器、弹药以及在内海、领海、界河、界湖运输、收购、贩卖武器、弹药的行为也与进出国(边)境直接相关;后者的行为发生在国(边)境之内,因此不存在违反海关法规、逃避海关监督的问题。(3)犯罪对象不同。走私武器、弹药罪的对象是武器、弹药,其中武器包括枪支,但又不限于枪支;非法制造、买卖、运输、邮寄、储存枪支、弹药、爆炸物罪的对象则是枪支、弹药、爆炸物,不仅包括军用枪支、弹药和与军用武器类似的具有较大杀伤力或破坏力的民用枪支、弹药、爆炸物,也包括杀伤力或破坏力远小于军用枪支、弹药的一般民用枪支、弹药、爆炸物,如烟花、爆竹等。

走私武器、弹药的行为,可能同时触犯非法买卖、运输、邮寄、储存枪支、弹药罪,由于走私行为包含了运输、邮寄、储存等行为,所以,凡是符合走私武器、弹药罪的构成要件的,不再认定为非法买卖、运输、邮寄、储存枪支、弹药罪。但是,行为人以出售为目的,在走私武器、弹药后,又非法出售的,属于牵连犯罪,应按照处理牵连犯罪的原则,从一重处罚。

3. 划清本罪与恐怖活动预备罪的界限

2015年11月1日起实施的《中华人民共和国刑法修正案(九)》新增了恐怖活动预备罪,其中第七条规定:"有下列情形之一的,处五年以下有期徒刑、拘役、管制或者剥夺政治权利,并处罚金;情节严重的,处五年以上有期徒刑,并处罚金或者没收财产:(一)为实施恐怖活动准备凶器、危险物品或者其他工具的;(二)组织恐怖活动培训或者积极参加恐怖活动培训的;(三)为实施恐怖活动与境外恐怖活动组织或者人员联络的;(四)为实施恐怖活动进行策划或者其他准备的。有前款行为同时构成其他犯罪的,依照处罚较重的规定处罚。"因此区分走

私武器、弹药罪与恐怖活动预备罪的关键在于查明犯罪分子的犯罪动机和目的，如果为了实施恐怖活动而实施了走私武器、弹药的行为，那么行为人此时同时触犯了走私武器、弹药罪和恐怖活动预备罪，应依照处罚较重的规定进行处罚。

4. 划清本罪与非法持有、私藏枪支、弹药罪的界限

非法持有、私藏枪支、弹药罪，是指违反枪支管理规定，未依法取得持枪证件而持有枪支、弹药，或者私自藏匿枪支、弹药的行为。我国《枪支管理法》规定，国家严格管制枪支及其弹药，凡配备公务用枪或配置民用枪支的单位和个人，都必须依法经枪支主管部门批准，办理持枪证件，在携带枪支及其弹药时，必须同时携带持枪证件，并随时接受主管机关的检验。因此，未经主管部门批准，未办理持枪证件，而持有枪支及其弹药的，即为非法持有枪支弹药的行为。在实践中，犯罪分子走私枪支、弹药得逞后，总是要么非法出售、运输枪支弹药，要么利用走私而来的枪支、弹药实施其他犯罪活动，要么自己持有、藏匿，以实现其他目的，如防身、炫耀或是恐吓他人等等。对于上述行为人在走私枪支、弹药既遂后自己持有、藏匿的，应视为走私枪支、弹药行为的延伸，不再定非法持有枪支、弹药罪而实行数罪并罚，而应该仅认定为走私武器、弹药罪。

5. 划清本罪与资敌罪的界限

资敌罪是指在战时供给敌人武器装备、军用物资资敌的行为。"战时"是指国家宣布进入战争状态、部队受领作战任务或者遭敌突然袭击时。部队执行戒严任务或者处置突发性暴力事件时，以战时论。构成资敌罪还必须具备供给敌人武器装备、军用物资的行为。"供给"是指非法向敌人提供，既包括无偿提供，也包括非法出售；"武器装备"是指各种武器、弹药、飞机、坦克、舰艇、军用通讯设备等等；"军用物资"主要是指武器装备以外的其他军用物品，如粮食、医疗用品、被服等等。走私武器、弹药罪和资敌罪的犯罪对象都可以是武器装备，两者的主要区别表现在如下两个方面：第一，资敌罪发生在战争期间；而走私武器、弹药罪则发生在平时。第二，资敌罪侵犯的犯罪客体是国家安全，因为战争与国家安全的利益是密切相关的，在这期间资助敌人武器装备、军用物资，给国家安全和利益带来的危害是关乎国家的存亡、人民的生与死的大事。在实践中，在战时出于资敌的目的而走私武器、弹药的，应该以资敌罪论处。

6. 划清本罪与武装叛乱、暴乱罪的界限

武装叛乱、暴乱罪，是指组织、策划、实施武装叛乱或者武装暴乱的行为。"叛乱"是指意图投靠境外组织或者境外敌对势力而反叛国家和政府。反叛的方式是采取武装手段，即配备杀伤性、破坏性的武器、弹药、爆炸物、车辆等进行爆炸、放火、杀人、破坏道路、桥梁、建筑，抢劫档案、军火或者其他物质等。"暴乱"是指不以投靠境外敌对势力为目的，而是采用武力的形式，直接与国家或者政府进行对抗。应当指出的是，构成武装叛乱、暴乱罪，不仅表现为直接实施上述武装叛乱、

暴乱的行为,而且包括组织、策划行为。即虽然行为人不亲自实施杀人、放火、爆炸、抢劫等叛乱、暴乱行为,而是组织他人实施这些行为,或者进行策划、制定武装叛乱、武装暴乱计划,作为实施叛乱、暴乱的性未根据,也构成本罪。通过分析走私武器、弹药罪与武装叛乱、暴乱罪,可以看出两者的主要区别在于:走私武器、弹药罪的行为一般是进出国(边)境的行为,其侵犯的直接客体是国家的对外贸易管制;而武装叛乱、暴乱罪则大多数情况是发生在我国境内,不存在进出国(边)境的问题。如果武装叛乱、暴乱的分子出于组织、策划武装叛乱、暴乱的目的而走私武器、弹药的,此时犯罪分子同时触犯了武装叛乱、暴乱罪与走私武器、弹药罪,构成想象竞合犯,应当根据处罚较重的规定进行定罪处罚。

(五) 立案标准

根据 2014 年 9 月 10 日起实施的《最高人民法院、最高人民检察院关于办理走私刑事案件适用法律若干问题的解释》第一条,走私武器、弹药,具有下列情形之一的,可以认定为《刑法》第一百五十一条第一款规定的"情节较轻":(一) 走私以压缩气体等非火药为动力发射枪弹的枪支二支以上不满五支的;(二) 走私气枪铅弹五百发以上不满二千五百发,或者其他子弹十发以上不满五十发的;(三) 未达到上述数量标准,但属于犯罪集团的首要分子,使用特种车辆从事走私活动,或者走私的武器、弹药被用于实施犯罪等情形的;(四) 走私各种口径在六十毫米以下常规炮弹、手榴弹或者枪榴弹等分别或者合计不满五枚的。

具有下列情形之一的,依照《刑法》第一百五十一条第一款的规定处七年以上有期徒刑,并处罚金或者没收财产:

(一) 走私以火药为动力发射枪弹的枪支一支,或者以压缩气体等非火药为动力发射枪弹的枪支五支以上不满十支的;

(二) 走私第一款第二项规定的弹药,数量在该项规定的最高数量以上不满最高数量五倍的;

(三) 走私各种口径在六十毫米以下常规炮弹、手榴弹或者枪榴弹等分别或者合计达到五枚以上不满十枚,或者各种口径在六十毫米以上常规炮弹合计不满五枚的;

(四) 达到第一款第一、二、四项规定的数量标准,且属于犯罪集团的首要分子,使用特种车辆从事走私活动,或者走私的武器、弹药被用于实施犯罪等情形的。

具有下列情形之一的,应当认定为《刑法》第一百五十一条第一款规定的"情节特别严重":

(一) 走私第二款第一项规定的枪支,数量超过该项规定的数量标准的;

(二) 走私第一款第二项规定的弹药,数量在该项规定的最高数量标准五倍以上的;

（三）走私第二款第三项规定的弹药，数量超过该项规定的数量标准，或者走私具有巨大杀伤力的非常规炮弹一枚以上的；

（四）达到第二款第一项至第三项规定的数量标准，且属于犯罪集团的首要分子，使用特种车辆从事走私活动，或者走私的武器、弹药被用于实施犯罪等情形的。

走私其他武器、弹药，构成犯罪的，参照本条各款规定的标准处罚。

二十四、走私核材料案件的认定

（一）法条链接

《刑法》第一百五十一条第 1 款规定："走私武器、弹药、核材料或者伪造的货币，处七年以上有期徒刑，并处罚金或者没收财产；情节特别严重的，处无期徒刑，并处没收财产；情节较轻的，处三年以上七年以下有期徒刑，并处罚金。"（注：《刑法修正案（九）》取消走私核材料罪的死刑）

第 4 款规定："单位犯本条规定之罪的，对单位判处罚金，并对其直接负责的主管人员和其他直接责任人员，依照本条各款的规定处罚。"

第一百五十五条规定："下列行为，以走私罪论处，依照本节的有关规定处罚：（一）直接向走私人非法收购国家禁止进口物品的，或者直接向走私人非法收购走私进口的其他货物、物品，数额较大的；（二）在内海、领海、界河、界湖运输、收购、贩卖国家禁止进出口物品的，或者运输、收购、贩卖国家限制进出口货物、物品，数额较大，没有合法证明的。"

第一百五十六条规定："与走私罪犯通谋，为其提供贷款、资金、账号、发票、证明，或者为其提供运输、保管、邮寄或者其他方便的，以走私罪的共犯论处。"

第一百五十七条规定："武装掩护走私的，依照本法第一百五十一条第一款的规定从重处罚。"

以暴力、威胁方法抗拒缉私的，以走私罪和本法第二百七十七条规定的阻碍国家机关工作人员依法执行职务罪，依照数罪并罚的规定处罚。

（二）罪名释义

走私核材料罪，是指违反海关法规，逃避海关监督，非法运输、携带、邮寄核材料进出国（边）境的行为，以及直接向走私人非法收购武器、弹药，或者在内海、领海、界河、界湖运输、收购、贩卖武器、弹药，应当追究刑事责任的行为。

（三）犯罪构成

本罪的犯罪构成表现在如下四个方面：

第一，本罪侵害的犯罪客体是国家对外贸易的管制，具体是指国家对外贸易管制中的禁止、限制核材料进出口的管理制度。鉴于核材料所具有的巨大危险性,国际社会先后缔结了一系列国际条约以加强对核材料的管制。我国作为有关核材料公约的参加国,同样对核材料实行严格管制。因此,走私材料的行为侵害了我国核材料进出口的管理制度。本罪的犯罪对象是核材料。

第二,本罪的客观方面表现为违反海关法规,逃避海关监督,非法运输、携带、邮寄核材料进出国(边)境的行为,以及直接向走私人非法收购武器、弹药,或者在内海、领海、界河、界湖运输、收购、贩卖武器、弹药,应当追究刑事责任的行为。

所谓违反海关法规,主要是指违反我国有关禁止、限制核材料进出口的规定。这些规定主要是指国务院发布的《核材料管制条例》《核出口管制条例》《关于严格执行我国核出口政策有关问题的通知》以及有关部委颁布的一些规章,如《核出口管制清单》等。同时,还包括我国参加的《核材料保护公约》《不扩散核武器公约》和《核安全公约》等国际公约的有关规定。例如,《核出口管制条例》第 3 条规定:"国家对核出口实行严格管制,严格履行所承担的不扩散核武器的国际义务。""国家不主张、不鼓励、不从事核武器扩散,不帮助他国发展核武器。核出口仅用于和平目的并接受国际原子能机构的保障监督,未经中国政府允许,接受方不得向第三国转让。国家禁止向未接受国际原子能机构保障监督的核设施提供帮助,不对其进行核出口和进行人员、技术交流与合作。"第 4 条规定:"核出口应当遵守国家有关法律、行政法规的规定,不得损害国家安全或者社会公共利益。"第 5 条规定:"核出口审查、许可,应当遵循下列准则:(一)接收方政府保证不将中国供应的核材料、核设备或者反应堆用非核材料以及通过其使用而生产的特种可裂变材料用于任何核爆炸目的;(二)接收方政府保证对中国供应的核材料以及通过其使用而生产的特种可裂变材料采取适当的实物保护措施;(三)接收方政府同国际原子能机构已经缔结生效的保障监督协定,并承诺将中国供应的核材料、核设施或者反应堆用非核材料以及通过其使用而生产的特种可裂变材料纳入保障监督协定,接受国际原子能机构的保障监督;(四)接收方保证,未经中国国家原子能机构事先书面同意,不向第三方再转让中国所供应的核材料、核设备或者反应堆用非核材料及其相关技术;经过事先同意再转让的,接受再转让的第三方应当承担相当于由中国直接供应所承担的义务。"第 6 条规定:"核出口由国务院制定的单位专营,任何其他单位或者个人不得经营。"第 15 条规定:"核出口专营单位进行核出口时,应当向海关出具核出口是许可证,依照海关法的规定办理海关手续,并接受海关监督。"核材料具有高度的放射性,高浓度的核材料还是制造核武器的必要原料,一旦疏于管理,就可能造成核材料的失控、扩散,进而严重危及社会公众人身安全、生存环境及国家安全。所以,国家对核材料的持有、贸易、使用、生产、存储、运输和处置等制定了一系列严格的管理制度加以约束。所谓逃避海关监督,是指采取不正当的手段逃避海关的监督、管理和检查。如果未逃避海关监督,即使行为违反了海关法规,也不构成本罪。

所谓逃避海关监管,是指以非法的手段逃避海关的监督、管理和检查。"非法运输",是指违反海关法规和限制核材料进出口的相关规定,使用交通运输工具将核材料运进或运出国(边)境、关境的行为。"非法携带",是指违反海关法规和限制核材料进出口的相关规定,随身佩戴、夹带核材料进出国(边)境、关境的行为。"非法邮寄",是指违反海关法规和限制核材料进出口的相关规定,通过邮局将核材料寄进货寄出关境的行为。走私核材料行为有不同的具体表现形式,其中多表现为以通关或绕关的方式直接运输、携带或邮寄核材料进出国(边)境的行为。前者即通过海关进出境,但同时采取假报、伪装、藏匿等欺骗手段,瞒过海关的监督、检查,偷运、偷带或夹寄核材料;后者即不通过海关或边境哨卡、检查站而携带、运输核材料进出境。在实践中除了上述典型的走私核材料行为外,还有两种间接走私核材料行为,即在境内直接向走私分子非法收购核材料,或者在内海、领海、界河、界湖运输、收购、贩卖核材料,没有合法证明的行为。这两种行为是走私核材料行为的前后延伸,根据《刑法》第一百五十五条的规定,对这两种行为也应以走私核材料罪论处。这里需要注意的是如果行为人没有遵守《核出口管制条例》《核两用品及相关技术出口管制条例》,未经过有权部门批准而擅自经营核材料出口业务,但是如实向海关申报出口的,不能构成本罪,可以按照案情事实以非法买卖、运输危险物质追究刑事责任或以行政违法行为论处;如果不是如实向海关申报,而是采取不正当手段,如租用、借用或者使用购买的他人出口许可证、使用伪造的出口许可证骗取海关出口手续的,应以本罪追究其刑事责任。如果行为人经过有权部门批准,并向海关申报出口核材料,但实际出口的核材料数量超过批准数量,并且行为人对超出部分故意不申报或不如实申报、企图蒙混出境的,属于逃避海关监管,其超出部分,应以走私普通货物、物品罪定罪处罚。这种处罚是根据2014年9月10日起实施的由最高人民法院、最高人民检察院《关于办理走私刑事案件适用法律若干问题的解释》第2条第2款的规定:"取得许可,但超过许可数量进出口国家限制进出口的货物、物品,构成犯罪的,依照《刑法》第一百五十三条的规定,以走私普通货物、物品罪定罪处罚。"

第三,本罪的犯罪主体是一般主体,即达到刑事责任年龄、具备刑事责任能力的自然人均能构成。这里的自然人不仅指我国公民,还包括外国人和无国籍人根据《刑法》第一百五十五条第5款的规定,单位也可以构成走私核材料罪的主体。按照最高人民法院、最高人民检察院、海关总署2002年7月8日颁布实施的《办理走私刑事案件适用法律若干问题的意见》第18条的规定,单位构成犯罪的需要满足以下两个条件:"(1)以单位的名义实施走私犯罪,即由单位集体研究决定,或者由单位的负责人或者被授权的其他人员决定、同意;(2)为单位谋取不正当利益或者违法所得大部分归单位所有。"

第四,本罪的主观方面表现为故意,包括直接故意和间接故意。即明知是国家禁止进出境的核材料,仍违反海关法规,逃避海关监督,携带、运输、邮寄核材料进出境。"明知"是指行为人知道或者应当知道其所从事的行为是走私国家严格限制进出口的核材料的行为,如果行为人不知且不应当知是国家严格限制进出口的核材料而走私进出国(边)境的,不构成本罪。在司法实践中,认定走私人主观明知应当依据《办理走私刑事案件适用法律若干问题的意见》第5条的规定:(1)逃避海关监督,运输、携带核材料进出关境的;(2)用特制的设备或者运输工具走私核材料的;(3)未经海关同意,在非设关的码头、海(河)岸、陆路边境等地点,运输(驳载)、收购或者贩卖核材料的;(4)提供虚假的合同、发票、证明等商业单证委托他人办理通关手续的;(5)曾因走私核材料行为受过刑事处罚或者行政处罚的。如果有证据证明行为人确属被蒙骗而为他人所利用并为他人运输、携带夹藏有核材料的普通货物、物品,而其主观上缺失不知情的,不应以本罪论处。

如果行为人误认为核材料是普通货物、物品而走私进出国(边)境的,则不能构成本罪,视案情事实可以以走私普通货物、物品罪论处。行为人是否具有特定目的,如牟利,或者其动机为何,不影响本罪的成立。也就是说,行为人的目的、动机不是本罪成立的主观要件。

(四) 疑难问题

1. 划清本罪罪与非罪的界限

首先,要求走私核材料的行为人明知自己的行为是走私,否则不构成本罪。认定走私行为人主观明知应当依据《办理走私刑事案件使用法律若干问题的意见》第5条的规定:(1)逃避海关监督,运输、携带核材料进出关境的;(2)用特制的设备或者运输工具走私核材料的;(3)未经海关同意,在非设关的码头、海(河)岸、陆路边境等地点,运输(驳载)、收购或者贩卖核材料的;(4)提供虚假的合同、发票、证明等商业单证委托他人办理通关手续的;(5)曾因走私核材料受过刑事处罚或者行政处罚的。但是,应该注意的是,如果有证据证明行为人确实是被蒙骗而为他人所利用并为他人运输、携带夹藏有核材料的普通货物、物品,而主观上确实不知情的,不应该以本罪论处。

其次,要正确认识走私核材料罪的对象范围。按照《办理走私刑事案件适用法律若干问题的意见》第6条的规定:如果行为人主观上具有走私犯罪故意,但对其走私的具体对象不明确的,不影响走私犯罪构成,如果其实际走私的是核材料,就应当按照走私核材料罪定罪处罚。但是,确有证据证明行为人因为手蒙骗而对走私对象是核材料发生认识错误的,可以从轻处罚。

最后,要区别走私核材料数量的多少。如果数量很少,且综合全案看属于情节显著轻微、危害不大的情况,根据《刑法》第十三条"但书"的规定,可以不认为是犯罪,而只是作为一般违法行为处理。而且根据《核材料管理条例》第9条规定,持有不至于危害国家和人民群众安全的少量核材料制品的,可免于办理许可证,并且无需向核工业部门办理核材料登记手续。参照这一精神,如果非法携带少量核材料制品进出境,危害不大的,不宜作为走私核材料罪处理,而只由海关予以相应的处罚,应该说也是符合法律规定的精神的。

2. 划清本罪与走私武器、弹药罪的界限

走私武器、弹药罪,是指故意违反海关法规,逃避海关监管,非法运输、携带、邮寄武器、弹药进出国(边)境的行为。两罪的主要区别是犯罪对象不同。走私核材料罪的对象只能是核材料,走私武器、弹药罪的对象只能是武器、弹药。由于武器既包括常规武器,也包括核武器、化学武器、细菌武器等非常规武器,所以核武器虽由核材料制作而成,但其已属于武器的范畴。因此,走私核武器的行为应以走私武器、弹药罪论处,而不能定走私核材料罪。

3. 划清本罪与非法制造、买卖、运输、储存危险物质罪的界限

非法制造、买卖、运输、储存危险物质罪,是指单位或者个人出于故意,非法制造、买卖、运输、储存毒害性、放射性、传染病病原体等物质,危害公共安全的。两罪的相同之处在于:两者的主体都可以由单位和自然人构成;两者的主观方面都是出于故意;两者的犯罪对象都包括核材料。两罪的主要区别是:

首先,犯罪客体不同。走私核材料罪侵犯的直接客体是国家的对外贸易管理制度;非法制造、买卖、运输、储存危险物质罪侵犯的直接客体是国家对毒害性、放射性、传染病病原体等危险物质的管理制度。

其次,客观方面表现不同。走私核材料罪在客观方面表现为违反海关法规,逃避海关监管,非法运输、携带、邮寄核材料进出境的行为,这种行为一般是跨越国(边)境,即使是以走私核材料罪论处的在境内直接向走私分子非法收购核材料以及在内海、领海、界河、界湖运输、收购、贩卖核材料的行为也与进出国(边)境直接相关;而非法制造、买卖、运输、储存危险物质罪则表现为违反法律规定,非法制造、买卖、运输、储存危险物质的行为。这些行为均发生在我国境内,因此不存在违反海关法规,逃避海关监管的问题。在实践中,行为人先非法制造、买卖、运输、储存核材料,而后走私入境,或者走私核材料入境,然后再境内买卖、运输、储存的,应当以走私核材料罪从重处罚,而不应实行数罪并罚。如果非法买卖、运输、储存核材料即走私核材料的行为分别为不同主体所实施,而且没有共同犯罪故意的,应当依照他们各自触犯的《刑法》条款定罪量刑。如果个行为具有共同的走私犯罪的故意,而在买卖、运输、储存、走私过程中有分工的,应当一律以走私核材料罪的共犯论处。

4. 本罪共犯的认定

根据《刑法》第一百五十六条的规定:"与走私罪犯通谋,为其提供贷款、资金、账号、发票、证明,或者为其提供运输、保管、邮寄或者其他方便的,以走私罪的共犯论处。"按照《办理走私刑事案件适用法律若干问题的意见》第15条的规定:"与

走私罪犯通谋",是指犯罪行为人之间事先或者事中形成的共同的走私故意。下列情形可以认定为通谋:(1) 对明知他人从事走私活动而同意为其提供贷款、资金、账号、发票、证明、海关单证,提供运输、保管、邮寄或者其他方便的。(2) 多次为同一走私犯罪分子的走私行为提供前项帮助的。

(五) 立案标准

根据《刑法》第一百五十一条第 1 款的规定,走私核材料,情节较轻的,应予立案。法律、法规对何为本罪的"情节较轻"没有明确的规定,有权机关也未对其作出法律解释。理论界通说认为,虽然走私核材料本身就是一种具有严重社会危害性的行为,但不能把"情节较轻"与绝对的的行为犯等同起来,也就是说,在司法实践中,不能不管走私核材料数量的多少,一律追究刑事责任。如果走私的核材料数量很少,不至于危害国家和人民群众的安全,符合《刑法》第十三条规定的"情节显著轻微危害不大"的情形,可以不认为是走私核材料犯罪,而只作为一般违法行为处理,追究其行政违法责任。

二十五、走私假币案件的认定

(一) 法条链接

《刑法》第一百五十一条第 1 款规定:"走私武器、弹药、核材料或者伪造的货币的,处七年以上有期徒刑,并处罚金或者没收财产;情节特别严重的,处无期徒刑,并处没收财产;情节较轻的,处三年以上七年以下有期徒刑,并处罚金。"(注:《刑法修正案(九)》取消走私核材料罪的死刑)

第 4 款规定:"单位犯本条规定之罪的,对单位判处罚金,并对其直接负责的主管人员和其他直接责任人员,依照本条各款的规定处罚。"

第一百五十五条规定:"下列行为,以走私罪论处,依照本节的有关规定处罚:(一) 直接向走私人非法收购国家禁止进口物品的,或者直接向走私人非法收购走私进口的其他货物、物品,数额较大的;(二) 在内海、领海、界河、界湖运输、收购、贩卖国家禁止进出口物品的,或者运输、收购、贩卖国家限制进出口货物、物品,数额较大,没有合法证明的。"

第一百五十六条规定:"与走私罪犯通谋,为其提供贷款、资金、账号、发票、证明,或者为其提供运输、保管、邮寄或者其他方便的,以走私罪的共犯论处。"

第一百五十七条规定:"武装掩护走私的,依照本法第一百五十一条第一款的规定从重处罚。"

以暴力、威胁方法抗拒缉私的,以走私罪和本法第二百七十七条规定的阻碍国家机关工作人员依法执行职务罪,依照数罪并罚的规定处罚。

(二)罪名释义

走私假币罪,是指以牟利为目的,故意违反海关法规和货币管理法规,逃避海关监管,运输、携带、邮寄伪造的货币进出口国(边)境,或者直接向走私人员非法收购以及在内海、领海、界河、界湖运输、收购、贩卖伪造的货币的行为。

(三)犯罪构成

本罪的犯罪构成表现在如下四个方面:

第一,本罪侵害的客体是复杂客体,即侵犯了国家海关法禁止假币进出口的制度,又侵犯了国家的货币管理制度。

本罪的犯罪对象是伪造的货币,即假币。所谓假币,是指仿照人民币、外币的形状、图案、色彩等,使用任何方法,非法制造的假人民币、外币。行为人携带、运输、邮寄假币进出口不仅侵犯了国家的海关监管制度,同时还会引发买卖、使用假币的行为,破坏国家的金融秩序和货币管理制度。本罪的犯罪对象是伪造的货币,包括伪造的人民币、外币、港币、澳币、台币等可在国内市场流通或者兑换的货币。货币面额以人民币计。走私伪造的境外货币的,其面额以案发时国家外汇管理机关公布的外汇牌价折合人民币。如果走私真正的货币则不构成本罪;构成其他犯罪的,按有关规定处罚。

第二,本罪的客观方面表现为违反海关法规和货币管理法规,逃避海关监管,运输、携带、邮寄伪造的货币进出国(边)境的行为。或者直接向走私人员非法收购以及在内海、领海、界河、界湖运输、收购、贩卖伪造的货币的行为。

其中,海关法规,主要是指《海关法》;货币管理法规,主要是指《国家货币出入境管理办法》《人民币管理条例》等。国家的货币制度是独立统一和稳定的,国家货币的制造、发行权属于国家。国家授权中国人民银行发行的人民币是我国市场上流通的货币,其他任何机关、团体和个人都无权制造和发行人民币。"逃避海关监管"是指采取各种方法避开海关的监督、管理、检查,企图把货币非法运输、携带、邮寄进出境。逃避海关监管的行为是多种多样的,常见的有:不经过海关、检查站,非法运输、携带假币进出境;虽然经过海关、检查站,但采用谎报、伪装、藏匿的方法,逃避海关检查等行为。行为人直接向走私人非法收购假币的,或者在领海、内海、界河、界湖运输、收购、贩卖假币的,也应以走私假币罪论处。直接向走私人非法收购假币,是指明知是走私行为人而向其非法收购走私的假币的行为。

第三,走私假币罪的主体是一般主体,凡是达到刑事责任年龄、具备刑事责任能力的自然人均能够成。单位也可以构成走私假币罪的主体。

第四,走私假币罪的主观方面表现为故意,即明知是国家禁止进出境的伪造的货币,仍违反海关法规,逃避海关监管进行走私。过失不构成本罪。如果行为人不知是伪造的货币而携带进境,并作为真实货币申报的,因其不具有走私的故意,不构成走私假币罪。

(四) 疑难问题

1. 划清本罪罪与非罪的界限。

在司法实践中,一定要注意区分走私假币罪罪与非罪的界限,主要通过走私假币罪的对象范围、行为人的主观心理状态以及行为人伪造货币的数量来认定、来区分。首先通过犯罪对象来认定。如前所述,可以构成走私假币罪对象的只能是伪造的货币,因此携带、运输或邮寄真货币进出境的,不能以走私假币罪论处。需要注意的是,在实践中,还存在不少变造的货币。所谓变造的货币,是指对真币进行剪贴、拼接、挖补、揭层、涂改等制作的非法货币。变造货币与伪造货币不同,变造货币是在真实货币的基础上进行加工,以增加原货币的面值,伪造货币则不以真实货币为原材料。其次,考察行为人是否明知是伪造的货币。只有行为人明知是伪造的货币而仍携带、运输、邮寄进出境的,才能以走私假币罪论处。如果行为人不知是伪造的货币而携带、运输、邮寄进出境的,不构成走私假币罪。再次,要考虑走私假币的数量。在司法实践中,也不能不管数额的多少、情节轻重一律追究刑事责任。如果数额很少,且综合全案看属于情节显著轻微、危害不大的情况,根据《刑法》第十三条"但书"的规定,可以不认为是犯罪,而只作为一般违法行为处理。

2. 区分走私假币罪与伪造货币罪的界限

伪造货币罪,是指无权制造货币的行为人,仿照人民币或外币的样式,采用各种手段,非法制造假货币,冒充真货币的行为。这里的伪造,是指没有货币发行权的人,制造具有真实货币的外观之物,以假货币充当真货币。伪造货币罪与走私假币罪的区别有以下几点:第一,两罪侵犯的客体有所区别。伪造货币罪是一种破坏金融管理秩序的犯罪行为,其侵犯的直接客体是国家的货币管理制度。走私假币罪侵犯的是双重客体,不仅侵犯了国家的货币管理制度,还侵犯了国家海关法禁止假币进出口的制度。

第二,两罪的犯罪对象不同。伪造货币罪的犯罪对象是货币;走私假币罪的犯罪对象是伪造的货币。这里所说的"货币"是指人民币和外币。依照《中国人民银行法》第十五条的规定,人民币是我国的法定货币,以人民币支付我国境内的一切公共的和私人的债务,任何单位和个人不得拒绝。外币是广义的,既包括可以在我国兑换对的外国货币,还包括我国港、澳、台地区的货币。至于伪造的标准,一般应当在外观或形式上与真货币相似,足以使一般人误信为真货币。至于是否达到足以欺骗具有专门货币知识的人,则不是构成犯罪的必要条件。

第三,犯罪的主体不同。伪造货币罪的犯罪主体只能由自然人构成,而走私假币罪的犯罪主体既可以是自然人,也可以是单位。

第四,两罪的客观方面表现不同。伪造货币罪的客观方面表现为行为人实施了伪造货币的行为。所谓伪造货币，是指仿照现行流通的货币的图案、颜色、形状、面额等式样，用描绘、复印、影印、制版等方法，伪造货币的行为。走私假币罪的客观方面表现为违反海关法规，逃避海关监管，非法运输、携带、邮寄伪造的货币进出境的行为或者直接向走私人员非法收购以及在内海、领海、界河、界湖运输、收购、贩卖伪造的货币的行为。

3. 区分走私假币罪与出售、购买、运输假币罪的界限

出售、购买、运输假币罪，是指行为人明知是伪造的货币而予以出售、购买或运输，数额较大的行为。其与走私假币罪的主要区别在于：

第一，出售、购买、运输假币罪侵犯的客体是我国的货币管理制度，而走私假币罪侵犯的客体是国家的货币管理制度和国家海关法禁止假币进出口的制度。但值得注意的是，两者的犯罪对象则是一样的，即伪造的货币。

第二，两罪的犯罪主体有差别。出售、购买、运输假币罪的犯罪主体只能是自然人，而走私假币罪的犯罪主体既可以是自然人也可以是单位。

第三，两罪的客观方面不同。出售、购买、运输假币罪的客观方面表现为在我国境内出售、购买伪造的货币的行为，而走私假币罪客观方面表现为违反海关法规，逃避海关监管，非法运输、携带、邮寄伪造的货币进出境的行为。"是否出入国（边）境"是两者在客观反面的主要区别。当然，对此也有例外，因为根据《刑法》第一百五十五条的规定，直接向走私分子非法收购伪造的货币或者在内海、领海、界河、界湖运输、收购、贩卖伪造的货币的，以走私假币罪论处。这就是说，虽然行为人并不跨越国（边）境，而只是在内海、领海。界河、界湖运输、购买、出售伪造的货币，却不构成出售、购买、运输假币罪，而是构成走私假币罪。此外，对于将走私入境的伪造的货币在我国境内予以运输、携带的，也应视为走私伪造的货币的行为。因为这种运输、携带行为是走私行为的继续，与走私行为不能截然分开，所以不能以出售、购买、运输伪造的货币罪论处。

第四，两罪主观故意的内容不同。两罪在主观方面都表现为故意，都要求明知是伪造的货币而为之。但是，在间接走私假币的行为中，如果是在境内直接向走私分子非法收购伪造的货币，进而出售、运输的，必须要求行为人主观上明知其多购买的伪造的货币是走私而来的，否则不构成走私假币罪，而是构成出售、购买、运输假币罪。

4. 区分走私假币罪与持有、使用假币罪的界限

持有、使用假币罪是指出于牟利的目的，而使用较大数额的伪造的货币的行为。走私假币罪与持有、使用假币罪的主要区别在于：

第一，犯罪侵犯的客体不同。持有、使用假币罪侵犯的是我国的货币管理制度，而走私假币罪侵犯的是国家的货币管理制度和国家海关法禁止假币进出口的制度。两者的犯罪对象则是一样的，都是伪造的货币。

第二，犯罪的主体不同。持有、使用假币罪的犯罪主体只能是自然人，而走私假币罪的犯罪主体既可以是自然人，也可以是单位。

第三，客观方面表现不同。持有、使用假币罪在客观方面表现为持有、使用伪造的货币，数额较大的行为。"持有"是指违反国家有关规定，非法保存、携带或者传递伪造的货币。"使用"是指出于各种目的，以各种方式将伪造的货币作为货币流通的行为。走私假币罪的客观方面表现为违反海关法规，逃避海关监管，非法运输、携带、邮寄伪造的货币进出境的行为或者直接向走私人员非法收购以及在内海、领海、界河、界湖运输、收购、贩卖伪造的货币的行为。在实践中，犯罪分子走私伪造的货币得逞以后，总是要么贩卖伪造的货币，要么在市场上故意使用伪造的货币，否则便失去了走私的意义。对此，无论是出售自己走私的伪造的货币也好，还是故意使用自己走私的伪造的货币也好，都是走私行为的延伸。因此，对于走私分子持有或者在市场上故意使用伪造的货币的行为，不应定持有、使用假币罪，而应认定为走私假币罪。但是，如果是其他人获取伪造的货币后故意持有或故意在市场上使用，数额较大的，应已持有、使用假币罪论处。

（五）立案标准

2000年10月8日起施行的《最高人民法院关于审理走私刑事案件具体应用法律若干问题的解释》的第二条规定：《刑法》第一百五十一条第一款规定的"货币"，是指可在国内市场流通或者兑换的人民币、境外货币。

走私伪造的货币，总面额在二千元以上不足二万元或者币量二百张（枚）以上不足二千张（枚）的，属于走私假币罪"情节较轻"，处三年以上七年以下有期徒刑，并处罚金。

走私伪造的货币，具有下列情节之一的，处七年以上有期徒刑，并处罚金或者没收财产：

（一）走私伪造的货币，总面额二万元以上不足二十万元或者币量二千张（枚）以上不足二万张（枚）的；

（二）走私伪造的货币并流入市场，面额达到本条第二款规定的数量标准的。

有下列情节之一的，属于走私假币罪"情节特别严重"，处无期徒刑，并处没收财产：

（一）走私伪造的货币，总面额二十万元以上或者币量二万张（枚）以上的；

（二）走私伪造的货币流入市场，面额达到本条第三款第（一）项规定的数量标准的；

（三）走私伪造的货币达到本条第三款规定的数量标准，并具有是犯罪集团的首要分子或者使用特种车进行走私等严重情节的。

货币面额以人民币计。走私伪造的境外货币的，其面额以案发时国家外汇管理机关公布的外汇牌价折合人民币计算。

二十六、走私文物案件的认定

（一）法条链接

《刑法》第一百五十一条第 2 款规定："走私国家禁止出口的文物、黄金、白银和其他贵重金属或者国家禁止进出口的珍贵动物及其制品的，处五年以上十年以下有期徒刑，并处罚金；情节特别严重的，处十年以上有期徒刑或者无期徒刑，并处没收财产；情节较轻的，处五年以下有期徒刑，并处罚金。"

第 4 款规定："单位犯本条规定之罪的，对单位判处罚金，并对其直接负责的主管人员和其他直接责任人员，依照本条各款的规定处罚。"

第一百五十五条规定："下列行为，以走私罪论处，依照本节的有关规定处罚：（一）直接向走私人非法收购国家禁止进口物品的，或者直接向走私人非法收购走私进口的其他货物、物品，数额较大的；（二）在内海、领海、界河、界湖运输、收购、贩卖国家禁止进出口物品的，或者运输、收购、贩卖国家限制进出口货物、物品，数额较大，没有合法证明的。"

第一百五十六条规定："与走私罪犯通谋，为其提供贷款、资金、账号、发票、证明，或者为其提供运输、保管、邮寄或者其他方便的，以走私罪的共犯论处。"

第一百五十七条规定："武装掩护走私的，依照本法第一百五十一条第一款的规定从重处罚。"

以暴力、威胁方法抗拒缉私的，以走私罪和本法第二百七十七条规定的阻碍国家机关工作人员依法执行职务罪，依照数罪并罚的规定处罚。

（二）罪名释义

走私文物罪，是指违反海关法规，逃避海关监管，运输、携带、邮寄国家禁止出口的文物出国（边）境的行为，或者直接向走私人员非法收购以及在内海、领海、界河、界湖运输、收购、贩卖文物的行为。

（三）犯罪构成

本罪的犯罪构成表现在如下四个方面：

第一，本罪侵害的客体是国家文物出口管理制度。犯罪对象是"国家禁止出口的文物"，即国家一、二、三级文物和其他国家禁止出口的文物。

《中华人民共和国文物保护法》第六十条规定："国有文物、非国有文物中的珍贵文物和国家规定禁止出境的其他文物，不得出境；但依照本法规定出境展览或者因特殊需要经国务院批准出境的除外。"第六十二条第 2 款规定："一级文物中的孤品和易损品，禁止出境展览。"2001 年 4 月 9 日文化部颁发的《文物藏品定级标准》规定："文物藏品分为珍贵文物和一般文物。珍贵文物分为一、二、三级。具有特别重要历史、艺术、科学价值的代表性文物为一级文物；具有重要历史、艺术、科学价值的为二级文物;具有比较重要历史、艺术、科学价值的为三级文物。具有一定历史、艺术、科学价值的为一般文物。"根据全国人大常委会2005年12月29日《关于〈中华人民共和国刑法〉有关文物的规定适用于具有科学价值的古脊椎动物化石、古人类化石的解释》,刑法有关文物的规定,适用于具有科学价值的古脊椎动物化石、古人类化石。国家严禁珍贵文物和其他禁止出口的文物出口,体现了对国家文物的保护。

第二,本罪的客观方面表现为违反海关法规,逃避海关监管,运输、携带、邮寄国家禁止出口的文物出国(边)境的行为。行为人在领海、内海、界河、界湖运输、贩卖国家禁止出口的文物的,也应以走私文物罪论处。

第三,本罪的犯罪主体为一般主体,自然人和单位均可构成本罪的主体。

第四,本罪的主观方面表现为故意,即明知是国家禁止出口的文物而将其走私出境。过失不构成本罪。

(四) 疑难问题

划清本罪罪与非罪的界限

本罪的犯罪对象是国家禁止出口的文物,即珍贵文物以及其他国家禁止出境的文物。如果属于一般文物,则不构成本罪。是否属于国家禁止出口的文物,需要相关部门进行鉴定。参照《最高人民法院、最高人民检察院关于办理盗窃、盗掘、非法经营和走私文物的案件具体应用法律若干问题的解释》第7条的规定,办理走私文物案件,需要进行文物鉴定时,由省、自治区、直辖市文物主管部门或者经其指定的有条件鉴定的地区文物主管部门组织有专门知识的人参加;需要评定文物价格的,也照此办理。办理上述文物的鉴定或文物价格的评定,必须有3名以上经文物主管部门指派、经司法机关聘请的文物鉴定人参加,鉴定人应写成鉴定书或者评定书。如果对文物的鉴定或文物价格的评定发生争议时,应提请省、自治区、直辖市文物主管部门组织专人复核。如再有争议,应提请国家文物主管部门专人复核。对被告人可能判处死刑的案件的文物鉴定书,应经国家文物主管部门组织专人复核。由于我国规定的走私文物罪只有属于一级、二级、或三级的珍贵文物或其他禁止出口的文物才构成走私文物罪,所以,文物等级鉴定意见是重要的定罪证据。另外要注意本罪达到"情节较轻"才构成犯罪,具体立案标准将在下文说明。

(五) 立案标准

根据2000年10月8日起实施的《最高人民法院关于审理走私刑事案件具体应用法律若干问题的解释》第三条规定,走私国家禁止出口的三级文物二件以下的,属于走私文物罪"情节较轻",处五年以下有期徒刑,并处罚金。

走私文物,具有下列情节之一的,处五年以上有期徒刑,并处罚金:

（一）走私国家禁止出口的二级文物二件以下或者三级文物三件以上八件以下的；

（二）走私国家禁止出口的文物达到本条第一款规定的数量标准，并具有造成该文物严重毁损或者无法追回等恶劣情节的。

具有下列情节之一的，属于走私文物罪"情节特别严重"，处无期徒刑，并处没收财产：

（一）走私国家禁止出口的一级文物一件以上或者二级文物三件以上或者三级文物九件以上的；

（二）走私国家禁止出口的文物大盗本条第二款规定的数量标准，并造成该文物严重毁损或者无法追回的；

（三）走私国家禁止出口的文物大盗本条第二款规定的数量标准，并具有是犯罪集团的首要分子或者使用特种车进行走私等严重情节的。

二十七、走私贵重金属案件的认定

（一）法条链接

《刑法》第一百五十一条第 2 款规定："走私国家禁止出口的文物、黄金、白银和其他贵重金属或者国家禁止进出口的珍贵动物及其制品的，处五年以上十年以下有期徒刑，并处罚金；情节特别严重的，处十年以上有期徒刑或者无期徒刑，并处没收财产；情节较轻的，处五年以下有期徒刑，并处罚金。"

第 4 款规定："单位犯本条规定之罪的，对单位判处罚金，并对其直接负责的主管人员和其他直接责任人员，依照本条各款的规定处罚。"

第一百五十五条规定："下列行为，以走私罪论处，依照本节的有关规定处罚：（一）直接向走私人非法收购国家禁止进口物品的，或者直接向走私人非法收购走私进口的其他货物、物品，数额较大的；（二）在内海、领海、界河、界湖运输、收购、贩卖国家禁止进出口物品的，或者运输、收购、贩卖国家限制进出口货物、物品，数额较大，没有合法证明的。"

第一百五十六条规定："与走私罪犯通谋，为其提供贷款、资金、账号、发票、证明，或者为其提供运输、保管、邮寄或者其他方便的，以走私罪的共犯论处。"

第一百五十七条规定："武装掩护走私的，依照本法第一百五十一条第一款的规定从重处罚。"

以暴力、威胁方法抗拒缉私的，以走私罪和本法第二百七十七条规定的阻碍国家机关工作人员依法执行职务罪，依照数罪并罚的规定处罚。

（二）罪名释义

走私贵重金属罪，是指违反海关法规，逃避海关监管，运输、携带、邮寄贵重金属出国(边)境的行为,或者直接向走私人员非法收购以及在内海、领海、界河、界湖运输、收购、贩卖贵重金属的行为。

（三）犯罪构成

本罪的犯罪构成表现在如下四个方面：

第一，本罪侵害的客体是复杂客体，主要侵犯的是国家对黄金、白银等贵重金属进出境的管理制度，同时也侵犯了国家的金融秩序。犯罪对象是贵重金属，包括黄金、白银、铂、锇、钌、钯、铱、钛等金属和国家禁止出口的其他贵重金属。

第二，本罪的客观方面表现为违反海关法规，逃避海关监管，运输、携带、邮寄贵重金属进出国(边)境的行为。行为人在领海、内海、界河、界湖运输、贩卖贵重金属的，也应以走私贵重金属罪论处。

在司法实践中，走私贵重金属罪的具体行为方式多种多样，根据其实施的途径不同，通常将走私犯罪分为绕关走私、通关走私、后续走私、间接走私四种。绕关走私，是指未经国务院或者国务院授权的机关批准，从未设立海关的地点运输、携带或者邮寄贵重金属进出境的行为。通关走私，是指行为人经过设立海关的地点，以藏匿、伪装、瞒报、伪报或者其他手法逃避海关监督，运输、携带、邮寄贵重金属进出境的行为。与绕关走私不同的是，通关走私主要发生在海关监督现场的通关环节，因此，走私分子要逃避海关监督的目的，必须采取伪报、瞒报、伪装、藏匿等欺骗手段。① 间接走私，是指直接向走私人非法收购贵重金属的行为或者在内海、领海、界河、界湖运输、收购贵重金属的行为。从实质上来说，间接走私行为对走私罪起着帮助和辅助的作用，是前期走私活动的一种延续。这类走私行为人帮助走私分子完成了走私过程，帮助走私分子实现了走私目的，使得走私的贵重金属得以迅速地销售和扩散，使走私分子获得非法利益。这里应该注意几点：第一，行为人必须是直接向走私人收购走私来的贵重金属，即"第一手交易"人，对第二手及其以后的购买人则不能以走私行为人论处。第二，行为人必须"明知"对方为走私人，而且是直接将走私的贵重金属从关境外走私进境的人，而向其收购走私进境的贵重金属。第三，收购行为必须是非法进行的。

第三，本罪的犯罪主体为一般主体。凡是达到刑事责任年龄、具备刑事责任能力的自然人均能够成。单位也可以构成走私假币罪的主体。

第四，走私贵重金属罪的主观方面表现为故意，即明知是国家禁止进出境的贵重金属，仍违反海关法规，逃避海关监管进行走私。过失不构成本罪。如果行为人不知是贵重金属而携带进境，因其不具有走私的故意，不构成走私贵重金属罪。

---

① 曹云清,宋利红.走私犯罪案件侦查.北京:中国人民公安大学出版社,2015:5-6.

二十八、走私珍贵动物、珍贵动物制品案件的认定

(一) 法条链接

《刑法》第一百五十一条第 2 款规定:"走私国家禁止出口的文物、黄金、白银和其他贵重金属或者国家禁止进出口的珍贵动物及其制品的,处五年以上十年以下有期徒刑,并处罚金;情节特别严重的,处十年以上有期徒刑或者无期徒刑,并处没收财产;情节较轻的,处五年以下有期徒刑,并处罚金。"

第 4 款规定:"单位犯本条规定之罪的,对单位判处罚金,并对其直接负责的主管人员和其他直接责任人员,依照本条各款的规定处罚。"

第一百五十五条规定:"下列行为,以走私罪论处,依照本节的有关规定处罚:(一) 直接向走私人非法收购国家禁止进口物品的,或者直接向走私人非法收购走私进口的其他货物、物品,数额较大的;(二) 在内海、领海、界河、界湖运输、收购、贩卖国家禁止进出口物品的,或者运输、收购、贩卖国家限制进出口货物、物品,数额较大,没有合法证明的。"

第一百五十六条规定:"与走私罪犯通谋,为其提供贷款、资金、账号、发票、证明,或者为其提供运输、保管、邮寄或者其他方便的,以走私罪的共犯论处。"

第一百五十七条规定:"武装掩护走私的,依照本法第一百五十一条第一款的规定从重处罚。"

以暴力、威胁方法抗拒缉私的,以走私罪和本法第二百七十七条规定的阻碍国家机关工作人员依法执行职务罪,依照数罪并罚的规定处罚。

(二) 罪名释义

走私珍贵动物、珍贵动物制品罪,是指违反海关法规和野生动物保护法规,逃避海关监管,运输、携带、邮寄珍贵动物及其制品进出国(边)境的行为,或者直接向走私人员非法收购以及在内海、领海、界河、界湖运输、收购、贩卖珍贵动物及其制品的行为。

(三) 犯罪构成

本罪的犯罪构成表现在如下四个方面:

第一,本罪侵犯的是复杂客体,不仅包括国家的海关监管制度,也包括国家野生动物保护制度。犯罪对象是珍贵动物、珍贵动物制品。"珍贵动物"是指列入《国家重点保护野生动物名录》中的国家一、二级保护野生动物和列入《濒危野生动植物种国际贸易公约》附录一、附录二中的野生动物以及驯养繁殖的上述物种。国家重点保护的野生动物分为两级:一级保护野生动物和二级保护野生动物。前者指中国特产或者濒于灭绝的野生动物;后者指数量较少或者有濒于灭绝危险的野生动物。根据 1988 年 12 月 10 日国务院批准公布施行的《国家重点保护野生

动物名录》,共计规定了 12 纲、55 目、222 属、389 种珍贵、濒危的野生动物。"珍贵动物制品"是指上述动物的肉、皮、毛、骨等的制成品。

第二,本罪的客观方面表现为违反海关法规和野生动物保护法规,逃避海关监管,运输、携带、邮寄珍贵动物、珍贵动物制品进出国(边)境的行为。或者行为人直接向走私人非法收购珍贵动物及其制品,或者在领海、内海、界河、界湖运输、收购、贩卖上述物品的,也应当以走私珍贵动物、珍贵动物制品罪论处。

在司法实践中,珍贵动物、珍贵动物制品罪的具体行为方式多种多样,根据其实施的途径不同,通常将走私犯罪分为绕关走私、通关走私、后续走私、间接走私四种。绕关走私,是指未经国务院或者国务院授权的机关批准,从未设立海关的地点运输、携带或者邮寄珍贵动物、珍贵动物制品进出境的行为。通关走私,是指行为人经设立海关的地点,以藏匿、伪装、瞒报、伪报或者其他手法逃避海关监督,运输、携带、邮寄珍贵动物、珍贵动物制品进出境的行为。与绕关走私不同的是,通关走私主要发生在海关监督现场的通关环节,因此,走私分子要逃避海关监督的目的,必须采取伪报、瞒报、伪装、藏匿等欺骗手段。[①] 间接走私,是指直接向走私人非法收购珍贵动物、珍贵动物制品的行为或者在内海、领海、界河、界湖运输、收购珍贵动物、珍贵动物制品的行为。从实质上来说,间接走私行为对走私罪起着帮助和辅助的作用,是前期走私活动的一种延续。这类走私行为人帮助走私分子完成了走私过程,帮助走私分子实现了走私目的,使得走私的珍贵动物、珍贵动物制品得以迅速地销售和扩散,使走私分子获得非法利益。这里应该注意几点:第一,行为人必须是直接向走私人收购走私来的珍贵动物、珍贵动物制品,即"第一手交易"人,对第二手及其以后的购买人则不能以走私行为人论处。第二,行为人必须"明知"对方为走私人,而且是直接将走私的珍贵动物、珍贵动物制品从关境外走私进境的人,而向其收购走私进境的珍贵动物、珍贵动物制品。第三,收购行为必须是非法进行的。

第三,本罪的主体为一般主体,自然人和单位均可构成本罪的主体。

第四,本罪的主观方面同其他走私犯罪一样,由故意构成,即明知是国家禁止进出境的珍贵动物、珍贵动物制品,仍违反海关法规,逃避海关监管进行走私。过失不构成本罪。如果行为人不知是珍贵动物、珍贵动物制品而携带进境,因其不具有走私的故意,不构成走私珍贵动物、珍贵动物制品罪。

(四) 疑难问题

1. 划清本罪罪与非罪的界限

根据 2006 年 11 月 16 日起实施的《最高人民法院关于审理走私刑事案件具

[①] 曹云清,宋利红. 走私犯罪案件侦查. 北京:中国人民公安大学出版社,2015:5-6.

体应用法律若干问题的解释（二）》第七条规定，走私珍贵动物、珍贵动物制品，同时具有下列情形，情节显著轻微的，一般不以犯罪论处：(1) 珍贵动物制品购买地允许交易的；(2) 入境人员为留作纪念或者作为礼品而带珍贵动物制品进境，不具有牟利目的的。

2. 划清本罪与非法猎捕、杀害珍贵、濒危野生动物罪，非法收购、运输、出售珍贵、濒危野生动物、珍贵、濒危野生动物制品罪的界限

非法猎捕、杀害珍贵、濒危野生动物罪，非法收购、运输、出售珍贵、濒危野生动物、珍贵、濒危野生动物制品罪与本罪在客体、客观方面不同。本罪侵害的客体主要是国家的海关监管制度，而其他两个罪侵犯的客体是国家的环境资源保护制度。本罪在客观方面表现为违反海关和野生动物保护法规，逃避海关监管，运输、携带、邮寄珍贵动物、珍贵动物制品进出国（边）境的行为。其他两个罪的客观方面则表现为，非法猎捕、杀害国家重点保护的珍贵、濒危野生动物的行为和非法收购、运输、出售国家重点保护的珍贵、濒危野生动物及其制品的行为。因此，对于行为人在猎捕、杀害珍贵动物时没有走私的故意，行为实施完毕后又决定走私的，收购珍贵动物或者其制品时没有走私的故意，行为实施完毕后又决定走私的，应当实行数罪并罚。行为人如果以走私为目的实施上述两种犯罪，走私的对象与上述两种犯罪的对象是同一的，则属于牵连犯，应按照牵连犯的原则处罚，从一重罪处罚，即按照走私珍贵动物、珍贵动物制品罪处罚。

（五）立案标准

根据 2000 年 10 月 8 日起实施的《最高人民法院关于审理走私刑事案件具体应用法律若干问题的解释》第四条规定，《刑法》第一百五十一条第二款规定的"珍贵动物"，是指列入《国家重点保护野生动物名录》中的国家一、二级保护野生动物和列入《濒危野生动植物种国际贸易公约》附录一、附录二中的野生动物以及驯养繁殖的上述物种。

走私国家二级保护动物未达到本解释附表中（一）规定的数量标准或者走私珍贵动物制品价值十万元以下的，属于走私珍贵动物、珍贵动物制品罪"情节较轻"，处五年以下有期徒刑，并处罚金。

走私珍贵动物及其制品，具有下列情节之一的，处五年以上有期徒刑，并处罚金：

（一）走私国家一、二级保护动物达到本解释附表中（一）规定的数量标准的；

（二）走私珍贵动物制品价值十万元以上不满二十万元的；

（三）走私国家一、二级保护动物虽未达到本款规定的数量标准，但具有造成该珍贵动物死亡或者无法追回等恶劣情节的。

具有下列情形之一的,属于走私珍贵动物、珍贵动物制品罪"情节特别严重",处无期徒刑,并处没收财产:

(一)走私国家一、二级保护动物达到本解释附表中(二)规定的数量标准的;

(二)走私珍贵动物制品价值二十万元以上的;

(三)走私国家一、二级保护动物达到本解释附表中(一)规定的数量标准,并造成该珍贵动物死亡或者无法追回的;

(四)走私国家一、二级保护动物达到本解释附表中(一)规定的数量标准,并具有是犯罪集团的首要分子或者使用特种车进行走私等严重情节的。

走私《濒危动植物种国际贸易公约》附录一、附录二中的动物及其制品的,参照本解释附表中规定的同属或者同科动物的定罪量刑标准执行。

二十九、走私国家禁止进出口的货物、物品案件的认定

(一)法条链接

《刑法》第一百五十一条第 3 款规定:"走私珍稀植物及其制品等国家禁止进出口的其他货物、物品的,处五年以下有期徒刑或者拘役,并处或者单处罚金;情节严重的,处五年以上有期徒刑,并处罚金。"

第 4 款规定:"单位犯本条规定之罪的,对单位判处罚金,并对其直接负责的主管人员和其他直接责任人员,依照本条各款的规定处罚。"

第一百五十五条规定:"下列行为,以走私罪论处,依照本节的有关规定处罚:(一)直接向走私人非法收购国家禁止进口物品的,或者直接向走私人非法收购走私进口的其他货物、物品,数额较大的;(二)在内海、领海、界河、界湖运输、收购、贩卖国家禁止进出口物品的,或者运输、收购、贩卖国家限制进出口货物、物品,数额较大,没有合法证明的。"

第一百五十六条规定:"与走私罪犯通谋,为其提供贷款、资金、账号、发票、证明,或者为其提供运输、保管、邮寄或者其他方便的,以走私罪的共犯论处。"

第一百五十七条规定:"武装掩护走私的,依照本法第一百五十一条第一款的规定从重处罚。"

以暴力、威胁方法抗拒缉私的,以走私罪和本法第二百七十七条规定的阻碍国家机关工作人员依法执行职务罪,依照数罪并罚的规定处罚。

(二)罪名释义

走私国家禁止进出口的货物、物品罪,是指违反海关法规和国家有关行政部门关于禁止进出口的货物、物品的法规,逃避海关监管,运输、携带、邮寄珍贵动物及其制品进出国(边)境的行为,或者直接向走私人员非法收购以及在内海、领海、界河、界湖运输、收购、贩卖国家禁止进出口的货物、物品的行为。

(三)犯罪构成

本罪的犯罪构成表现在如下四个方面：

第一,本罪的犯罪客体是海关监管制度和国家对禁止进出口的货物、物品的管理制度。犯罪对象是《刑法》第一百五十一条、第一百五十二条、第三百五十条、第三百五十七条具体列举的武器、弹药、核材料、假币、文物、贵重金属、珍贵动植物及其制品、淫秽物品、废物、制毒物品、毒品等以外的国家禁止进出口的其他所有货物、物品。禁止进出口的货物、物品由国家有关行政部门根据对外贸易法、货物进出口管理条例等决定并公布,具体种类会随着我国社会、经济形势的发展而变化,主要包括:《禁止进出境物品表》《加工贸易禁止类商品目录》《禁止进口货物目录》《禁止出口货物目录》以及其他法规中列明的禁止进出口的货物、物品。

第二,本罪的客观表现为违反海关法规和国家有关行政部门关于禁止进出口的货物、物品的法规,逃避海关监管,运输、邮寄、携带国家禁止进出口的货物、物品进出国(边)境的行为。行为人直接向走私人非法收购国家禁止进出口的货物、物品,或者在领海、内海、界河、界湖运输、收购、贩卖上述物品的,也应当以走私国家禁止进出口的货物、物品罪论处。

第三,本罪的犯罪主体为一般主体,自然人和单位均可构成本罪的主体。

第四,本罪的主观方面由故意构成,过失不构成本罪。

(四)疑难问题

划清本罪罪与非罪的界限

行为是否具有严重社会危害性,是划清走私国家禁止进出口的货物、物品罪与一般违法行为的关键。司法实践中,应根据禁止进出口的货物、物品的性质、走私的数量、犯罪后果等认定是否具有严重社会危害性,情节显著轻微危害不大的,不认为是犯罪。

三十、走私淫秽物品案件的认定

(一)法条链接

《刑法》第一百五十二条第1款规定:"以牟利或者传播为目的,走私淫秽的影片、录像带、录音带、图片、书刊或者其他淫秽物品的,处三年以上十年以下有期徒刑,并处罚金;情节严重的,处十年以上有期徒刑或者无期徒刑,并处罚金或者没收财产;情节较轻的,处三年以下有期徒刑、拘役或者管制,并处罚金。"

第3款规定:"单位犯前两款罪的,对单位判处罚金,并对其直接负责的主管人员和其他直接责任人员,依照前两款的规定处罚。"

第一百五十五条规定:"下列行为,以走私罪论处,依照本节的有关规定处罚:(一)直接向走私人非法收购国家禁止进口物品的,或者直接向走私人非法收购走私进口的其他货物、物品,数额较大的;(二)在内海、领海、界河、界湖运输、收购、贩卖国家禁止进出口物品的,或者运输、收购、贩卖国家限制进出口货物、物品,数额较大,没有合法证明的。"

第一百五十六条规定:"与走私罪犯通谋,为其提供贷款、资金、账号、发票、证明,或者为其提供运输、保管、邮寄或者其他方便的,以走私罪的共犯论处。"

第一百五十七条规定:"武装掩护走私的,依照本法第一百五十一条第一款的规定从重处罚。"

以暴力、威胁方法抗拒缉私的,以走私罪和本法第二百七十七条规定的阻碍国家机关工作人员依法执行职务罪,依照数罪并罚的规定处罚。

(二) 罪名释义

走私淫秽物品罪,是指违反海关法规,逃避海关监管,以牟利或者传播为目的,运输、携带、邮寄淫秽的影片、录像带、录音带、图片、书刊或者其他淫秽物品,进出国(边)境的行为,或者直接向走私人员非法收购以及在内海、领海、界河、界湖运输、收购、贩卖淫秽的影片、录像带、录音带、图片、书刊或者其他淫秽物品的行为。

(三) 犯罪构成

本罪的犯罪构成表现在如下四个方面:

第一,本罪侵犯的客体是国家海关监督管理制度和严禁淫秽物品走私传播的制度。淫秽物品是国家明令禁止进出口的特殊物品。走私淫秽物品的行为直接侵害了海关对该物品实行禁止进出口的管理制度。犯罪对象是淫秽物品。所谓淫秽物品是指具有描绘性行为或者露骨宣扬色情的诲淫性的影片、录像带、录音带、图片、书刊和其他淫秽物品。"其他淫秽物品"是指除上述淫秽物品以外的,通过文字、声音、形象等形式表现淫秽内容的影碟、音碟、电子出版物等物品。有关人体生理、医学知识的科学著作不是淫秽物品。包含有色情内容的艺术价值的文学、艺术作品不视为淫秽物品。淫秽物品的种类和目录,由国务院有关主管部门规定。目前,审理案件时可依照国家新闻出版署1988年制定的《关于认定淫秽及色情出版物的暂行规定》来确定是否属于淫秽物品。对影片的鉴定,根据公安部1996年12月5日《关于淫秽电影鉴定问题的批复》,由地(市)以上公安机关鉴定是否属于淫秽影片。

第二,本罪的客观表现为违反海关法规,逃避海关监管,运输、携带、邮寄淫秽的影片、录像带、录音带、图片、书刊或者其他淫秽物品,进出国(边)境的行为,或者直接向走私人员非法收购以及在内海、领海、界河、界湖运输、收购、贩卖淫秽的影片、录像带、录音带、图片、书刊或者其他淫秽物品的行为。"违反海关法规"是指违反海关法和其他有关禁止淫秽物品进出口的规定,如《海关总署关于查禁淫秽物品进出口的实施办法》等。"逃避海关监督"是指采取各种方法,避开海关的监督、检查,企图将淫秽物品走私进出境的行为。实践中主要表现为行为人绕过海关、检查站以及不如实向海关申报物品两种行为。

第三,本罪的犯罪主体为一般主体。单位走私淫秽物品的,也可构成本罪的主体。

第四,本罪的主观方面由故意构成,并且具有牟利或者传播的目的。所谓以牟利为目的,是指行为人走私淫秽物品是为了出卖、出租或者通过其他方式牟取非法利润;所谓以传播为目的,是指行为人走私淫秽物品是为了在社会上进行扩散。具有牟利或者传播目的,是构成本罪在主观方面的必备要件。

(四)疑难问题

划清本罪罪与非罪的界限

查明行为人是否具有牟利或者传播为目的,是划清走私淫秽物品罪的罪与非罪、一般违法与犯罪界限的关键。在司法实践中,认定行为人是否具有上述目的时,应当综合考虑行为人的口供、证人证言和其他事实情况。如果行为人已经将走私的淫秽物品在社会上传播或者出售、出租,则应认定其具有牟利或者传播的目的。

(五)立案标准

按照2000年10月8日起实施的《最高人民法院关于审理走私刑事案件具体应用法律若干问题的解释》第五条规定:走私淫秽物品达到下列数量之一的,属于走私淫秽物品罪"情节较轻",处3年以下有期徒刑、拘役或者管制,并处罚金:

(一)走私淫秽录像带、影碟50盘(张)以上至100盘(张)的;
(二)走私淫秽录音带、音碟100盘(张)以上至200盘(张)的;
(三)走私淫秽扑克、书刊、画册100副(册)以上至200副(册)的;
(四)走私淫秽照片、画片500张以上至1000张的;
(五)走私其他淫秽物品相当于上述数量的。

走私淫秽物品在上述规定最高数量以上不满最高数量5倍的,处3年以上10年以下有期徒刑,并处罚金。

走私淫秽物品罪"情节严重"是指:走私淫秽物品在上述规定的最高数量5倍以上,或者虽不满最高数量5倍,但具有是犯罪集团的首要分子或者使用特种车进行走私等严重情节的,应处10年以上有期徒刑或者无期徒刑,并处罚金或者没收财产。

三十一、走私废物案件的认定

(一) 法条链接

《刑法》第一百五十二条第 2 款规定:"逃避海关监管将境外固体废物、液态废物和气态废物运输进境,情节严重的,处五年以下有期徒刑,并处或者单处罚金;情节特别严重的,处五年以上有期徒刑,并处罚金。"

第 3 款规定:"单位犯前两款罪的,对单位判处罚金,并对其直接负责的主管人员和其他直接责任人员,依照前两款的规定处罚。"

第一百五十五条规定:"下列行为,以走私罪论处,依照本节的有关规定处罚:(一)直接向走私人非法收购国家禁止进口物品的,或者直接向走私人非法收购走私进口的其他货物、物品,数额较大的;(二)在内海、领海、界河、界湖运输、收购、贩卖国家禁止进出口物品的,或者运输、收购、贩卖国家限制进出口货物、物品,数额较大,没有合法证明的。"

第一百五十六条规定:"与走私罪犯通谋,为其提供贷款、资金、账号、发票、证明,或者为其提供运输、保管、邮寄或者其他方便的,以走私罪的共犯论处。"

第一百五十七条规定:"武装掩护走私的,依照本法第一百五十一条第一款的规定从重处罚。"

以暴力、威胁方法抗拒缉私的,以走私罪和本法第二百七十七条规定的阻碍国家机关工作人员依法执行职务罪,依照数罪并罚的规定处罚。

第三百三十九条第 3 款:"以原料利用为名,进口不能用作原料的固体废物、液态废物和气态废物的,依照本法第一百五十二条第二款、第三款的规定定罪处罚。"

(二) 罪名释义

走私废物罪,是指违反海关法规和国家关于固体废物、液态废物、气态废物管理的规定,逃避海关监管,将境外固体废物、液态废物、气态废物运输进境的行为,或者直接向走私人员非法收购以及在内海、领海、界河、界湖运输、收购、贩卖固体废物、液态废物、气态废物的行为。

(三) 犯罪构成

本罪的犯罪构成表现在如下四个方面:

第一,本罪侵害的客体是海关监管制度和国家禁止固体废物、液态废物和气态废物进境的制度。犯罪对象是"废物",是指固体废物、液态废物和气态废物。所谓固体废物是指在生产建设、日常生活和其他活动中产生的污染环境的固态、半固态废弃物质。所谓固体废物,是指在生产建设、日常生活和其他活动中产生的污染环境的固态、半固态废弃物质。如工业固体废物(工业、交通等生产活动中产生的固体废物)、城市生活垃圾(在城市日常生活中或者为城市日常生活提供服务的活动中产生的固体废物以及法律、行政法规规定视为城市生活垃圾的固体废物),危险废物(列入国家危险废物名录或者根据国家规定的危险废物鉴别标准和鉴别方法认定的具有危险特性的废物)。

第二,本罪的客观方面表现为违反海关法规和国家有关规定,逃避海关监管,将境外的固体废物、液态废物、气态废物运输出境的行为。根据《刑法》第三百三十九条第3款和《刑法修正案(四)》第5条关于将《刑法》第三百三十九条第3款的规定修改为"以原料利用为名,进口不能用作原料的固态废物、液态废物和气态废物的,依照本法第一百五十二条第二款、第三款的规定定罪处罚"的规定,以原料利用为名,进口不能用作原料的固体废物、液态废物、气态废物的行为,也构成走私废物罪。行为人直接向走私人非法收购废物,或者在内海、领海、界河、界湖运输、收购废物的,应当以走私废物罪论处。

另外,本罪客观行为是行为人非法将境外的废物走私进境,情节严重的行为,这里的境外,是指我国大陆地区以外,包括国外以及我国的香港、澳门、台湾地区。香港、澳门虽然回归祖国,但是与大陆实行不同的刑法体系;台湾作为我国领土不可分割的一部分,尚未被我国实施刑事管辖。因此,香港、澳门、台湾地区宜作境外理解。将这三个地区的固体废物、液态废物、气态废物非法运输至我国大陆地区,也应当定罪。

第三,犯罪主体为一般主体,自然人和单位均可构成本罪的主体。

第四,本罪的主观方面由故意构成,即明知是境外的固体废物、液态废物、气态废物,却逃避海关监管,将其偷运入境。如果受外方欺骗,将固体废物、液态废物、气态废物误认为是普通货物、物品偷运入境的,则构成走私普通货物、物品罪。如果没有逃避海关监管只是未经国务院有关主管部门许可将"可用作原料"的固体废物运入国境的,构成擅自进口固体废物罪;如果擅自进口的是"不能用作原料"的固体废物,仍依照走私废物罪处罚。

(四)疑难问题

1. 划清走私废物罪与非罪的界限

依照法律规定,逃避海关监管将境外固体废物、液态废物和气态废物运输进境的行为,除了需要符合上述四个犯罪构成要件外,还需要达到"情节严重"的程度才能构成犯罪。具体参见下文立案标准。

除此之外,要对犯罪对象"废物"准确认定。走私废物犯罪案件的对象特定,必须是境外的我国禁止进境的废物或者限制进境的可用作原料的废物,才能构成该罪。我国先后发布了《禁止进口固体废物目录》《限制进口类可用作原料的固体废物目录》《自动进口许可类可用作原料的固体废物目录》,凡是列入上述三个目录的,应认定为废物。但实践中废物的种类繁多,对废物的认定需取样,委托专业机构进行鉴定,鉴别机构应明确样品的进口废物属性,并标明其主要成分或主要成分含量,以准确认定走私对象是否为废物。

另外,认定本罪要考量行为人的主观心理状态。要求行为人主观有走私故意的认定。走私废物罪的主观故意,只要求证明行为人主观上有逃避海关监管,具有走私犯罪故意即可定罪,行为人是否明知自己走私的具体对象为国家禁止进口的废物或国家限制进口可用作原料的废物,不作为定罪条件。

2. 划清本罪与非法处置进口的固体废物罪的界限。

所谓非法处置进口的固体废物罪,根据《刑法》第三百三十九条第1款的规定,是指违反国家规定,将境外的固体废物进境倾倒、堆放、处置的行为。非法处置进口的固体废物罪是妨害社会管理秩序罪中的破坏环境资源保护罪的一种。走私废物罪与非法处置进口的固体废物罪存在一定的联系,两罪的行为对象都可以是境外的固体废物,都破坏了国家防治环境污染的管理制度。两者的关键区别在于:前者在客观方面表现为将境外废物运输进境的行为;后者在客观方面表现为将已经进境的废物在我国境内倾倒、堆放、处置的行为。前者犯罪对象包括固体废物、液态废物和气态废物,无论是可用作原料的废物、不能用作原料的废物均是走私废物犯罪的对象。而后者的对象仅限于固体废物并且可以用作原料的固体废物。

3. 划清本罪与擅自进口固体废物罪的界限。

擅自进口固体废物罪,是指未经国务院有关主管部门许可,擅自进口固体废物用作原料,造成重大环境污染事故,使公私财产遭受重大损失,或者严重危害人体健康的行为。两者而区别在于:犯罪对象不同。前者的废物既包括国家限制进口的固体废物、液态废物和气态废物,还包括国家禁止进口的固态废物、液态废物和气态废物。而后者的对象则是国家限制进口的固体废物。如果将这些固体废物进口用作原料,须经国务院有关部门批准。客观方面不同。前者的客观方面表现为违反海关法规,逃避海关监管、检查将境外固体废物、液态废物或气态废物运输进境或者以原料利用为名进口不能用作原料的固体废物、液态废物和气态废物的行为,同时走私废物罪属于行为犯,只要走私固体废物、液态废物或气态废物情节严重就构成犯罪。后者客观表现为未经国务院有关部门的批准,擅自进口固体废物,造成重大环境污染事故的行为,是结果犯,要求造成重大环境污染事故,致使公私财产遭受重大损失或者严重危害人体健康。

4. 划清本罪与走私普通货物物品罪的界限

根据2016年11月16日起实施的《最高人民法院关于审理走私刑事案件具体应用法律若干问题的解释(二)》第八条的规定,经许可进口国家限制进口的可用作原料的废物时,偷逃应缴税额,构成犯罪的,应当依照《刑法》第一百五十三条规定,以走私普通货物罪定罪处罚;既未经许可,又偷逃应缴税额,同时构成走私废物罪和走私普通货物罪的们应当按照刑法处罚较重的规定定罪处罚。

虽经许可，但超过许可数量进口国家限制进口的进而用作原料的废物，超过部分以未经许可论。

（五）立案标准

根据 2016 年 11 月 16 日起实施的《最高人民法院关于审理走私刑事案件具体应用法律若干问题的解释（二）》第六条的规定，具有下列情节之一的，属于《刑法》第一百五十二条第二款规定的"情节严重"：（一）走私国家禁止进口的危险性固体废物、液态废物分别或者合计达到 1 吨以上不满 5 吨的；（二）走私国家禁止进口的非危险性固体废物、液态废物分别或者合计达到 5 吨以上不满 25 吨的；（三）未经许可，走私国家限制进口的可用作原料的固体废物、液态废物分别或者合计达到 20 吨以上不满 100 吨的；（四）走私国家禁止进口的废物并造成重大环境污染事故的。

《最高人民法院关于审理走私刑事案件具体应用法律若干问题的解释（二）》第七条规定，走私国家禁止进口的废物或者国家限制进口的可用作原料的废物的数量，超过本解释第六条规定的数量标准，或者达到了规定的数量标准并造成重大环境污染事故，或者虽未达到规定的数量标准但造成重大环境污染事故且后果特别严重的，属于《刑法》第一百五十二条第二款规定的"情节特别严重"的，以走私废物罪判处五年以上有期徒刑，并处罚金。

2000 年 10 月 8 日起实施的《最高人民法院关于审理走私刑事案件具体应用法律若干问题的解释》第九条规定，《刑法》第一百五十五条（三）项规定的"固体废物"，是指国家禁止进口的固体废物和国家限制进口的可用作原料的固体废物。国家限制进口的可用作原料的固体废物的具体种类，按照《国家限制进口的可用作原料的固体废物目录》执行。

走私国家禁止进口的固体废物不满十吨，或者走私国家限制进口的可用作原料的固体废物偷逃应缴税额在五万元以上不满十五万元的，依照《刑法》第一百五十三条第一款第（三）项规定处罚。

走私国家禁止进口的固体废物十吨以上不满一百吨，或者走私国家限制进口的可用作原料的固体废物偷逃应缴税额十五万元以上不满五十万元的，依照《刑法》第一百五十三条第一款第（二）项规定处罚。

走私国家禁止进口的固体废物一百吨以上或者走私国家限制进口的可用作原料的固体废物偷逃应缴税额五十万元以上的，依照《刑法》第一百五十三条第一款第（一）项规定处罚。

《最高人民法院关于审理走私刑事案件具体应用法律若干问题的解释（二）》第十条规定，单位犯走私国家限制进口的可用作原料的固体废物的，偷逃应缴税额在二十五万元以上不满七十五万元的，对单位判处罚金，并对其直接负责的主管人员和其他直接责任人员,处三年以下有期徒刑或者拘役;偷逃应缴税额在七十五万元以上不满二百五十万元的,属于情节严重,处三年以上十年以下有期徒刑;偷逃应缴税额在二百五十万元以上的,属于情节特别严重,处十年以上有期徒刑。

三十二、走私普通货物、物品案件的认定

(一)法条链接

《刑法》第一百五十三条规定:走私本法第一百五十一条、第一百五十二条、第三百四十七条规定的以外的货物、物品的,根据情节轻重,分别依照下列规定处罚:

(一)走私货物、物品偷逃应缴税额较大或者一年内曾因走私被给予二次行政处罚后又走私的,处三年以下有期徒刑或者拘役,并处偷逃应缴税额一倍以上五倍以下罚金。

(二)走私货物、物品偷逃应缴税额巨大或者有其他严重情节的,处三年以上十年以下有期徒刑,并处偷逃应缴税额一倍以上五倍以下罚金。

(三)走私货物、物品偷逃应缴税额特别巨大或者有其他特别严重情节的,处十年以上有期徒刑或者无期徒刑,并处偷逃应缴税额一倍以上五倍以下罚金或者没收财产。

单位犯前款罪的,对单位判处罚金,并对其直接负责的主管人员和其他直接责任人员,处三年以下有期徒刑或者拘役;情节严重的,处三年以上十年以下有期徒刑;情节特别严重的,处十年以上有期徒刑。

对多次走私未经处理的,按照累计走私货物、物品的偷逃应缴税额处罚。

第一百五十四条规定:下列走私行为,根据本节规定构成犯罪的,依照本法第一百五十三条的规定定罪处罚:(一)未经海关许可并且未补缴应缴税额,擅自将批准进口的来料加工、来件装配、补偿贸易的原材料、零件、制成品、设备等保税货物,在境内销售牟利的;(二)未经海关许可并且未补缴应缴税额,擅自将特定减税、免税进口的货物、物品,在境内销售牟利的。

第一百五十五条规定:"下列行为,以走私罪论处,依照本节的有关规定处罚:(一)直接向走私人非法收购国家禁止进口物品的,或者直接向走私人非法收购走私进口的其他货物、物品,数额较大的;(二)在内海、领海、界河、界湖运输、收购、贩卖国家禁止进出口物品的,或者运输、收购、贩卖国家限制进出口货物、物品,数额较大,没有合法证明的。"

第一百五十六条规定:"与走私罪犯通谋,为其提供贷款、资金、账号、发票、证明,或者为其提供运输、保管、邮寄或者其他方便的,以走私罪的共犯论处。"

第一百五十七条规定:"武装掩护走私的,依照本法第一百五十一条第一款的

规定从重处罚。"

以暴力、威胁方法抗拒缉私的,以走私罪和本法第二百七十七条规定的阻碍国家机关工作人员依法执行职务罪,依照数罪并罚的规定处罚。

(二) 罪名释义

走私普通货物、物品罪,是指违反海关法规,逃避海关监管,运输、携带、邮寄除武器、弹药、核材料、假币、文物、贵重金属、珍贵动物及其制品、珍稀植物及其制品、淫秽物品、固体废物、液态废物、气态废物、毒品、制毒物品等国家禁止进出口的货物、物品以外的其他普通货物、物品进出国(边)境,偷逃应缴关税税额较大或者一年内曾因走私被两次行政处罚后又自私的行为。

(三) 犯罪构成

本罪的犯罪构成表现在如下四个方面:

第一,本罪侵犯的客体是国家对普通获取、物品进出口监管、征收关税的制度。海关法、进出口关税条例等法律、法规规定了海关对进出境普通货物、物品进行监管、征收关税的制度。违反上述法规,逃避海关监管,偷逃货物、物品进出境应缴税款的行为,直接侵害了国家海关对普通货物、物品进出境的监管、关税征收制度。

第二,本罪的客观方面表现为违反海关法规,逃避海关监管,运输、携带、邮寄普通货物、物品进出国(边)境,偷逃应缴关税税额较大或者一年内曾因走私被两次行政处罚后又走私的行为。

"违反海关法规",是指违反海关法、进出口关税管理条例等法律、法规。"逃避海关监管",是指采用隐瞒、隐藏、伪报、蒙混、绕关等方式、方法,躲避海关监管、管理和检查,即通常所说的绕关走私、瞒关走私、夹藏走私及后续走私行为。所谓后续走私,是指走私分子以合法的形式将货物、物品进出口而实际上进行走私的行为。如《刑法》第一百五十四条规定的情形。

2000年10月8日起实施的《最高人民法院关于审理走私刑事案件具体应用法律若干问题的解释》第六条对"应缴数额"作出了规定,是指进出口货物、物品应当缴纳的进出口关税和进口环节海关代征税的税额。走私货物、物品所偷逃的应缴税额,应当以走私行为案发时所适用的税则、税率、汇率和海关审定的完税价格计算,并以海关出具的证明为准。《刑法》第一百五十三条第三款规定的"对多次走私未经处理的",是指对多次走私未经行政处罚处理的。"一年内曾因走私被两次行政处罚后又走私的行为"是指违反海关法规,逃避海关监管,在一年内因为运输、携带、邮寄普通货物、物品进出国(边)境被有关部门给予两次行政处罚后,又运输、携带、邮寄普通货物、物品进出国(边)境的行为。"被给予两次行政处罚"是适用本项规定的前提条件,如此前多次走私但未受到行政处罚的,仍然应当将多次走私偷逃的税款进行累计,使其数额情况和情节定罪量刑,未能达到数额较大标准的一般不构成犯罪。根据《刑法》第一百五十四条、第一百五十五条的规定,未经海关许可并且未补缴应缴税额,擅自将批准进口的来料加工、来件装配、补偿贸易的原材料、零件、制成品、设备等保税货物,在境内销售牟利的;未经海关许可并且未补缴应缴税额,擅自将特定减税、免税进口的货物、物品,在境内销售牟利的;直接向走私人非法收购走私进口的货物、物品,数额较大的;在内海、领海、界河、界湖运输、收购、贩卖国家限制进出口的货物、物品,数额较大,没有合法证明的,也应当以走私普通货物、物品罪论处。其中,"保税货物"是指经海关批准,未办理纳税手续进境,在境内储存、加工、装配后应予复运出境的货物。保税货物包括通过加工贸易、补偿贸易等方式进口的货物,以及在保税仓库、保税工厂、保税区或者免税商店内等储存、加工、寄售的货物。"直接向走私人非法收购的其他货物、物品,数额较大的",是指明知是走私行为人而向其非法收购走私进口的其他货物、物品,应缴数额较大的。

第三,本罪的犯罪主体为一般主体,自然人和单位均可构成本罪的主体。

第四,本罪的主观方面由故意构成。过失不构成本罪。行为人明知自己的行为违反国家海关监管法律法规,逃避海关监管,偷逃进出境货物、物品的应缴税额,或者逃避国家有关货物、物品进出境的禁止性管理,并且希望或者放任危害结果发生的,应认定为具有走私的故意。如果行为人没有走私的故意,但有违反海关法规,逃避海关监管的行为,则不属于走私行为,一般是由于不懂海关监管规定或者疏忽大意而该报未报或者漏报、错报关税的过失造成的,应由海关依照海关法的规定予以行政处理。应当注意的是,本罪不以牟利为目的作为构成要件。

（四）疑难问题

1. 划清本罪与特定物品走私犯罪的界限。

《刑法》除了规定走私普通货物、物品犯罪以外,还规定了其他走私特定物品的犯罪,如走私武器、弹药罪,走私核材料罪,走私假币罪,走私贵重金属罪,走私文物罪,走私废物罪,走私珍贵动物、珍贵动物制品罪,走私珍稀植物、珍稀植物制品罪,走私淫秽物品罪,走私毒品罪,走私制毒物品罪等。一般情况下,走私普通货物、物品犯罪与走私特定物品犯罪不难区分,主要是依据其犯罪对象不同,按照《刑法》有关条文规定,符合走私特定物品犯罪构成要件的,以走私特定物品定罪处罚。需要注意的是,走私文物、贵重金属、境外废物等具有单向性,一般情况下,走私非国家禁止进出口的文物以及走私文物、贵重金属等进境,数额较大,偷逃应缴数额达到起刑点的行为,以走私普通货物、物品罪论处。行为人既走私了普通货物、物品又走私了其他特定物品,如果同时进行,又具备多种走私故意,成立想象竞合,应择一重罪处之,否则,应数罪并罚。

2. 划清本罪与骗取出口退税罪。

实践中，走私普通货物、物品犯罪有时会与骗取出口退税罪相混淆，应注意加以区分。骗取出口退税罪是指故意违反税收管理法规，以假报出口或者其他欺骗手段，骗取国家出口退税款，数额较大的行为。两者的区别在于：第一，侵犯的客体不同。前者侵犯的客体是国家的对外贸易管理秩序，后者侵犯的是复杂客体，包括国家出口退税管理秩序和国家财产所有权。第二，客观方面表现不同。前者表现为违反海关法规，逃避海关监管，走私普通货物、物品进出境，偷逃应缴税额，数额较大的行为，有真实货物、物品进出境行为的发生。而后者则表现为行为人使用假报出口或者其他欺骗手段，骗取国家出口退税款，数额较大，一般没有货物、物品进出境。

3. 划清本罪与放纵走私罪的界限。

放纵走私罪是指海关工作人员徇私舞弊，放纵走私，情节严重的行为。首先，两者侵犯的客体不同。前者侵犯的客体是国家的对外贸易管理秩序，后者则侵犯了国家海关对进出口业务的监管秩序。其次，两者的客观方面表现不同。前者表现为违反海关法规，逃避海关监管，非法运输、携带、邮寄普通货物、物品进出国（边）境，或者以其他方式变相走私、间接走私，偷逃应缴数额较大的行为；后者表现为海关工作人员徇私舞弊，放纵走私且情节严重。再次，两者的犯罪主体不同。前者为一般主体，而后者则由特殊主体构成，即只能是海关工作人员。最后，两者的主观方面均由故意构成。如果海关工作人员与走私分子通谋，在放纵走私过程中以积极的行为配合走私分子逃避海关监管或者在放纵走私之后分得赃款的，应以共同走私犯罪追究刑事责任。海关工作人员收受贿赂又放纵走私的，应以受贿罪和放纵走私罪数罪并罚。如果海关工作人员事前与走私犯罪分子没有共同犯罪故意，仅仅是为徇私而利用职权放纵走私，应以放纵走私罪处罚。

（五）立案标准

2000年10月8日起实施的《最高人民法院关于审理走私刑事案件具体应用法律若干问题的解释》第十条规定，单位犯走私普通货物物品的，偷逃应缴税额在二十五万元以上不满七十五万元的，对单位判处罚金，并对其直接负责的主管人员和其他直接责任人员，处三年以下有期徒刑或者拘役；偷逃应缴税额在七十五万元以上不满二百五十万元的，属于情节严重，处三年以上十年以下有期徒刑；偷逃应缴税额在二百五十万元以上的，属于情节特别严重，处十年以上有期徒刑。

2011年5月1日起实施的《最高人民法院关于审理走私犯罪案件适用法律有关问题的通知》第一条规定如下：《刑法修正案（八）》取消了走私普通货物、物品罪定罪量刑的数额标准，《刑法修正案（八）》施行后，新的司法解释出台前，各地人民法院在审理走私普通货物、物品犯罪案件时，可参照适用修正前的刑法及《最高人民法院关于审理走私刑事案件具体应用法律若干问题的解释》（法释[2000]30

号)规定的数额标准。

《最高人民法院关于审理走私刑事案件具体应用法律若干问题的解释》第二条规定,对于一年内曾因走私被给予二次行政处罚后又走私需要追究刑事责任的,具体的定罪量刑标准可由各地人民法院结合案件具体情况和本地实际确定。各地人民法院要依法审慎稳妥把握好案件的法律适用和政策适用,争取社会效果和法律效果的统一。

三十三、强迫交易案件的认定

(一) 法条链接

《刑法》第二百二十六条规定:以暴力、威胁手段,实施下列行为之一,情节严重的,处三年以下有期徒刑或者拘役,并处或者单处罚金;情节特别严重的,处三年以上七年以下有期徒刑,并处罚金:

(一) 强买强卖商品的;
(二) 强迫他人提供或者接受服务的;
(三) 强迫他人参与或者退出投标、拍卖的;
(四) 强迫他人转让或者收购公司、企业的股份、债券或者其他资产的;
(五) 强迫他人参与或者退出特定的经营活动的。

(二) 罪名释义

强迫交易罪,是指以暴力、威胁手段强买强卖商品,强迫他人提供或者接受服务,强迫他人参与或者退出投标、拍卖,强迫他人转让或者收购公司、企业的股份、债券或者其他资产,强迫他人参与或者退出特定的经营活动,情节严重的行为。

(三) 犯罪构成

本罪的犯罪构成表现在如下四个方面:

第一,本罪侵犯的客体是正常的市场商品交易秩序。海上渔民以养殖、捕捞为业,在市场中渔民基于自由意志将养殖、捕捞的鱼类、贝类等可食用的海产品与买方进行等价有偿的交易。然而在海产品的交易市场中,一些不法分子垄断个别种类的海产品买方市场,强迫渔民进行交易,从而再转手、加价流入市场,这类的不法分子俗称"渔霸"。这样的强买行为不仅破坏了市场交易的基本准则,而且侵害了渔民的合法利益。

第二,本罪的客观方面表现为以暴力、威胁手段强买强卖商品,强迫他人提供或者接受服务,强迫他人参与或者退出投标、拍卖,强迫他人转让或者收购公司、企业的股份、债券或者其他资产,强迫他人参与或者退出特定的经营活动,情节严重的行为。"暴力",是指对交易相对方身体实行强制和打击的行为;"威胁"是指对交易相对方实行精神强制的行为;"强买强卖"是指不顾对方意愿,以暴力、威胁手段强行买进或者强行卖出的行为;"强迫他人提供服务"是指是指用暴力、威胁手段强迫服务业的经营者为自己提供某种服务的行为;"强迫他人接受服务"是指服务业的经营者强迫消费者接受服务的行为。"强迫他人参与或者退出投标、拍卖"是指招标人、拍卖人为了高价招标或者低价中标,拍出标的或取得拍卖标的的,强迫他人参与投标、拍卖活动或者退出投标、拍卖活动;"强迫他人转让或者收购公司、企业的股份、债券或者其他资产"是指强行高价转让、低价收购或者强迫他人转让其不愿意转让、收购的股份、债券或者其他资产;"强迫他人参与或者退出特定的经营活动"是指使用暴力或者威胁手段强迫经营者参加或者退出其特定的经营活动。

第三,本罪的犯罪主体由一般主体构成。作为本罪主体的自然人必须是年满16周岁,具有刑事责任能力的人。另外,单位也可以成为本罪的犯罪主体。

第四,本罪的主观方面由故意构成。即行为人明知对方不愿意买卖商品或者提供、接受服务而故意实施有关强制交易的行为。

(四) 疑难问题

划清罪与非罪的界限

强迫交易的行为,如果情节不严重的,属于一般违法行为,应当由工商行政部门给予行政处罚。而对于"渔霸"强买的行为,渔业行政部门也有权给予相应的行政处罚,但是一定要注意对于同一个行政违法行为,要遵守"一事不二罚"的行政法原则。

(五) 立案标准

2008年6月25日印发的《最高人民检察院、公安部关于公安机关管辖的刑事案件立案追诉标准的规定(一)》第28条规定,以暴力、威胁手段强买强卖商品、强迫他人提供服务或者强迫他人接受服务,涉嫌下列情形之一的,应予立案追诉:(一)造成被害人轻微伤或者其他严重后果的;(二)造成直接经济损失二千元以上的;(三)强迫交易三次以上或者强迫三人以上交易的;(四)强迫交易数额一万元以上,或者违法所得数额二千元以上的;(五)强迫他人购买伪劣商品数额五千元以上,或者违法所得数额一千元以上的;(六)其他情节严重的情形。

三十四、故意杀人案件的认定

(一) 法条链接

《刑法》第二百三十二条规定:故意杀人的,处死刑、无期徒刑或者十年以上有期徒刑;情节较轻的,处三年以上十年以下有期徒刑。

(二) 罪名释义

故意杀人罪,是指故意非法剥夺他人生命的行为。

(三）犯罪构成

本罪的犯罪构成表现在如下四个方面：

第一，本罪侵犯的客体是他人的生命权利。

第二，本罪的客观方面表现为非法剥夺他人生命的行为。这种行为一般表现为作为，个别的表现为不作为。剥夺他人生命的方法、手段可以是多种多样，如枪杀、投毒、刀砍、爆炸、焚烧等。海警工作人员对发生在海上的故意杀人案件有管辖和侦查的权利、

第三，本罪的犯罪主体为一般主体。依照《刑法》第十七条第2款规定，已满14周岁不满16周岁的人犯本罪的，应当负刑事责任。

第四，本罪的主观方面由故意构成，既包括直接故意也包括间接故意。犯罪动机可能是多种多样，如情杀、仇杀等。但犯罪动机如何不影响本罪的成立。

（四）立案标准

故意杀人罪的立案标准在于发生被害人死亡的危害结果。

三十五、过失致人死亡案件的认定

（一）法条链接

《刑法》第二百三十三条规定：过失致人死亡的，处三年以上七年以下有期徒刑；情节较轻的，处三年以下有期徒刑。本法另有规定的，依照规定。

（二）罪名释义

过失致人死亡罪，是指由于过失而致人死亡的行为。

（三）犯罪构成

本罪的犯罪构成表现在如下四个方面：

第一，本罪侵犯的客体是他人的生命权利。

第二，本罪的客观方面表现为过失而致人死亡的行为。

第三，本罪的犯罪主体为一般主体，即年满16周岁且具有刑事责任能力的自然人。

第四，本罪的主观方面只能由过失构成。既包括疏忽大意的过失也包括过于自信的过失。前者是指应当预见自己的行为可能发生被害人死亡的结果，但由于疏忽大意而没有预见；后者是指已经预见了而轻信能够避免，以致于发生被害人死亡的结果。

(四)疑难问题

1. 划清过于自信的过失致人死亡与间接故意杀人罪的界限

两者的相同之处在于行为人都预见到了自己的行为可能发生被害人死亡的结果,并且都不希望被害人死亡的结果发生。但是两者的差别在于,过于自信致人死亡的行为人对被害人死亡的结果具有过于自信的过失,而间接杀人罪的行为人对被害人死亡的结果持有放任的态度。

2. 划清过失致人死亡与意外事件的界限

两者的共同点在于行为引起了被害人死亡结果的发生,但行为人都没有预见。区分两者的关键在于查明行为人在当时情况下是否应当预见,是否可能预见。如果行为人在客观上虽然造成了他人死亡的结果,但不是出于行为人疏忽大意的过失,而是由于不能预见的原因引起的,则属于刑法上的意外事件,行为人不负刑事责任。

(五)立案标准

过失致人死亡罪的立案标准在于发生被害人死亡的危害结果。

三十六、故意伤害案件的认定

(一)法条链接

《刑法》第二百三十四条规定:故意伤害他人身体的,处三年以下有期徒刑、拘役或者管制。

犯前款罪,致人重伤的,处三年以上十年以下有期徒刑;致人死亡或者以特别残忍手段致人重伤造成严重残疾的,处十年以上有期徒刑、无期徒刑或者死刑。本法另有规定的,依照规定。

(二)罪名释义

故意伤害罪,是指故意非法损害他人身体健康的行为。

(三)犯罪构成

本罪的犯罪构成表现在如下四个方面:

第一,本罪侵犯的客体是他人的身体健康。所谓损害他人的身体健康,主要是指损害人体组织的完整或者破坏人体器官的正常功能。

第二,本罪的客观方面表现为故意非法损害他人身体健康的行为。故意伤害的手段是多种多样的。伤害的结果,可能是轻伤、重伤,也可能是致人死亡。根据《刑法》第九十五条规定,本法所称重伤,是指有下列情形之一的伤害:使人肢体残废或者毁人容貌的;使人丧失听觉、视觉或者其他器官机能的;其他对于人身健康有重大伤害的。根据 2013 年 8 月 30 日发布的《最高人民法院、最高人民检察院、公安部、国家安全部、司法部人体损伤程度鉴定标准》规定,轻伤是指使人肢体或者容貌损害,听觉、视觉或者其他器官功能部分障碍或者其他对于人身健康有中度伤害的损伤,包括轻伤一级和轻伤二级。

第三,本罪的犯罪主体为一般主体。即任何年满16周岁、有刑事责任能力的人,均可构成本罪的主体。依照《刑法》第十七条第2款的规定,已满14周岁不满16周岁的人,故意伤害致人重伤或者死亡的,应当负刑事责任。

第四,本罪的主观方面由故意构成,包括直接故意和间接故意。犯罪动机可能是多种多样,但是犯罪动机如何不影响本罪的成立。

(四) 疑难问题

1. 划清本罪罪与非罪的界限

故意伤害罪与一般打架斗殴违法行为的界限在于所造成的损害结果。如果行为人只造成被害人轻微伤害的结果则不构成本罪,只给予治安处罚即可。轻微伤是指各种致伤因素所致的原发性损伤,造成组织器官结构轻微损害或者轻微功能障碍。

2. 划清故意伤害致死与直接故意杀人的界限

两罪的相同之处在于,行为人在客观上都造成了被害人死亡的结果。两者的区别在于:对于后者,行为人主观上具有故意杀人的故意,而故意伤害致死的行为人主观上只有伤害的故意,对于死亡的结果是行为人的过失所致,但是行为人也应当对超出他伤害故意的死亡结果负责。

(五) 立案标准

故意伤害罪的立案标准在于发生被害人轻伤或者重伤甚至死亡的危害结果。根据2013年8月30日发布的《最高人民法院、最高人民检察院、公安部、国家安全部、司法部人体损伤程度鉴定标准》规定,轻伤是指使人肢体或者容貌损害,听觉、视觉或者其他器官功能部分障碍或者其他对于人身健康有中度伤害的损伤,包括轻伤一级和轻伤二级。根据《刑法》第九十五条规定,本法所称重伤,是指由下列情形之一的伤害:使人肢体残废或者毁人容貌的;使人丧失听觉、视觉或者其他器官机能的;其他对于人身健康有重大伤害的。

三十七、抢劫案件的认定

(一) 法条链接

《刑法》第二百六十三条规定:以暴力、胁迫或者其他方法抢劫公私财物的,处三年以上十年以下有期徒刑,并处罚金;有下列情形之一的,处十年以上有期徒刑、无期徒刑或者死刑,并处罚金或者没收财产:

(一) 入户抢劫的;

（二）在公共交通工具上抢劫的；
（三）抢劫银行或者其他金融机构的；
（四）多次抢劫或者抢劫数额巨大的；
（五）抢劫致人重伤、死亡的；
（六）冒充军警人员抢劫的；
（七）持枪抢劫的；
（八）抢劫军用物资或者抢险、救灾、救济物资的。

（二）罪名释义

抢劫罪，是指以非法占有为目的，当场使用暴力、威胁或者其他方法，强行立即夺取公私财物的行为。

（三）犯罪构成

本罪的犯罪构成表现在如下四个方面：

第一，本罪侵害的是复杂客体，不仅侵犯了公私财产的所有权，同时也侵犯了被害人的人身权利。

第二，客观方面表现为对公私财物的所有者、保管者或者守护者当场使用暴力、胁迫或者其他对人身实行强制的方法，立即抢走财物或者迫使被害人立即交出财物的行为。"暴力"是指行为人对被害人身体实施袭击或者使用其他强暴手段，如殴打、伤害、捆绑、禁闭等，足以危及被害人身体健康或者生命安全，致使被害人不能抗拒，被行为人当即抢走财物，或者被迫立即交出财物。"胁迫"是指行为人以立即实施暴力相威胁，实行精神强制，使被害人产生恐惧而不敢反抗，被迫当场交出财物或者任其立即劫取财物。"其他方法"时指除了暴力或者胁迫的方法以外，对于被害人财物诸如用酒灌醉、用药物麻醉、麻痹等方法，使被害人不能反抗或者不知反抗，从而当场劫取其财物。鉴于目前我国刑法没有关于海盗罪的立法条文，在海上以抢劫手段实施海盗行为的，符合抢劫罪犯罪构成的，应以抢劫罪论处。

第三，本罪的犯罪主体为一般主体。根据《刑法》第十七条第2款的规定，凡年满14周岁并具有刑事责任能力的自然人，均可构成本罪的主体。

第四，本罪的主观方面由故意构成。

（四）疑难问题

1. 关于"在交通工具上抢劫"的认定

2005年6月8日印发的《最高人民法院关于审理抢劫、抢夺刑事案件适用法律若干问题的意见》规定：公共交通工具承载的旅客具有不特定多数人的特点。"在公共交通工具上抢劫"主要是指在从事旅客运输的各种公共汽车、大中型出租车、火车、船只、飞机等正在运营中的机动公共交通工具上对旅客、司售、乘务人员实施的抢劫。在未运营中的大中型公共交通工具上针对司售、乘务人员抢劫的,或者在小型出租车上抢劫的,不属于"在公共交通工具上的抢劫"。

2. 关于"多次抢劫"的认定

2005年6月8日印发的《最高人民法院关于审理抢劫、抢夺刑事案件适用法律若干问题的意见》规定:"多次抢劫"是指抢劫三次以上。对于"多次"的认定,应以行为人实施的每一次抢劫行为均已构成犯罪为前提,综合考虑犯罪故意的产生、犯罪行为实施的时间、地点等因素,客观分析、认定。对于行为人基于一个犯意实施犯罪的,如在同一地点同时对在场的多人实施抢劫的;或基于同一犯意在同一地点实施连续抢劫犯罪的,如在同一地点连续对途经此地的多人进行抢劫的;或在一次犯罪中对一栋居民楼房中的几户居民连续实施入户抢劫的,一般应认定为一次犯罪。

3. 关于"携带凶器抢夺"的认定

2005年6月8日印发的《最高人民法院关于审理抢劫、抢夺刑事案件适用法律若干问题的意见》规定:"携带凶器抢夺"是指行为人随身携带枪支、爆炸物、管制刀具等国家禁止个人携带的器械进行抢夺或者为了实施犯罪而携带其他器械进行抢夺的行为。行为人随身携带国家禁止个人携带的器械以外的其他器械抢夺,但有证据证明该器械确实不是为了实施犯罪准备的,不以抢劫罪定罪;行为人将随身携带凶器有意加以显示、能为被害人察觉到的,直接适用《刑法》第二百六十三条的规定定罪处罚;行为人携带凶器抢夺后,在逃跑过程中为窝藏赃物、抗拒抓捕或者毁灭罪罪证而当场使用暴力或者以暴力相威胁的,使用《刑法》第二百六十七条第2款规定的定罪处罚。

4. 关于转化抢劫的认定

2005年6月8日印发的《最高人民法院关于审理抢劫、抢夺刑事案件适用法律若干问题的意见》规定:行为人实施盗窃、诈骗、抢夺行为,未达到"数额较大",为窝藏赃物、抗拒抓捕或者毁灭罪证当场使用暴力或者以暴力相威胁,情节较轻、危害不大的,一般不以犯罪论处;但具有下列情节之一的,可依照《刑法》第二百六十九条的规定,以抢劫罪定罪处罚:(1)盗窃、诈骗、抢夺接近"数额较大"标准的;(2)入户或在公共交通工具上盗窃、诈骗、抢夺后在户外或交通工具外实施上述行为的;(3)使用暴力致人轻微伤以上后果的;(4)使用凶器或以凶器相威胁的;(5)具有其他严重情节的。

5. 关于抢劫罪数的认定

2005年6月8日印发的《最高人民法院关于审理抢劫、抢夺刑事案件适用法律若干问题的意见》规定:行为人实施伤害、强奸等犯罪行为,在被害人未失去知觉,利用被害人不能反抗、不敢反抗的处境,临时起意劫取他人财物的,应以此前所实施的具体犯罪与抢劫罪实行数罪并罚;在被害人失去知觉或者没有发觉的情形下,以及实施故意杀人犯罪行为之后,临时起意拿走他人财物的,应以此前所实施的具体犯罪与盗窃罪实行数罪并罚。

6. 抢劫罪与绑架罪的界限

绑架罪是侵害他人人身自由权利的犯罪,其与抢劫罪的区别在于:第一,主观方面不尽相同。抢劫罪中,行为人一般出于非法占有他人财物的故意实施抢劫行为;绑架罪中,行为人既可能为勒索他人财物而实施绑架行为,也可能出于其他非经济目的实施绑架行为。第二,行为手段不尽相同。抢劫罪表现为行为人劫取财物一般应在同一时间、同一地点,具有"当场性";绑架罪表现为行为人以杀害、伤害等方式向被绑架人的亲属或其他人或单位发出威胁,索取赎金或提出其他非法要求,劫取财物一般不具有"当场性"。绑架过程中又当场劫取被害人随身携带财物的,同时触犯绑架罪和抢劫罪两罪名,应择一重罪定罪处罚。

7. 抢劫罪既遂、未遂的认定

抢劫罪侵犯的是复杂客体,既侵犯财产权利又侵犯人身权利,具备劫取财物或者造成他人轻伤以上后果两者之一的,均属抢劫既遂;既未劫取财物,又未造成他人人身伤害后果的,属抢劫未遂。据此,《刑法》第二百六十三条规定的八种处罚情节中除"抢劫致人重伤、死亡的"这一结果加重情节之外,其余七种处罚情节同样存在既遂、未遂问题,其中属抢劫未遂的,应当根据刑法关于加重情节的法定刑规定,结合未遂犯的处理原则量刑。

8. 抢劫罪与故意伤害罪的界限

行为人为索取债务,使用暴力、暴力威胁等手段的,一般不以抢劫罪定罪处罚。构成故意伤害等其他犯罪的,依照《刑法》第二百三十四条等规定处罚。

2001年5月26日起实施的《最高人民法院关于抢劫过程中故意杀人案件如何定罪问题的批复》规定:行为人为劫取财物而预谋故意杀人或者在劫取财物过程中,为制服被害人反抗而故意杀人的,以抢劫罪定罪处罚。行为人实施抢劫后,为灭口而故意杀人的,以抢劫罪和故意杀人罪定罪,实行数罪并罚。

三十八、盗窃案件的认定

(一) 法条链接

《刑法》第二百六十四条规定:盗取公私财物,数额较大的,或者多次盗窃、入户盗窃、携带凶器盗窃、扒窃的,处三年以下有期徒刑、拘役或者管制,并处或者单处罚金;数额巨大或者有其他严重情节的,处三年以上十年以下有期徒刑,并处罚金;数额特别巨大或者有其他特别严重情节的,处十年以上有期徒刑或者无期徒刑,并处罚金或者没收财产。

（二）罪名释义

盗窃罪，是指以非法占有为目的，盗窃数额较大或者多次窃取、入户盗窃、携带凶器盗窃、扒窃的行为。

（三）犯罪构成

本罪的犯罪构成表现在如下四个方面：

第一，本罪侵犯的客体是公私财产的所有权。犯罪对象是国家、集体、公民个人所有的财物。

第二，本罪的客观方面表现为盗窃数额较大或者多次窃取、入户盗窃、携带凶器盗窃、扒窃的行为。根据2013年4月4日起实施的《最高人民法院、最高人民检察院关于办理盗窃刑事案件适用法律若干问题的解释》第3条规定，二年内盗窃三次以上的，应当认定为"多次盗窃"。非法进入供他人家庭生活，与外界相对隔离的住所盗窃的，应当认定为"入户盗窃"。

携带枪支、爆炸物、管制刀具等国家禁止个人携带的器械盗窃，或者为了实施违法犯罪携带其他足以危害他人人身安全的器械盗窃的，应当认定为"携带凶器盗窃"。

在公共场所或者公共交通工具上盗窃他人随身携带的财物的，应当认定为"扒窃"。

第三，本罪的犯罪主体为一般主体，即年满16周岁具有刑事责任能力的自然人，都可以成为本罪的犯罪主体。

第四，本罪的主观方面由故意构成，并且要求行为人具有非法占有他人财物的目的。

（四）疑难问题

1. 划清罪与非罪的界限

根据2013年4月4日起实施的《最高人民法院、最高人民检察院关于办理盗窃刑事案件适用法律若干问题的解释》第7条规定，盗窃公私财物数额较大，行为人认罪、悔罪、退赃、退赔，且具有下列情形之一，情节轻微的，可以不起诉或者免予刑事处罚；必要时，由有关部门予以行政处罚：（一）具有法定从宽处罚情节的；（二）没有参与分赃或者获赃较少且不是主犯的；（三）被害人谅解的；（四）其他情节轻微、危害不大的。第8条规定，偷拿家庭成员或者近亲属财物，获得谅解的，一般不认为是犯罪；追究刑事责任的，应当酌情从宽。

2. 盗窃未遂的情况

2013年4月4日起实施的《最高人民法院、最高人民检察院关于办理盗窃刑事案件适用法律若干问题的解释》第12条规定，盗窃未遂，具有下列情形之一的，应当依法追究刑事责任：(一)以数额巨大的财物为盗窃目标的；(二)以珍贵文物为盗窃目标的；(三)其他情节严重的情形。

盗窃既有既遂，又有未遂，分别达到不同量刑幅度的，依照处罚较重的规定处罚；达到同一量刑幅度的，以盗窃罪既遂处罚。

3. 其他问题

2013 年 4 月 4 日起实施的《最高人民法院、最高人民检察院关于办理盗窃刑事案件适用法律若干问题的解释》第 11 条规定，盗窃公私财物并造成财物损毁的，按照下列规定处理：(一)采用破坏性手段盗窃公私财物，造成其他财物损毁的，以盗窃罪从重处罚；同时构成盗窃罪和其他犯罪的，择一重罪从重处罚；(二)实施盗窃犯罪后，为掩盖罪行或者报复等，故意毁坏其他财物构成犯罪的，以盗窃罪和构成的其他犯罪数罪并罚；(三)盗窃行为未构成犯罪，但损毁财物构成其他犯罪的，以其他犯罪定罪处罚。

(五)立案标准

2013 年 4 月 4 日起实施的《最高人民法院、最高人民检察院关于办理盗窃刑事案件适用法律若干问题的解释》第 1 条规定，盗窃公私财物价值一千元至三千元以上、三万元至十万元以上、三十万元至五十万元以上的，应当分别认定为《刑法》第二百六十四条规定的"数额较大""数额巨大""数额特别巨大"。

各省、自治区、直辖市高级人民法院、人民检察院可以根据本地区经济发展状况，并考虑社会治安状况，在前款规定的数额幅度内，确定本地区执行的具体数额标准，报最高人民法院、最高人民检察院批准。

在跨地区运行的公共交通工具上盗窃，盗窃地点无法查证的，盗窃数额是否达到"数额较大""数额巨大""数额特别巨大"，应当根据受理案件所在地省、自治区、直辖市高级人民法院、人民检察院确定的有关数额标准认定。盗窃毒品等违禁品，应当按照盗窃罪处理的，根据情节轻重量刑。

《最高人民法院、最高人民检察院关于办理盗窃刑事案件适用法律若干问题的解释》第 2 条规定，盗窃公私财物，具有下列情形之一的，"数额较大"的标准可以按照前条规定标准的百分之五十确定：(一)曾因盗窃受过刑事处罚的；(二)一年内曾因盗窃受过行政处罚的；(三)组织、控制未成年人盗窃的；(四)自然灾害、事故灾害、社会安全事件等突发事件期间，在事件发生地盗窃的；(五)盗窃残疾人、孤寡老人、丧失劳动能力人的财物的；(六)在医院盗窃病人或者其亲友财物的；(七)盗窃救灾、抢险、防汛、优抚、扶贫、移民、救济款物的；(八)因盗窃造成严重后果的。

三十九、聚众哄抢案件的认定

（一）法条链接

《刑法》第二百六十八条规定：聚众哄抢公私财物，数额较大或者有其他严重情节的，对首要分子和积极参加的，处三年以下有期徒刑、拘役或者管制，并处罚金；数额巨大或者有其他特别严重情节的，处三年以上十年以下有期徒刑，并处罚金。

（二）罪名释义

聚众哄抢罪，是指以非法占有为目的，聚集多人，采用哄闹、滋扰等方法，公然抢走公私财物，数额较大或者有其他严重情节的行为。

（三）犯罪构成

本罪的犯罪构成表现在如下四个方面：

第一，本罪侵害的客体是公私财物所有权以及社会的正常管理秩序。

第二，本罪的客观方面表现为聚集、纠合多人，采用哄闹、滋扰等方法，公然抢走公私产物，数额较大或者有其他严重情节的行为。"聚众"是指实际实施哄抢行为的人数在3人以上，多则十几人、二十几人，没有上限。"公然"是指行为人在公私财物的所有人、管理人面前公开地哄抢财物。

第三，犯罪主体为一般主体，即年满16周岁且具有刑事责任能力的自然人。但是应当注意，只有公然哄抢财物的首要分子和积极参加者才可以构成本罪的犯罪主体。"首要分子"是指在聚众哄抢财物犯罪中起组织、策划、指挥等主要作用的犯罪分子；"积极参加者"是指在聚众哄抢中表现积极，对造成哄抢公私财物的危害后果起骨干和带头作用，哄抢财物较多的犯罪分子。

第四，本罪的主观方面由故意构成。

（四）疑难问题

1. 划清本罪罪与非罪的界限

对于实施聚众哄抢犯罪行为的一般参与者，或者哄抢行为情节一般，哄抢的财物数额较小的，属于一般违法行为，不以犯罪论处。

2. 划清本罪与抢夺罪的界限

抢夺罪是指以非法占有为目的，趁人不备，公然夺取数额较大的公私财物的行为。两罪的区别主要表现在以下三个方面：首先，两罪侵犯的客体不同。本罪侵犯的客体是公私财物所有权以及社会的正常管理秩序；抢夺罪侵犯的客体只是公私财物的所有权。其次，实施犯罪的人数有区别。本罪是聚众性犯罪，只能由三人以上实施，而抢夺罪不是聚众性犯罪，可以由一人实施。最后，处罚的犯罪主体不同。本罪处罚的是首要分子和积极参加者,抢夺罪处罚的是所有实施抢夺行为的人。

(五) 立案标准

根据 2000 年 12 月 11 日起实施的《最高人民法院关于审理破坏森林资源刑事案件具体应用法律若干问题的解释》第 14 条规定,聚众哄抢林木五立方米以上的,属于聚众哄抢"数额较大",聚众哄抢林木二十立方米以上的,属于聚众哄抢"数额巨大",对首要分子和积极参加的,依照《刑法》第二百六十八条的规定,以聚众哄抢罪定罪处罚。

构成本罪要求首要分子和积极参加者的聚众哄抢行为达到"数额较大或者有其他严重情节"。除了上述司法解释,还没有其他关于"数额较大或者有其他严重情节"的规定,因此有待于司法机关作出解释。

四十、故意毁坏财物案件的认定

(一) 法条链接

《刑法》第二百七十五条规定:故意毁坏公私财物,数额较大或者有其他严重情节的,处三年以下有期徒刑、拘役或者罚金;数额巨大或者有其他特别严重情节的,处三年以上七年以下有期徒刑。

(二) 罪名释义

故意毁坏财物罪,是指故意毁坏公私财物,数额较大或者有其他严重情节的行为。

(三) 犯罪构成

本罪的犯罪构成表现在如下四个方面:

第一,本罪侵害的客体是公私财产所有权。犯罪对象是各种公私财物,既可以是国家、集体所有的财物,也可以是个人所有的财物。包括各种生产资料、生活资料、动产或者不动产等。

第二,犯罪的客观方面表现为故意毁灭或者毁坏公私财物,数额较大或者有其他严重情节的行为。故意毁坏财物罪并不是陆上特有的犯罪,在海上也时常有故意毁坏财物案件的发生。如,将他人所有的渔船、游艇故意撞翻、撞沉等。

第三,犯罪主体为一般主体,即年满 16 周岁且具有刑事责任能力的自然人。

第四,本罪的主观方面由故意构成,并且具有毁坏公私财物的目的。

(四) 疑难问题

1. 划清本罪罪与非罪的界限

构成本罪要求达到"数额较大或者其他严重情节"的标准,如果故意毁坏财物的数额较小、情节不严重则不构成犯罪,按照一般的行政违法行为处理。

2. 划清本罪与破坏公用电信设施罪的界限

破坏公用电信设施罪是指故意破坏公用电信设施,危害公共安全的行为。本罪与破坏公用电信设施罪的主要区别在于犯罪侵犯的客体不同,本罪侵犯的是公私财物所有权,而破坏公用电信设施罪侵犯的客体是公共安全,因此,区分两罪的关键在于判断行为人的行为是否侵犯了公共安全。根据2005年1月11日起实施的《最高人民法院关于审理破坏公用电信设施刑事案件具体应用法律若干问题的解释》第3条规定,故意破坏正在使用的公用电信设施尚未危害公共安全,或者故意毁坏尚未投入使用的公用电信设施,造成财物损失,构成犯罪的,依照《刑法》第二百七十五条规定,以故意毁坏财物罪定罪处罚。

(五) 立案标准

2008年6月25日印发的《最高人民检察院、公安部关于公安机关管辖的刑事案件立案追诉标准的规定(一)》第33条规定,故意毁坏公私财物,涉嫌下列情形之一的,应予立案追诉:(一)造成公私财物损失五千元以上的;(二)毁坏公私财物三次以上的;(三)纠集三人以上公然毁坏公私财物的;(四)其他情节严重的情形。

四十一、破坏生产经营案件的认定

(一) 法条链接

《刑法》第二百七十六条规定:由于泄愤报复或者其他个人目的,毁坏机器设备、残害耕畜或者以其他方法破坏生产经营的,处三年以下有期徒刑、拘役或者管制;情节严重的,处三年以上七年以下有期徒刑。

(二) 罪名释义

破坏生产经营罪,是指以泄愤报复或者其他个人目的,毁坏机器设备、残害耕畜或者以其他方法破坏生产经营的行为。

(三) 犯罪构成

本罪的犯罪构成表现在如下四个方面:

第一,本罪侵犯的客体是正常的生产经营秩序以及公私财产的所有权。犯罪侵犯的对象仅限于与生产经营活动的正常进行有密切联系的各种设备和工具。

第二,本罪的客观方面表现为毁坏机器设备、残害耕畜或者以其他方法破坏生产经营的行为。"其他方法"是指除了上述方法以外的破坏生产经营的其他任何方法。如,破坏农业排灌设备,毁坏种子、禾苗。在海上,对渔民养殖区域内的正在使用的渔具进行破坏,数额较大或者具有其他严重情节的,也可以构成破坏生产经营罪。

第三，本罪的犯罪主体为一般主体，即年满 16 周岁且具有刑事责任能力的自然人。

第四，本罪的主观方面由故意构成，另外本罪要求行为人具有泄愤报复或者其他个人目的。

（四）疑难问题

1. 划清本罪罪与非罪的界限

构成本罪要求达到"数额较大或者其他严重情节"的标准，如果毁坏机器设备、残害耕畜或者以其他方法破坏生产经营的行为所造成的财产损失数额较小、情节不严重则不构成犯罪，按照一般的行政违法行为处理。

2. 划清本罪与放火罪、爆炸罪等危害公共安全犯罪的界限

本罪与放火罪、爆炸罪等危害公共安全犯罪的犯罪手段可以相同，但是侵犯的客体不同，本罪侵害的客体是正常的生产经营秩序以及公私财产的所有权，放火罪、爆炸罪等危害公共安全犯罪所侵犯的客体是公共安全。如果行为人实施的破坏生产经营的行为同时危害到了公共安全，则属于牵连犯，应当按照处罚较重的犯罪定罪处罚。

（五）立案标准

2008 年 6 月 25 日印发的《最高人民检察院、公安部关于公安机关管辖的刑事案件立案追诉标准的规定（一）》第 34 条规定，由于泄愤报复或者其他个人目的，毁坏机器设备、残害耕畜或者以其他方法破坏生产经营，涉嫌下列情形之一的，应予立案追诉：（一）造成公私财物损失五千元以上的；（二）破坏生产经营三次以上的；（三）纠集三人以上公然破坏生产经营的；（四）其他破坏生产经营应予追究刑事责任的情形。

四十二、妨害公务案件的认定

（一）法条链接

《刑法》第二百七十七条规定：以暴力、威胁方法阻碍国家机关工作人员依法执行职务的，处三年以下有期徒刑、拘役、管制或者罚金。

以暴力、威胁方法阻碍全国人民代表大会和地方各级人民代表大会代表依法执行代表职务的，依照前款的规定处罚。

在自然灾害和突发事件中，以暴力、威胁方法阻碍红十字会工作人员依法履行职责的，依照第一款的规定处罚。

故意阻碍国家安全机关、公安机关依法执行国家安全工作任务，未使用暴力、威胁方法，造成严重后果的，依照第一款的规定处罚。

（二）罪名释义

妨害公务罪，是指以暴力、威胁的方法，阻碍国家机关工作人员、人大代表、红十字会工作人员依法执行职务、履行职责的行为，或者故意阻碍国家安全机关、公安机关依法执行国家安全工作任务，造成严重后果的行为。

（三）犯罪构成

本罪的犯罪构成表现在如下四个方面：

第一，本罪侵犯的客体是国家机关、人民代表大会和红十字会公务活动。海警人员在海上查处非法捕捞、盗采海砂、非法处置废弃物等行为时，有的违法犯罪分子甚至以暴力、威胁等方法阻碍海警人员依法执行公务。这样的违法犯罪行为严重干扰了执法人员依法执行公务的活动。

第二，本罪的客观方面主要表现为以暴力或者威胁的方法阻碍国家机关工作人员、人大代表、红十字会工作人员依法执行职务或者履行职责的行为。"暴力"是指对正在依法执行职务的国家机关工作人员的身体实行打击或者强制，如捆绑、殴打、伤害等；"威胁"主要是指以杀害、伤害、毁坏财产、损坏名誉等进行精神上的恐吓。另外，根据2000年4月24日起实施的《最高人民检察院关于以暴力、威胁方法阻碍事业编制人员依法执行行政执法职务是否可对侵害人以妨害公务罪论处的批复》规定，对于以暴力、威胁方法阻碍国有事业单位人员依照法律、行政法规的规定执行行政执法职务的，或者以暴力、威胁方法阻碍国家机关中受委托从事行政执法活动的事业编制人员执行行政执法职务的，可以对侵害人以妨害公务罪追究刑事责任。

第三，本罪的犯罪主体为一般主体，即已满16周岁，具有刑事责任能力的自然人均可成为本罪的主体。另外，单位有时也可以成为本罪的主体。根据2007年8月30日印发的《最高人民法院、最高人民检察院、公安部关于依法严肃查处拒不执行判决、裁定和暴力抗拒法院执行犯罪行为有关问题的通知》第3条规定，负有执行人民法院判决、裁定义务的单位直接负责的主管人员和其他直接责任人员，为了本单位的利益实施拒不执行判决、裁定的行为或者暴力抗拒执行的行为的，对该主管人员和其他直接责任人员，依照《刑法》第三百一十三条和第二百七十七条的规定，分别以拒不执行判决、裁定罪和妨害公务罪论处。

第四，本罪的主观方面由故意构成。即侵权人明知对方是正在依法执行职务的国家机关工作人员、事业编制人员、人大代表，或者正在依法履行职责的红十字会工作人员，而故意对其实施暴力或者威胁的。

（四）疑难问题

1. 划清本罪罪与非罪的界限

群众在执法人面前发牢骚、谩骂，与工作人员争吵、拉扯等行为不构成犯罪；另外，群众因情绪激动与工作人员发生冲突、顶撞的行为也不构成犯罪。

2. 划清本罪与故意伤害罪、故意杀人罪的界限

由于妨害公务罪通常是以暴力、威胁为手段实施，有可能会给国家机关工作人员、事业编制人员、人大代表、或者红十字会工作人员造成人身伤害，因此妨害公务罪容易与故意伤害罪、故意杀人罪发生牵连。对于牵连犯应该按照"择一重罪处罚"的原则，即如果侵权人造成的人身伤害仅仅是轻伤，则按照妨害公务罪定罪处罚，如果造成的伤害达到重伤、死亡的程度，则应该按照故意伤害罪、故意杀人罪论处。

（五）立案标准

本罪是行为犯，只要行为人实施了以暴力或者威胁的方法阻碍国家机关工作人员、事业编制人员、人大代表、红十字会工作人员依法执行职务或者履行职责的行为，就构成本罪，不要求有实际犯罪后果。但在实践中，伤害行为造成了轻伤以上的结果，才追究侵权人妨害公务罪的刑事责任。

四十三、伪造、变造、买卖国家机关公文、证件、印章案件的认定

（一）法条链接

《刑法》第二百八十条第1款规定：伪造、变造、买卖或者盗窃、抢夺、毁灭国家机关的公文、证件、印章的，处三年以下有期徒刑、拘役、管制或者剥夺政治权利；情节严重的，处三年以上十年以下有期徒刑。

（二）罪名释义

伪造、变造、买卖国家机关公文、证件、印章罪，是指伪造、变造、买卖国家机关公文、证件、印章的行为。

（三）犯罪构成

本罪的犯罪构成表现在如下四个方面：

第一，本罪侵害的客体是国家机关的正常管理活动和信誉。海警人员对海上违法犯罪行为查处的过程中，会对游船、渔船等的船舶安全证书、船舶吨位证书、出海船舶户口簿、职务船员证书等证件进行审查，一旦发现有伪造、变造、买卖国家机关公文、证件、印章的行为，应当及时将案件移送至司法机关。

第二，本罪的客观表现为实施了伪造、变造、买卖国家机关公文、证件、印章的行为。"伪造"是指无制作权的人，冒用名义，非法制作国家机关公文、证件、印章

的行为;"变造"是指用涂改、涂抹、拼接等方法,对真实的公文、证件、印章进行改制,变更其原来真实内容的行为;"买卖"是指非法购买或者销售国家机关公文、证件、印章的行为。"国家机关"是指各级国家权力机关、党政机关、行政机关、司法机关、军事机关;"公文"是指国家机关在其职权范围内,以其名义制作的用以指示工作、处理问题或者联系事物的各种书面文件,如决定、命令、决议、指示、通知、报告、信函、电文等;"证件"是指国家机关制作颁发的用以证明身份、权利义务关系或者有关事实的凭证,主要包括证件、证书等;"印章"是指刻有国家机关组织名称的公章或者某种特殊用途的专用章。

第三,本罪的犯罪主体为一般主体。

第四,本罪的主观方面由故意构成,过失不构成本罪。另外,行为人的犯罪动机不影响本罪的成立。

(四) 疑难问题

1. 划清本罪罪与非罪的界限

本罪的犯罪对象为国家机关的公文、证件、印章。伪造、变卖、买卖私人文书、印章、公司、企业、事业单位、人民团体公文、证件、的不构成犯罪。

2. 本罪与伪造公司、企业、事业单位、人民团体印章罪的界限

两罪侵犯的客体相同,都是国家机关的正常管理活动和信誉;两罪的客观方面略有不同,本罪行为表现为伪造、变造和买卖,而伪造公司、企业、事业单位、人民团体印章罪的客观方面的行为只表现为伪造;最后两罪的犯罪对象不同,本罪的犯罪对象为国家机关公文、证件和印章,而伪造公司、企业、事业单位、人民团体印章罪的对象是公司、企业、事业单位、人民团体的印章。

(五) 立案标准

目前,对于伪造、变造、买卖海事、渔港、渔政等行政机关的公文、证件、印章的行为没有明确的立案标准。但可以参照伪造、变造、买卖机动车行驶证、登记证行为的立案标准。2007年5月11日起实施的《最高人民法院、最高人民检察院关于办理与盗窃、抢劫、诈骗、抢夺机动车相关刑事案件具体应用法律若干问题的解释》第2条的规定,伪造、变造、买卖机动车行驶证、登记证,累计三本以上的,依照伪造、变造、买卖国家机关证件罪定罪,处三年以下有期徒刑、拘役、管制或者剥夺政治权利。伪造、变造、买卖机动车行驶证、登记证书,累计达到第一款规定数量标准五倍以上的,属于《刑法》第二百八十条第1款规定中的"情节严重",处三年以上十年以下有期徒刑。

四十四、聚众扰乱社会秩序案件的认定

(一) 法条链接

《刑法》第二百九十条第 1 款规定：聚众扰乱社会秩序，情节严重，致使工作、生产、营业和教学、科研无法进行，造成严重损失的，对首要分子，处三年以上七年以下有期徒刑；对其他积极参加的，处三年以下有期徒刑、拘役、管制或者剥夺政治权利。

(二) 罪名释义

聚众扰乱社会秩序罪，是指聚众扰乱社会秩序，情节严重，致使工作、生产、营业和教学、科研无法进行，造成严重损失的行为。

(三) 犯罪构成

本罪的犯罪构成表现在如下四个方面：

第一，本罪侵犯的客体是社会秩序，即正常的工作、生产、营业和教学、科研秩序。

第二，在客观方面表现为聚众扰乱社会秩序，情节严重，致使工作、生产、营业和教学、科研无法进行，造成严重损失的行为。"聚众扰乱社会秩序"，是指在首要分子的煽动、策划下，纠集多人共同扰乱党政机关、企业、事业单位和人民团体的工作、生产、营业和教学、科研秩序，如聚众侵入、占领党政机关、企业、事业单位和人民团体的工作场所，封闭其出入通道，进行纠缠、哄闹、辱骂等；"情节严重"，主要是指扰乱的时间长，纠集的人数多，扰乱重要的工作、生产、营业和教学、科研秩序，造成的影响恶劣等；"造成严重损失"，主要是指公私财物或者经济建设，教学科研等受到严重的损失和破坏等。"情节严重"、"致使工作、生产、营业和教学、科研无法进行"和"造成严重损失"都是构成本罪的要件，缺一不可。首要分子和其他积极参与者聚众扰乱渔港渔政、海事机关等部门，符合上述条件的也可构成聚众扰乱社会秩序罪。

第三，本罪的犯罪主体为一般主体，即年满 16 周岁且具有刑事责任能力的自然人。但是应当注意，并非所有参与到聚众扰乱社会秩序的行为人都可成为本罪的犯罪主体，构成本罪犯罪主体的只能是扰乱社会秩序犯罪中其策划、组织、领导作用的犯罪分子以及其他积极参与者。

第四，本罪的主观方面由故意构成。

(四) 疑难问题

1. 划清本罪罪与非罪的界限

本罪属于行政犯，扰乱社会秩序的行为达到了严重程度才可构成犯罪，对于

一般的扰乱社会秩序的行为给予批评教育或者治安处罚即可。扰乱社会秩序的一般违法行为与犯罪行为的主要区别在于是否情节严重、是否造成严重损失以及是否属于首要分子和积极参加者。如果情节一般,没有造成损失的,或者属于普通参加者,不按照犯罪处理。

2. 划清本罪与妨害公务罪的界限

妨害公务罪,是指以暴力、威胁的方法,阻碍国家机关工作人员、人大代表、红十字会工作人员依法执行职务、履行职责的行为,或者故意阻碍国家安全机关、公安机关依法执行国家安全工作任务,造成严重后果的行为。两罪的主要区别在于:首先,本罪侵害的对象是党政机关、企事业单位和人民团体,妨害公务罪侵害的对象是国家机关工作人员;其次,在犯罪客观方面,本罪是聚众进行,而妨害公务罪可以是单个进行的;并且妨害公务罪限于采用暴力和威胁的方法,本罪不限于采用暴力和威胁的方法,还可以是采用侵入、占领党政机关、企事业单位的方法。

(五)立案标准

目前没有相关的立法及司法解释对聚众扰乱社会秩序罪的立案标准进行规定,但结合本罪的立法条文。"情节严重,致使工作、生产、营业和教学、科研无法进行,造成严重损失"才可以构成本罪。"情节严重",主要是指扰乱的时间长,纠集的人数多,扰乱重要的工作、生产、营业和教学、科研秩序,造成的影响恶劣等;"造成严重损失",主要是指公私财物或者经济建设,教学科研等受到严重的损失和破坏等。

四十五、聚众扰乱公共场所秩序、交通秩序案件的认定

(一)法条链接

《刑法》第二百九十一条规定:聚众扰乱车站、码头、民用航空站、商场、公园、影剧院、展览会、运动场或者其他公共场所秩序,聚众堵塞交通或者破坏交通秩序,抗拒、阻碍国家治安管理工作人员依法执行职务,情节严重的,对首要分子,处五年以下有期徒刑、拘役或者管制。

(二)罪名释义

聚众扰乱公共场所秩序、交通秩序罪是指聚众扰乱车站、码头、民用航空站、商场、公园、影剧院、展览会、运动场或者其他公共场所秩序,聚众堵塞交通或者破坏交通秩序,抗拒、阻碍国家治安管理工作人员依法执行职务,情节严重的行为。

(三) 犯罪构成

本罪的犯罪构成表现在如下四个方面：

第一，本罪侵犯的客体是公共产所秩序或者交通秩序。本罪侵犯对象是"公共场所"，是指具有公共性特点的，对外开放的，能为不特定的多数人随意出入、停留、使用的场所。主要有车站、码头、民用航空站、商场、公园、影剧院、展览会、运动场等。"公共场所秩序"是指保证公众安全顺利地出入、使用公共场所所规定的公共行为规则。"交通秩序"是保证交通工具与行人在交通线路上安全顺利通行的规定。

第二，本罪的客观方面表现为聚众扰乱车站、码头、民用航空站、商场、公园、影剧院、展览会、运动场或者其他公共场所秩序，聚众堵塞交通或者破坏交通秩序，抗拒、阻碍国家治安管理工作人员依法执行职务，情节严重的行为。在本罪中，这种扰乱活动必须是以聚众的形式在特定的地点实施的。特定地点，主要是公共场所与交通要道等人员集结地和车船运行地实施。扰乱行为的表现形式一般有：故意在公共场所聚众起哄闹事；在人群聚集的地方进行煽动性讲演；在交通要道上聚众停留，或者堆放物品以阻塞交通；以各种手段阻碍、抗拒交通民警维持交通秩序；阻止、抗拒治安行政管理工作人员维护公共场所秩序等等。构成本罪还必须是"情节严重"，即实施了暴力阻碍国家治安管理工作人员依法执行职务的；在重要的公共场所聚众闹事造成恶劣影响的；在交通要道聚众扰乱造成交通严重堵塞的；聚集人数多、扰乱范围广、危害的时间长的；造成人员伤亡或者公私财物重大损失的情形等等。

第三，本罪的犯罪主体为一般主体，即年满16周岁且具有刑事责任能力的自然人。但是应当注意，并非所有参与到聚众扰乱公共场所秩序、交通秩序的行为人都可成为本罪的犯罪主体，构成本罪犯罪主体的只能是聚众扰乱公共场所秩序、交通秩序中其策划、组织、领导作用的犯罪分子以及其他积极参与者。

第四，本罪的主观方面由故意构成。

(四) 疑难问题

1. 划清本罪罪与非罪的界限

本罪属于行政犯聚众扰乱公共场所秩序、交通秩序的行为达到了严重程度才可构成犯罪，对于一般的聚众扰乱公共场所秩序、交通秩序的行为给予批评教育或者治安处罚即可聚众扰乱公共场所秩序、交通秩序的一般违法行为与犯罪行为的主要区别在于是否情节严重、是否造成严重损失以及是否属于首要分子和积极参加者。如果情节一般，没有造成损失的，或者属于普通参加者，不按照犯罪处理。

2. 划清本罪与聚众扰乱社会秩序罪的界限

聚众扰乱社会秩序罪,是指聚众扰乱社会秩序,情节严重,致使工作、生产、营业和教学、科研无法进行,造成严重损失的行为。两罪的相同之处在于其客观方面都是聚众进行,并且都有扰乱社会秩序的行为。但两罪的主要区别在于犯罪的地点和侵犯的客体不同。本罪发生在公共场所或者交通要道,侵犯的是公共场所秩序或者交通秩序;聚众扰乱社会秩序罪则发生在党政机关、企业、事业单位和人民团体,侵犯的是正常的工作、生产、营业和教学、科研秩序。

（五）立案标准

目前没有相关的立法及司法解释对聚众扰乱公共场所秩序、交通秩序罪的立案标准进行规定,但结合本罪的立法条文。"情节严重"才可以构成本罪。"情节严重",即实施了暴力抗拒国家行政管理工作人员依法执行职务的;在重要的公共场所聚众闹事造成恶劣影响的;在交通要道聚众扰乱造成交通严重堵塞的;聚集人数多、扰乱范围广、危害的时间长的;造成人员伤亡或者公私财物重大损失的情形等等。

四十六、聚众斗殴案件的认定

（一）法条链接

《刑法》第二百九十二条规定:聚众斗殴的,对首要分子和其他积极参加的,处三年以下有期徒刑、拘役或者管制;有下列情形之一的,对首要分子和其他积极参加的,处三年以上十年以下有期徒刑：

（一）多次聚众斗殴的;

（二）聚众斗殴人数多,规模大,社会影响恶劣的;

（三）在公共场所或者交通要通聚众斗殴,造成社会秩序严重混乱的;

（四）持械聚众斗殴的。

聚众斗殴,致人重伤、死亡的,依照本法第二百三十四条、第二百三十二条的规定定罪处罚。

（二）罪名释义

聚众斗殴罪,是指为了私仇或者其他不正当目的,纠集多人成帮结伙地互相进行殴斗的行为。

（三）犯罪构成

本罪的犯罪构成表现在如下四个方面：

第一,本罪侵犯的客体是公共秩序。"公共秩序"是指在社会公共生活中人们应当共同遵守的公共生活规则及其所维持的社会正常运行状态。其中包括公共场所秩序,但又不仅仅限于公共场所秩序,还包括其他公共生活和交往场所的正常秩序。

第二,本罪在客观方面表现为行为人聚众斗殴的行为,"聚众"是指聚众多人(一般三人以上),结成团伙。"斗殴"即互相殴打,打群架。聚众斗殴的原因很复杂,有的是出于不法团伙间的私人恩怨;有的是不法团伙间的争霸或者争夺其他不正当权益。聚众斗殴的表现方式,既可以是持械斗殴,也可以是非持械斗殴。这里的持械,是指持有、携带并使用匕首、刮刀等治安管制刀具或枪支、棍棒等足以致人伤亡的器械。聚众斗殴罪,以致人轻伤为限。

第三,本罪犯罪主体为聚众斗殴的首要分子和积极参加者。"首要分子"是指聚众斗殴的组织者、指挥者、策划者;"积极参加者"是指除了首要分子以外其他在斗殴中发挥重要作用或者直接致死、致伤他人者。一般参与者不构成本罪。

第四,本罪的主观方面由故意构成。

(四)疑难问题

1. 划清本罪罪与非罪的界限

本罪是行为犯,只要实施了聚众斗殴的行为,首要分子和积极参加者即可构成本罪。但是情节显著轻微、危害不大的,不应该按照犯罪处理。

2. 划清本罪与故意伤害罪、故意杀人罪的而界限

聚众斗殴罪与共同故意伤害罪、共同故意杀人罪的主要区别:一是主观上前者出于斗殴的故意,后者出于损害他人健康或者剥夺他人生命的故意;二是在客观方面上,前者只要实施打架斗殴的行为即可,不要求造成他人重伤、死亡的结果;而后者是以造成他人重伤、死亡的结果作为犯罪既遂的标志。三是在犯罪参与人数上,前者一般参加人数众多,而后者相对较少。如果斗殴行为发生致人重伤、死亡的结果,则不再构成本罪,而应以故意伤害罪或故意杀人罪论处。

(五)立案标准

2008年6月25日印发的《最高人民检察院、公安部关于公安机关管辖的刑事案件立案追诉标准的规定(一)》第36条规定,组织、策划、指挥或者积极参加聚众斗殴的,应予立案追诉。

四十七、寻衅滋事案件的认定

(一)法条链接

《刑法》第二百九十三条规定,有下列寻衅滋事行为之一,破坏社会秩序的,处五年以下有期徒刑、拘役或者管制:

(一)随意殴打他人,情节恶劣的;

(二)追逐、拦截、辱骂、恐吓他人,情节恶劣的;

（三）强拿强要或者任意损毁、占用公私财物，情节严重的；

（四）在公共场所起哄闹事，造成公共场所秩序严重混乱的。

纠集他人多次实施前款行为，严重破坏社会秩序的，处五年以上十年以下有期徒刑，可以并处罚金。

（二）罪名释义

寻衅滋事罪，是指在公共场所无事生非，起哄闹事，随意殴打、追逐、拦截、辱骂、恐吓他人，强拿强要、任意损毁、占用公私财物，破坏公共秩序，情节恶劣或者情节严重、后果严重的行为。

（三）犯罪构成

本罪的犯罪构成表现在如下四个方面：

第一，本罪侵犯的客体是公共秩序。这里的公共秩序，不仅包括公共场所秩序，而且不限于公共场所秩序，其实质是社会成员所组成的共同生活体的秩序。

第二，本罪在客观方面表现为行为人实施了寻衅滋事，破坏社会秩序，情节恶劣或者后果严重的行为。"寻衅滋事"是指在公共场所肆意挑衅，无事生非，起哄捣乱，进行破坏的行为。具体表现为四个方面：

一是随意殴打他人，情节恶劣的。所谓"随意殴打他人"，是指在耍威风、取乐发泄、填补精神空虚、寻求精神刺激等动机的支配下，无故、无理殴打他人。

二是追逐、拦截、辱骂、恐吓他人，情节恶劣的。所谓"追逐、拦截、辱骂他人"，是指出于取乐、填补精神空虚、寻求精神刺激等不健康的目的，无故、无理追赶、拦挡、侮辱、谩骂他人。"恐吓他人"是指以要挟的话语或者手段威胁、吓唬他人，恐吓的内容和方式可以是多种多要，只要足以使被害人产生心理恐惧、恐慌的，都属于"恐吓他人"的行为方式。

三是强拿强要或者任意损毁、占用公私财物，情节严重的。所谓"强拿硬要或者任意损毁、占用公私财物"是指以蛮不讲理的手段，强行索要市场、商店的商品以及他人的财物，或者随心所欲损坏、毁灭公私财物的行为。

四是在公共场所起哄闹事，造成公共场所秩序严重混乱的。所谓"公共场所"，是指车站、码头、民用航空站、商场、公园、影剧院、展览会、运动场馆等社会公众聚集在一起进行公众性活动的场所。"起哄闹事"，是指出于取乐、泄愤等不正常的目的，在公共场所无事生非，制造事端，扰乱公共场所秩序的行为。

同时，根据2013年7月22日起实施的《最高人民法院、最高人民检察院关于办理寻衅滋事刑事案件适用法律若干问题的解释》第1条规定，行为人为寻求刺激、发泄情绪、逞强耍横等，无事生非，实施《刑法》第二百九十三条规定的行为的，应当认定为"寻衅滋事"。

行为人因日常生活中的偶发矛盾纠纷、借故生非，实施《刑法》第二百九十三条规定的行为的,应当认定为"寻衅滋事",但矛盾系由被害人故意引发或者被害人对矛盾激化负有主要责任的除外。

行为人因婚恋、家庭、邻里、债务等纠纷,实施殴打、辱骂、恐吓他人或者损毁、占用他人财物等行为的,一般不认定为"寻衅滋事",但经有关部门批评制止或者处理处罚后,继续实施前列行为,破坏社会秩序的除外。

该解释第6条规定,纠集他人三次以上实施寻衅滋事犯罪,未经处理的,应当依照《刑法》第二百九十三条第二款的规定处罚。

第三,本罪的犯罪主体为一般主体,即年满16周岁且具有刑事责任能力的自然人。根据2006年1月23日起实施的《最高人民法院关于审理未成年人刑事案件具体应用法律若干问题的解释》第7条规定,已满十四周岁不满十六周岁的人使用轻微暴力或者威胁,强行索要其他未成年人随身携带的生活、学习用品或者钱财数量不大,且未造成被害人轻微伤以上或者不敢正常到校学习、生活等危害后果的,不认为是犯罪。已满十六周岁不满十八周岁的人具有前款规定情形的,一般也不认为是犯罪。另外,该解释第8条规定,已满十六周岁不满十八周岁的人出于以大欺小、以强凌弱或者寻求精神刺激,随意殴打其他未成年人、多次对其他未成年人强拿硬要或者任意损毁公私财物,扰乱学校及其他公共场所秩序,情节严重的,以寻衅滋事罪定罪处罚。

第四,本罪的主观方面由故意构成。犯罪动机可能是多种多样的,如为了取乐、泄愤、填补精神空虚等,但犯罪动机不影响本罪的成立。

(四)疑难问题

1. 划清本罪罪与非罪的界限

行为人寻衅滋事只有具备了《刑法》第二百九十三条列举的四种寻衅滋事行为之一的,才可以构成犯罪。实施这四种行为以外的其他寻衅滋事行为,不能按本罪处理。而且即使是实施了四种法定的行为,也必须是分别相应地达到"情节恶劣""情节严重""造成公共场所秩序严重混乱"的程度,具体立案标准将在下文阐述。所以,对于未达到上述规定程度的一般的寻衅滋事行为,只能由公安机关给予治安处罚而不能以犯罪论处。

2. 划清本罪与抢劫罪的界限

根据2005年6月8日印发的《最高人民法院关于审理抢劫、抢夺刑事案件适用法律若干问题的意见》规定,寻衅滋事罪是严重扰乱社会秩序的犯罪,行为人实施寻衅滋事的行为时,客观上也可能表现为强拿硬要公私财物的特征。这种强拿硬要的行为与抢劫罪的区别在于:前者行为人主观上还具有逞强好胜和通过强拿硬要来填补其精神空虚等目的,后者行为人一般只具有非法占有他人财物的目的;前者行为人客观上一般不以严重侵犯他人人身权利的方法强拿硬要财物,而后者行为人则以暴力、胁迫等方式作为劫取他人财物的手段。司法实践中,对于未成年人使用或威胁使用轻微暴力强抢少量财物的行为,一般不宜以抢劫罪定罪处罚。其行为符合寻衅滋事罪特征的,可以寻衅滋事罪定罪处罚。

3. 一罪与数罪

根据 2013 年 7 月 22 日起实施的《最高人民法院、最高人民检察院关于办理寻衅滋事刑事案件适用法律若干问题的解释》第 7 条规定,实施寻衅滋事行为,同时符合寻衅滋事罪和故意杀人罪、故意伤害罪、故意毁坏财物罪、敲诈勒索罪、抢夺罪、抢劫罪等罪的构成要件的,依照处罚较重的犯罪定罪处罚。

(五) 立案标准

根据 2008 年 6 月 25 日印发的《最高人民检察院、公安部关于公安机关管辖的刑事案件立案追诉标准的规定(一)》第 37 条规定,寻衅滋事,破坏社会秩序,涉嫌下列情形之一的,应予立案追诉:(一) 随意殴打他人造成他人身体伤害,持械随意殴打他人或者具有其他恶劣情节的;(二) 追逐、拦截、辱骂他人,严重影响他人正常工作、生产、生活,或者造成他人精神失常、自杀或者具有其他恶劣情节的;(三) 强拿硬要或者任意损毁、占用公私财物价值二千元以上,强拿硬要或者任意损毁、占用公私财物三次以上或者具有其他严重情节的;(四) 在公共场所起哄闹事,造成公共场所秩序严重混乱的。

根据 2013 年 7 月 22 日起实施的《最高人民法院、最高人民检察院关于办理寻衅滋事刑事案件适用法律若干问题的解释》第 2 条规定,随意殴打他人,破坏社会秩序,具有下列情形之一的,应当认定为《刑法》第二百九十三条第一款第一项规定的"情节恶劣":(一) 致一人以上轻伤或者二人以上轻微伤的;(二) 引起他人精神失常、自杀等严重后果的;(三) 多次随意殴打他人的;(四) 持凶器随意殴打他人的;(五) 随意殴打精神病人、残疾人、流浪乞讨人员、老年人、孕妇、未成年人,造成恶劣社会影响的;(六) 在公共场所随意殴打他人,造成公共场所秩序严重混乱的;(七) 其他情节恶劣的情形。

第 3 条规定,追逐、拦截、辱骂、恐吓他人,破坏社会秩序,具有下列情形之一的,应当认定为《刑法》第二百九十三条第一款第二项规定的"情节恶劣":(一) 多次追逐、拦截、辱骂、恐吓他人,造成恶劣社会影响的;(二) 持凶器追逐、拦截、辱骂、恐吓他人的;(三) 追逐、拦截、辱骂、恐吓精神病人、残疾人、流浪乞讨人员、老年人、孕妇、未成年人,造成恶劣社会影响的;(四) 引起他人精神失常、自杀等严重后果的;(五) 严重影响他人的工作、生活、生产、经营的;(六) 其他情节恶劣的情形。

第 4 条规定,强拿硬要或者任意损毁、占用公私财物,破坏社会秩序,具有下列情形之一的,应当认定为《刑法》第二百九十三条第一款第三项规定的"情节严重":(一) 强拿硬要公私财物价值一千元以上,或者任意损毁、占用公私财物价值二千元以上的;(二) 多次强拿硬要或者任意损毁、占用公私财物,造成恶劣社影响的；(三)强拿硬要或者任意损毁、占用精神病人、残疾人、流浪乞讨人员、老年人、孕妇、未成年人的财物，造成恶劣社会影响的；(四)引起他人精神失常、自杀等严重后果的；(五)严重影响他人的工作、生活、生产、经营的；(六)其他情节严重的情形。

第5条规定，在车站、码头、机场、医院、商场、公园、影剧院、展览会、运动场或者其他公共场所起哄闹事，应当根据公共场所的性质、公共活动的重要程度、公共场所的人数、起哄闹事的时间、公共场所受影响的范围与程度等因素，综合判断是否"造成公共场所秩序严重混乱"。

四十八、赌博案件的认定

(一)法条链接

《刑法》第三百零三条第1款：以营利为目的，聚众赌博或者以赌博为业的，处三年以下有期徒刑、拘役或者管制，并处罚金。

(二)罪名释义

赌博罪，是指以营利为目的，聚众赌博或者以赌博为业的行为。

(三)犯罪构成

本罪的犯罪构成表现为如下四个方面：

第一，本罪侵犯的客体是社会管理秩序和社会风尚。赌博行为会影响学习、工作、生产和生活，而且赌博行为极易引发其他的暴力犯罪，具有极大的社会危害性。

第二，本罪的客观方面表现为聚众赌博或者以赌博为业的行为。在个别游轮中，常会有聚众赌博的情况发生。赌博的场所之所以会设置在游轮中，是因为在海上的赌博环境相对于陆地而言较为"安全"，一旦发现有海警人员查处，赌博人员就会驾船逃窜。"聚众赌博"，是指为赌博提供赌场、赌具，组织、招引他人参加赌博，本人从中抽头渔利的行为。这种人俗称"赌头"，赌头可能参与赌博，也可能不参与赌博，可能有一人，也可能是多人共同犯罪。"以赌博为业"是指以赌博为常业，以赌博所得为其生活或者挥霍的主要来源的行为，这种人俗称为"赌棍"。根据《刑法》第三百零三条第1款的规定，行为人只要具备"聚众赌博"或者"以赌博为业"的行为之一，就构成赌博罪。

第三，本罪的犯罪主体是一般主体。中国人和外国人皆可构成本罪。

第四，本罪的主观方面由故意构成，且必须具有营利的目的，而不是为了消遣或者娱乐。认定行为人是否具有营利的目的，主要是看行为人是否有以下几种行为之一：(1)抽头渔利，即组织、招引他人赌博，从他人赌博赢取的财物中按照一定比例，抽取费用；(2)直接参赌获利；(3)组织中国公民赴境外赌博，从中获取回扣、介绍费等。① 另外要注意,"以营利为目的"只是要求犯罪嫌疑人具有主观的营利的目的,至于目的是否实现并不影响本罪的成立。

(四) 疑难问题

1. 划清罪与非罪的界限

首先,构成赌博罪要求行为人主观上具有营利的目的,一般的赌博违法行为人主观上只是具有娱乐消遣的目的。根据2005年5月13日起实施的《最高人民法院、最高人民检察院关于办理赌博刑事案件具体应用法律若干问题的解释》的第9条规定:"不以营利为目的,进行带有少量财物输赢的娱乐活动,以及提供棋牌室等娱乐场所只收取正常的场所和服务费用的经营行为等,不以赌博论处。"另外,在客观上要看行为是的行为是否达到了赌博罪的入罪标准。

2. 赌博罪从重处罚的情节

根据2005年5月13日起实施的《最高人民法院、最高人民检察院关于办理赌博刑事案件具体应用法律若干问题的解释》第5条规定,实施赌博犯罪,有下列情形之一的,依照《刑法》第三百零三条的规定从重处罚:(一) 具有国家工作人员身份的;(二) 组织国家工作人员赴境外赌博的;(三) 组织未成年人参与赌博,或者开设赌场吸引未成年人参与赌博的。

3. 我国公民在公海或其他国家海域上实施的聚众赌博或者以赌博为业的行为的适用法律问题

根据我国《刑法》第七条规定:"中华人民共和国公民在中华人民共和国领域外犯本法规定之罪的,适用本法,但是按本法规定的最高刑为三年以下有期徒刑的,可以不予追究。"因为赌博罪的最高法定刑为3年,所以根据上述规定对中国人在中国领域外的聚众赌博行为或者以赌博为业的行为可以不予追究。2005年5月13日起实施的《最高人民法院、最高人民检察院关于办理赌博刑事案件具体应用法律若干问题的解释》第3条规定:"中华人民共和国公民在我国领域外周边地区聚众赌博、开设赌场,以吸引中华人民共和国公民为主要客源,构成赌博罪的,可以依照刑法规定追究刑事责任。"可见,这种情况下追究刑事责任,以"我国领域外周边地区"以及"以吸引中华人民共和国公民为主要客源"为条件。另外,"我国领域外周边地区",主要是指公海以及与我国大陆隔海相望的其他国家和地区。

(五) 立案标准

2008年6月25日印发的《最高人民检察院、公安部关于公安机关管辖的刑事案件立案追诉标准的规定(一)》第43条规定,以营利为目的,聚众赌博,涉嫌下

---

① 周道鸾,张军.刑法罪名精释(下)(第四版).北京:人民法院出版社,2013:755.

列情形之一的,应予立案追诉:(一)组织三人以上赌博,抽头渔利数额累计五千元以上的;(二)组织三人以上赌博,赌资数额累计五万元以上的;(三)组织三人以上赌博,参赌人数累计二十人以上的;(四)组织中华人民共和国公民十人以上赴境外赌博,从中收取回扣、介绍费的;(五)其他聚众赌博应予追究刑事责任的情形。以营利为目的,以赌博为业的,应予立案追诉。赌博犯罪中用作赌注的款物、换取筹码的款物和通过赌博赢取的款物属于赌资。

四十九、开设赌场案件的认定

(一)法条链接

《刑法》第三百零三条第2款规定:开设赌场的,处三年以下有期徒刑、拘役或者管制,并处罚金;情节严重的,处三年以上十年以下有期徒刑,并处罚金。

(二)罪名释义

开设赌场罪,是指为赌博提供场所、设定赌博方式、提供赌具、筹码、资金等组织赌博的行为。

(三)犯罪构成

本罪的犯罪构成表现在如下四个方面:

第一,本罪侵害的客体与赌博罪侵害的客体一样,都是社会的管理秩序和社会风尚。由于开设赌场罪具有极大的社会危害性。《刑法修正案(六)》将开设赌场的行为从赌博犯罪中分离开来,作为一种单独的犯罪加以规定。

第二,本罪的客观方面表现为为赌博提供场所、设定赌博方式、提供赌具、筹码、资金等组织赌博的行为。伴随着科技的不断发展,开设赌场的犯罪行为转移到了互联网上,行为人在计算机网络上建立赌博网站,利用虚拟网络实施开设赌场的行为;另外,为了逃避查处,开设赌场的行为也转移到了海上,越来越多的涉嫌开设赌场罪的犯罪嫌疑人将赌博场所设置在远离陆地的游轮上,这就要求海警人员熟练掌握开设赌场罪的犯罪构成、立案标准等问题,及时将涉嫌开设赌场罪的案件移交给司法机关。

第三,本罪的主体为一般主体。

第四,本罪的主观方面由故意构成,尽管本罪没有要求行为人主观上具有营利的目的,但是一般情况下行为人主观上是具有营利目的的。

(四)疑难问题

1. 关于利用赌博机组织赌博的性质的认定

根据2014年3月26日发布的《最高人民法院、最高人民检察院、公安部关于办理利用赌博机开设赌场案件适用法律若干问题的意见》规定,设置具有退币、退分、退钢珠等赌博功能的电子游戏设施设备,并以现金、有价证券等贵重款物作为奖品,或者以回购奖品方式给予他人现金、有价证券等贵重款物(以下简称设置赌博机)组织赌博活动的,应当认定为《刑法》第三百零三条第 2 款规定的"开设赌场"的行为。

2. 开设赌场罪从重处罚的情节

根据 2005 年 5 月 13 日起实施的《最高人民法院、最高人民检察院关于办理赌博刑事案件具体应用法律若干问题的解释》第 5 条规定,实施赌博犯罪,有下列情形之一的,依照《刑法》第三百零三条的规定从重处罚:(一)具有国家工作人员身份的;(二)组织国家工作人员赴境外赌博的;(三)组织未成年人参与赌博,或者开设赌场吸引未成年人参与赌博的。

(五)立案标准

开设赌场的,应予立案追诉。在计算机网络上建立赌博网站,或者为赌博网站担任代理,接收投注的,属于本条规定的"开设赌场"。2014 年 3 月 26 日发布的《最高人民法院、最高人民检察院、公安部关于办理利用赌博机开设赌场案件适用法律若干问题的意见》对利用赌博机开设赌场的定罪处罚标准也作出了规定,设置赌博机组织赌博活动,具有下列情形之一的,应当按照《刑法》第三百零三条第 2 款规定的开设赌场罪定罪处罚:(一)设置赌博机 10 台以上的;(二)设置赌博机 2 台以上,容留未成年人赌博的;(三)在中小学附近设置赌博机 2 台以上的;(四)违法所得累计达到 5 000 元以上的;(五)赌资数额累计达到 5 万元以上的;(六)参赌人数累计达到 20 人以上的;(七)因设置赌博机被行政处罚后,两年内再设置赌博机 5 台以上的;(八)因赌博、开设赌场犯罪被刑事处罚后,五年内再设置赌博机 5 台以上的;(九)其他应当追究刑事责任的情形。

五十、运送他人偷越国(边)境案件的认定

(一)法条链接

《刑法》第三百二十一条:运送他人偷越国(边)境的,处五年以下有期徒刑、拘役或者管制,并处罚金;有下列情形之一的,处五年以上十年以下有期徒刑,并处罚金:

(一)多次实施运送行为或者运送人数众多的;

(二)所使用的船只、车辆等交通工具不具备必要的安全条件,足以造成严重后果的;

(三)违法所得数额巨大的;

(四)有其他特别严重情节的。

在运送他人偷越国(边)境中造成被运送人重伤、死亡,或者以暴力、威胁方法

抗拒检查的,处七年以上有期徒刑,并处罚金。

犯前两款罪,对被运送人有杀害、伤害、强奸、拐卖等犯罪行为的,或者对检查人员有杀害,伤害等犯罪行为的,依照数罪并罚的规定处罚。

(二) 罪名释义

运送他人偷越国(边)境罪,是指运送他人偷越国(边)境的行为。

(三) 犯罪构成

本罪的犯罪构成表现在如下四个方面:

第一,本罪侵犯的客体是国家对国(边)境的正常管理秩序。"国境"是指我国与外国的国界;"边境"是指我国大陆与港、澳、台地区的交界。国家对国(边)境实行严格管理,这对维护国家的主权、安全和社会秩序的稳定是必不可少的。一些境内不法分子为牟取暴利,和境外黑社会势力等勾结,利用某些人向往、追求境外生活,出境谋生的思想,运送他人偷越国(边)境。这种行为严重扰乱国(边)境的正常管理秩序,影响社会秩序的稳定,在国际上也造成了恶劣影响,必须依法严处。

第二,客观方面表现为运送他人偷越国(边)境的行为。所谓运送他人偷越国(边)境,是指使用车、船等交通工具或者徒步带领,将他人非法送出或者接入国(边)境的行为。至于运送他人偷越国(边)境的数量是多人还是一人,不影响本罪的成立。

多次实施运送行为或者运送人数众多。"多次"是指三次或者三次以上实施运送行为的。这里的"人数众多",根据 2012 年 12 月 20 日起实施的《最高人民法院、最高人民检察院关于办理妨害国(边)境管理刑事案件应用法律若干问题的解释》规定,是指运送他人偷越国(边)境人数在 10 人以上。

所使用的船只、车辆等交通工具不具备必要的安全条件,足以造成严重后果的,是指所使用的船只、车辆等交通工具不符合基本的安全条件,足以造成船只沉没、车辆倾覆事故的。

"违法所得数额巨大的",根据 2012 年 12 月 20 日起实施的《最高人民法院、最高人民检察院关于办理妨害国(边)境管理刑事案件应用法律若干问题的解释》规定,是指违法所得数额在二十万元以上的。

有其他严重情节的,是指除了以上三种情形以外,具有造成国际影响十分恶劣等特别严重情节的,等等。

第三,本罪的犯罪主体为一般主体,既可以是中国人,也可以是外国人。

第四,主观方面只能由故意构成,而且一般具有牟利的目的,但不以牟利为构成要件。

(四) 疑难问题

划清本罪与组织他人偷越国(边)境罪的界限

两者的主要区别在于客观方面不同。前者表现为运送他人偷越国(边)境的行为,而后者表现为组织他人偷越国(边)境的行为。如果组织他人偷越国(边)境的行为人在实施组织行为过程中又实施了运送他人偷越国(边)境的行为,应当按照处理牵连犯的原则从一重罪处罚,即以组织他人偷越国(边)境罪处罚。

五十一、偷越国(边)境案件的认定

(一) 法条链接

《刑法》第三百二十二条:违反国(边)境管理法规,偷越国(边)境,情节严重的,处一年以下有期徒刑、拘役或者管制,并处罚金;为参加恐怖活动组织、接受恐怖活动培训或者实施恐怖活动,偷越国(边)境的,处一年以上三年以下有期徒刑,并处罚金。

(二) 罪名释义

偷越国(边)境罪,是指违反国(边)境管理法规,偷越国(边)境,情节严重的行为。

(三) 犯罪构成

本罪的犯罪构成表现在如下四个方面:

第一,本罪侵犯的客体是国家对国(边)境的正常管理秩序。为了维护国家主权、安全,维持良好的出入境管理秩序,我国政府制定了一系列出入境管理法规。任何违反规定,非法出入我国国(边)境的行为,都是不允许的,情节严重的要作为犯罪处理。

第二,本罪的客观方面表现为违反国(边)境管理法规,偷越国(边)境,情节严重的行为。"违反国(边)境管理法规",是指违反我国关于出入境管理的法律、法规规定,主要是指违反出入境管理法和中国公民因私事往来香港地区或者澳门地区的暂行管理办法、出境入境边防检查条例等法律、法规的规定;"偷越国(边)境"是指违反过(边)境管理法规,非法出如我国国(边)境的行为。根据2012年12月20日起实施的《最高人民法院、最高人民检察院关于办理妨害国(边)境管理刑事案件应用法律若干问题的解释》第六条的规定,具有以下五种情形之一的,属于"偷越国(边)境"的行为:(一)没有出入境证件出入国(边)境或者逃避接受边防检查的;(二)使用伪造、变造、无效的出入境证件出入国(边)境的;(三)使用他人出入境证件出入国(边)境的;(四)使用以虚假的出入境事由、隐瞒真实身份、冒用他人身份证件等方式骗取的出入境证件出入国(边)境的;(五)采用其他方式非法出入国(边)境的。

第三,本罪的犯罪主体为一般主体,中国人和外国人均可构成。

第四,本罪的主观方面由故意构成,即行为人明知自己没有取得出入我国国(边)境的证件仍然偷越国(边)境。如果行为人不清楚是我国国(边)境而误入或者误出的,不构成本罪。《刑法修正案(九)》规定为参加恐怖活动组织、接受恐怖活动培训或者实施恐怖活动,偷越国(边)境的,处一年以上三年以下有期徒刑,并处罚金。

(四) 疑难问题

1. 划清本罪罪与非罪的界限

由于偷越国(边)境的情况比较复杂,一般应作为违法行为由公安机关给予治安处罚,只有情节严重的偷越国(边)境的行为,才能作为犯罪追究行为人的刑事责任。对于边境附近的居民,为了探亲、访友、赶集、过境耕种,或者在边境地区误入误出的,以及听信他人谣言蛊惑而偷越国(边)境但情节一般的,均不宜按犯罪处理。

2. 划清本罪与组织他人偷越国(边)境罪的界限

本罪与组织他人偷越国(边)境罪的客观方面不同,其既遂、未遂的标准也不尽相同。前者是结果犯,只有越过了国(边)境界限的,才构成既遂,未越过的是未遂;后者是行为犯,行为人只要完成了组织行为,不论偷渡者是否越过国(边)境界限,均构成既遂。

(五) 立案标准

本罪要求达到情节严重才构成犯罪。根据 2012 年 12 月 20 日起实施的《最高人民法院、最高人民检察院关于办理妨害国(边)境管理刑事案件应用法律若干问题的解释》第五条规定:偷越国(过)境,具有下列情节之一的,应当认定为刑法第三百二十二条规定的"情节严重":

(一) 在境外实施损害国家利益行为的;

(二) 偷越国(边)境三次以上或者三人以上结伙偷越国(边)境的;

(三) 拉拢、引诱他人一起偷越国(边)境的;

(四) 勾结境外组织、人员偷越国(边)境的;

(五) 因偷越国(边)境被行政处罚后一年内又偷越国(边)境的;

(六) 其他情节严重的情形。

五十二、破坏永久性测量标志案件的认定

(一) 法条链接

《刑法》第三百二十三条:故意破坏国家边界的界碑、界桩或者永久性测量标

志的,处三年以下有期徒刑或者拘役。

(二) 罪名释义

破坏永久性测量标志罪,是指故意破坏国家设立的永久性测量标志的行为。

(三) 犯罪构成

本罪的犯罪构成表现在如下四个方面:

第一,本罪侵犯的客体是国家对永久性测量标志的管理活动。犯罪对象是永久性测量标志。"永久性测量标志",是指国家测绘单位在全国各地进行测绘工作所建立的地上、地下或者水上的各种测量标志物,包括各等级的三角点、导线点、军用控制点、重力点、天文点、水准点的木质觇标、钢质觇标和标石标志,地形测量、工程测量和形变测量的各种固定标志等等。

第二,本罪的客观方面表现为实施了破坏永久性测量标志的行为。破坏永久性测量标志的手段,有拔除、移动、毁坏等。无论采取什么手段,只要使永久性测量标志丧失原有的作用,即应视为破坏行为。

第三,本罪的犯罪主体为一般主体。年满16周岁具有刑事责任能力的自然人都可以构成本罪的犯罪主体。

第四,本罪的主观方面由故意构成,即明知是国家永久性测量标志而加以破坏。犯罪动机是多种多样的,但是动机不影响本罪的成立。

(四) 疑难问题

划清本罪罪与非罪的界限

本罪的犯罪对象是永久性测量标志。如果行为人破坏的不是国家设立的永久性测量标志,如故意损毁或者擅自移动路牌、交通标志或者临时性测量标志,不能以犯罪论处,可以给予治安管理处罚。另外过失破坏永久性测量标志的行为,不构成犯罪,对过失行为应当进行批评教育;情节严重的,可以给予行政处罚或者纪律处分;如果原物能够复原的,可令其复原原物。

五十三、污染环境案件的认定

(一) 法条链接

《刑法》第三百三十八条规定:"违反国家规定,排放、倾倒或者处置有放射性的废物、含传染病病原体的废物、有毒物质或者其他有害物质,严重污染环境的,处三年以下有期徒刑或者拘役,并处或者单处罚金;后果特别严重的,处三年以上七年以下有期徒刑,并处罚金。"

(二) 罪名释义

污染环境罪,是指违反国家规定,排放、倾倒或者处置有放射性的废物、含传染病病原体的废物、有毒物质或者其他有害物质,严重污染环境的行为。

(三) 犯罪构成

本罪的犯罪构成表现在如下四个方面:

第一,本罪侵害的客体是国家防治污染的管理制度。犯罪对象是以土地、水体、大气所体现的人类生存环境。"土地"是指耕地、林地、草地、荒地、山岭、滩涂、河滩地和其他陆地。"水体"是指中华人民共和国领域的江河、湖泊、运河、渠道、水库等地表水体和地下水体,以及内海、领海等我国管辖的其他领域。"大气"是指包围地球的空气层总体。污染环境的行为造成的危害是极为严重的,它使得人类赖以生存和发展的环境日益恶化,危害着人体健康、生命安全和生存条件,因此,对于那些不顾人民身体健康、生命安全,肆意污染危害环境,造成公私财产重大损失或者人身伤亡者,刑事惩罚是必不可少的手段。

第二,本罪的客观方面表现为违反国家规定,排放、倾倒或者处置有放射性的废物、含传染病病原体的废物、有毒物质或者其他有害物质严重污染环境的行为。"违反国家规定"是指违反国家有关环境保护的法律、法规的规定,如《环境保护法》《大气污染防治法》《水污染防治法》《海洋环境保护法》等,可以说《刑法》分则第三百三十八条规定的污染环境罪条文对上述行政法律法规起到了保障作用。"排放"是指将法律所指的废物排入水体的行为,包括泵出、溢出、泄出、喷出等。"倾倒"是指通过船舶、航空器、平台或者其他运载工具向水体处置危险废物。"处置"是指以焚烧、填埋等方式处置危险废物。

第三,本罪的犯罪主体是一般主体,自然人和单位都可以成为本罪的犯罪主体。

第四,本罪的主观方面既包括故意,也包括过失。故意是指行为人明知自己的排放、倾倒或者处置有害物质的行为会严重污染环境,希望或者放任这种结果的发生;过失是指行为人对于违反国家环境保护法规,排放、倾倒或者处置危险废物是明知的,但对于由此造成的严重后果不是行为人所希望的。

(四) 疑难问题

1. 划清本罪罪与非罪的界限

在违反国家规定,排放、倾倒或者处置有放射性的废物、含传染病病原体的废物、有毒物质或者其他有害物质的行为中,只有严重污染环境的行为,即满足了上述污染环境罪的立案标准,才可构成犯罪。如果没有严重污染环境,不构成犯罪,不能追究行为人的刑事责任。

2. 划清本罪与妨害传染病防治罪的界限

最高人民法院、最高人民检察院于 2003 年 5 月 14 日联合公布的《关于办理妨害预防、控制突发传染病疫情等灾害的刑事案件具体应用法律若干问题的解释》第 13 条规定:"违反传染病防治法等国家有关规定,向土地、水体、大气排放、倾倒或者处置含传染病病原体的废物,有毒物质或者其他危险废物,造成突发传染病传播等重大环境污染事故,致使公私财产遭受重大损失或者人身伤亡的严重后果的,依照《刑法》第三百三十八条的规定,以重大环境污染事故罪定罪处罚。"虽然这个司法解释是在《刑法修正案(八)》之前作出的,即针对《刑法修正案(八)》生效前的重大环境污染事故罪作出的(《刑法修正案(八)》对重大环境污染事故罪进行了修改,改为了污染环境罪),引用的是《刑法》第三百三十八条原条文的内容,使用的是原罪名,但是该司法解释的精神是正确的,今天仍然可以适用。根据妨害传染病防治罪的《刑法》条文可知,违反传染病防治法处置传染病病原体、废物的行为,属于妨害传染病防治的行为,又因该行为的结果造成严重环境污染,构成污染环境罪。由于污染环境罪规定了罚金刑,刑罚比《刑法》第三百三十条规定的妨害传染病防治罪重,所以应当以污染环境罪定罪处罚。

3. 划清本罪与投放危险物质罪的界限

在司法实践中,本罪与投放危险物质罪是容易混淆的罪名,但只要找出这两个罪名的不同之处,就可以清楚的将两者分辨开来。首先,侵犯的客体不同。本罪侵犯的客体是国家防治环境污染的管理制度,投放危险物质罪侵犯的客体是不特定的多数人的生命、健康或者重大公私财产的安全。其次,犯罪主体不同,本罪的犯罪主体既可以是自然人,也可以是单位;投放危险物质罪的主体只能是自然人,而不能是单位。再次,犯罪客观方面不同,本罪违反国家规定,排放、倾倒或者处置有放射性的废物、含传染病病原体的废物、有毒物质或者其他有害物质,严重污染环境的行为;投放危险物质罪具体表现为故意投放毒害性、放射性、传染病病原体等物质,危害公共安全的行为。最后,犯罪主观方面不同,本罪的主观罪过形式为故意和过失;投放危险物质罪的主观方面表现为故意,即行为人明知其投放危险物质行为危害公共安全,会引起不特定多数人中毒或者使公私财产遭受重大损失,并且希望或者放任这种危险结果发生投放危险物质的动机多种多样,有的是出于报复;有的想嫁祸于人;有的出于嫉妒;有的是为了灭口等等。

4. 其他问题

根据 2013 年 6 月 19 日起实施的《最高人民法院、最高人民检察院关于办理环境污染刑事案件适用法律若干问题的解释》第八条规定,违反国家规定,排放、倾倒、处置含有毒害性、放射性、传染病病原体等物质的污染物,同时构成污染环境罪、非法处置进口的固体废物罪、投放危险物质罪等犯罪的,依照处罚较重的犯罪定罪处罚。

(五)立案标准

污染环境罪要求具有"严重污染环境"的情节方可构成本罪。根据 2013 年 6 月 19 日起实施的《最高人民法院、最高人民检察院关于办理环境污染刑事案件适用法律若干问题的解释》对污染环境罪的立案标准进行了规定。该解释第一条规定：实施《刑法》第三百三十八条规定的行为，具有下列情形之一的，应当认定为"严重污染环境"：（一）在饮用水水源一级保护区、自然保护区核心区排放、倾倒、处置有放射性的废物、含传染病病原体的废物、有毒物质的；（二）非法排放、倾倒、处置危险废物三吨以上的；（三）非法排放含重金属、持久性有机污染物等严重危害环境、损害人体健康的污染物超过国家污染物排放标准或者省、自治区、直辖市人民政府根据法律授权制定的污染物排放标准三倍以上的；（四）私设暗管或者利用渗井、渗坑、裂隙、溶洞等排放、倾倒、处置有放射性的废物、含传染病病原体的废物、有毒物质的；（五）两年内曾因违反国家规定，排放、倾倒、处置有放射性的废物、含传染病病原体的废物、有毒物质受过两次以上行政处罚，又实施前列行为的；（六）致使乡镇以上集中式饮用水水源取水中断十二小时以上的；（七）致使基本农田、防护林地、特种用途林地五亩以上，其他农用地十亩以上，其他土地二十亩以上基本功能丧失或者遭受永久性破坏的；（八）致使森林或者其他林木死亡五十立方米以上，或者幼树死亡二千五百株以上的；（九）致使公私财产损失三十万元以上的；（十）致使疏散、转移群众五千人以上的；（十一）致使三十人以上中毒的；（十二）致使三人以上轻伤、轻度残疾或者器官组织损伤导致一般功能障碍的；（十三）致使一人以上重伤、中度残疾或者器官组织损伤导致严重功能障碍的；（十四）其他严重污染环境的情形。

第三条规定，实施《刑法》第三百三十八条、第三百三十九条规定的行为，具有下列情形之一的，应当认定为"后果特别严重"：（一）致使县级以上城区集中式饮用水水源取水中断十二个小时以上的；（二）致使基本农田，防护林地、特种用途林地十五亩以上，其他农用地三十亩以上，其他土地六十亩以上基本功能丧失或者遭受永久性破坏的；（三）致使森林或者其他林木死亡一百五十立方米以上，或者幼树死亡七千五百株以上的；（四）致使公私财产损失一百万元以上的；（五）致使疏散、转移群众一万五千人以上的；（六）致使一百人以上中毒的；（七）致使十人以上轻伤、轻度残疾或者器官组织损伤导致一般功能障碍的；（八）致使三人以上重伤、中度残疾或者器官组织损伤导致严重功能障碍的；（九）致使一人以上重伤、中度残疾或者器官组织损伤导致严重功能障碍，并致使五人以上轻伤、轻度残疾或者器官组织损伤导致一般功能障碍的；（十）致使一人以上死亡或者重度残疾的；（十一）其他后果特别严重的情形。

五十四、非法处置进口的固体废物案件的认定

（一）法条链接

《刑法》第三百三十九条第 1 款规定：违反国家规定，将境外的固体废物进境倾倒、堆放、处置的，处五年以下有期徒刑或者拘役，并处罚金；造成重大环境污染

事故,致使公私财产遭受重大损失或者严重危害人体健康的,处五年以上十年以下有期徒刑,并处罚金;后果特别严重的,处十年以上有期徒刑,并处罚金。

(二) 罪名释义

非法处置进口的固体废物罪,是指违反国家规定,将境外的固体废物进境倾倒、堆放、处置,污染环境的行为。

(三) 犯罪构成

本罪的犯罪构成表现在如下四个方面:

第一,本罪侵害的客体是国家对进口固体废物的管理制度。犯罪对象是固体废物。"固体废物"是指在生产、生活或者其他活动中产生的丧失原有利用价值或者虽未丧失利用价值但被抛弃或者放弃的固态、半固态和置于容器中的气态的物品、物质以及法律、行政法规规定纳入固体废物管理的物品、物质。海警工作人员对于在海上发现的行为人使用船舶等交通工具向我国水域内非法倾倒废弃物或者其他有害物质的行为,涉嫌犯罪的,应当及时移送到司法机关,司法机关应当及时追究行为人的刑事责任。

第二,本罪的客观方面表现为违反国家规定,将境外的固体废物进境倾倒、堆放、处置,污染环境的行为。"境外",是指在我国国(边)境以外的国家和地区。"倾倒"是指通过船舶、航空器、平台或者其他运载工具,向水体处置废弃物或者其他有害物质的行为。"堆放"是指向土地直接弃置固体废物的行为。"处置"是指将固体废物焚烧、填埋和用其他改变固体废物的物理、化学、生物特性的方法,达到减少已产生的固体废物数量、缩小固体废物体积、减少或者消除其他危险成分的活动。行为人只要实施了倾倒、堆放、处置进口的固体废物其中的一种行为,就构成本罪,实施两种以上的行为的,仍为一罪,不实行并罚。

第三,犯罪主体为一般主体,单位也可以构成本罪的主体。

第四,本罪的主观方面由故意构成。即行为人明知是境外的固体废物,仍然违反国家规定,将其进境倾倒、堆放、处置。犯罪的动机可能多种多样,但是犯罪动机如何并不影响本罪的成立。

(四) 疑难问题

1. 划清罪与非罪的界限

行为人如果将境外固体废物进境倾倒、堆放、处置,数量微小,情节显著轻微,危害不大的,根据《刑法》第十三条规定,不认为是犯罪。

2. 划清本罪与走私废物罪的界限

走私废物罪是指违反海关法规和国家关于固体废物、液态废物、气态废物管理的规定,逃避海关监督,将境外固体废物、液态废物、气态废物运输出境的行为。

走私废物罪仅限于将废物走私进境的行为。本罪与走私废物罪的区别主要表现为,本罪不逃避海关监管,走私废物罪逃避了海关监管;本罪处罚的将境外的固体废物进境倾倒、堆放、处置,污染环境的行为,走私废物罪处罚的是走私行为。因此,如果行为人走私固体废物并在我国境内倾倒、堆放、处置的,则既构成走私废物罪,又构成非法处置进口的固体废物罪,应当实行数罪并罚。

(五)立案标准

2008年6月25日印发的《最高人民检察院、公安部关于公安机关管辖的刑事案件立案追诉标准的规定(一)》第61条规定,违反国家规定,将境外的固体废物进境倾倒、堆放、处置的,应予立案追诉。可见,本罪是行为犯,只要行为人实施了将境外的固体废物进境倾倒、堆放、处置的行为,即构成本罪,但结合《刑法》第十三条规定,情节显著轻微,危害不大的,不认为是犯罪。另外,根据2013年6月19日起实施的《最高人民法院、最高人民检察院关于办理环境污染刑事案件适用法律若干问题的解释》第2条规定,实施《刑法》第三百三十九条、第四百零八条规定的行为,具有下列选项情形之一的,应当认定为"致使公私财产遭受重大损失或者严重危害人体健康"或者"致使公私财产遭受重大损失或者造成人身伤亡的严重后果":(一)致使乡镇以上集中式饮用水水源取水中断十二小时以上的;(二)致使基本农田、防护林地、特种用途林地五亩以上,其他农用地十亩以上,其他土地二十亩以上基本功能丧失或者遭受永久性破坏的;(三)致使森林或者其他林木死亡五十立方米以上,或者幼树死亡二千五百株以上的;(四)致使公私财产损失三十万元以上的;(五)致使疏散、转移群众五千人以上的;(六)致使三十人以上中毒的;(七)致使三人以上轻伤、轻度残疾或者器官组织损伤导致一般功能障碍的;(八)致使一人以上重伤、中度残疾或者器官组织损伤导致严重功能障碍的;(九)其他严重污染环境的情形。

本解释第3条规定,实施《刑法》第三百三十八条、第三百三十九条规定的行为,具有下列情形之一的,应当认定为"后果特别严重":(一)致使县级以上城区集中式饮用水水源取水中断十二个小时以上的;(二)致使基本农田、防护林地、特种用途林地十五亩以上,其他农用地三十亩以上,其他土地六十亩以上基本功能丧失或者遭受永久性破坏的;(三)致使森林或者其他林木死亡一百五十立方米以上上,或者幼树死亡七千五百株以上的;(四)致使公私财产损失一百万元以上的;(五)致使疏散、转移群众一万五千人以上的;(六)致使一百人以上中毒的;(七)致使十人以上轻伤、轻度残疾或者器官组织损伤导致一般功能障碍的;(八)致使三人以上重伤、中度残疾或者器官组织损伤导致严重功能障碍的;(九)致使一人以上重伤、中度残疾或者器官组织损伤导致严重功能障碍,并致使五人以上轻伤、轻度残疾或者器官组织损伤导致一般功能障碍的;(十)致使一人以上死亡或者重度残疾的;(十一)其他后果特别严重的情形。

五十五、擅自进口固体废物案件的认定

(一) 法条链接

《刑法》第三百三十九条第 2 款规定:未经国务院有关主管部门许可,擅自进口固体废物用作原料,造成重大环境污染事故,致使公私财产遭受重大损失或者严重危害人体健康的,处五年以下有期徒刑或者拘役,并处罚金;后果特别严重的,处五年以上十年以下有期徒刑,并处罚金。

第 3 款规定,以原料利用为名,进口不能用作原料的固体废物、液态废物和其他废物的,依照本法第一百五十二条第二款、第三款的规定定罪处罚。

(二) 罪名释义

擅自进口固体废物罪,是指未经国务院有关主管部门许可,擅自进口固体废物用作原料,造成重大环境污染事故,致使公私财产遭受重大损失或者严重危害人体健康的行为。

(三) 犯罪构成

本罪的犯罪构成表现在如下四个方面:

第一,本罪侵害的客体是国家对进口固体废物的管理制度。犯罪对象是固体废物。"固体废物"是指在生产、生活或者其他活动中产生的丧失原有利用价值或者虽未丧失利用价值但被抛弃或者放弃的固态、半固态和置于容器中的气态的物品、物质以及法律、行政法规规定纳入固体废物管理的物品、物质。

第二,本罪的客观方面的表现为未经国务院有关主管部门许可,擅自进口固体废物用作原料,造成重大环境污染事故,致使公私财产遭受重大损失或者严重危害人体健康的行为。"擅自进口固体废物"是指行为人未经有关部门许可超越自身职权,独立决定进口固体废物的行为。未经许可主要是指未经国务院有关主管部门的许可,一般是指不符合申请进口废物的条件,或者已符合申请进口废物的条件,没有国家环境保护主管部门批准的情形;伪造、变造国家环境保护局《进口废物批准书》的情形;逾期未向国家环境保护局补办进口废物经营审批手续,并继续从事进口废物经营活动的情形。具备"未经国务院有关主管部门许可"是行为人构成擅自进口固体废物罪的前提条件。

第三,本罪的犯罪主体为一般主体,自然人和单位均可构成本罪的犯罪主体。

第四,本罪的主观方面由故意构成,即行为人明知其未经国务院有关部门许可,而擅自进口固体废物用作原料的行为是违反法律规定的。

(四) 疑难问题

1. 划清本罪与非法处置进口的固体废物罪的界限。

两罪侵犯的客体、犯罪对象、犯罪主体、犯罪主观方面相同。犯罪的客观方面不同。本罪的客观方面表现为未经国务院有关主管部门许可,擅自进口固体废物用作原料,造成重大环境污染事故,致使公私财产遭受重大损失或者严重危害人体健康的行为。即本罪是结果犯,只有造成重大环境污染事故,致使公私财产遭受重大损失或者严重危害人体健康才能构成本罪;而非法处置进口的固体废物罪是行为犯,只要实施了将中国境外的固体废物进境倾倒、堆放、处置的行为就构成犯罪。

2. 划清本罪与污染环境罪的界限

污染环境罪是指违反国家规定,排放、倾倒或者处置有放射性的废物、含传染病病原体的废物、有毒物质或者其他有害物质,严重污染环境的行为。本罪与污染环境罪都是结果犯。另外本罪需要具备"未经国务院有关主管部门许可"是行为人构成擅自进口固体废物罪的前提条件,如果行为人经过国务院有关主管部门的许可,但结果造成了重大环境污染事故的,应该以污染环境罪定罪处罚。

3. 划清本罪与走私废物罪的界限

走私废物罪是指违反海关法规和国家关于固体废物、液态废物、气态废物管理的规定,逃避海关监督,将境外固体废物、液态废物、气态废物运输出境的行为。走私废物罪仅限于将废物走私进境的行为。两罪的区别主要表现为以下两个方面:第一,犯罪对象不同。本罪的犯罪对象是尚有利用价值、可用作原料的固体废物;而走私废物罪的犯罪对象是根本不能用作原料的固体废物、液态废物或者气态废物。第二,客观方面的要求不同。本罪未逃避海关监管,而是照章纳税,只是进口的固体废物未经过国务院有关主管部门的批准;走私废物罪是表现为逃避海关监管,将根本不可以进口的废物进口。

(五) 立案标准

2008年6月25日印发的《最高人民检察院、公安部关于公安机关管辖的刑事案件立案追诉标准的规定(一)》第62条规定,未经国务院有关主管部门许可,擅自进口固体废物用作原料,造成重大环境污染事故,涉嫌下列情形之一的,应予立案追诉:(一)致使公私财产损失三十万元以上的;(二)致使基本农田、防护林地、特种用途林地五亩以上,其他农用地十亩以上,其他土地二十亩以上基本功能丧失或者遭受永久性破坏的;(三)致使森林或者其他林木死亡五十立方米以上,或者幼树死亡二千五百株以上的;(四)致使一人以上死亡、三人以上重伤、十人以上轻伤,或者一人以上重伤并且五人以上轻伤的;(五)致使传染病发生、流行或者人员中毒达到《国家突发公共卫生事件应急预案》中突发公共卫生事件分级三级以上情形,严重危害人体健康的;(六)其他致使公私财产遭受重大损失或者严重危害人体健康的情形。

另外,根据 2013 年 6 月 19 日起实施的《最高人民法院、最高人民检察院关于办理环境污染刑事案件适用法律若干问题的解释》第 2 条规定,实施《刑法》第三百三十九条、第四百零八条规定的行为,具有下列选项情形之一的,应当认定为"致使公私财产遭受重大损失或者严重危害人体健康"或者"致使公私财产遭受重大损失或者造成人身伤亡的严重后果":(一)致使乡镇以上集中式饮用水水源取水中断十二小时以上的;(二)致使基本农田、防护林地、特种用途林地五亩以上,其他农用地十亩以上,其他土地二十亩以上基本功能丧失或者遭受永久性破坏的;(三)致使森林或者其他林木死亡五十立方米以上,或者幼树死亡二千五百株以上的;(四)致使公私财产损失三十万元以上的;(五)致使疏散、转移群众五千人以上的;(六)致使三十人以上中毒的;(七)致使三人以上轻伤、轻度残疾或者器官组织损伤导致一般功能障碍的;(八)致使一人以上重伤、中度残疾或者器官组织损伤导致严重功能障碍的;(九)其他严重污染环境的情形。

本解释第 3 条规定,实施《刑法》第三百三十八条、第三百三十九条规定的行为,具有下列情形之一的,应当认定为"后果特别严重":(一)致使县级以上城区集中式饮用水水源取水中断十二个小时以上的;(二)致使基本农田、防护林地、特种用途林地十五亩以上,其他农用地三十亩以上,其他土地六十亩以上基本功能丧失或者遭受永久性破坏的;(三)致使森林或者其他林木死亡一百五十立方米以上以上,或者幼树死亡七千五百株以上的;(四)致使公私财产损失一百万元以上的;(五)致使疏散、转移群众一万五千人以上的;(六)致使一百人以上中毒的;(七)致使十人以上轻伤、轻度残疾或者器官组织损伤导致一般功能障碍的;(八)致使三人以上重伤、中度残疾或者器官组织损伤导致严重功能障碍的;(九)致使一人以上重伤、中度残疾或者器官组织损伤导致严重功能障碍,并致使五人以上轻伤、轻度残疾或者器官组织损伤导致一般功能障碍的;(十)致使一人以上死亡或者重度残疾的;(十一)其他后果特别严重的情形。

五十六、非法捕捞水产品案件的认定

(一)法条链接

《刑法》第三百四十条规定:违反保护水产资源法规,在禁渔区、禁渔期或者使用禁用的工具、方法捕捞水产品,情节严重的,处三年以下有期徒刑、拘役、管制或者罚金。

(二)罪名释义

非法捕捞水产品罪,是指违反保护水产资源法规,在禁渔区、禁渔期或者使用

禁用的工具、方法捕捞水产品，情节严重的行为。

（三）犯罪构成

本罪的犯罪构成表现在如下四个方面：

第一，本罪侵犯的客体是国家对水产资源的管理活动。水产资源，包括具有经济价值的水生动物和水生植物，是国家的一项宝贵财富。为了加强对水产资源的保护，国家通过立法对水产资源繁殖、养殖和捕捞等方面作出了具体的规定。国家鼓励、扶持外海和远洋捕捞业的发展，合理安排内水和近海捕捞。在内水、近海从事捕捞业的单位和个人，必须按照捕捞许可证关于作业类型、场所、时限和渔具数量的规定进行作业。不得在禁渔区和禁渔期进行捕捞，不得使用禁用的渔具、捕捞方法和小于规定的最小网目尺寸的网具进行捕捞。急功近利，竭泽而渔，非法捕捞水产品，破坏国家对水产资源的管理制度，危害水产资源的存留和发展。因此，必须依法对非法捕捞水产品的犯罪予以惩罚。

第二，本罪的客观方面表现为违反保护水产资源法规，在禁渔区、禁渔期或者使用禁用的工具、方法捕捞水产品的行为。

"禁渔区"是全面禁止一切捕捞生产或禁止部分作业方式进行捕捞的水域，为保护某些重要的经济鱼类、虾蟹类或其他水生经济动植物资源，在其产卵繁殖、幼鱼生长期、索饵肥育和越冬洄游季节所划定的禁止或限制捕捞活动的水域。"禁渔区"是指特定的保护水产资源繁殖的水域。禁渔区的各个水域特别是沿岸40米以内的浅水区是众多陆上河流的入海口，水质肥沃，饵料丰富，是多种经济鱼虾的繁殖场和幼体肥育区，生殖季节又是生殖群体的密集区。在这些地区禁止捕捞或禁止某种高效渔具渔法作业或禁捕某种趋向衰落的种类，对于保护并提高渔业资源的再生产能力，维护渔业生态平衡，建立良好的渔业生态循环体系都有重大意义。作出并严格实施禁渔区的规定，将起到维护"渔业资源摇篮"的作用。

"禁渔期"是指政府规定的禁止或者是限制捕捞海内动物的活动的期间，其目的是保护水生生物的正常生长或繁殖，保证鱼类资源得以恢复和发展。禁渔期的具体划定根据目的的不同而不同。亲体是捕捞资源的基础，过少必然对后备资源产生不利影响，因此一般规定亲体进入产卵期为禁捕期。稚、幼鱼是捕捞资源的补充来源，成熟后构成补充群体，因此多将幼鱼在某水域分布的时间定为该水域的禁渔期。

"禁用的工具"是指禁止使用的超过国家关于不同捕捞对象所分别规定的最小网眼尺寸的网具和其他禁止使用的破坏水产资源的捕捞方法。

"禁止的方法"是指采用爆炸、放电、施毒等使水产品正常生长、繁殖受到损害的破坏性方法。

第三，本罪的犯罪主体为一般主体，自然人和单位都可构成本罪的主体。

第四，本罪的主观方面表现为故意，过失不构成本罪。

(四) 疑难问题

1. 划清本罪罪与非罪的界限

非法捕捞水产品的行为,如果情节不严重的,则属于违法行为,不能以犯罪论处。所谓"情节严重",在司法实践中,一般指为首或者聚众捕捞水产品的;大量非法捕捞水产品的;多次捕捞水产品的;采用毁灭性捕捞方法,造成水产资源重大损失的;非法捕捞国家重点保护的名贵或者稀有的水产品的;非法捕捞、暴力抗拒渔政管理的等情形。具体的标准可参照上述立案标准中的六个情形。

2. 划清本罪与破坏生产经营罪的界限

这两个罪名的不同之处表现在以下两个方面。第一,侵害的客体不同。本罪侵害的客体是国家对水产资源的管理活动;破坏生产经营罪侵害的客体是国家、集体或者个人生产经营的正常活动和公私财产利益。第二,犯罪对象有差别。本罪侵害的犯罪对象是自然野生的水产品,不包括人工养殖的水产品;而破坏生产经营罪的犯罪对象是包括他人人工养殖的水产品在内的与生产经营正常活动有直接联系的各种物品。

(五) 立案标准

2008年6月25日印发的《最高人民检察院、公安部关于公安机关管辖的刑事案件立案追诉标准的规定(一)》第六十三条,对非法捕捞水产品案件的立案标准进行了规定。该条规定:"违反保护水产资源法规,在禁渔区、禁渔期或者使用禁用的工具、方法捕捞水产品,涉嫌下列情形之一的,应予立案追诉:(一)在内陆水域非法捕捞水产品五百公斤以上或者价值五千元以上,或者在海洋水域非法捕捞水产品二千公斤以上或者价值二万元以上的;(二)非法捕捞有重要经济价值的水生动物苗种、怀卵亲体或者在水产种质资源保护区内捕捞水产品,在内陆水域五十公斤以上或者价值五百元以上,或者在海洋水域二百公斤以上或者价值二千元以上的;(三)在禁渔区内使用禁用的工具或者禁用的方法捕捞的;(四)在禁渔期内使用禁用的工具或者禁用的方法捕捞的;(五)在公海使用禁用渔具从事捕捞作业,造成严重影响的;(六)其他情节严重的情形。"

五十七、非法猎捕、杀害珍贵、濒危野生动物案件的认定

(一) 法条链接

《刑法》第三百四十一条第1款规定:非法猎捕、杀害国家重点保护的珍贵、濒危野生动物的,或者非法收购、运输、出售国家重点保护的珍贵、濒危野生动物及其制品的,处五年以下有期徒刑或者拘役,并处罚金;情节严重的,处五年以上十年以下有期徒刑,并处罚金;情节特别严重的,处十年以上有期徒刑,并处罚金或者没收财产。

（二）罪名释义

非法猎捕、杀害珍贵、濒危野生动物罪，是指违反国家有关野生动物保护法规，猎捕、杀害国家重点保护的珍贵、濒危野生动物的行为。

（三）犯罪构成

本罪的犯罪构成表现在如下四个方面：

第一，本罪侵害的客体是国家对野生动物资源的管理制度。珍贵、濒危野生动物是国家的一项宝贵自然资源，不仅具有重要的经济价值，而且具有重要的文化价值、社会价值。因此，国家通过制定一系列保护野生动物的法律法规，对珍贵、濒危野生动物予以重点保护。如《野生动物保护法》《陆生野生动物保护实施条例》《水生野生动物保护实施条例》。非法捕杀珍贵、濒危野生动物，致使国家重点保护的珍贵、濒危野生动物濒临灭绝的危险，严重侵犯了国家对野生动物资源的保护和管理制度，应当依法予以惩处。

本罪的犯罪对象是国家重点保护的珍贵、濒危野生动物。2000年12月11日起实施的《最高人民法院关于审理破坏野生动物资源刑事案件具体应用法律若干问题的解释》第1条对"珍贵、濒危野生动物"进行了规定。具体内容如下：《刑法》第三百四十一条第一款规定的"珍贵、濒危野生动物"，包括列入国家重点保护野生动物名录的国家一、二级保护野生动物、列入《濒危野生动植物种国际贸易公约》附录一、附录二的野生动物以及驯养繁殖的上述物种。

第二，本罪的客观方面表现为违反国家有关野生动物保护法规，猎捕、杀害珍贵、濒危野生动物的行为。"违反国家野生动物保护法规"主要是指违反野生动物保护法和其他有关法规。如《野生动物保护法》《陆生野生动物保护实施条例》《水生野生动物保护实施条例》等。"非法猎捕、杀害珍贵、濒危野生动物"是指违反上述法律法规，未取得特许捕猎证或者虽取得特许捕猎证，但未按照特许捕猎证规定的种类、数量、地点等而捕猎、杀害国家野生动物的行为。因科学研究、驯养繁殖、展览或者其他特殊情况需要捕捉、捕捞国家重点保护的野生动物的，须向有关野生动物行政主管部门申请特许捕猎证，并按照特许捕猎证规定的种类、数量、地点等进行捕杀。

第三，本罪的犯罪主体为一般主体，自然人和范围均可构成本罪的主体。

第四，本罪的主观方面由故意构成。犯罪动机可能是多种多样的，行为人在多数情况下是为了牟取暴利，也有的是为了制作成工艺品或是为了食用，但是无论动机如何，均不影响本罪的成立。

（四）立案标准

2008年6月25日印发的《最高人民检察院、公安部关于公安机关管辖的刑事案件立案追诉标准的规定（一）》第六十四条，对非法猎捕、杀害珍贵、濒危野生动物案件的立案标准进行了规定。该条规定："非法猎捕、杀害国家重点保护的珍贵、濒危野生动物的，应予立案追诉。本条和本规定第六十五条规定的'珍贵、濒危野生动物'，包括列入《国家重点保护野生动物名录》的国家一、二级保护野生动物、列入《濒危野生动植物种国际贸易公约》附录一、附录二的野生动物以及驯养繁殖的上述物种。"

五十八、非法采矿案件的认定

（一）法条链接

《刑法》第三百四十三条第1款规定："违反矿产资源法的规定，未取得采矿许可证擅自采矿，擅自进入国家规划矿区、对国民经济具有重要价值的矿区和他人矿区范围采矿，或者擅自开采国家规定实行保护性开采的特定矿种，情节严重的，处三年以下有期徒刑、拘役或者管制，并处或者单处罚金；情节特别严重的，处三年以上七年以下有期徒刑，并处罚金。"

（二）罪名释义

非法采矿罪，是指违反矿产资源法的规定，未取得采矿许可证擅自采矿，擅自进入国家规划矿区、对国民经济具有重要价值的矿区和他人矿区范围采矿，或者擅自开采国家规定实行保护性开采的特定矿种，情节严重的行为。

（三）犯罪构成

本罪的犯罪构成表现在如下四个方面：

第一，本罪侵犯的客体是国家对矿产资源的管理制度。矿产资源是人们生产、生活的主要物质基础，是国家的宝贵财富。矿业的发展为国民经济其他行业提供了所需的能源和矿产品原料。因此，要大力加强矿产资源的开发利用。同时要看到，矿产资源是不可再生的资源。我国虽然从总量上说资源储量丰富，但人均拥有的矿产资源储量却十分有限，一些重要矿种的储量还不能满足经济建设发展的需要。因此，我们必须对矿产资源加倍珍惜，加强对矿产资源的开发利用和保护，促进矿业的健康发展。近几年，随着市场经济的发展，对矿产资源的开发利用越来越广泛，有越来越多的企业和个人加入采矿的行列，这对大幅度增加我国矿产品的产量，安置农村富余劳动力，帮助贫困地区农民致富，发挥了重要作用。同时也带来了许多问题，其中最突出的是个别企业或者个人盲目追求经济利益，无视国家法律的规定，非法采矿，给国家矿产资源造成了极大的损失，也给我国国民经济的发展带来了极大的影响。

第二，本罪的客观方面表现为，违反矿产资源法的规定，未取得采矿许可证擅自采矿，擅自进入国家规划矿区、对国民经济具有重要价值的矿区和他人矿区范

围采矿,或者擅自开采国家规定实行保护性开采的特定矿种,情节严重的行为。具体来说,本罪的客观方面可由下列四种行为构成:

（1）无证采矿的行为,即没有经过法定程序取得采矿许可证而擅自采矿的。根据矿产资源保护法的规定,不论是国营矿山企业,还是乡镇集体矿山企业和个体采矿,都必须经审查批准和颁发采矿许可证。根据《矿产资源法》第十六条的规定:开采下列矿产资源的,由国务院地质矿产主管部门审批,并颁发采矿许可证:(一)国家规划矿区和对国民经济具有重要价值的矿区内的矿产资源;(二)前项规定矿区以外可供开采的矿产储量在大型以上的矿产资源;(三)国家规定实行保护性开采的特定矿种;(四)领海及中国管辖的其他海域的矿产资源;(五)国务院规定的其他矿产资源。开采石油、天然气、放射性矿产等特定矿种的,可以由国务院授权的有关主管部门审批,并颁发采矿许可证。开采第一、二款规定以外的矿产资源,其可供开采的矿产储量规划为中型的,由省、自治区、直辖市人民政府地质矿产主管部门审批和颁发采矿许可证。开采第一、二、三款规定以外的矿产资源的管理办法,由省、自治区、直辖市人民代表大会常务委员会依法制定。依照第三、四款的规定审批和颁发采矿许可证的,由省、自治区、直辖市人民政府地质矿产主管部门汇总向国务院地质矿产主管部门备案。矿产储量规模的大型、中型的划分标准,由国务院矿产储量审批机构规定。同时,《矿产资源法》规定,国家鼓励集体矿山企业开采国家指定范围内的矿产资源,允许个人采挖零星分散资源和只能用作普通建筑材料的砂、石、黏土以及生活自用采挖少量矿产。对开办乡镇集体矿山企业的审查批准、颁发采矿许可证的办法,个体采矿的管理办法,由省级权力机关制定。凡未经过上述合法程序取得采矿许可证的,均视为无证采矿行为。

（2）擅自在未批准矿区采矿的行为。擅自进入国家规划区、对国民经济具有重要价值的矿区、他人矿区采矿的行为。根据法律规定,国家对国有规划区、对国民经济具有重要价值的矿区,实行有计划开采,未经国务院有关主管部门批准,任何单位和个人不得开采;任何单位和个人不得进入他人已取得采矿权的矿山、企业矿区内采矿。

如《矿产资源法》第二十条的规定:"非经国务院授权的有关主管部门的同意,不得在下列地区开采矿产资源:(一)港口、机场、国防工程设施圈定地区以内;(二)重要工业区、大型水利工程设施、城镇市政工程设施附近一定距离以内;(三)铁路、重要公路两侧一定距离以内;(四)重要河流、堤坝两侧一定距离以内;(五)国家划定的自然保护区、重要风景区,国家重点保护的不能移动的历史文物和名胜古迹所在地;(六)国家规定不得开采矿产资源的其他地区。"凡违反上述规定擅自采矿的,即为非法采矿。所谓"国家规划区",是指在一定时期内,根据国民经济建设长期的需要和资源分布情况,经国务院或国务院有关主管部门依法定程序审查、批准,确定列入国家矿产资源开发长期或中期规划的矿区以及作为老矿区后备资源基地的矿区。所谓"对国民经济具有重要价值的矿区",是指以国民经济来说,经济价值重大或经济效益很高,对国家经济建设的全局性、战略性有重要影响的矿区。所谓"矿区范围",是指矿井(露天采场)设计部门确定并依照法律程序批准的矿井四周边界的范围。

(3) 擅自开采保护矿种。擅自开采国家规定实行保护性开采的特定矿种,经责令停止开采后拒不停止开采的行为。根据法律规定,国家对保护性开采的特定矿种实行有计划的开采,未经国务院有关部门批准,任何单位和个人不得开采。

所谓"保护性开采的特定矿种",是指对国民经济建设、高科技发展具有特殊重要价值,资源严重稀缺,矿产品贵重或者在国际市场上占有明显优势等,在一定时期内由国家依法定程序确定的矿种,如1988年《国务院关于对黄金矿产实行保护性开采的通知》中指出,国务院决定将黄金矿产列为实施保护性开采的特定矿种,实行有计划的开采,未经国家黄金管理局批准,任何单位和个人不得开采。除黄金之外,我国还将钨、锡、锑、离子型稀土矿等矿种列为保护性开采的特定矿种。

(4) "越界采矿"的行为。所谓"越界采矿",是指虽持有采矿许可证,但违反采矿许可证上所规定的采矿地点、范围和其他要求,擅自进入他人矿区,进行非法采矿的行为。根据《矿产资源法》规定,任何单位和个人不得进入他人依法设立的国有矿山企业和其他矿山企业矿区范围采矿。超越批准的矿区范围采矿的,责令退回本矿区范围内开采、赔偿损失,没收越界开采的矿产品和违法所得,可以并处罚款;拒不退回本矿区范围内开采,造成矿产资源严重破坏的,吊销采矿许可证,依照《刑法》(1979年)第一百五十六条的规定对直接责任人员追究刑事责任。

第三,本罪的犯罪主体为一般主体。自然人和单位都可以构成本罪的主体。

第四,本罪的主观方面表现为故意,即明知矿产资源法关于禁止无证、擅自开采矿产资源的规定,仍然进行开采,犯罪动机一般是为了牟取非法利益。

(四) 疑难问题

1. 罪与非罪的界限

依据法律规定,非法采矿的行为,除了要满足四个犯罪构成要件之外,还必须达到"情节严重"的程度,才构成犯罪,应当依法追究行为人的刑事责任。如果情节较轻,则不应该追究行为人的刑事责任,而应予以相应的行政处罚。

2. 此罪与彼罪的界限

划清本罪与重大责任事故罪的界限

首先,客体不同。非法采矿罪所侵犯的客体是国家保护矿产资源的管理制度;而重大责任事故罪所侵犯的客体则是社会的公共安全,主要是指企业、事业单位中不特定人员的人身安全和公私财产的安全。其次,客观方面不同。非法采矿罪在客观上表现为未取得采矿许可证擅自采矿,擅自进入国家规划矿区、对国民经济具有重要价值的矿区和他人矿区范围采矿,擅自开采国家规定实行保护性开采的特定矿种,或者虽有采矿许可证,但不按采矿许可证上采矿范围等要求,情节严重的行为;而重大责任事故罪在客观上则表现为在生产过程中,不服从管理、违反规章制度,因而发生重大伤亡事故,造成严重后果的行为。再次,主体要件不同。非法采矿罪的主体是一般主体,既可以是单位,也可以是自然人;而重大责任事故罪的主体是只能是自然人。最后,主观要件不同。非法采矿罪主观上表现为故意,过失不能构成本罪;而重大责任事故罪的罪过形式是过失,个别情况下重大劳动安全责任事故罪在主观上不排除放任的、间接故意的罪过形式存在。

五十九、破坏性采矿案件的认定

(一)法条链接

《刑法》第三百四十三条第 2 款规定:"违反矿产资源法的规定,采取破坏性的开采方法开采矿产资源,造成矿产资源严重破坏的,处五年以下有期徒刑或者拘役,并处罚金。"

(二)罪名释义

破坏性采矿罪,是指违反矿产资源法的规定,采取破坏性的开采方法开采矿产资源,造成矿产资源严重破坏的行为。

(三)犯罪构成

本罪的犯罪构成表现在如下四个方面:

第一,本罪侵犯的客体是国家对矿产资源的管理制度。犯罪对象是矿产资源。矿产资源是我国重要的自然资源,是保障经济建设顺利进行的物质基础。因此,矿产资源法规定,矿产资源属于国家所有。国家保障矿产资源的合理开发利用,禁止任何单位或者个人用任何手段侵占或者破坏矿产资源。勘察矿产资源必须依法登记;开采矿产资源必须在被批准的矿区范围内作业,采取合理的开采顺序、开采方法和选矿工艺,禁止采取破坏性方法开采矿产资源。

第二,本罪的客观表现为违反矿产资源法的规定,采取破坏性的开采方法开采矿产资源,造成矿产资源严重破坏的行为。2008 年 6 月 25 日印发的《最高人民检察院、公安部关于公安机关管辖的刑事案件立案追诉标准的规定(一)》第 69 条第 2 款对"采取破坏性的开采方法开采矿产资源"进行了规定。该规定内容如下:本条规定的"采取破坏性的开采方法开采矿产资源",是指行为人违反地质矿产主管部门审查批准的矿产资源开发利用方案开采矿产资源,并造成矿产资源严重破坏的行为。2003 年 6 月 3 日起实施的《最高人民法院关于审理非法采矿、破坏性采矿刑事案件具体应用法律若干问题的解释》第 4 条也指出:《刑法》第三百四十三条第 2 款规定的破坏性采矿罪中"采取破坏性的开采方法开采矿产资源",

是指行为人违反地质矿产主管部门审查批准的矿产资源开发利用方案开采矿产资源,并造成矿产资源严重破坏的行为。

第三,本罪的犯罪主体为一般主体,自然人和单位都可以构成本罪的主体。

第四,本罪的主观方面表现为故意,过失不构成本罪。

(四)疑难问题

1. 划清本罪罪与非罪的界限

只有因破坏性开采而造成了矿产资源严重破坏的行为,才构成本罪;没有造成矿产资源严重破坏的,属于一般违法行为,应当由矿业行政管理部门给予行政处罚,不能作为犯罪处理。

2. 划清本罪与非法采矿罪的界限

两者主要在客观方面的表现不同。本罪表现为违反矿产资源法的规定,采取破坏性的开采方法开采矿产资源,造成矿产资源严重破坏的行为;非法采矿罪则表现为违反矿产资源法的规定,未取得采矿许可证擅自采矿;擅自进入国家规划矿区、对国民经济具有重要价值的矿区和他人矿区范围采矿;擅自开采国家规定实行保护性开采的特定矿种,情节严重的行为。

(五)立案标准

2003年6月3日起实施的《最高人民法院关于审理非法采矿、破坏性采矿刑事案件具体应用法律若干问题的解释》第5条规定:破坏性采矿造成矿产资源破坏的价值,数额在30万元以上的,属于《刑法》第三百四十三条第2款规定的"造成矿产资源严重破坏"。

六十、非法采伐、毁坏国家重点保护植物案件的认定

(一)法条链接

《刑法》第三百四十四条规定:违反国家规定,非法采伐、毁坏珍贵树木或者国家重点保护的其他植物的,或者非法收购、运输、加工、出售珍贵树木或者国家重点保护的其他植物及其制品的,处三年以下有期徒刑、拘役或者管制,并处罚金;情节严重的,处三年以上七年以下有期徒刑,并处罚金。

(二)罪名释义

非法采伐、毁坏国家重点保护植物罪,是指违反国家规定,非法采伐、毁坏珍贵树木或者国家重点保护的其他植物的行为。

(三)犯罪构成

本罪的犯罪构成表现在如下四个方面:

第一,本罪侵犯的客体是国家对植物资源的管理制度。犯罪对象是国家重点

保护的植物。"珍贵树木或者国家重点保护的其他植物"包括由省级以上林业主管部门或者其他部门确定的具有重大历史纪念意义、科学研究价值或者年代久远的古树名木,国家禁止、限制出口的珍贵树木以及列入《国家重点保护野生植物名录》的树木。"国家重点保护的其他植物"是指除了珍贵树木以外,国家重点保护的野生植物名录》的树木或者其他植物。其中,国家一级珍贵植物包括蕨类植物水韭、蕨类植物玉龙蕨等,国家二级珍贵植物蕨类植物对开蕨、蕨类植物苏铁蕨等。

第二,本罪的客观方面表现为违反国家规定,非法采伐、毁坏珍贵树木或者国家重点保护的其他植物的行为。"违反国家规定",是指违反森林法和其他有关植物保护的国家法律、法规的规定的行为。"非法采伐"是指没有取得采伐许可证而进行采伐或者违反许可证规定的面积、株数、树种进行采伐的行为。"毁坏"是指行为人采用剥皮、砍枝、取脂等方式,是珍贵树木或者国家重点保护的其他植物死亡或者影响其正常生长的行为。

第三,本罪的犯罪主体为一般主体,自然人和单位都可以构成本罪的主体。

第四,本罪的主观方面由故意构成。即行为人明知其非法采伐、毁坏珍贵树木或者国家重点保护的其他植物的行为是违反国家规定的,但仍然为之。

(四) 立案标准

2008年6月25日印发的《最高人民检察院、公安部关于公安机关管辖的刑事案件立案追诉标准的规定(一)》第70条规定,违反国家规定,非法采伐、毁坏珍贵树木或者国家重点保护的其他植物的,应予立案追诉。2001年5月9日发布的《国家林业局、公安部关于森林和陆生野生动物刑事案件管辖及立案标准》规定,非法采伐、毁坏珍贵树木的应当立案;采伐珍贵树木2株、2立方米以上或者毁坏珍贵树木致死3株以上的,为重大案件;采伐珍贵树木10株、10立方米以上或者毁坏珍贵树木致死15株以上的,为特别重大案件。

六十一、非法收购、运输、加工、出售国家重点保护植物、国家重点保护植物制品案件的认定

(一) 法条链接

《刑法》第三百四十四条规定:违反国家规定,非法采伐、毁坏珍贵树木或者国家重点保护的其他植物的,或者非法收购、运输、加工、出售珍贵树木或者国家重点保护的其他植物及其制品的,处三年以下有期徒刑、拘役或者管制,并处罚金;情节严重的,处三年以上七年以下有期徒刑,并处罚金。

(二) 罪名释义

非法收购、运输、加工、出售国家重点保护植物、国家重点保护植物制品罪,是指违反国家规定,非法收购、运输、加工、出售珍贵树木或者国家重点保护的其他

植物及其制品的行为。

（三）犯罪构成

本罪的犯罪构成表现在如下四个方面：

第一，本罪侵犯的客体是国家对植物资源的管理制度。犯罪对象是国家重点保护的植物。"珍贵树木或者国家重点保护的其他植物"包括由省级以上林业主管部门或者其他部门确定的具有重大历史纪念意义，科学研究价值或者年代久远的古树名木，国家禁止、限制出口的珍贵树木以及列入《国家重点保护野生植物名录》的树木。"国家重点保护的其他植物"是指除了珍贵树木以外，国家重点保护的野生植物名录》的树木或者其他植物。其中，国家一级珍贵植物包括蕨类植物水韭、蕨类植物玉龙蕨等，国家二级珍贵植物蕨类植物对开蕨、蕨类植物苏铁蕨等。

第二，本罪的犯罪客观方面表现为违反国家规定，非法收购、运输、加工、出售珍贵树木或者国家重点保护的其他植物及其制品的行为。"违反国家规定"，是指违反森林法和其他有关植物保护的国家法律、法规的规定的行为。"收购"包括以营利、自用等为目的的购买行为；"运输"包括采用携带、邮寄、利用他人、使用交通工具等方法进行运送的行为；"加工"是指人为制作成品或者半成品的行为；"出售"是向他人贩卖的交易行为。

第三，本罪的主体为一般主体。自然人和单位均可以构成本罪的主体。

第四，本罪的主观方面由故意构成，即行为人明知是珍贵树木或者国家重点保护的其他植物及其制品，而违反国家规定，非法收购、运输、加工和出售。犯罪动机不影响本罪的成立。

（四）疑难问题

一罪与数罪

本罪属于选择性罪名，犯罪行为可以选择，犯罪对象也可以选择。即行为人只要有非法收购、运输、加工、出售行为中的一种，犯罪对象只要满足国家重点保护植物和国家重点保护植物制品其中的一个，就可以构成本罪。实施了两种以上的行为，或者收购、运输、加工、出售的既有珍贵树木，又有珍贵植物及其制品，仍为一罪，不实行数罪并罚。

（五）立案标准

2008年6月25日印发的《最高人民检察院、公安部关于公安机关管辖的刑事案件立案追诉标准的规定（一）》第71条规定，违反国家规定，非法收购、运输、加工、出售珍贵树木或者国家重点保护的其他植物及其制品的，应予立案追诉。

六十二、走私、贩卖、运输、制造毒品案件的认定

（一）法条链接

《刑法》第三百四十七条规定：走私、贩卖、运输、制造毒品，无论数量多少，都应当追究刑事责任，予以刑事处罚。

走私、贩卖、运输、制造毒品，有下列情形之一的，处十五年有期徒刑、无期徒刑或者死刑，并处没收财产：

（一）走私、贩卖、运输、制造鸦片一千克以上、海洛因或者甲基苯丙胺五十克以上或者其他毒品数量大的；

（二）走私、贩卖、运输、制造毒品集团的首要分子；

（三）武装掩护走私、贩卖、运输、制造毒品的；

（四）以暴力抗拒检查、拘留、逮捕，情节严重的；

（五）参与有组织的国际贩毒活动的。

走私、贩卖、运输、制造鸦片二百克以上不满一千克、海洛因或者甲基苯丙胺十克以上不满五十克或者其他毒品数量较大的，处七年以上有期徒刑，并处罚金。

走私、贩卖、运输、制造鸦片不满二百克、海洛因或者甲基苯丙胺不满十克或者其他少量毒品的，处三年以下有期徒刑、拘役或者管制，并处罚金；情节严重的，处三年以上七年以下有期徒刑，并处罚金。

单位犯第二款、第三款、第四款罪的，对单位判处罚金，并对其直接负责的主管人员和其他直接责任人员，依照各该款的规定处罚。

利用、教唆未成年走私、贩卖、运输、制造毒品，或者向未成年人出售毒品的，从重处罚。

对多次走私、贩卖、运输、制造毒品，未经处理的，毒品数量累计计算。

《刑法》第三百五十六条规定：因走私、贩卖、运输、制造、非法持有毒品罪被判过刑，又犯本节规定之罪的，从重处罚。

（二）罪名释义

走私、贩卖、运输、制造毒品，是指走私、贩卖、运输、制造鸦片、海洛因、甲基苯丙胺（冰毒）、吗啡、大麻、可卡因和其他毒品的行为。

（三）犯罪构成

本罪的犯罪构成表现在如下四个方面：

第一，本罪侵犯的客体是国家对毒品的管理制度，走私毒品的行为还侵犯了国家对外贸易管理制度。本罪的犯罪对象是毒品。所为毒品，是指鸦片、海洛因、甲基苯丙胺（冰毒）、吗啡、大麻、可卡因以及国家规定管制的其他能够使人形成瘾癖的麻醉药品和精神药品。目前，联合国关于麻醉药品种类规定了 128 种麻醉药

品。精神药品种类表中共规定了99种精神药品。除以上所列六种常见的毒品外,同时还明确将"国务院规定管制的其他能够使人形成瘾癖的麻醉药品和精神药品"列为毒品。1987年11月和1988年11月国务院发布的对麻醉药品和精神药品的管理办法中规定,麻醉药品是指连续使用后易产生生理依赖性,能形成瘾癖的药品。包括阿片类、可卡因类、大麻类、合成麻醉药品类用卫生部指定的其他易成瘾癖的药品、药用原植物及其制剂,如鸦片、海洛因、吗啡、可卡因、杜冷丁等。精神药品,是指直接作用于中枢神经系统,连续使用能产生依赖的药品,如甲基苯丙胺、安钠咖、安眠酮等。

第二,本罪的客观方面表现为走私、贩卖、运输、制造毒品的行为。根据2012年5月16日起实施的关于印发《最高人民检察院公安部关于公安机关管辖的刑事案件立案追诉标准的规定(三)》的通知的第一条规定:本条规定的"走私"是指明知是毒品而非法将其运输、携带、寄递进出国(边)境的行为。直接向走私人非法收购走私进口的毒品,或者在内海、领海、界河、界湖运输、收购、贩卖毒品的,以走私毒品罪立案追诉。

本条规定的"贩卖"是指明知是毒品而非法销售或者以贩卖为目的而非法收买的行为。

本条规定的"运输"是指明知是毒品而采用携带、寄递、托运、利用他人或者使用交通工具等方法非法运送毒品的行为。

本条规定的"制造"是指非法利用毒品原植物直接提炼或者用化学方法加工、配制毒品,或者以改变毒品成分和效用为目的,用混合等物理方法加工、配制毒品的行为。为了便于隐蔽运输、销售、使用、欺骗购买者,或者为了增重,对毒品掺杂使假,添加或者去除其他非毒品物质,不属于制造毒品的行为。

第三,本罪的犯罪主体为一般主体。自然和单位均可构成本罪的主体。根据《刑法》第十七条第2款的规定,已满14周岁不满16周岁、具有刑事责任能力的人,犯贩卖毒品罪的,应当负刑事责任。

第四,本罪的主观方面由故意构成,过失不构成本罪。如果行为人主观上不明知是毒品,而是被利用实施了走私毒品行为,就不构成犯罪。根据2012年最高人民检察院、公安部印发的《最高人民检察院、公安部关于公安机关管辖的刑事案件立案追诉标准的规定(三)》,走私、贩卖、运输毒品主观故意中的"明知",是指行为人知道或者应当知道所实施的是走私、贩卖、运输毒品行为。具有下列情形之一,结合行为人的供述和其他证据综合审查判断,可以认定其"应当知道",但有证据证明确属被蒙骗的除外:(一)执法人员在口岸、机场、车站、港口、邮局和其他检查站点检查时,要求行为人申报携带、运输、寄递的物品和其他疑似毒品物,并告知其法律责任,而行为人未如实申报,在其携带、运输、寄递的物品中查获毒品的;(二)以伪报、藏匿、伪装等蒙蔽手段逃避海关、边防等检查,在其携带、运输、寄递的物品中查获毒品的；（三）执法人员检查时，有逃跑、丢弃携带物品或者逃避、抗拒检查等行为，在其携带、藏匿或者丢弃的物品中查获毒品的；（四）体内或者贴身隐秘处藏匿毒品的；（五）为获取不同寻常的高额或者不等值的报酬为他人携带、运输、寄递、收取物品，从中查获毒品的；（六）采用高度隐蔽的方式携带、运输物品，从中查获毒品的；（七）采用高度隐蔽的方式交接物品，明显违背合法物品惯常交接方式，从中查获毒品的；（八）行程路线故意绕开检查站点，在其携带、运输的物品中查获毒品的；（九）以虚假身份、地址或者其他虚假方式办理托运、寄递手续，在托运、寄递的物品中查获毒品的；（十）有其他证据足以证明行为人应当知道的。

制造毒品主观故意中的"明知"，是指行为人知道或者应当知道所实施的是制造毒品行为。有下列情形之一，结合行为人的供述和其他证据综合审查判断，可以认定其"应当知道"，但有证据证明确属被蒙骗的除外：（一）购置了专门用于制造毒品的设备、工具、制毒物品或者配制方案的；（二）为获取不同寻常的高额或者不等值的报酬为他人制造物品，经检验是毒品的；（三）在偏远、隐蔽场所制造，或者采取对制造设备进行伪装等方式制造物品，经检验是毒品的；（四）制造人员在执法人员检查时，有逃跑、抗拒检查等行为，在现场查获制造出的物品，经检验是毒品的；（五）有其他证据足以证明行为人应当知道的。

（四）疑难问题

1. 划清本罪一罪与数罪的界限

在司法实践中，对于走私毒品，又走私《刑法》分则第三章第二节走私罪规定的其他物品构成犯罪的，则应按走私毒品罪和构成的其他走私罪分别定罪，实行并罚。根据2008年12月1日的《全国部分法院审理毒品犯罪案件工作座谈会议纪要》规定，《刑法》第三百四十七条规定的走私、贩卖、运输、制造毒品罪是选择性罪名，对同一宗毒品实施了两种以上犯罪行为并有相应确凿证据的，应当按照所实施的犯罪行为的性质并列确定罪名，毒品数量不重复计算，不实行数罪并罚。对同一宗毒品可能实施了两种以上犯罪行为，但相应证据只能认定其中一种或者几种行为，认定其他行为的证据不够确实充分的，则只按照依法能够认定的行为的性质定罪。如果涉嫌为贩卖而运输毒品，认定贩卖的证据不够确实充分的，则只定运输毒品罪。对不同宗毒品分别实施了不同种犯罪行为的，应对不同行为并列确定罪名，累计罪名数量，不实行数罪并罚。对被告人一人走私、贩卖、运输、制造两种以上毒品的，不实行数罪并罚，量刑时可综合考虑毒品的种类、数量及危害，依法处理。

同时根据2012年5月16日起实施的关于印发《最高人民检察院公安部关于公安机关管辖的刑事案件立案追诉标准的规定（三）》的规定：走私、贩卖、运输、制造毒品罪是选择性罪名，对同一宗毒品实施了两种以上犯罪行为，并有相应确凿证据的,应当按照所实施的犯罪行为的性质并列适用罪名,毒品数量不重复计算。对同一宗毒品可能实施了两种以上犯罪行为,但相应证据只能认定其中一种或者几种行为,认定其他行为的证据不够确实充分的,只按照依法能够认定的行为的性质适用罪名。对不同宗毒品分别实施了不同种犯罪行为的,应对不同行为并列适用罪名,累计计算毒品数量。

2. 其他问题

根据 2012 年 5 月 16 日起实施的关于印发《最高人民检察院公安部关于公安机关管辖的刑事案件立案追诉标准的规定(三)》的规定:有证据证明行为人以牟利为目的,为他人代购仅用于吸食、注射的毒品,对代购者以贩卖毒品罪立案追诉。不以牟利为目的,为他人代购仅用于吸食、注射的毒品,毒品数量达到本规定第二条规定的数量标准的,对托购者和代购者以非法持有毒品罪立案追诉。明知他人实施毒品犯罪而为其居间介绍、代购代卖的,无论是否牟利,都应以相关毒品犯罪的共犯立案追诉。

为了制造毒品而采用生产、加工、提炼等方法非法制造易制毒化学品的,以制造毒品罪(预备)立案追诉。购进制造毒品的设备和原材料,开始着手制造毒品,尚未制造出毒品或者半成品的,以制造毒品罪(未遂)立案追诉。明知他人制造毒品而为其生产、加工、提炼、提供醋酸酐、乙醚、三氯甲烷等制毒物品的,以制造毒品罪的共犯立案追诉。

(五)立案标准

根据 2012 年 5 月 16 日起实施的关于印发《最高人民检察院公安部关于公安机关管辖的刑事案件立案追诉标准的规定(三)》第一条的规定,走私、贩卖、运输、制造毒品,无论数量多少,都应予立案追诉。

相关的司法解释对《刑法》第三百四十七条、第三百四十八条规定的"其他毒品数量大""其他毒品数量较大""其他少量毒品"和"情节严重"作出了明确规定。司法机关在办案中应当遵照执行。

根据 2007 年 12 月 18 日最高人民法院、最高人民检察院、公安部《办理毒品犯罪案件适用法律若干问题的意见》:

(1)走私、贩卖、运输、制造、非法持有下列毒品,应当认定为《刑法》第三百四十七条第 2 款第(1)项、第三百四十八条规定的"其他毒品数量大":①二亚甲基双氧安非他明(MDMA)等苯丙胺类毒品(甲基苯丙胺除外)100 克以上;②氯胺酮、美沙酮 1 千克以上;③三唑仑、安眠酮 50 千克以上;④氯氮䓬、艾司唑仑、地西泮、溴西泮 500 千克以上;⑤上述毒品以外的其他毒品数量大的。

(2)走私、贩卖、运输、制造、非法持有下列毒品,应当认定为《刑法》第三百四十七条第 2 款第 3 款、第三百四十八条规定的"其他毒品数量较大":①二亚甲基双氧安非他明(MDMA)等苯丙胺类毒品(甲基苯丙胺除外)20 克以上不满 100 克的;②氯胺酮、美沙酮200克以上不满1千克的;③三唑仑、安眠酮10千克以上不满50千克的;④氯氮䓬、艾司唑仑、地西泮、溴西泮100千克以上不满500千克的;⑤上述毒品以外的其他毒品数量较大的。

(3) 走私、贩卖、运输、制造下列毒品,应当认定为《刑法》第三百四十七条第4款规定的"其他少量毒品":①二亚甲基双氧安非他明(MDMA)等苯丙胺类毒品(甲基苯丙胺除外)不满20克的;②氯胺酮、美沙酮不满200克的;③三唑仑、安眠酮不满10千克的;④氯氮䓬、艾司唑仑、地西泮、溴西泮不满100千克的;⑤上述毒品以外的其他少量毒品的。

(4) 上述毒品品种包括其盐和制剂。毒品鉴定结论中毒品品名的认定应当以国家食品药品监督管理局、公安部、卫生部最新发布的《麻醉药品品种目录》《精神药品品种目录》为依据。

(5) 根据《最高人民法院关于审理毒品案件定罪量刑标准有关问题的解释》第3条的规定,具有下列情节之一的,可以认定为《刑法》第三百四十七条第4款规定的"情节严重":①走私、贩卖、运输、制造鸦片140克以上不满200克、海洛因或者甲基苯丙胺7克以上不满10克或者其他数量相当的毒品的;②国家工作人员走私、制造、运输、贩卖毒品的;③在戒毒监管场所贩卖毒品的;④向多人贩毒或者多次贩毒的;⑤其他情节严重的行为。

六十三、走私、贩卖、运输、制造制毒物品案件的认定

(一) 法条链接

《刑法》第三百五十条:违反国家规定,非法生产、买卖、运输醋酸酐、乙醚、三氯甲烷或者其他用于制造毒品的原料、配剂,或者携带上述物品进出境,情节较重的,处三年以下有期徒刑、拘役或者管制,并处罚金;情节严重的,处三年以上七年以下有期徒刑,并处罚金;情节特别严重的,处七年以上有期徒刑,并处罚金或者没收财产。

明知他人制造毒品而为其生产、买卖、运输前款规定的物品的,以制造毒品罪的共犯论处(本条第1款和第2款经过《刑法修正案(九)》修改)。

单位犯前两款罪的,对单位判处罚金,并对其直接负责的主管人员和其他直接责任人员,依照前两款的规定处罚。

(二) 罪名释义

走私、贩卖、运输、制造制毒物品罪,是指违反国家规定,非法生产、买卖、运输以及走私醋酸酐、乙醚、三氯甲烷或者其他用于制造毒品的原料或者配剂的行为。

(三) 犯罪构成

本罪的犯罪构成表现在如下四个方面：

第一，本罪侵犯的客体是国家对制毒物品的管理制度和国家对外贸易管理制度。本罪的犯罪对象为制毒物品，即醋酸酐、乙醚、三氯甲烷等用于制造毒品的原料或者配剂，具体品种范围按照国家关于易制毒化学品管理的规定确定。它们是用于制造麻醉药品和精神药物的化学物品。这些化学物品既是生产、教学、科研和医疗上经常使用的物品，又是制造海洛因等毒品不可缺少的配料。因此，国家依照有关规定，对这些化学物品实行严格管理，严禁非法生产、买卖、运输以及走私。《联合国禁止非法贩运麻醉药品和精神药物公约》第12条对"经常用于非法制造麻醉药品或精神药物的物质"作了专门规定，要求缔约国采取认为适当的措施，防止在此公约中的附表一和附表二中所列的12种化学物品（其中包括醋酸酐和乙醚），被挪用于非法制造麻醉药品或精神药物，并应为此目的相互合作。

第二，本罪的客观方面表现为违反国家规定，非法走私、贩卖、运输、制造醋酸酐、乙醚、三氯甲烷或者其他用于制造毒品的原料或者配剂的行为。

第三，本罪的犯罪主体为一般主体，外国人、无国籍人、单位都可构成本罪的主体。

第四，本罪的主观方面由故意构成，即明知是国家禁止走私、贩卖、运输、制造制造毒品的原料或者配剂而非法走私、贩卖、运输、制造的行为。

所谓"明知"，可根据2009年6月23日《最该人民法院、最高人民检察院、公安部关于办理制毒物品犯罪案件适用法律若干问题的意见》，有下列情形之一，且查获了易制毒化学品，结合犯罪嫌疑人、被告人的供述和其他证据，经综合审查判断，可以认定其"明知"是制毒物品而走私，但有证据证明确属被蒙骗的除外：(1) 改变产品形状、包装或者使用虚假标签、商标等产品标志的；(2) 以藏匿、夹带或者其他隐蔽方式运输、携带易制毒化学品逃避检查的；(3) 抗拒检查或者在检查时丢弃货物逃跑的；(4) 以伪报、藏匿、伪装等蒙蔽手段逃避海关、边防等检查的；(5) 选择不设海关或者边防检查站的路段绕行出入境的；(6) 以虚假身份、地址办理托运、邮寄手续的；(7) 以其他方法隐瞒真相，逃避对易制毒化学品依法监管的。

走私制毒物品的动机可能是多种多样的，但动机不影响本罪的成立。

(四) 立案标准

根据2012年5月16日起实施的关于印发《最高人民检察院公安部关于公安机关管辖的刑事案件立案追诉标准的规定(三)》第五条的规定，违反国家规定，非法运输、携带制毒物品进出国(边)境，涉嫌下列情形之一的，应予立案追诉：(一) 1-苯基-2-丙酮5千克以上；(二) 麻黄碱、伪麻黄碱及其盐类和单方制剂5

千克以上,麻黄浸膏、麻黄浸膏粉 100 千克以上;(三) 3,4-亚甲基二氧苯基-2-丙酮、去甲麻黄素(去甲麻黄碱)、甲基麻黄素(甲基麻黄碱)、羟亚胺及盐类 10 千克以上;(四) 胡椒醛、黄樟素、黄樟油、异黄樟素、麦角酸、麦角胺、麦角新碱、苯乙酸 20 千克以上;(五) N-乙酰邻氨基苯酸、邻氨基苯甲酸、哌啶 150 千克以上;(六) 醋酸酐、三氯甲烷 200 千克以上;(七) 乙醚、甲苯、丙酮、甲基乙基酮、高锰酸钾、硫酸、盐酸 400 千克以上;(八) 其他用于制造毒品的原料或者配剂相当数量的。

非法运输、携带两种以上制毒物品进出国(边)境,每种制毒物品均没有达到本条第一款规定的数量标准,但按前款规定的立案追诉数量比例折算成一种制毒物品后累计相加达到上述数量标准的,应予立案追诉。为了走私制毒物品而采用生产、加工、提炼等方法非法制造易制毒化学品的,以走私制毒物品罪(预备)立案追诉。

六十四、破坏武器装备、军事设施、军事通信案件的认定

(一) 法条链接

《刑法》第三百六十九条第 1 款规定:破坏武器装备、军事设施、军事通信的,处三年以下有期徒刑、拘役或者管制;破坏重要武器装备、军事设施、军事通信的,处三年以上十年以下有期徒刑;情节特别严重的,处十年以上有期徒刑、无期徒刑或者死刑。

第 3 款规定:战时犯前两款罪的,从重处罚。

(二) 罪名释义

破坏武器装备、军事设施、军事通信罪,是指故意破坏武器装备、军事设施、军事通信,或者故意破坏重要武器装备、军事设施、军事通信的行为。

(三) 犯罪构成

本罪的犯罪构成表现在如下四个方面:

第一,本罪侵犯的客体是国防建设秩序。武器装备,是武装部队用于实施和保障作战行动的武器、武器系统和军事技术器材的统称,包括匕首、枪械、火炮、火箭、导弹、弹药、坦克、装甲车辆及其他军用车辆、作战飞机及其他军用飞机、战斗舰艇、登陆作战舰艇、勤务舰船、陆军船艇、鱼雷、水雷、生物武器、化学武器、核武器、通信指挥装备、侦查情报装备、测绘气象装备、电子对抗装备、工程装备、"三防"装备、后勤装备等。武器装备的训练模拟器材,以武器装备论。军事设施,即国家直接用于军事目的的建筑、场地和设备,包括指挥机关、地面和地下指挥工程、作战工程、军用机场、港口、码头、营区、训练场、试验场、军用洞库、仓库、医院、军用通信、侦察、导航、观测台站和测量、导航、助航标志、军用公路、铁路专用线、

军用通信、输电线路,军用输油、输水管道,国务院和中央军委规定的其他军事设施等。军事通信,这是指武装部队为实施指挥和武装控制而运用各种通信手段进行的信息传递活动。通常的手段有无线电通信、有线电通信、光通信、运动通信、简易信号通信等。

第二,本罪的客观方面表现为对武器装备、军事设施、军事通信实施了破坏的行为。这种破坏,手段可能多种多样,既包括对武器装备、军事设施、军事通信设施和设备本身的破坏,也包括对其功能的损坏,使其不能正常发挥效能,如故意实施损毁军事通信线路、设备,破坏军事通信计算机信息系统干扰、侵占军事通信电磁频谱等行为。

第三,本罪的犯罪主体为一般主体,中国公民、外国人、无国籍人都可以构成本罪。另外,单位也可以构成本罪。2007年6月29日起实施的《最高人民法院关于审理危害军事通信刑事案件具体应用法律若干问题的解释》第5条第1款规定,建设、施工单位直接负责的主管人员、施工管理人员,明知是军事通信线路、设备而指使、强令、纵容他人予以损毁的,或者不听管护人员劝阻,指使、强令、纵容他人违章作业,造成军事通信线路、设备损毁的,以破坏军事通信罪定罪处罚。

第四,本罪主观方面由故意构成。

(四) 疑难问题

划清本罪与其他犯罪的界限

根据2007年6月29日起实施的《最高人民法院关于审理危害军事通信刑事案件具体应用法律若干问题的解释》第6条规定,破坏、过失损坏军事通信,并造成公用电信设施损毁,危害公共安全,同时构成《刑法》第一百二十四条(破坏广播电视设施、公用电信设施罪、过失损坏广播电视设施、公用电信设施罪)和第三百六十九条(破坏武器装备、军事设施、军事通信罪、过失损坏武器装备、军事设施、军事通信罪)规定的犯罪的,依照处罚较重的规定定罪处罚。

盗窃军事通信线路、设备,不构成盗窃罪,但破坏军事通信的,依照《刑法》第三百六十九条第1款(破坏武器装备、军事设施、军事通信罪)的规定定罪处罚;同时构成《刑法》第一百二十四条(破坏广播电视设施、公用电信设施罪)、第二百六十四条(盗窃罪)和第三百六十九条第1款(破坏武器装备、军事设施、军事通信罪)规定的犯罪的,依照处罚较重的规定定罪处罚。

违反国家规定,侵入国防建设、尖端科学技术领域的军事通信计算机信息系统,尚未对军事通信造成破坏的,依照《刑法》第二百八十五条(非法侵入计算机信息系统罪,非法获取计算机信息系统数据、非法控制计算机信息系统罪,提供侵入、非法控制计算机信息系统程序、工具罪)的规定定罪处罚;对军事通信造成破坏,同时构成《刑法》第二百八十五条(非法侵入计算机信息系统罪,非法获取计算机信息系统数据、非法控制计算机信息系统罪,提供侵入、非法控制计算机信息系统程序、工具罪)、第二百八十六条(破坏计算机信息系统罪)、第三百六十九条第1款(破坏武器装备、军事设施、军事通信罪)规定的犯罪的,依照处罚较重的规定定罪处罚。

违反国家规定,擅自设置、使用无线电台、站,或者擅自占用频率,经责令停止使用后拒不停止使用,干扰无线电通讯正常进行,构成犯罪的,依照《刑法》第二百八十八条(扰乱无线电通讯管理秩序罪)的规定定罪处罚;造成军事通信中断或者严重障碍,同时构成《刑法》第二百八十八条(扰乱无线电通讯管理秩序罪)、第三百六十九条第一款(破坏武器装备、军事设施、军事通信罪)规定的犯罪的,依照处罚较重的规定定罪处罚。

(五) 立案标准

根据2007年6月29日起实施的《最高人民法院关于审理危害军事通信刑事案件具体应用法律若干问题的解释》第2条规定,实施破坏军事通信行为,具有下列情形之一的,属于《刑法》第三百六十九条第1款规定的"情节特别严重",以破坏军事通信罪定罪,处十年以上有期徒刑、无期徒刑或者死刑:(一)造成重要军事通信中断或者严重障碍,严重影响部队完成作战任务或者致使部队在作战中遭受损失的;(二)造成部队执行抢险救灾、军事演习或者处置突发性事件等任务的通信中断或者严重障碍,并因此贻误部队行动,致使死亡3人以上、重伤10人以上或者财产损失100万元以上的;(三)破坏重要军事通信三次以上的;(四)其他情节特别严重的情形。

六十五、过失损坏武器装备、军事设施、军事通信案件的认定

(一) 法条链接

《刑法》第三百六十九条第1款规定:破坏武器装备、军事设施、军事通信的,处三年以下有期徒刑、拘役或者管制;破坏重要武器装备、军事设施、军事通信的,处三年以上十年以下有期徒刑;情节特别严重的,处十年以上有期徒刑、无期徒刑或者死刑。

第2款规定,过失犯前款罪,造成严重后果的,处三年以下有期徒刑或者拘役;造成特别严重后果,处三年以上七年以下有期徒刑。

第3款规定,战时犯前两款罪的,从重处罚。

(二) 罪名释义

过失损坏武器装备、军事设施、军事通信罪,是指由于过失致使武器装备、军事设施、军事通信遭受损坏,造成严重后果,危害国防安全的行为。

(三) 犯罪构成

本罪的犯罪构成表现在如下四个方面：

第一，本罪侵犯的客体是国防建设秩序。武器装备，是武装部队用于实施和保障作战行动的武器、武器系统和军事技术器材的统称，包括匕首、枪械、火炮、火箭、导弹、弹药、坦克、装甲车辆及其他军用车辆、作战飞机及其他军用飞机、战斗舰艇、登陆作战舰艇、勤务舰船、陆军船艇、鱼雷、水雷、生物武器、化学武器、核武器、通信指挥装备、侦查情报装备、测绘气象装备、电子对抗装备、工程装备、"三防"装备、后勤装备等。武器装备的训练模拟器材，以武器装备论。军事设施，即国家直接用于军事目的的建筑、场地和设备，包括指挥机关、地面和地下指挥工程、作战工程，军用机场、港口、码头、营区、训练场、试验场，军用洞库、仓库、医院，军用通信、侦察、导航、观测台站和测量、导航、助航标志，军用公路、铁路专用线，军用通信、输电线路，军用输油、输水管道，国务院和中央军委规定的其他军事设施等。军事通信，这是指武装部队为实施指挥和武装控制而运用各种通信手段进行的信息传递活动。通常的手段有无线电通信、有线电通信、光通信、运动通信、简易信号通信等。

第二，本罪的客观方面表现为对武器装备、军事设施、军事通信实施了破坏的行为，并造成了严重后果。这种破坏，既包括对武器装备、军事设施、军事通信设施和设备本身的破坏，也包括对其功能的损坏，使其不能正常发挥效能。

第三，本罪的犯罪主体为一般主体，中国公民、外国人、无国籍人都可以构成本罪。另外，单位也可以构成本罪。2007年6月29日起实施的《最高人民法院关于审理危害军事通信刑事案件具体应用法律若干问题的解释》第5条第2款规定，建设、施工单位直接负责的主管人员、施工管理人员，忽视军事通信线路、设备保护标志，指使、纵容他人违章作业，指使军事通信线路、设备损毁，构成犯罪的，以过失损坏军事通信罪定罪处罚。

第四，本罪主观方面由过失构成。

(四) 疑难问题

1. 划清本罪罪与非罪的界限

本罪是过失犯罪，是结果犯，划清本罪罪与非罪的界限关键在于行为人过失损坏武器装备、军事设施、军事通信是否造成了严重后果。只有行为人的过失行为造成了严重危害后果(具体立案标准在下文阐述)，才构成本罪。

2. 划清本罪与故意破坏武器装备、军事设施、军事通信罪的界限

破坏武器装备、军事设施、军事通信罪，是指故意破坏武器装备、军事设施、军事通信，或者故意破坏重要武器装备、军事设施、军事通信的行为。本罪与破坏武器装备、军事设施、军事通信罪所侵犯的犯罪客体、犯罪的对象、犯罪的主体完全

相同。两罪的犯罪形态不同,本罪是结果犯,要求发生了实际的严重后果才构成犯罪,破坏武器装备、军事设施、军事通信罪是行为犯,只要行为人故意实施了破坏行为就构成犯罪;另外两罪的主观方面不同,本罪的主观方面由过失构成,破坏武器装备、军事设施、军事通信罪的主观方面由故意构成。

(五)立案标准

根据 2007 年 6 月 29 日起实施的《最高人民法院关于审理危害军事通信刑事案件具体应用法律若干问题的解释》第 3 条规定,过失损坏军事通信,造成重要军事通信中断或者严重障碍的,属于《刑法》第三百六十九条第二款规定的"造成严重后果",以过失损失军事通信罪定罪,处三年以下有期徒刑或者拘役。

第 4 条规定,过失损坏军事通信,具有下列情形之一的,属于《刑法》第三百六十九条第二款规定的"造成特别严重后果",以过失损坏军事通信罪,处三年以上七年以下有期徒刑:(一)造成重要军事通信中断或者严重障碍,严重影响部队完成作战任务或者致使部队在作战中遭受损失的;(二)造成部队执行抢险救灾、军事演习或者处置突发性事件等任务的通信中断或者严重障碍,并因此贻误部队行动,致使死亡 3 人以上、重伤 10 人以上或者财产损失 100 万元以上的;(三)其他后果特别严重的情形。

第三部分
中国海警侦办刑事案件的程序

为了使本部分内容与《刑事诉讼法》等相关法律在表述上相一致,行文中多使用公安机关来表述,其中部分相应的公安机关的表述是指与之相对应的海警机构。

一、管辖与移送

(一)基本原则

(1)根据《刑事诉讼法》及相关司法解释规定,中国海警海上执法任务由沿海省、自治区、直辖市海警总队及其所属的海警支队、海警大队承担。海上发生的刑事案件,由犯罪行为发生海域海警支队管辖;如果由犯罪嫌疑人居住地或者主要犯罪行为发生地公安机关管辖更为适宜的,可以由犯罪嫌疑人居住地或者主要犯罪行为发生地的公安机关管辖;对管辖有争议或者情况特殊的刑事案件,可报请上级公安(海警)机关指定管辖。

同一省、自治区、直辖市内跨海警支队管辖海域的刑事案件,由犯罪行为发生海域海警支队协商确定管辖;协商不成的,由省、自治区、直辖市海警总队指定管辖。

跨省、自治区、直辖市管辖海域的刑事案件,由犯罪行为发生海域省、自治区、直辖市海警总队协商确定管辖;协商不成的,由中国海警局指定管辖。

(2)海警支队办理刑事案件,需要提请批准逮捕或者移送审查起诉的,依法向所在地人民检察院提请或者移送,人民检察院应当依法进行审查并作出决定。

人民检察院提起公诉的海上犯罪案件,同级人民法院依法审判。人民法院判处管制、剥夺政治权利以及决定暂予监外执行、缓刑、假释的,由罪犯居住地公安机关执行。

(3)对海上犯罪案件的调查处理、侦查、提起公诉和审判,分别依照《刑事诉讼法》等相关法律、法规、规章和司法解释的规定办理。

(二)案件的移送

(1)对行政执法机关移送的案件,公安机关应当自接受案件之日起三日以内进行审查，认为有犯罪事实，需要追究刑事责任，依法决定立案的，应当书面通知移送案件的行政执法机关；认为没有犯罪事实，或者犯罪事实显著轻微，不需要追究刑事责任，依法不予立案的，应当说明理由，并将不予立案通知书送达移送案件的行政执法机关，相应退回案件材料。

（2）移送案件的行政执法机关对不予立案决定不服的，可以在收到不予立案通知书后三日以内向作出决定的公安机关申请复议；公安机关应当在收到行政执法机关的复议申请后三日以内作出决定，并书面通知移送案件的行政执法机关。

二、受案与初查

（一）受理案件

1. 受案的概念

受案，是指公安机关对于公民扭送、报案、控告、举报或者犯罪嫌疑人自动投案的接受处理工作。

公安机关的受案，是刑事案件侦查程序中最早的一项工作。只有公安机关接受了公民的扭送、报案、控告、举报或者犯罪嫌疑人的自动投案，才有立案和侦查的可能。

2. 海警部门管辖刑事案件的线索来源

海警部门管辖刑事案件的线索来源渠道主要有以下几方面：

（1）国家机关、群众团体、企事业单位、村民委、居民委的控告、举报材料；

（2）被害的控告、知情人、目睹人、发现人以及其他公民的举报或扭送；

（3）犯罪嫌疑人的自首，同案犯的揭发；

（4）司法部门人案中发现和移送的材料；

（5）工商、税务、海关、审计、监察等行政管理部门在日常业务工作中发现和移送的材料；

（6）在刑事案件侦查中发现的犯罪线索；

（7）通过秘密侦察手段获取的犯罪线索；

（8）审查在押的犯罪嫌疑人提供的犯罪线索；

（9）通过户口管理、特种行业管理、公共场所秩序管理、道路交通管理、消防管理、治安行政管理工作中发现犯罪线索；

（10）犯罪信息指挥中心通过汇总、整理、分析、筛选等发现的犯罪线索。

3. 公安机关接受报案

公安机关对于公民的扭送、报案、控告、举报或者犯罪嫌疑人自动投案的，都应当立即接受。根据《公安机关办理刑事案件程序规定》第155条至158条规定，公安民警在受案过程中应做好以下几点：

（1）制作受案笔录。公安机关对于公民扭送、报案、控告、举报或者犯罪嫌疑人自首的,都应当立即接受,问明情况,并制作《询问笔录》,经宣读无误后,由扭送人、报案人、控告人、举报人签名或者盖章。必要时,公安机关应当录音或者录像。

《询问笔录》中应当包括以下内容:

第一,告知报案人应当如实提供情况,不得诬告、陷害,以及诬告陷害应负的法律责任,这样可以防止某些报案人、举报人控告人出于个人目的,谎报假案。

第二,案件发生、发现的时间、地点和简要经过,案发原因和危害后果;犯罪嫌疑人出入现场的路线、方向;现场周围情况及其他知情人;是否采取了处置措施;现场是否被保护等。

第三,对知悉犯罪嫌疑人情况的,应当问明犯罪嫌疑人的姓名、性别、年龄、身高、体态、说话口音、行走姿势、衣着打扮、携带的凶器物品、作案的方式手段和人数以及与犯罪嫌疑人熟悉的经过等。

第四,对知悉被害人情况的,应当问明被害人的姓名、性别、年龄、职业、住址、工作单位、被侵害的时间、地点、经过或者被害单位的有关情况。

如果是电话报案的,除详细记录上述内容外,还要记清与报案人的联系方式。对于110报警服务台的报案指令,受案民警必须立即赶到现场进行处置。

对于犯罪嫌疑人投案自首的,应当制作《询问笔录》,问清以下情况:

一是,投案自首的方式、动机、过程。

二是,作案时间、地点、经过、手段、造成的后果。

三是,同案犯罪嫌疑人及赃证物下落。

询问完毕后,根据犯罪嫌疑人的社会危险性、案件性质等具体情况采取相应的措施。

(2)制作《接受案件回执单》。接受报案后,应当填写《接受案件回执单》,并及时送达报案人和案件主管部门。

(3)制作《接受刑事案件登记表》。公安机关接受案件时,应当制作《接受刑事案件登记表》,作为公安机关受理刑事案件的原始材料,并妥善保管、存档备查。

《接受刑事案件登记表》包括首部、正文、尾部三部分。

首部填写文书名称和编号。

正文填写报案人基本情况或移送单位情况;报案人基本情况部分填写清楚报案人姓名、性别、年龄、住址、工作单位、电话、案件来源。其中,案件来源的填写报案、控告、举报、自首等具体情况;报案内容部分要写清楚简要案情,包括发案时间、发案地点、简要过程、涉案人基本情况、受害情况等。

尾部。包括领导批示、处理结果、接警单位和接警人员情况等。先要由接警人员填写接警单位、接警人姓名、接警地点、接警时间,后将此表送领导批示,并根据领导批示开展相应工作,最后在处理结果内填写根据领导批示的意见、开展的工作情况。领导批示栏填写由有关领导对公安机关受理案件的处理况,如"初查"

"立案侦查""立为治安案件""不予立案""移送××单位处理"等。对于接受的案件,应当根据领导的批示,分别按照不同的程序进行处理。

文书填写示例:

受案登记表

(受案单位名称和印章)   编号:××××××

报案人	姓名	张××	性别	男	年龄	26岁	住址	××市××区××路××号
	单位	××市××学校		电话	××××××		案件来源	到××治安支队报案
移送单位		/	承办人		/		电话	/
报案内容(发案时间、地点、简要过程、涉案人基本情况、受害情况等): 201×年8月3日,××市××学校老师张××到××治安支队报案:今天8:00左右,我校发生校舍坍塌,死亡学生3人。									

领导批示:初查
 	
                               李××
                           201×年8月4日									

处理结果:经过初查,符合立案条件,经局长批准,立为教育设施重大安全事故案侦查。									
接警单位		××市公安局治安支队			接警地点		××治安支队		
接警人员		高××			接警时间		201×年8月3日09时25分		

(4)保障扭送人、报案人、控告人、举报人及其近亲属的安全。公安机关应当保障扭送人、报案人、控告人、举报人及其近亲属的安全。扭送人、报案人、控告人、举报人如果不愿意公开自己的身份,应当其他保守秘密,并在材料中注明。

4. 对报案材料的审查和处理

对于接受的案件,或者发现的犯罪线索,公安机关应当迅速进行审查。

审查的目的在于初步判明是否确有犯罪事实或重大犯罪嫌疑,是否需要追究刑事责任,以便决定是否应该立案。在侦查实践中,公安机关接受的报案材料中绝大多数是真实的。但也有个别举报人、控告人出于某种动机和目的编造谎言、虚构情节、捏造事实、谎报假案;或者虽报告的事实虽然涉嫌犯罪,但是情节轻微,不够追究刑事责任的情况。为了准确立案,防止假案和错案,在立案前必须对报案材料进行认真审查。

在审查报案材料中,审查的方式既可以通过调查举报人、发现人、知情人或有关群众,全面收集材料,判明事件真伪;可以通过现场勘查,对现场的有关情况和物品以及人体进行勘验检查后再判明事件真伪;可以通过对群众举报材料的明察暗访,判明事件的真伪;也可以直接审阅提供的各方面有关材料来判明事件真伪。

审查的内容包括:(1)报案事实是否存在;(2)报案事实是否符合立案标准;(3)是否属于海警部门管辖;(4)线索来源的可靠性和内容的真实性,受理程序是否合法。

公安机关对接受的案件或者发现的犯罪线索经过审查后,根据不同的情况作出相应的处理:

(1)经过审查,认为有犯罪事实,但不属于自己管辖的案件,应当立即报经经县级以上公安机关负责人批准,制作移送案件通知书,移送有管辖权的机关处理。对于不属于自己管辖又必须采取紧急措施的,应当先采取紧急措施,然后办理手续,移送主管机关。

《移送案件通知书》包括交看守所联、交报案、控告、举报人或者移送单位联、交送往单位联、回执联、存根共五联。

交看守所联包括首部、正文、尾部三部分。首部填写制作文书的机关、文书的名称、发文字号;正文部分填写通知的看守所名称、犯罪嫌疑人姓名、涉嫌的案件名称、移送案件的理由、接受移送案件的单位名称;尾部填写清文书制作日期,并加盖公安局印章。对于犯罪嫌疑人没有被羁押的,不用填写此联。

交报案、控告、举报人或者移送单位联,除正文抬头顶格填写报案人、控告人、举报人或移送单位名称外,其余内容和制作要求与交看守所联相同。对于没有报案人、控告人、举报人或者移送单位的,此联不用填写。

交送往单位联。除正文抬头顶格填写接受移送案件的单位名称,尾部注明移送的案件的材料卷数和页数外,其余内容和制作要求与交看守所联相同,此联制作完毕后,接受案件的公安机关在将案件移送主管机关处理时,应当将此联同时交送往单位。

回执联。包括首部、正文、尾部三部分。首部填写制作文书的机关、文书的名称、发文字号;正文部分填写移送案件的公安机关名称、移送案件的日期、移送案件通知书文号(与本联文号相同)、移送案件名称;尾部。写清文书制作日期,加盖接受移送案件的单位印章,并注明所收到案件材料的卷数和页数,此联由接受移送案件的单位填写,由移送案件的单位存档备查。

存根联。由制作文书单位存档备查。依次填写文书编号、案件名称、案件编号、犯罪嫌疑人姓名、性别、年龄、住址、单位及职业、移送原因、送往单位、批准人姓名、批准时间、办案人姓名、办案单位、填发时间和填发人姓名等。

文书填写示例:

××公安局

移送案件通知书

（存　根）

×公（刑）移字〔201×〕15 号

案 件 名 称	李××故意毁坏财物案
案 件 编 号	××××××号
犯罪嫌疑人	李××　男
出 生 日 期	××××年××月××日
住　　　址	××市×区××路×号
单位及职业	无业
移 送 原 因	不属于本部门管辖
送 往 单 位	××市公安局
批 　准 　人	高××
批 准 时 间	201×年8月14日
办 　案 　人	吴××、章××
办 案 单 位	××市公安局治安支队
填 发 时 间	201×年8月15日
填 　发 　人	吴××

××公安局

移送案件通知书

×公（刑）移字〔201×〕15 号

××市公安局：

　　经对犯罪嫌疑人李××涉嫌的故意毁坏财物案进行审查，毁坏财物地主要在××市，根据《中华人民共和国刑事诉讼法》第一百零八条第三款之规定，决定将该案移送××市公安局管辖。

（公安局印）

二〇一×年八月十五日

此联交看守所

××公安局
移送案件通知书
×公(刑)移字〔201×〕15号

××市公安局：

　　经对犯罪嫌疑人李××涉嫌的故意毁坏财物案进行审查,毁坏财物地主要在××市,根据《中华人民共和国刑事诉讼法》第一百零八条第三款之规定,决定将该案移送××市公安局管辖。

（公安局印）

二〇一×年八月十五日

此联交报案、控告、举报人或移送单位

××公安局
移送案件通知书
×公(刑)移字〔201×〕15号

××市公安局：

　　经对犯罪嫌疑人李××涉嫌的故意毁坏财物案进行审查,毁坏财物地主要在××市,根据《中华人民共和国刑事诉讼法》第一百零八第三款之规定,决定将该案移送××市公安局管辖。

附:案件材料共2卷35页

（公安局印）

二〇一×年八月十五日

此联交送往单位

××公安局
移送案件通知书
（回　执）
×公(刑)移通字〔201×〕15号

××公安局：

　　你局于201×年8月15日以×公(刑)移字〔201×〕15号移送案件通知书移送我单位的李××故意毁坏财物案已收到。

附:收到案件材料共2卷35页

（送往单位印）

二〇一×年八月十五日

此联由送往单位填写后退回附卷

（2）经过审查，对告诉才处理的案件，公安机关应当告知当事人向人民法院起诉。对被害人有证据证明的轻微刑事案件，公安机关应当告知被害人可以向人民法院起诉；被害人要求公安机关处理的，公安机关应当依法受理。人民法院审理自诉案件，依法调取公安机关已经收集的案件材料和有关证据的，公安机关应当及时移交。

（3）经过审查，对于不够刑事处罚需要给予行政处理的，依法予以处理或者移送有关部门。

（二）案件初查

初查，是指公安机关接受群众举报后，对举报线索的进行初步的调查。开展初查工作，这不仅是审查群众举报线索是否真实可靠的重要手段，也是为以后如何开展侦查工作奠定基础。

对于在审查中发现案件事实或者线索不明，必要时，经办案部门负责人批准，可以进行初查。

初查过程中，公安机关可以依照有关法律和规定采取询问、查询、勘验、鉴定和调取证据材料等不限制被调查对象人身、财产权利和措施。

1. 案件初查的目的

案件初查要达到以下目的：

（1）查清群众举报的情况是否真发生，是否触犯刑法，是否应当作为刑事案件立案；

（2）如果发生，是否归属海警部门管辖；

（3）查明有关情况，为制订侦查计划提供依据。

2. 案件初查的方式

侦查人员接受群众报案后，采用何种方式方法进行初查，要根据具体案件确定。初查的方式主要取决于案件的种类、案件的种类和案件所处的环境条件等因素。通常案件初查的方式主要有：

（1）公开调查。采用公开调查的方式进行初查，主要适用于侦查人员公开调查后，犯罪嫌疑人难以破坏现场、伪装现场，不容易毁掉物证的案件。比如海警部门办理的重大责任事故案件、破坏环境资源保护案件等。

采用公开调查方式初查，侦查人员接到群众举报后，可以公开以侦查人员的身份深入到发案地，对案件的有关情况进行直接调查。当然在调查中，除查明情况外，还必须及时发现、保护何提取案件种各种物证。

（2）秘密调查。采用秘密调查的方式进行初查，主要适用于公开调查会打草惊蛇，可能导致被调查的嫌疑对象破坏现场、隐匿、毁弃证据、逃遁或打击报复被害人、证人的案件。比如生产、销售伪劣产品案件，赌博案件、组织卖淫案件等。

采用秘密调查方式初查，可采用两种具体的作法：一是选派得力的侦查人员进行,二是选派得力的刑事特情进行。在秘密调查中,将选派的侦查人员或刑事特情化妆成某种身份,进入发案地点,向群众或直接向嫌疑对象了解内幕,查明实情。在秘密调查中,首先要根据案件的种类、案件环境和嫌疑人的情况精心设计秘密调查方案,如何应付可能出现的意外情况;在调查中要灵活多变,注意采用各种方式查明情况和收集证据;侦查人员或刑事特情要注意身份的保密,在言行举止方面不得出现漏洞和破绽,如果暴露了身份,不仅会打草惊蛇,侦查工作前功尽弃,有的案件侦查人员或刑事特情会有人身危险。

3. 案件初查的内容

案件初查的内容是根据案件初查的目的确定的。通常情况下,在案件初查中要注意查明以下问题:

(1) 案件涉及的人员。海警部门管辖的某些案件(如组织卖淫、聚众赌博、生产、销售伪劣产品等)多为共同犯罪,甚至是集团犯罪。因此,在案件初查过程中务必查明以下情况:案件涉及的人数,各成员的个人信息,尤其是幕后的首要分子的身份情况;犯罪团伙的组织机构、相互之间的联络方式等。

(2) 案件涉及的地点和环境。首先要查明犯罪地点的位置、数量,如生产伪劣产品案件,要具体查明各制假窝点、原料储存窝点和成品储存窝点的具体位置;其次要重点查明犯罪地点的地理位置、道路交通、地形地貌、建筑设施、通讯情况、明哨暗哨情况、对外通道等实地情况。

(3) 犯罪方法手段。查明犯罪嫌疑人是采用何种方式方法进行违法犯罪活动的。如犯罪预谋过程、犯罪使用的工具、犯罪的手段、反侦查的手段等。

(4) 犯罪活动规律。初查中应查明犯罪活动中的规律特点:每次犯罪活动的时间规律(如犯罪活动开始的时间、持续的时间)、地点规律、参与人员规律、犯罪行为实施环节规律、犯罪工具和赃物的放置的规律等。

(5) 犯罪造成的后果。初查中应查明犯罪行为所造成的实际危害后果,以供判断案件是否达到刑事案件的立案标准,能否作为刑事案件立案。

(6) 查明赃物、犯罪所得和犯罪收益的存放地点。对于牟利型案件,如生产、销售伪劣产品案件、赌博案件、组织卖淫、强迫卖淫和引诱、容留、介绍卖淫案件、传播淫秽物品案件等,应当在初查阶段查明犯罪嫌疑人的赃物、非法所得和收益的收取方式、存放地点、银行账号、非法所得的分配等情况。以便在侦查阶段及时对赃物、非法所得和犯罪收益进行控制、冻结,防止犯罪嫌疑人隐匿、转移和毁灭赃物、非法所得和犯罪收益。

4. 初查的原则

为更好地完成初查任务,为展开侦查工作打下基础,在初查过程中应遵循以下原则:

(1) 深入细致原则。为制定确实可行、有针对性的侦查计划,在初查阶段对于犯罪嫌疑人的个人信息和犯罪活动的具体情况,应当尽可能的细致、全面和深入地调查。尤其要注意对发案地环境条件的调查和掌握,为制定查缉方案的提供依据。

(2) 保密原则。采用秘密调查的方式开展初查,必须严格保守机密。否则极易发生犯罪嫌疑人毁灭、隐匿证据、串供、逃跑、自杀、打击报复证人、线人等事件,给侦查工作制造障碍。

对发现的重点嫌疑对象如果有逃跑、自杀、毁证等可能时,应及时采取措施加强控制,必要时可以依据刑事诉讼法的规定,对犯罪嫌疑人采取拘留的强制措施,防止给以后的侦查工作造成损失。

(3) 保护证据原则。在初查阶段应收集重要的犯罪证据或对重要的犯罪证据进行确认和识别,防止在搜捕中毁坏和遗漏。

三、立案和侦查计划的制订与实施

(一) 立案的概念

立案,是公安机关对于案件线索材料经审查认为有犯罪事实发生,并需要追究刑事责任时,依法决定作为一起刑事案件进行侦查的一种诉讼活动。

立案是刑事案件侦查的首要环节,也是刑事诉讼活动开始的标志。任何刑事案件的侦查都是从立案开始的,在刑事案件侦查中能否坚持正确立案,对于刑事案件侦查工作的开展具有重要意义。公安机关能否准确及时地发现犯罪,迅速有效地开展侦查活动,在很大程度上取决于接受案件工作做得好坏。因此,公安机关必须牢固树立为侦查破案服务的意识,认真、负责地接受群众报案,并依照法定程序和要求,做好案件的受理工作。①

(二) 立案的条件

公安机关接受案件后,经审查,认为有犯罪事实需要追究刑事责任,且属于自己管辖的,经县级以上公安机关负责人批准,予以立案;认为没有犯罪事实,或者犯罪事实显著轻微不需要追究刑事责任,或者具有其他依法不追究刑事责任情形的,经县级以上公安机关负责人批准,不予立案。根据这一规定,立案必须同时具备两个条件:

1. 有犯罪事实

有犯罪事实,作为立案的事实条件,包括两方面的含义:一是需要立案追究刑事责任的必须是依照刑法规定构成犯罪的行为,即立案时首先要划清罪与非罪的界限。二是必须要有证据证明有犯罪事实发生和存在。当然,由于立案只是刑事

---

① 张高文,徐公社.刑事案件侦查.北京:中国人民公安大学出版社,2014:12.

诉讼活动的起始阶段，并不要求证据达到证明全部犯罪事实的程度，立案时只要具有能够证明犯罪事实已经发生的证据即可。

2. 需要追究刑事责任

需要追究刑事责任，也是作为立案的法定条件之一。对于虽然有犯罪事实，但是有《刑事诉讼法》第十五条规定的下列六种情形之一的也不得立案：

(1) 情节显著轻微、危害不大，不认为是犯罪的。我国刑法不仅把情节作为决定适用哪个量刑幅度的标准，而且亦将情节视作罪与非罪的界限。这种情况下，情节轻重就成为衡量行为是否构成犯罪的标准之一，情节又是与社会危害性联系在一起的，社会危害性是犯罪最本质的特征。如果某行为虽具有一定的社会危害性，但情节显著轻微危害不大的，也不能认为是犯罪。

(2) 犯罪已过追诉时效期限的。追诉时效，是指按照刑法的规定追究犯罪分子刑事责任的有效期限。犯罪分子的犯罪行为已经超过刑法规定的追诉时效期限的，不再追究其刑事责任；如果已经被追究了刑事责任，该案件应当予以撤销。

追诉时效的期限是根据各种犯罪法定刑的轻重，分别规定长短不一的追诉时效期限：

①最高刑为不满5年有期徒刑的，追诉时效的期限为5年；

②法定最高刑为5年以上不满10年有期徒刑的，追诉时效期限为10年；

③法定最高刑为10年以上有期徒刑的，追诉时效的期限为15年；

④法定最高刑为无期徒刑、死刑的，追诉时效的期限为20年；

⑤如果20年以后认为必须追诉的，报请最高人民检察院核准后，仍然可以追诉。

我国刑法分则条文中对法定刑的规定包括几种不同的情况：

在一种犯罪有几个量刑幅度的情况下，应当按照犯罪的实际情况确定追诉时效期限的长短，即犯罪符合哪一个量刑幅度，就应当以那个量刑幅度的法定最高刑确定追诉时效的期限。

不受追诉时效限制的情况：根据我国刑法规定，公安机关立案侦查以后，逃避侦查的，不受追诉期限的限制。被害人在追诉期限内提出控告，公安机关应当立案而不予立案的，不受追诉期限的限制。

时效中断。在追诉期限以内又犯罪的，前罪追诉的期限从犯后罪之日起计算。在一般情况下，追诉时效的期限从犯罪之日起计算。

如果犯罪行为有连续或者继续状态的，追诉时效的期限从犯罪行为终了之日起计算。

(3) 经特赦令免除刑罚的。特赦是针对经过一定时间改造确有悔改表现的罪犯实行的，均由全国人大常委会根据中共中央或国务院的建议，经过审议决定，由最高人民法院和高级人民法院执行。在我国，凡是由全国人大常委会决定，对特定犯罪人免除刑罚的,公安机关不得立案侦查。

(4) 依照刑法告诉才处理的犯罪,没有告诉或者撤回告诉的。我国告诉才处理的案件有三种,侮辱诽谤罪,暴力干涉婚姻自由罪,虐待罪。这些案件涉及的主要是公民个人的权益,如婚姻、名誉等,实质上是公民个人的私权,公安机关对上述案件一般不主动立案侦查,是否追究加害者的刑事责任由公民个人自行决定。

(5) 犯罪嫌疑人、被告人死亡的。犯罪嫌疑人、被告人死亡的,意味着失去了追究刑事责任的对象,追究其刑事责任已没有任何实际意义,故刑事诉讼活动没必要继续进行下去,因此,公安机关对于犯罪嫌疑人死亡的案件不应当立案,或者立案后应当及时撤销案件。

(6) 其他法律规定免予追究刑事责任的。

(三) 立案的法定程序

公安机关受理案件后,经过审查,认为有犯罪事实需要追究刑事责任,且属于自己管辖的。由接受单位制作《呈请立案报告书》,经县级以上公安机关负责人批准,制作《刑事案件立案决定书》予以立案。

立案报告,是指公安机关的侦查部门对于发现的违法犯罪行为,经审查核实,确定立案侦查时所写的书面报告。

立案报告的内容主要是:

(1) 报案人的基本情况,报案经过,案件发生的基本情况,案件的损失后果等。

(2) 现场勘查所见的主要情况,现场访问获得的主要线索等。

(3) 对案件的形成、案件的性质、犯罪动机等的初步分析和判断情况。

(4) 采取的紧急措施,侦查破案的方向及侦查人员的组织分工情况等。

《呈请立案报告书》包括首部、正文、尾部三部分。

首部包括领导批示栏、审核意见和文书名称。领导批示栏由县级以上公安机关负责人填写是否同意立案的批示,并签名、批示日期;审核意见栏由公安机关基层科所队长填写对办案人提出的立案请求进行审核后的意见和建议,并签名、审核日期。

正文填写接受案件情况、发案时间、发案地点、案件来源、伤亡及财物损失情况、简要案情、立案理由、法律依据等内容。填写简要案情时,要用简练的语言陈述涉及的主要犯罪事实、和现有证据。在最后部分写明侦查人员对立案的意见和写上请示语,如"根据上述案情,拟立为聚众斗殴案件侦查。妥否,请批示"。

尾部填写明承办单位、承办人姓名并写明制作文书的日期。

《立案决定书》包括附卷联、存根共两联。

文书填写示例:

××公安局
立案决定书
（存　根）
×公治立字〔201×〕11号

案 件 名 称	柳××非法持有枪支案
案 件 编 号	××××××××
犯罪嫌疑人	柳××　男
出 生 日 期	××××年××月××日
住　　　 址	××市××区××路××号
单位及职业	无业
批　 准　 人	李××
办 案 人 员	胡××　张××
办 案 单 位	××公安局治安支队
填 写 时 间	201×年7月13日
填 发 人	胡××

××××公安局
立案决定书
×公治立字〔201×〕11号

根据《中华人民共和国刑事诉讼法》第一百一十条之规定，决定对柳××涉嫌非法持有枪支案立案侦查。

（公安局印）
二〇一×年七月十三日

此联附卷

（四）关于不立案

公安机关受理案件后，经过审查，认为没有犯罪事实，或者犯罪情节显著轻微不需要追究刑事责任，或者具有其他依法不追究刑事责任情形的，接受单位应当制作《呈请不予立案报告书》，经县级以上公安机关负责人批准，不予立案。

《呈请不予立案报告书》包括首部、正文、尾部三部分。

首部包括领导批示栏、审核意见栏和文书名称。

正文填写接受案件情况、发案时间、发案地点、案件来源、伤亡及财物损失情况、简要案情、不予立案的理由、法律依据等几项内容。上述内容领导决定是否不予立案的主要依据。呈请不予立案的法律依据包括《刑事诉讼法》第十五条、一百一十条，根据案件的具体情况填写。在最后部分要写明侦查人员对不予立案的意见。

尾部写明承办案件单位、承办人姓名并写明制作文书的日期。

对于作出不立案决定的案件,应注意以下问题:

(1) 对于有控告人的案件,决定不予立案的,公安机关应当制作《不予立案通知书》,在七日内送达控告人。控告人对不立案决定不服的,可以在收到《不予立案通知书》后七日内向原决定的公安机关申请复议。原决定的公安机关应当在收到复议申请后十日内作出决定,并书面通知控告人。

《不予立案通知书》包括交控告人联、附卷联、存根共三联。

交控告人联。包括首部、正文和尾部三部分。首部填写制作机关名称、文书名称和发文字号。正文填写控告人姓名、控告时间、控告的具体涉嫌犯罪事实、公安机关的审查结论(即不予立案的理由,如"犯罪嫌疑人死亡""犯罪已过追诉时效期限"等)。尾部填写制作文书日期,并加盖制作单位印章。

附卷联制作要求与交控告人联一致,此联制作完毕后,在向控告人宣读不予立案通知时,应当要求控告人签名,并注明收文日期。此联由侦查部门附卷备查。

存根联由制作单位存档备查。

文书填写示例:

```
            ××公安局
           不予立案通知书
            (存  根)
         ×公不立字〔201×〕11 号
控  告  人   王××
出 生 日 期   ××××年××月××日
住      址   ××市××区××路××号
单位及职业   无业
控 告 事 由   李××破坏生产经营
不予立案原因   犯罪已过追诉时效
批  准  人   高××
批 准 时 间   201×年8月6日
办  案  人   吴××、章××
办 案 单 位   ××公安局治安支队
填 发 时 间   201×年8月6日
填  发  人   吴××
```

```
                    ××公安局
                   不予立案通知书
                    （副  本）
                  ×公不立字〔201×〕11 号
控告人  王××：
    你于201×年8月3日提出控告的李××破坏生产经营案，我局经审查认为李××的行
为不构成犯罪，根据《中华人民共和国刑事诉讼法》第一百一十条之规定，决定不予立案。
    如不服本决定，可以在收到本通知之日起七日内向本局申请复议。

                                                     （公安局印）
                                                   二〇一×年八月六日
本通知书已收到。
              控告人王××（捺指印）
                201×年8月6日
```

此联附卷

```
                    ××公安局
                   不予立案通知书
                  ×公不立字〔201×〕11 号
控告人  王××：
    你于201×年8月3日提出控告的李××破坏生产经营案，我局经审查认为李××的行
为不构成犯罪，根据《中华人民共和国刑事诉讼法》第一百一十条之规定，决定不予立案。
    如不服本决定，可以在收到本通知之日起七日内向本局申请复议。

                                                     （公安局印）
                                                   二〇一×年八月六日
```

此联交控告人

（2）对于人民检察院要求说明不立案理由的案件，公安机关应当在收到通知书后七日以内，对不立案的情况、依据和理由作出书面说明，回复人民检察院。

《不立案理由说明书》包括交检察院联、附卷联、存根联。

交检察院联。包括首部、正文和尾部三部分。

首部包括制作机关名称、文书名称和发文字号。

正文部分填写需要通知的检察院名称、检察院要求公安机关说明不立案理由的时间、发文字号、需要立案的案件名称、不立案的理由等。其中不立案的理由应写明公安机关不予立案的事实根据和法律依据。

尾部填写制作文书日期，并加盖制作单位印章。

附卷联的制作要求与交检察院联相同。在向检察院送达《不立案理由说明书》正本时,应要求检察院的收件人在此联签名。本联由公安机关附卷备查。

存根联。由制作单位存档备查。

文书填写示例:

××公安局
不立案理由说明书
(存　根)
×公(刑)不立说字〔201×〕11号

要求立案事由	侯××嫖宿幼女
不立案原因	不构成犯罪
送往单位	××人民检察院
批准人	高××
批准时间	201×年××月××日
办案人	吴××、章××
办案单位	××公安局治安支队
填发时间	201×年××月××日
填发人	吴××

××公安局
不立案理由说明书
(副　本)
×公(刑)不立说字〔201×〕11号

××人民检察院:

你院201×年××月××日以×检立监〔201×〕16号文要求我局对侯××嫖宿幼女案说明不立案的理由,我局经审查认为侯××虽然在嫖娼过程中与卖淫女高×发生性行为,但其主观上并不知道高×不满14周岁,其行为不构成嫖宿幼女罪,根据《中华人民共和国刑事诉讼法》一百一十条之规定,决定不立案,根据《中华人民共和国刑事诉讼法》第一百一十条之规定,特此说明。

(公安局印)
二〇一×年××月××日

本说明书已收到。
检察院收件人肖××
201×年××月××日

此联附卷

××公安局
不立案理由说明书
×公(刑)不立说字〔201×〕11号

××人民检察院：

你院201×年××月××日以×检立监〔201×〕16号文要求我局对侯××嫖宿幼女案说明不立案的理由,我局经审查认为侯××虽然在嫖娼过程中与卖淫女高×发生性行为,但其主观上并不知道高×不满14周岁,其行为不构成嫖宿幼女罪,根据《中华人民共和国刑事诉讼法》一百一十条之规定,决定不立案,根据《中华人民共和国刑事诉讼法》第一百一十一条之规定,特此说明。

(公安局印)

二〇一×年××月××日

此联交检察院

(五)侦查计划的制订

侦查计划作为一种公安应用文书,是指在刑事案件侦查中,所制定的指导侦查工作的具体规划。在刑事案件侦查中,为了保证侦查破案工作,在现场勘查、分析案情、研究案件特点的基础上需要制订侦查计划。侦查计划是侦查指挥人员指挥侦查破案的依据,也是侦查人员实施侦查的行动指南。

1. 侦查计划的内容

根据不同的侦查需要,应制订不同的侦查计划。不同的侦查计划有不同的计划内容。就全案侦查计划讲,制订的内容主要包括：

(1)对案情的初步分析和判断,包括对线索来源可靠程度和涉嫌范围的测定；

(2)侦查方向和侦查范围；

(3)为查明案情应当采取的措施；

(4)侦查力量的组织和分工；

(5)需要有关方面配合的各个环节如何紧密衔接；

(6)侦查所必须遵循的制度和规定；

(7)如属预谋犯罪案件,还应当提出制止现行破坏和防止造成损失的措施。

2. 制订侦查计划的要求

为保证侦查工作的顺利进行,制订侦查计划必须严肃认真,反复斟酌,周密设计。在制订中,内容要明确具体；措施要切实可行,采取的侦查措施手段要从案件的实际情况出发,不能脱离案件实际,要有针对性；部署要及时严密,计划要符合法律,开展刑事案件侦查必须依法进行,必须接受国家有关法律的指导和制约。总之,侦查计划的制订必须有明确性、可行性、及时性和合法性。

3. 侦查计划的实施

侦查计划制订后,侦查指挥人员就要组织侦查力量,根据侦查计划提出的侦查任务、侦查方向和侦查范围,按照拟定的侦查方法和步骤,有组织、有领导、有步骤、有秩序地开展侦查活动。要全面搜集线索,尽快获取罪证,及时捕获犯罪嫌疑人,达到及时破案的目的。

四、回避

(一) 回避的概念与意义

回避指在刑事诉讼中规定与案件有法定的利害关系或其他可能影响案件公正处理关系的侦查、检察和审判人员不得参与处理本案的一项诉讼制度。

回避制度是诉讼民主化的体现,在刑事诉讼中贯彻这一制度具有重要意义:

(1) 实行回避制度有利于维护司法公正。可以防止有关办案人员先入为主、主观臆断或者徇私舞弊、滥用权力、枉法裁判。实行回避制度,使某些与案件有利害关系或者有其他特殊关系的人不参与案件的办理,从而可以防止以权谋私、徇私舞弊现象的发生,有利于保证案件处理结果的公正性。

(2) 可有效地维护当事人的合法权益。如果有关办案人员与案件或案件当事人有利害关系或其他特殊关系,就有可能出现执法不公、偏袒一方的情况,那势必会侵害另一方当事人的合法权益。实行回避制度,就可以避免这种情况的发生,从而保障当事人的合法权益。

(3) 可以减少当事人和公民的疑虑,增强对有关办案人员的信任感。如果办案人员与案件或案件当事人有利害关系或其他特殊关系,即使案件处理得非常公正,也会引起当事人不必要的猜疑,从而增加不必要的上诉或申诉。实行回避制度,可以使办案人员摆脱处事不公的嫌疑,而且也有利于提高办案质量,维护司法工作的权威,从而保障刑事诉讼活动的顺利进行。

(4) 实行回避制度,使当事人及其法定代理人依法对有关办案人员可以有条件地进行选择,不仅有利于提高公民积极参与诉讼的法律意识,维护其合法权益,也有利于提高办案工作的透明度,加强群众监督。

(二) 回避适用的情形

(1) 根据《公安机关办理刑事案件程序规定》第 30 条规定:公安机关负责人、侦查人员有下列情形之一的,应当自行提出回避申请,没有自行提出回避申请的,应当责令其回避,当事人及其法定代理人也有权要求他们回避:

①是本案的当事人或者是当事人的近亲属的;

②本人或者他的近亲属和本案有利害关系的;

③担任过本案的证人、鉴定人、辩护人、诉讼代理人的;

④与本案当事人有其他关系,可能影响公正处理案件的。
(2) 公安机关负责人、侦查人员不得有下列行为:
①违法规定会见本案当事人及其委托人;
②索取、接受本案当事人及其委托人的财物或者其他利益;
③接受本案当事人及其委托人的宴请,或者参加由其支付费用的活动;
④有其他不正当行为,可能影响案件公正办理。
违反前款规定,应当责令其回避并依法追究法律责任。当事人及其法定代理人有权要求其回避。

(三) 回避的种类

1. 自行回避

公安机关负责人、侦查人员自行提出回避申请的,应当说明回避的理由;口头提出申请的,应当记录在案。

2. 指令回避

公安机关负责人、侦查人员具有应当回避的情形之一,本人没有自行回避,当事人及其法定代理人也没有申请他们回避的,应当由同级人民检察院检察委员会或者县级以上公安机关负责人决定他们回避。

3. 申请回避

当事人及其法定代理人要求公安机关负责人、侦查人员回避,应当提出申请,并说明理由。口头提出申请的,公安机关应当记录在案。

(四) 回避提出的方式

(1) 可以书面或口头方式,口头回避应当记录在案。
(2) 提出回避申请应当说明理由。

(五) 回避的决定

对于自行回避的请求和申请回避都需要经过审查和批准:
(1) 侦查人员、鉴定人员、记录人员和翻译人员的回避由县级以上公安机关负责人决定。
(2) 公安机关负责人的回避由同级人民检察院检察委员会决定。

(六) 回避的复议

当事人及其法定代理人对侦查人员提出回避申请的,公安机关应当在收到回避申请后二日以内作出决定并通知申请人;情况复杂的,经县级以上公安机关负责人批准,可以在收到回避申请后五日以内作出决定。

当事人及其法定代理人对驳回申请回避的决定不服的,可以在收到驳回申请回避决定书后五日以内向作出决定的公安机关申请复议。公安机关应当在收到复议申请后五日以内作出复议决定并书面通知申请人。

《驳回申请回避决定书》包括交申请人联、交被申请人联、附卷联和存根共四联。交申请人联是《驳回申请回避决定书》的正本,包括首部、正文、尾部三部分。

首部填写制作机关名称、文书名称、发文字号。

正文部分填写申请人姓名、性别、年龄、住址、单位及职业;被申请人的姓名、单位与职务;再次写明申请人姓名、申请日期、申请理由、案件名称、需要回避的办案人姓名、驳回回避申请的理由、法律依据、决定人姓名、结论等内容。

尾部填写制作日期,并加盖公安局印章。

交被申请人联的内容和制作要求与交申请人联相同。此联交被申请人(公安机关负责人、侦查人员、鉴定人、记录人或者翻译人员)。

附卷联,存入诉讼卷。在向申请人送达决定书时,应当要求其在此联上签名并写清收到的日期。

存根联。由制作单位存档备查。

文书填写示例:

```
                    ××公安局
                回避/驳回申请回避决定书
                    (存  根)
              ×公(刑)驳回字〔201×〕15 号
案件名称   张××扰乱社会秩序案案件编号  ××××××××
申 请 人   柳××
被申请人   王××
决定内容   驳回回避申请
决定理由   王××与犯罪嫌疑人无亲属关系
决 定 人   侯××
批准时间   201×年 8 月 14 日
办 案 人   王××  李××
办案单位   ××市公安局治安支队
填发时间   201×年 8 月 14 日
填 发 人   孙××
```

```
                    ×××公安局
                 回避/驳回申请回避决定书
                     （副  本）
                 ×公（刑）驳回字〔201×〕15号
     申请人  柳××，性别男，出生日期××××年××月××日，住址××市××区××
  路××号，单位及职业无业。
     被申请人  王××，单位与职务××公安局治安支队行动队侦查员。
     申请人  柳××于201×年8月13日以王××与犯罪嫌疑人有亲属关系为由提出要求
  办理张××扰乱社会秩序案的王××回避的申请，经审查，认为王××与犯罪嫌疑人没有亲
  属关系，根据《中华人民共和国刑事诉讼法》第二十八条、第三十条之规定，由××公安局局
  长侯××决定驳回柳××提出的要求侦查人员王××回避的申请。
     如不服本决定，申请人可以在收到本决定书五日以内，向本局申请复议。

                                                  （公安局印）
                                                 二○一×年八月十四日
  本决定书已收到。
              申请人柳××
              201×年8月15日
```

此联附卷

（七）回避决定的效力

（1）在作出回避决定前，申请或者被申请回避的公安机关负责人、侦查人员不得停止对案件的侦查。作出回避决定后，申请或者被申请回避的公安机关负责人、侦查人员不得再参与本案的侦查工作。

（2）被决定回避的公安机关负责人、侦查人员在回避决定做出以前所进行的诉讼活动是否有效，由作出决定的机关根据案件情况决定。

（八）其他人员的回避

上述关于回避的规定适用于记录人、翻译人员和鉴定人。记录人、翻译人员和鉴定人需要回避的，由县级以上公安机负责人决定。

五、刑事案件侦查中的律师介入

（一）律师参与刑事诉讼活动的意义

犯罪嫌疑人、被告人除自己行使辩护权以外，还可以委托一至二人作为辩护人。律师作为辩护人参与刑事诉讼，是全面贯彻我国辩护制度的重要内容，是保障人民民主权利，加强社会主义法制的重要体现，是保证刑事案件正确处理的有

效措施。律师参与刑事诉讼活动有助于保障正确处理案件；有助于保障犯罪嫌疑人的合法权益；有助于保障法制教育的实现。

（二）律师介入刑事案件侦查活动的时间

公安机关在对犯罪嫌疑人依法进行第一次讯问后或者采取强制措施之日起，应当告知犯罪嫌疑人有权聘请律师为辩护人，并告知如果因经济困难或者其他原因没有委托辩护律师的，可以向法律援助机构申请法律援助。告知的情形应当记录在案。

（三）侦查阶段律师的执业活动的范围和权利

公安机关应当依法保障律师的执业活动，保障律师在侦查阶段依法从事下列业务：

(1) 向公安机关了解犯罪嫌疑人涉嫌的罪名和案件的有关情况，提出意见；

(2) 与犯罪嫌疑人会见和通信，向犯罪嫌疑人了解案件有关情况；

(3) 为犯罪嫌疑人提供法律帮助、代理申诉、控告；

(4) 为被逮捕的犯罪嫌疑人申请变更强制措施。

（四）犯罪嫌疑人聘请律师的有关规定

(1) 犯罪嫌疑人可以自己委托辩护律师。犯罪嫌疑人在押的，也可以由其监护人、近亲属代为委托辩护律师。犯罪嫌疑人委托辩护律师的请求可以书面提出，也可以口头提出。口头提出的，公安机关应当制作笔录，由犯罪嫌疑人签名、捺指印。

在押的犯罪嫌疑人向看守所提出委托辩护律师要求的，看守所应当及时将其请求转达给办案部门，办案部门应当及时向犯罪嫌疑人委托的辩护律师或者律师事务所转达该项请求。

在押的犯罪嫌疑人仅提出委托辩护律师的要求，但提不出具体对象的，办案部门应当及时通知犯罪嫌疑人的监护人、近亲属代为委托辩护律师。犯罪嫌疑人无监护人或者近亲属的，办案部门应当及时通知当地律师协会或者司法行政机关为其推荐辩护律师。

(2) 同案的犯罪嫌疑人不得委托同一名律师，或者两名以上未同案处理但实施的犯罪存在关联的犯罪嫌疑人委托也不得委托同一名辩护律师。

（五）申请法律援助的有关规定

(1) 符合下列情形之一，犯罪嫌疑人没有委托辩护人的，公安机关应当及时通知法律援助机构为犯罪嫌疑人指派辩护律师：

①犯罪嫌疑人是盲、聋、哑人，或者是尚未完全丧失辨认或者控制自己行为能力的精神病人；

②犯罪嫌疑人可能被判处无期徒刑、死刑。

(2) 公安机关收到在押的犯罪嫌疑人提出的法律援助申请后,应当在二十四小时以内将其申请转交所在地的法律援助机构,并通知申请人的监护人、近亲属或者其委托的其他人员协助提供有关证件、证明等相关材料。犯罪嫌疑人的监护人、近亲属或者其委托的其他人员地址不详无法通知的,应当在转交申请时一并告知法律援助机构。

犯罪嫌疑人拒绝法律援助机构指派的律师作为辩护人或者自行委托辩护人的,公安机关应当在三日以内通知法律援助机构。

(六) 律师会见犯罪嫌疑人

(1) 辩护律师可以同在押或者被监视居住的犯罪嫌疑人会见、通信。

(2) 对危害国家安全犯罪案件、恐怖活动犯罪案件,办案部门应当在将犯罪嫌疑人送看守所羁押时书面通知看守所;犯罪嫌疑人被监视居住的,应当在送交执行时书面通知执行机关。

辩护律师在侦查期间要求会见前款规定案件的在押或者被监视居住的犯罪嫌疑人,应当提出申请。

对辩护律师提出的会见申请,应当在收到申请后四十八小时以内,报经县级以上公安机关负责人批准,作出许可或者不许可的决定。除有碍侦查或者可能泄露国家秘密的情形外,应当作出许可的决定。

公安机关不许可会见的,应当书面通知辩护律师,并说明理由。有碍侦查或者可能泄露国家秘密的情形消失后,公安机关应当许可会见。

有下列情形之一的,属于本条规定的"有碍侦查":
①可能毁灭、伪造证据,干扰证人作证或者串供的;
②可能引起犯罪嫌疑人自残、自杀或者逃跑的;
③可能引起同案犯逃避、妨碍侦查的;
④犯罪嫌疑人的家属与犯罪有牵连的。

(3) 辩护律师要求会见犯罪嫌疑人的,看守所应当在查验其律师执业证书、律师事务所证明和委托书或者法律援助公函后,在四十八小时以内安排律师会见犯罪嫌疑人,同时通知办案部门。

侦查期间,辩护律师会见危害国家安全犯罪案件、恐怖活动犯罪案件、特别重大贿赂犯罪案件在押或者被监视居住的犯罪嫌疑人时,看守所或者监视居住执行机关还应当查验侦查机关的许可决定文书。

(4) 辩护律师会见在押或者被监视居住的犯罪嫌疑人需要聘请翻译人员的,应当经公安机关审查。对于符合相关规定的,应当许可;对于不符合规定的,及时通知其更换。

翻译人员参与会见的,看守所或者监视居住执行机关应当查验公安机关的许可决定文书。

（5）辩护律师会见在押或者被监视居住的犯罪嫌疑人时，看守所或者监视居住执行机关应当采取必要的管理措施，保障会见顺利进行，并告知其遵守会见的有关规定。辩护律师会见犯罪嫌疑人时，公安机关不得监听，不得派员在场。

辩护律师会见在押或者监视居住的犯罪嫌疑人时，违反法律规定或者会见的规定的，看守所或者监视居住执行机关应当制止。对于严重违反规定或者不听劝阻的，可以决定停止本次会见，并及时通报其所在的律师事务所或者所属的律师协会。

（七）追究律师法律责任的规定

辩护人或者其他任何人在刑事诉讼中，违反法律规定，实施干扰诉讼活动行为的，应当依法追究法律责任。

辩护人实施干扰诉讼活动行为，涉嫌犯罪，属于公安机关管辖的，应当由办理辩护人所承办案件的公安机关报请上一级公安机关指定其他公安机关立案侦查，或者由上一级公安机关立案侦查。不得指定原承办案件公安机关的下级公安机关立案侦查。辩护人是律师的，立案侦查的公安机关应当及时通知其所在的律师事务所或者所属的律师协会。

（八）辩护律师保密权利的规定

辩护律师对在执业活动中知悉的委托人的有关情况和信息，有权予以保密。但是，辩护律师在执业活动中知悉委托人或者其他人，准备或者正在实施危害国家安全、公共安全以及严重危害他人人身安全的犯罪的，应当及时告知司法机关。

（九）侦查终结前听取辩护律师意见及证据的核实的规定

案件侦查终结前，辩护律师提出要求的，公安机关应当听取辩护律师的意见，根据情况进行核实，并记录在案。辩护律师提出书面意见的，应当附卷。

对辩护律师收集的犯罪嫌疑人不在犯罪现场、未达到刑事责任年龄、属于依法不负刑事责任的精神病人的证据，公安机关应当进行核实并将有关情况记录在案，有关证据应当附卷。

六、办案协作

（一）办案协作的概念和意义

办案协作，是指在刑事案件侦查中，各地公安机关的刑事侦查部门之间有组织地协同动作和主动配合的一项专门工作。

办案协作是刑事侦查工作的重要组成部分，加强和完善办案协作对于提高刑事案件侦查水平具有重要意义：

(1) 有利于提高打击刑事犯罪的力度。
(2) 有利于发挥海警部门整体作战优势。

(二) 办案协作的有关规定

《公安机关办理刑事案件程序规定》第335条至第344条，对办案协作作了具体的规定：

(1) 对异地公安机关提出协助调查、执行强制措施等协作请求，只要法律手续完备，协作地公安机关就应当及时无条件予以配合，不得收取任何形式的费用。

(2) 县级以上公安机关办理刑事案件需要异地公安机关协作的，应当制作办案协作函件。负责协作的县级以上公安机关接到异地公安机关请求协作的函件后，应当指定主管业务部门办理。

(3) 对于获取的犯罪线索，不属于自己管辖的，应当及时移交有管辖权的公安机关或者其他有关部门。

(4) 异地执行传唤、拘传，执行人员应当持传唤证、拘传证、办案协作函件和工作证件，与协作地县级以上公安机关联系。协作地公安机关应当协助将犯罪嫌疑人传唤、拘传到本市、县内的指定地点或者到犯罪嫌疑人的住处进行讯问。

(5) 异地执行拘留、逮捕的，执行人员应当持拘留证、逮捕证、办案协作函件和工作证件，与协作地县级以上公安机关联系，协作地公安机关应当派员协助执行。

(6) 委托异地公安机关代为执行拘留、逮捕的，应当将拘留证、逮捕证、办案协作函件送达协作地公安机关。已被决定拘留、逮捕的犯罪嫌疑人在逃的，可以通过网上工作平台发布犯罪嫌疑人相关信息、拘留证或者逮捕证。各地公安机关发现网上逃犯的，应当立即组织抓捕。协作地公安机关抓获犯罪嫌疑人后，应当立即通知委托地公安机关。委托地公安机关应当立即携带法律文书及时提解，提解的侦查人员不得少于二人。

(7) 异地公安机关请求协查犯罪嫌疑人的身份、年龄、违法犯罪经历等情况的，协查地公安机关接到通知后应当在七日内将协查结果通知请求协查的公安机关；交通十分不便的边远地区，应当在十五日内将协查结果通知请求协查的公安机关。异地公安机关请求协助调查取证或者查询犯罪信息、资料的，协作地公安机关应当及时协查并反馈。

(8) 需要异地办理查询、查封、扣押或者冻结与犯罪有关的财物、文件的，执行人员应当持相关的法律文书、办案协作函件和工作证件，与协作地县级以上公安机关联系，协作地公安机关应当协助执行。在紧急情况下，可以将办案协作函件和相关的法律文书电传至协作地县级以上公安机关，协作地公安机关应当及时采取措施。委托地公安机关应当立即派员前往协作地办理。

(9) 对不履行办案协作职责造成严重后果的，对直接负责的主管人员和其他直接责任人员,应当给予行政处分;构成犯罪的,依法追究刑事责任。

(10) 协作地公安机关依照请求协作的公安机关的要求,履行办案协作职责所产生的法律责任,由请求协作的公安机关承担。

七、讯问犯罪嫌疑人

(一) 讯问犯罪嫌疑人的概念和意义

讯问犯罪嫌疑人,是指侦查人员依照法定程序以言词方式向犯罪嫌疑人查问案件事实和其他与案件有关问题的一种侦查活动。

讯问犯罪嫌疑人是每一起刑事案件侦查工作中的必经程序,在侦查中具有十分重要的意义:一方面有利于侦查人员收集、核实证据,查明案件事实,查清犯罪情节,并发现新的犯罪线索和其他应当追究刑事责任的犯罪分子;另一方面,又可以为犯罪嫌疑人如实供述罪行或充分行使辩护权提供机会,使侦查机关通过听取犯罪嫌疑人的陈述和申辩,在保护犯罪嫌疑人合法权益的同时,保障无罪的人和其他依法不应追究刑事责任的人免受刑事追诉。

(二) 讯问犯罪嫌疑人所需手续和文书

(1) 公安机关对于不需要拘留、逮捕的犯罪嫌疑人,经办案部门负责人批准,可以传唤到犯罪嫌疑人所在市、县内的指定地点或者到他的住处进行讯问。

(2) 传唤犯罪嫌疑人时,应当出示传唤证和侦查人员的工作证件,并责令其在传唤证上签名、捺指印。

犯罪嫌疑人到案后,应当由其在传唤证上填写到案时间。传唤结束时,应当由其在传唤证上填写传唤结束时间。拒绝填写的,侦查人员应当在传唤证上注明。

对在现场发现的犯罪嫌疑人,侦查人员经出示工作证件,可以口头传唤,并将传唤的原因和依据告知被传唤人。在询问笔录中应当注明犯罪嫌疑人到案方式,并由犯罪嫌疑人注明到案时间和传唤结束时间。

对自动投案或者群众扭送到公安机关的犯罪嫌疑人,可以依法传唤。

(三) 讯问犯罪嫌疑人应注意的问题

(1) 传唤持续的时间不得超过十二小时。案情特别重大、复杂,需要采取拘留、逮捕措施的,经办案负责人批准,传唤持续的时间不得超过二十四小时。不得以连续传唤的形式变相拘禁犯罪嫌疑人。

传唤期限届满,未作出采取其他强制措施决定的,应当立即结束传唤。

(2) 传唤、拘传、讯问犯罪嫌疑人,应当保证犯罪嫌疑人的饮食和必要的休息时间,并记录在案。

(3) 讯问犯罪嫌疑人,必须由侦查人员进行。讯问的时候,侦查人员不得少于二人。讯问同案的犯罪嫌疑人,应当个别进行。

(4) 侦查人员讯问犯罪嫌疑人时,应当首先讯问犯罪嫌疑人是否有犯罪行为,并告知犯罪嫌疑人如实供述自己罪行可以从轻或者减轻处罚的法律规定,让他陈述有罪的情节或者无罪的辩解,然后向他提出问题。

犯罪嫌疑人对侦查人员的提问,应当如实回答。但是对与本案无关的问题,有拒绝回答的权利。

第一次讯问,应当问明犯罪嫌疑人的姓名、别名、曾用名、出生年月日、户籍所在地、现住地、籍贯、出生地、民族、职业、文化程度、家庭情况、社会经历、是否属于人大代表、政协委员、是否受过刑事处罚或者行政处理等情况。

(5) 讯问聋、哑的犯罪嫌疑人,应当有通晓聋、哑手势的人参加,并在讯问笔录上注明犯罪嫌疑人的聋、哑情况,以及翻译人的姓名、工作单位和职业。

讯问不通晓当地语言文字的犯罪嫌疑人,应当配备翻译人员。

(6) 侦查人员应当将问话和犯罪嫌疑人的供述或者辩解如实地记录清楚。制作讯问笔录应当使用能够长期保持字迹的材料。

讯问笔录应当交犯罪嫌疑人核对或者向他宣读。如果记录有遗漏或者差错,应当允许犯罪嫌疑人补充或者更正,并捺指印。笔录经犯罪嫌疑人核对无误后,应当由其在笔录上逐页签名、捺指印,并在末页写明"以上笔录我看过(或向我宣读过),和我说的相符"。拒绝签名、捺指印的,侦查人员应当在笔录上注明。讯问笔录上所列项目,应当按照规定填写齐全。侦查人员、翻译人员应当在讯问笔录上签名。

(7) 犯罪嫌疑人请求自行书写供述的,应当准许;必要时,侦查人员也可以要求犯罪嫌疑人亲笔书写供词。犯罪嫌疑人应当在亲笔供词上逐页签名、捺指印。侦查人员收到后,应当在首页右上方写明"于某年某月某日收到",并签名。

(8) 讯问犯罪嫌疑人,在文字记录的同时,可以对讯问过程进行录音或者录像。对于可能判处无期徒刑、死刑的案件或者其他重大犯罪案件,应当对讯问过程进行录音或者录像。

前款规定的"可能判处无期徒刑、死刑的案件",是指应当适用的法定刑或者量刑档次包含无期徒刑、死刑的案件。"其他重大犯罪案件",是指致人重伤、死亡的严重危害公共安全犯罪、严重侵犯公民人身权利犯罪,以及黑社会性质组织犯罪、严重毒品犯罪等重大故意犯罪案件。

对讯问过程录音或者录像的,应当对每一次讯问全程不间断进行,保持完整性。不得选择性地录制,不得剪接、删改。

(9) 对犯罪嫌疑人供述的犯罪事实、无罪或者罪轻的事实、申辩和反证,以及犯罪嫌疑人提供的证明自己无罪、罪轻的证据,公安机关应当认真核查;对有关证据,无论是否采信,都应当如实记录、妥善保管,并连同核查情况附卷。

文书填写示例:

讯问笔录(第一次)

时间 2015年8月15日10时03分至2015年8月15日11时23分
地点 ××市公安局刑警支队第二审讯室
侦查人员姓名、单位 张××、李××,××市公安局治安支队
记录员 王×× 单位××市公安局治安支队
犯罪嫌疑人 柳×

问:我们市××市公安局的侦查员,现对你依法进行第一次讯问,你现在的身份是犯罪嫌疑人,你要如实回答我们的提问,作虚假的回答要承担法律责任,你听清楚了吗?

答:听清楚了。

问:你的姓名?

答:柳×。

问:性别?

答:男。

问:年龄?

答:35岁。

问:出生年月日?

答:1970年××月××日。

问:身份证号码?

答:310××××××××××××。

问:民族?

答:汉族。

问:文化程度?

答:初中。

问:籍贯?

答:××省××市。

问:家庭住址?

答:××市××县××路××号。

问:职业?

答:无业。

问:家庭情况?

答:我家有2口人,父亲,柳××,58岁,在××市××局××任科科长。

问:个人简历?

答:19××年至19××年在××小学读书,19××年至19××年在××中学读初中,19××年初中毕业后至今待业在家。

问:有无前科劣迹?

答:19××年因偷自行车被××市××县××派出所处以治安拘留5天。

> 问：你现在的身份是犯罪嫌疑人，这是《犯罪嫌疑人诉讼权利义务告知书》，现在给你看。
> 答：好的。
> 问：看了以后，是否清楚自己的诉讼权利和义务？
> 答：清楚了。
> 问：有没有什么请求？
> 答：我要我父亲帮我请一个律师。
> 问：好的，我们会在今天转告你父亲的。
> 以下是具体的讯问案情内容（略）
> 问：以上你说的属实吗？
> 答：属实。
> 问：还有没有需要补充的？
> 答：没有了。
> 问：我们对你有没有进行刑讯逼供？
> 答：没有。
> 问：下面，你认真核对笔录，没有错误请签字。
> 答：好。
> 以上笔录我看过，和我所说的相符。
>
> 柳×（捺印）
2015 年 8 月 15 日
侦查员：张××、李××
记录员：王××

（四）讯问的方法

（1）对于拒绝供述的犯罪嫌疑人，应当认真分析研究其心理状态，摸准其思想症结，运用政策、法律、正确的思想意识、道德观念和客观事实，揭露批驳其错误认识，动摇瓦解犯罪嫌疑人的拒供心理，适时使用证据，促使犯罪嫌疑人如实供述。

（2）证据材料不充分，案情不甚清楚的，审讯时，不可匆忙触及案件的核心问题，应当先问清与案件有关的外围情况，麻痹犯罪嫌疑人，在其防御意识松懈、枝节问题相对固定的时候，再讯问案件的核心问题。

（3）对犯罪嫌疑人试探性反问的，应当沉着应变，讯问指向明确，发问含蓄，尽量少做肯定或否定的表态，做到谋不外露，意不外泄。

（4）对犯罪证据不足的，讯问指向既要明确，又不能暴露底细，通过一定的语言、行为和气氛的影响，使犯罪嫌疑人感到案件事实已被查明，迫使其交代罪行。

（5）在讯问中应当注意发现和利用犯罪嫌疑人口供本身、口供与案件事实之间以及与同案犯罪嫌疑人口供之间的矛盾，揭露犯罪嫌疑人的谎言，瓦解其拒供心理,以达到讯问的目的。

(6)应当根据案件具体情况,从以下方面选择讯问突破口:

①从证据比较确实充分的事实或情节入手选择突破口;

②从与主要事实、有关联的事实、情节入手选择突破口;

③从公开暴露的事实、情节入手选择突破口;

④从犯罪嫌疑人防备薄弱的事实、情节入手选择突破口;

⑤从能触发犯罪嫌疑人心理向良性转变的事实、道理入手选择突破口;

⑥从犯罪嫌疑人掩盖罪行而暴露的矛盾入手选择突破口;

⑦共同犯罪案件,选择证据材料较为确实充分,对全案和主犯情况了解较多的犯罪嫌疑人为突破口;

⑧集团犯罪案件,选择与首犯、主犯或其他同案犯有冲突的、性格脆弱或有悔改立功表现的协从犯为突破口。

(7)应当根据案情和犯罪嫌疑人特点,从以下方面选择提问方法:

①为试探犯罪嫌疑人底细,可从将要提出问题的外围或者与案件关系不大的问题问起,以减轻或者解除犯罪嫌疑人的戒备心理,使其开口回答问题。

②证据材料确实充分,犯罪嫌疑人拒供的,可以针对要害问题,直接进行正面提问。讯问前期要烘托出一种态势,使犯罪嫌疑人形成一定的思想压力,讯问中应当气势威严,言辞肯定,指向明确。

③证据材料不够确实充分,犯罪嫌疑人拒供,正面追讯难以突破的,应当使用迂回提问的方法,事先进行周密设计,围绕所要突破的目标,先提出一些前后有内在联系的枝节问题,堵死犯罪嫌疑人躲避讯问目标的所有退路。而后对中心问题进行讯问,使犯罪嫌疑人无路可逃。但切忌暴露讯问意图和迂而不回。

④证据材料不够充分,犯罪嫌疑人不交代罪行,讯问意图又有所暴露的,应当围绕问题设计一组具体的提讯方案,分阶段、分步骤有次序地步步推进提问,问话一环紧扣一环,形成链条,迫使犯罪嫌疑人交代问题。

⑤有确凿证据而犯罪嫌疑人已有准备的,可以采取打破提讯顺序,跳过其防线,直接提讯其没有准备的方面,使其措手不及,无法狡辩,如实交代。

⑥犯罪嫌疑人供述不彻底或者供述有矛盾的,可以将案件中的每个问题按照从事到人、从人到事、从前因到后果发展情况进行全面系统的、纵横交错的提问,获取准确完整的供述。

(8)讯问中可以使用证据,使用证据应注意以下几个方面:

①不能暴露技术侦查和侦查工作中的秘密;

②重要证据不能轻易使用;

③不能将全案的所有证据在讯问中全部使用;

④不能用假证骗取犯罪嫌疑人的口供;

⑤注意保护提供证据的证人。

八、询问证人和被害人

(一) 询问证人、被害人的概念和意义

询问证人、被害人是指侦查人员依照法定程序以言词方式向证人或被犯罪直接侵害的人调查了解案件情况的一种侦查行为。

询问证人、被害人有助于侦查人员发现、收集证据和核实证据，查明案件事实真相、查获犯罪嫌疑人，揭露、证实犯罪，保障无罪的人不受刑事追究。

(二) 证人的范围

依据刑事诉讼法的规定：凡是知道案件情况的人都有作证的义务。下列人员不能作证人：

(1) 生理上、精神上有缺陷或者年幼，不能辨别是非，不能正确表达的人。需要注意的是并非生理上、精神上有缺陷或年幼的自然人一律无作证的资格，要结合案件中的实际情况和提供证言的内容来审查判断。如在海警部门办理的故意毁坏财物案件中，年仅5岁的儿童对于保姆毁坏自己家中贵重财物的就可以作证。

(2) 公安机关使用的秘密力量和正在侦查的专案对象。

(3) 承办本案的侦查人员、鉴定人和翻译人，不能同时充当本案的证人。

(4) 单位不能充当证人。但可就规章制度、犯罪嫌疑人履历、户籍证明等出具书证。

(三) 询问证人、被害人的程序和方式

(1) 询问证人、被害人，可以在现场进行，也可以到证人、被害人所在单位、住处或者证人、被害人提出的地点进行。在必要的时候，可以通知证人、被害人到公安机关提供证言。

询问证人、被害人应当个别进行。

在现场询问证人、被害人，侦查人员应当出示工作证件。到证人、被害人所在单位住处或者证人、被害人提出的地点询问证人、被害人，应当经办案部门负责人批准，制作询问通知书。询问前，侦查人员应当出示询问通知书和工作证件。

(2) 询问前，应当了解证人、被害人的身份，证人、犯罪嫌疑人、被害人之间的关系。询问时，应当告知证人、被害人必须如实地提供证据、证言和有意作伪证或者隐匿罪证应当负的法律责任。

侦查人员不得向证人、被害人泄露案情或者表示对案件的看法，严禁采用暴力、威胁等非法方法询问证人、被害人。

询问笔录要使用第一人称记录，要准确、完整、客观地反映询问的活动情况。

证人、被害人请求自行书写证言的,应当准许。必要的时候,侦查人员也可以要求证人、被害人亲笔书写证言。证人、被害人应当在亲笔证言的末页注明书写的时间,签名(盖章)、捺指印,侦查人员收到后,应当在首页右上方写明"于某年某月某日收到"并签名。

询问笔录应当交给证人、被害人核对或者向他宣读。如记录有差错或者遗漏,应当允许证人、被害人更正或者补充,并捺指印。笔录经证人、被害人核对无误后,应当由其在笔录上逐页签名(盖章)、捺指印,并在末页紧接询问内容的地方,写明"以上笔录我看过(向我宣读过),和我说的相符"。拒绝签名(盖章)、捺指印的,侦查人员应当在笔录上注明。

侦查人员、翻译人员应当在笔录末尾签名或者盖章,不得由他人代签。

文书填写示例:

询问笔录

时间　2015年8月15日10时03分至2015年8月15日11时23分
地点　××市××公司
询问人(签名)　孙××、刘××　工作单位××公安分局刑警大队
记录人(签名)　王××　工作单位××市公安分局刑警大队
被询问人　张××　性别男　年龄××　出生日期1980年10月12日
身份证件种类及号码　二代身份证:××××××××××××××××××
现住址　××省××市××县××街道××号
联系方式　×××××××××××
户籍所在地　××省××市××县××街道××号

　　问:我们市××市公安局的民警,现在就有关问题找你了解核实,根据《刑事诉讼法》的有关规定,你应当如实提供证据、证言,如果有意作伪证或隐匿罪证要负法律责任。你明白吗?
　　答:我明白。
　　问:4月3日上午,你在公司吗?
　　答:我在公司。
　　问:4月3日上午经理室发生的事情,你看到了吗?
　　答:恩。
　　……
　　……
　　问:以上说的是否属实?
　　答:属实。
以上笔录我看过,和我所说的相符。

张××(捺指印)
2015年8月15日

九、勘验、检查

（一）勘验检查的概念、意义和分类

勘验、检查是指侦查人员对与犯罪有关的场所、物品、尸体、人身等进行勘查和检验，以发现、收集和固定犯罪活动所遗留下来的各种痕迹和物品的一种侦查行为。勘验与检查二者性质是相同的，只是用对象有所区别，勘验的对象是现场、物品和尸体，而检查的对象则是活人的身体。

侦查人员对于与犯罪有关的场所、物品、人身、尸体都应当进行勘验或者检查，及时提取、采集与案件有关的痕迹、物证、生物样本等。在必要的时候，可以指派或者聘请具有专门知识的人，在侦查人员的主持下进行勘验、检查。

勘验、检查可以发现、收集和固定犯罪的痕迹和证物，了解案件性质、作案手段和犯罪情况，确定侦查范围和方向，并为进一步查清案情，揭露、证实犯罪分子提供依据。

（二）现场勘查

现场勘查是侦查人员对犯罪现场，与犯罪有关的场所、物品和痕迹进行的勘验和检查的一种侦查活动。

1. 现场保护

发案地派出所、巡警等部门应当妥善保护犯罪现场和证据，控制犯罪嫌疑人，并立即报告公安机关主管部门。执行勘查的侦查人员接到通知后，应当立即赶赴现场；勘查现场，应当持有刑事犯罪现场勘查证。

公安机关对案件现场进行勘查不得少于二人。勘查现场时，应当邀请与案件无关的公民作为见证人。

对室外现场，应当划定保护范围，设立岗哨警戒。保护范围的大小应根据现场的具体情况而定。应当包括犯罪嫌疑人实施侵害行为的地点和遗留与侵害行为有关的痕迹、物证的一切场所。

对室内现场，应当封锁现场出入口，禁止无关人员进入，并在现场外围划出警戒范围，设立岗哨，禁止围观群众靠近现场，防破坏现场外围的犯罪痕迹物证。遇有紧急情况，应当立即进行处置，如抢救伤员，排除险情，排除交通障碍，控制、抓捕犯罪嫌疑人等。

现场中发现的痕迹物证，应当用粉笔等物圈划出来，避免被人为破坏；必须移动现场物品时，应当将移动前的现场状况详细记录、拍照。现场受气候因素影响，痕迹物证可能遭到破坏时，应用洁净的遮盖物加以遮盖。

对现场进行保护处置的同时，应当及时搜集现场被保护前的各种情况，群众所反映的犯罪嫌疑人情况，并登记在场证人的姓名、住址、工作单位等情况。

勘查现场的技术人员到达现场后,保护现场的人员应当向勘查人员介绍已掌握的现场情况。

2. 现场勘查的任务

勘查现场的任务,是查明犯罪现场的情况,发现和收集证据,研究分析案情,判断案件性质,确定侦查方向和范围,为破案提供线索和证据。

勘察现场,应当拍摄现场照片、绘制现场图,制作笔录,由参加勘查的人和见证人签名。对重大案件的现场,应当录像。

3. 制作《现场勘查笔录》

文书范本:2-13

现场勘查笔录

发现/报案时间　2015年8月15日13时22分

现场保护人姓名、单位　王××、李××,××派出所民警

现场保护人到达时间　2015年8月15日13时30分

勘查时间　2015年8月15日13时45分至2015年8月15日14时50分

勘查地点　××市××县××乡××村村委会大院

指挥人姓名　侯××　单位××市××县公安局治安大队职务副大队长

其他勘查人姓名、单位、职务　关××、李××、张××,××市××县公安局治安大队民警

见证人姓名、住址、单位　张××、田××　××村村干部

现场条件　天气晴,气温27℃,偏南风3~4级

勘查过程及结果:接报案情况和现场保护情况;现场勘查的分工;现场方位,现场勘查发现的物证、痕迹;现场提取的物证、痕迹和书证,绘制的现场方位和平面图的数量,现场勘查笔录的数量,是否进行现场实况录像?

指挥人:侯××

勘查人:关××、李××

见证人:张××、田××

记录人:伍××

(三) 人身检查

为了确定被害人、犯罪嫌疑人的某些特征、伤害情况或者生理状态,可以对人身进行检查,提取指纹信息,采集血液、尿液等生物样本。被害人死亡的,应当通过被害人近亲属辨认、提取生物样本鉴定等方式确定被害人身份。

犯罪嫌疑人如果拒绝检查、提取、采集的,侦查人员认为必要的时候,经办案部门负责人批准,可以强制检查、提取、采集。

检查妇女的身体,应当由女工作人员或者医师进行。

检查的情况应当制作笔录,由参加检查的侦查人员、检查人员、被检查人员和见证人签名。被检查人员拒绝签名的,侦查人员应当在笔录中注明。

（四）关于尸体的有关规定

1. 尸体解剖

为了确定死因，经县级以上公安机关负责人批准，可以解剖尸体，并且通知死者家属到场，让其在解剖尸体通知书上签名。

死者家属无正当理由拒不到场或者拒绝签名的，侦查人员应当在解剖尸体通知书上注明。对身份不明的尸体，无法通知家属的，应当在笔录中注明。

《解剖尸体通知书》是三联式的填充式文书。包括存根、副本和正本。

存根是制作机关用于存档备查的文书，按格式要求依次填写即可。副本需要附卷随案移送，正本需要送达给死者家属。

副本由首部、正文和尾部组成。首部填写单位名称、文书名称、发文字号。正文填写死者家属名称，死者姓名，解剖地点。尾部由死者家属签名，拒不签名的需要注明情况，办案人需要签字。

文书填写示例：

```
                  ××公安局
                  解剖尸体通知书
                   （存  根）
                ×公（刑）剖字〔201×〕18号
案件名称    柳×聚众斗殴案件
编    号    ××××××号
犯罪嫌疑人  柳×    男
出生日期    ××××年××月××日
死者姓名    伍×
死者家属    伍××
住    址    ××市×区××路×号
解剖时间    201×年8月17日9时
解剖地点    ××市公安局法医室
解剖目的    确定伍×死亡原因
批 准 人    高××
批准时间    201×年8月14日
办 案 人    吴××、章××
办案单位    ××市公安局治安支队
填发时间    201×年8月15日
填 发 人    吴××
```

×× 公安局
解剖尸体通知书
（副　本）
×公（刑）剖字〔201×〕18 号

伍××：
　　我局正在办理的柳×聚众斗殴案，需要确定伍×的死亡原因，决定于201×年8月17日9时在××市公安局法医室对其尸体进行解剖检验。根据《中华人民共和国刑事诉讼法》第一百二十九条之规定，请你届时到场。无正当理由拒不到场的，不影响解剖检验。

（公安局印）

二〇一×年八月十五日

本通知书已收到。
　　　　　死者家属伍××
　　　　　201×年8月15日
死者家属拒绝签收或拒不到场的，请注明：
　　　　　办案人吴××
　　　　　201×年8月15日

此联附卷

×× 公安局
解剖尸体通知书
×公（刑）剖字〔201×〕18 号

伍××：
　　我局正在办理的柳×聚众斗殴案，需要确定伍×的死亡原因，决定于201×年8月17日9时在××市公安局法医室对其尸体进行解剖检验。根据《中华人民共和国刑事诉讼法》第一百二十九之规定，请你届时到场。无正当理由拒不到场的，不影响解剖检验。

（公安局印）

二〇一×年八月十五日

此联交死者家属

　　2. 尸体处理
　　对已查明死因，没有继续保存必要的尸体，应当通知家属领回处理，对于无法通知或者通知后家属拒绝领回的，经县级以上公安机关负责人批准，可以及时处理。
　　3. 尸体的复验、复查的规定
　　公安机关进行勘验、检查后，人民检察院要求复验、复查的，公安机关应当进行复验、复查，并可以通知人民检察院派员参加。

（五）侦查实验

为了查明案情，在必要的时候，经县级以上公安机关负责人批准，可以进行侦查实验。

对侦查实验的经过和结果，应当制作侦查实验笔录，由参加实验的人签名。必要时，应当对侦查实验过程进行录音或者录像。

进行侦查实验，禁止一切足以造成危险、侮辱人格或者有伤风化的行为。

十、案情分析

（一）案情分析的内容

案情分析应当全面研究当事人、被害人和知情人提供的情况，细致分析现场遗留的痕迹、物证及有关情况，特别注意反常情况，以判明犯罪活动发生，确定案件性质，划定侦查范围。

（二）分析判断作案时间

分析判断作案时间，根据现场可以辨明时间的物品、尸体、室内陈设的变化情况、现场痕迹的新旧程度和受天气因素影响的情况，以及当事人、证人提供的有关事实进行。

（三）分析判断作案地点

分析判断作案地点，可以根据被害人回忆发案经过进行判断，必要时可以让被害人到出事地点进行辨认。

（四）分析判断作案人数

分析判断作案人数，应当结合足迹、指纹、笔迹、工具痕迹、遗留物品数量、重量、体积以及凶器的种类或被害人陈述进行。

（五）分析判断作案动机

分析判断作案动机，应当根据现场访问材料和勘验中发现的痕迹、尸体伤痕特征、被害人与犯罪嫌疑人之间的利害矛盾、犯罪现场是否有伪装进行。

（六）分析判断作案手段

分析判断作案手段，应当根据作案现场的各种痕迹，被害人伤痕及被害人和目击证人提供的情况进行。

（七）分析犯罪现场活动情况

分析犯罪现场活动情况，应当根据现场痕迹、物品和当事人、知情人提供的情况。有尸体的案件还应根据尸体的位置、伤痕、姿势、衣着、血迹分布等情况进行。

(八) 刻画犯罪嫌疑人

刻画犯罪嫌疑人应当根据以下情况:

(1) 根据足迹、步法特征、指纹分析犯罪分子性别、年龄、体态、身高、是否残疾、职业特点;

(2) 根据犯罪嫌疑人口音、说话内容、生活习惯、书面语言、笔迹特征等分析其居住地区、职业特点、文化程度、年龄、民族;

(3) 根据现场遗留物和损失物品分析犯罪嫌疑人个人嗜好、职业及经济状况;

(4) 根据进出现场路线、方法,作案时机,侵害目标是否准确、恰当,以及是否为作案制造条件,分析是内部人员或熟人,还是外部人员作案。

(九) 侦查方案的确定

根据确定的侦查方向和范围拟定侦查工作方案。方案包括以下内容:

(1) 对案情的初步分析和判断,包括对线索来源可靠程度和涉嫌范围的确定;

(2) 侦查方向和侦查范围;

(3) 为查明案情需要采取的措施;

(4) 侦查力量的组织和分工;

(5) 需要有关方面配合的各个环节如何紧密衔接;

(6) 侦查所必须遵循的制度和规定;

(7) 如属预谋犯罪案件,还应当提出制止现行破坏和防止造成损失的措施。

(十) 久侦不破的复杂疑难案件的处理

对久侦不破的复杂疑难案件,应当对案情进行再分析,修改原来的侦查工作方案,并制作工作计划,呈报侦查机关负责人。必要时可以邀请有关专家参与侦查工作的研究。

十一、确定重点犯罪嫌疑人和摸底排队

(一) 确定重点犯罪嫌疑人的依据

确定重点犯罪嫌疑人应当依据现场勘查、调查访问收集的情况,全面审查各种嫌疑线索。确定重点犯罪嫌疑人应当从以下几个方面考虑:

(1) 动机目的方面是否具备作案因素条件、因果关系条件;

(2) 行为实施方面应当具备作案时间条件、知情条件、技能条件等;

(3) 物质方面应当具备犯罪工具、遗留物品及其痕迹特征条件;

(4) 相貌特征方面应当具备静态特征和动态特征条件;

（5）案发后有反常表现。

（二）确定重点犯罪嫌疑人后应采取的措施

确定重点犯罪嫌疑人后，根据具体情况运用侦查技术和侦查措施，获取证据。

对重点犯罪嫌疑人应当严密监控，防止犯罪嫌疑人逃跑、毁灭、转移证据，为获取证据创造条件。

（三）摸底排队的范围

对符合以下几种条件之一的人，可以列入摸底排队范围：
（1）作案的时间、空间条件；
（2）因果关系条件；
（3）现场遗留的痕迹物品条件；
（4）赃款、赃物条件；
（5）作案人特征条件；
（6）知情条件的人。

（四）摸底排队的开展

调查摸底之前，应当依据犯罪现场的位置、案件的性质、犯罪分子的作案特点，犯罪现场的遗留物等情况，确定开展摸排工作的地区、单位、人员范围。

确定摸底排队范围应当大小适当，力求准确，点面结合，随着侦查工作的深入发展，摸底排队的范围可以随时加以调整，但不能遗漏任何地区、单位以及任何符合摸排条件的人员。

发动群众应当向群众公布案情，使群众了解发案情况，表明破案决心，号召群众积极提供线索，对犯罪嫌疑人形成强大的精神压力，迫使犯罪嫌疑人投案自首。但对破案、定案的关键情节和重要证据，不得公布。

查证核实工作应当深入群众，采取定人定事、分片包干的做法，进行摸底调查、搜集、查证线索，对与案件有牵连的可疑人和可疑事进行分析研究，筛选疑点比较突出的人。

对于确定的重点犯罪嫌疑人，不应轻易正面触动，避免造成工作被动。如有逃跑、自杀、行凶、毁灭证据可能时，应当及时采取必要的强制措施。

十二、搜查

（一）搜查的概念和意义

搜查是指为了收集犯罪证据，查获犯罪嫌疑人，经县级以上公安机关负责人批准，侦查人员依法对于犯罪嫌疑人以及可能隐藏罪犯或者罪证的人的身体、物品、住处和其他有关地方进行搜寻、检查的一种侦查行为。搜查对于侦查机关及时收集证据,查获犯罪嫌疑人等具有重要意义。

(二)审批程序

一般情况下搜查须经县级以上公安机关负责人批准,并由县级以上侦查机关的主要负责人签发的搜查证。

(三)搜查的执行

1. 法律文书的准备

搜查前,应当制作《呈请搜查报告书》,经县级以上公安机关负责人批准后开具《搜查证》,并准备好《搜查笔录》《扣押物品清单》等法律文书。

《搜查证》共两联,分正页和存根两部分。

正页。首部包括文书标题和发文编号。文书标题是事先印好的,只需按要求填写文号即可。正文应依次填写执行人姓名、被搜查人姓名和被搜查人住址。尾部应加盖公安局印章,并填写签发时间。

存根。按固定格式依次填写文号、案件名称、案件编号、犯罪嫌疑人姓名、住址等信息。

文书填写示例:

```
                    ××公安局
                    搜  查  证
                    (存   根)
                 ×公(刑)搜刑字〔201×〕11 号
案 件 名 称    柳×聚众冲击国家机关案
案 件 编 号    ××××××
犯罪嫌疑人    柳×  男
出 生 日 期    ××××年××月××日
住       址    ××市××区××路××号
单位及职业    无业
搜 查 原 因    搜寻和提取反动标语
搜 查 对 象    柳×的住处
批 准 人       高××
批 准 时 间    201×年 8 月 16 日
办 案 人       吴××、章××
办 案 单 位    ××市公安局治安支队
填 发 时 间    201×年 8 月 16 日
填 发 人       吴××
```

```
┌─────────────────────────────────────────────────────────┐
│                      ××公安局                           │
│                     搜　查　证                          │
│                 ×公(刑)搜刑字〔201×〕11号                │
│   根据《中华人民共和国刑事诉讼法》第二百一十七条之规定,兹派侦查人员孙××、侯×│
│ ×对犯罪嫌疑人柳×在××市××区×××路××号的住处进行搜查。│
│                                          (公安局印)    │
│                                       二〇一×年八月十六日│
│ 本证已于201×年8月16日14时23分向我宣布。                 │
│ 被搜查人或其家属柳××                                   │
└─────────────────────────────────────────────────────────┘

此联附卷

2. 搜查的主体

执行搜查的侦查人员不得少于二名。搜查时应当邀请二名被搜查人的家属、邻居或其他见证人在场。

3. 紧急情况下的搜查

执行拘留、逮捕的时候,遇有下列紧急情况之一的,不用搜查证也可以进行搜查:

(1) 可能随身携带凶器的;

(2) 可能隐藏爆炸、剧毒等危险物品的;

(3) 可能隐匿、毁弃、转移犯罪证据的;

(4) 可能隐匿其他犯罪嫌疑人的;

(5) 其他突然发生的紧急情况。

4. 搜查前的准备

搜查前,应当了解被搜查人的基本情况、搜查现场的环境,确定搜查的范围和重点,明确搜查人员的分工和责任,并准备好相应的武器、械具、照相、照明设备和搜查工具。搜查前应当制定搜查方案。方案包括:

(1) 搜查的对象、目的;

(2) 搜查的范围和重点;

(3) 搜查的方法和步骤;

(4) 搜查的组织分工;

(5) 搜查过程中可能发生的情况以及对策。

5. 出示《搜查证》

搜查时应当向被搜查人或者他的家属出示《搜查证》,令其签字,并对被搜查人或者其家属说明阻碍搜查、妨碍公务应负的法律责任。如果遇到阻碍,可以强制搜查。
```

6. 搜查现场的警戒

在搜查过程中应当指派专人严密注视搜查现场的情况,并控制、监视被搜查人及其家属的动向,必要时可以对搜查现场进行警戒、封锁。

7. 各种场所、人身搜查的重点

对室内进行搜查,应当从室内最可能发现目的物的部位或者地段开始,难以确定重点部位的,应当确定搜查方向。搜查时,要注意某个物体或者某个地段和部位原来状况发生某些变化的特征。需对室内建筑设施和各种器具进行破坏性搜查时,应当经办案部门负责人批准。

对室外搜查应先了解地形,划定范围,并从人们较少接触的地点作为搜查重点。搜查时,应当注意新翻动的地面,新变动的堆物和新移动的物品。对范围较大的露天场所,可用杆、旗作为划分线条和引导搜索方向的标志,范围小的可用绳索或者利用自然标志作为区分和搜索的标志。

对于一些不易查找的隐蔽场所,必要时可以带犯罪嫌疑人或者有关人员到现场指认,也可带警犬协助搜查。

对人身进行搜查时,应当命令被搜查人举起双手,使其处于不能拿任何物品行凶和不能发生意外的位置,一人在其背后进行检查,其他人员在旁监视。按照由粗到细、由上到下、由表及里的顺序逐一进行搜查,特别对衣帽鞋袜的夹层、卷边补丁及人体的头发、贴附在身上的绷带、膏药进行重点检查。

进行搜查时,应当有被搜查人或者他的家属、邻居或者其他见证人在场。公安机关可以要求有关单位和个人交出可以证明犯罪嫌疑人有罪或者无罪的物证、书证、视听资料等证据。遇到阻碍搜查的,侦查人员可以强制搜查。

搜查妇女的身体,应当由女工作人员进行。

8. 对搜查中查获的犯罪证据的处理

对搜查中查获的犯罪证据及其放置地点,应当当场拍照后予以扣押,拍摄的照片应当加上文字说明附卷,必要的时候可以对搜查的过程录像。

9. 搜查笔录的制作

搜查的情况应当制作笔录,由侦查人员和被搜查人或者他的家属,邻居或者其他见证人签名。如果被搜查人拒绝签名,或者被搜查人在逃,他的家属拒绝签名或者不在场的,侦查人员应当在笔录中注明。

《搜查笔录》包括首部、正文和尾部三部分组成。

首部包括文书的名称,即事先印好的笔录字样前填写搜查,然后填写开始和结束的时间,要具体到某时某分;侦查人员姓名、单位,记录人姓名、单位,当事人,见证人姓名、住址;搜查的事由、目的,搜查地点。这部分内容要按要求依次填写。

正文填写搜查的过程和结果,主要记载搜查的情况。要根据搜查的顺序写明共搜查了哪些人、哪些物品和哪些地方,查获的犯罪证据及其他与犯罪有关的物品、可疑的物品的名称、数量、形状和发现的具体位置等,并注明详见登记保存清单。

尾部,搜查笔录当场向在场人宣布后,应当让被搜查人填写搜查的意见并签名,如果被搜查人不在场或者拒绝签署意见和签名的,执行搜查的侦查人员应在笔录中注明,最后由执行搜查的侦查人员、见证人和记录人签名。

文书填写示例:

搜查笔录

时间:201×年8月16日14时23分至201×年8月16日15时10分
侦查人员姓名、单位:孙××、侯×× ×市×区公安分局刑警大队
记录人姓名、单位:孙×× ×市×区公安分局刑警大队
当事人:柳×
对象:柳×在××市××区×××路××号的住处
见证人:伍×
其他在场人员:柳×的父亲柳××
事由和目的:查找涉案赃物
地点:××市××区×××路××号
过程和结果:侦查员首先向犯罪嫌疑人柳×的父亲出示了《搜查证》,要求其在《搜查证》附注部分填写宣布搜查的时间并签名。然后向其介绍了本次搜查的见证人伍×的有关情况,同时向其宣布了搜查的有关规定及被搜查人的法律义务后,侦查人员对柳×的家进行了搜查。在犯罪嫌疑人柳×的单人床底下的××牌纸盒中搜出54式手枪一支、带血纱布一块、电话记录一本。在本次搜查过程中没有违法现象,未损坏任何物品,被搜查人家属能够配合搜查工作,整个搜查工作进展顺利。

扣押物品详见《扣押物品、文件清单》
《扣押物品、文件清单》的副本已经交给柳×的父亲柳××收执

侦查人员:孙××、侯××
被搜查人或其家属:柳××
见证人:伍×
记录人:孙××

十三、扣押、查封

(一)扣押、查封的概念和意义

扣押、查封,是指侦查机关依法强行提取和扣押与案件有关的物品、文件的一种侦查行为。扣押和查封,通常是在勘验、搜查的过程中进行的,在勘验、搜查过程中发现可以用于证明犯罪嫌疑人有罪或无罪的物品和文件,都应当扣押或者查

封,同时,扣押、查封又是一种独立的侦查行为,可以单独进行。

(二) 扣押、查封的对象

在侦查活动中发现的可用以证明犯罪嫌疑人有罪或者无罪的各种财物、文件,应当查封、扣押;但与案件无关的财物、文件,不得查封、扣押。

持有人拒绝交出应当查封、扣押的财物、文件的,公安机关可以强制查封、扣押。

(三) 扣押、查封的批准权限、制作决定书的规定

在侦查过程中需要扣押财物、文件的,应当经办案部门负责人批准,制作扣押决定书;在现场勘查或者搜查中需要扣押财物、文件的,由现场指挥人员决定;但扣押财物、文件价值较高或者可能严重影响正常生产经营的,应当经县级以上公安机关负责人批准,制作扣押决定书。

在侦查过程中需要查封土地、房屋等不动产,或者船舶、航空器以及其他不宜移动的大型机器、设备等特定动产的,应当经县级以上公安机关负责人批准并制作查封决定书。

(四) 执行查封、扣押的主体、制作笔录的规定

执行查封、扣押的侦查人员不得少于二人,并出示《公安机关办理刑事案件程序规定》第二百二十三条规定的有关法律文书。

查封、扣押的情况应当制作笔录,由侦查人员、持有人和见证人签名。对于无法确定持有人或者持有人拒绝签名的,侦查人员应当在笔录中注明。

(五) 查封、扣押的操作要求、开列清单的规定

对查封、扣押的财物和文件,应当会同在场见证人和被查封、扣押财物、文件的持有人查点清楚,当场开列查封、扣押清单一式三份,写明财物或者文件的名称、编号、数量、特征及其来源等,由侦查人员、持有人和见证人签名,一份交给持有人,一份交给公安机关保管人员,一份附卷备查。

对于无法确定持有人的财物、文件或者持有人拒绝签名的,侦查人员应当在清单中注明。

依法扣押文物、金银、珠宝、名贵字画等珍贵财物的,应当拍照或者录像,并及时鉴定、估价。

《查封/扣押清单》是一种填表式的法律文书,一式三份,一份附卷,一份交财物、文件持有人,一份交证据保管人员。制作时按照表格填写查封/扣押财物、文件的编号、名称、规格、数量和特征,需要说明的问题写在备注栏内。财物、文件的数量用大写数字,特征要写详细,包括牌号、规格、质量、重量、新旧程度、有无缺陷及产地等。制作完毕,如有空格,应在对角处画一斜线,以免造成不必要的麻烦。

最后由财物、文件持有人,见证人,办案人签名,填写日期和办案单位。

文书填写示例:

查封/扣押清单

编号	名称	数量	特征	来源	处理情况
1	54式手枪	壹支	枪号×××	搜查	由××局保管
2	纱布	壹块	白色、15平方厘米,上有2平方厘米左右的血迹	搜查	随卷保存

持有人:赵××   见证人:张××   办案单位:××市××区公安分局经侦大队

办案人:孙××、侯××

××××年××月××日   ××××年××月××日   ××××年××月××日

本清单一式三份,一份附卷,一份交财物、文件持有人,一份交证据保管人员。

(六)查封、扣押不便提取财物的规定

对作为犯罪证据但不便提取的财物、文件,经登记、拍照或者录像、估价后,可以交财物、文件持有人保管或者封存,并未开具登记保管清单一式两份,由侦查人员、持有人和见证人签名,一份交给财物、文件持有人,另一份连同照片或者录像资料附卷备查。财物、文件持有人应当妥善保管,不得转移、变卖、毁损。

(七)扣押邮件、电子邮件、电报

扣押犯罪嫌疑人的邮件、电子邮件、电报,应当经县级以上公安机关负责人批准,制作扣押邮件、电报通知书,通知邮电部门或者网络服务单位检交扣押。

不需要继续扣押的时候,应当经县级以上公安机关负责人批准,制作解除扣押邮件、电报通知书,立即通知邮电部门或者网络服务单位。

公安机关可以扣押的邮件、电子邮件和电报包括:

(1)该犯罪嫌疑人寄发的;

(2)直接寄交该犯罪嫌疑人的；
(3)寄交他人转交该犯罪嫌疑人的；
(4)寄交该犯罪嫌疑人转交他人的。

(八)查封、扣押物解除期限、返还的规定

对查封、扣押的财物、文件、邮件、电子邮件、电报，经查明确实与案件无关的，应当在三日以内解除查封、扣押，退还原主或者原邮电部门、网络服务单位；原主不明确的，应当采取公告方式告知原主认领。再通知原主或者公告后六个月以内，无人认领的，按照无主财物处理，登记后上缴国库。

《扣押/解除扣押邮件/电报通知书》包括三联，分为存根、正页和回执三部分。

正页是执行扣押/解除扣押犯罪嫌疑人邮件、电子邮件、电报等的法律凭证。按顺序填写发文字号、邮电部门或者网络服务单位的名称、犯罪嫌疑人名称，依据法条，扣押/解除扣押的时间，最后加盖公安局印章，并注明填发的日期。

回执是证明邮电部门或者网络服务单位已经收到上述通知书正页的凭证，由邮电部门或者网络服务单位填写。需要填写公安机关的名称，受到公安机关上述通知书正页的发文字号和犯罪嫌疑人邮件、电子邮件、电报的扣押/解除扣押情况，最后写明填发日期，并加盖邮电部门或者网络服务单位印章。

存根是用作备查。按固定格式依次填写案件名称、案件编号、犯罪嫌疑人名称、性别、出生日期、扣押/解除扣押邮件/电报特征、协助扣押/解除扣押单位、扣押/解除扣押时间、批准人、批准时间、办案人、办案单位、填发时间、填发人。

文书填写示例：

××公安局

扣押/解除扣押邮件通知书

×公治立字〔201×〕11号

××市邮政局：

　　根据《中华人民共和国刑事诉讼法》第一百四十条之规定，决定从201×年×月××日起，扣押/解除扣押犯罪嫌疑人高××的下列邮件、电报；扣押/解除扣押邮件、电报(编号、名称、数量、特征等)：特快专递一件，收件人高××，寄件人伍××，收件地址××市××区××路××号，寄件人地址×市××区××路××号。

请将扣押/解除扣押情况及时告我局。

(公安局印)

二〇一×年×月××日

此联交协助扣押/解除扣押单位

（九）对被害人和合法财产及其孳息返还的规定

对被害人的合法财产及其孳息权属明确无争议，并且涉嫌犯罪事实已经查证属实的，应当在登记、拍照或者录像、估价后及时返还，并在案卷中注明返还的理由，将原物照片、清单和被害人的领取手续存卷备查。

查找不到被害人，或者通知被害人后，无人领取的，应当将有关财产及其孳息随案移送。

（十）查封、扣押的财物保管和对不易保管的财物、违禁品予以处理的规定

对查封、扣押的财物及其孳息、文件，公安机关应当妥善保管，以供核查。任何单位和个人不得使用、调换、损毁或者自行处理。

对容易腐烂变质及其他不易保管的财物，可以根据具体情况，经县级以上公安机关负责人批准，在拍照或者录像后委托有关部门变卖、拍卖，变卖、拍卖的价款暂予保存，待诉讼终结后一并处理。

对违禁品，应当依照国家有关规定处理；对于需要作为证据使用的，应当在诉讼终结后处理。

十四、查询、冻结

（一）查询、冻结的概念和意义

公安机关根据侦查犯罪的需要，可以依照规定查询、冻结犯罪嫌疑人的存款、汇款、债券、股票、基金份额等财产，并可以要求有关单位和个人配合。

查询、冻结是一项重要的侦查措施，尤其是在经济犯罪案件侦查中，采用这一措施可以查明涉案资金的流向，有效制止犯罪嫌疑人转移赃物。

（二）查询犯罪嫌疑人的存款、汇款等财产的程序规定

向金融机构等单位查询犯罪嫌疑人的存款、汇款、债券、股票、基金份额等财产，应当经县级以上公安机关负责人批准，制作协助查询财产通知书，通知金融机构等单位执行。

《协助查询财产通知书》包括正页、回执和存根三联。

正页是公安机关通知银行或者其他金融机构、邮电部门查询犯罪嫌疑人存款、汇款、债券、股票、基金份额等财产的凭证。

回执是证明金融机构、邮电部门等单位已经收到通知书正页的凭证，由金融机构、邮电部门等单位填写。

存根用于公安机关留档备查。

文书填写示例：

××公安局
协助查询财产通知书
（存　根）
×公(经)查财字〔201×〕21号

案　件　名　称	侯××生产假药案
案　件　编　号	××××××号
犯罪嫌疑人	侯××　男
出　生　日　期	××××年××月××日
查　询　内　容	存款数额
协助查询单位	中国建设银行××市支行
批　准　人	高××
批　准　时　间	201×年××月××日
办　案　人	吴××、章××
办　案　单　位	××市公安局治安支队
填　发　时　间	201×年××月××日
填　发　人	吴××

××公安局
协助查询财产通知书
×公(经)查财字〔201×〕21号

中国建设银行××市支行：
　　兹因侦查犯罪的需要，根据《中华人民共和国刑事诉讼法》第一百四十二条之规定，我局派员前往你处查询犯罪嫌疑人　侯××(性别男，出生日期××××年××月××日)的财产，请予协助！
　　财产种类：存款
　　查询线索：赵××农行账号6302×××××××××××××

(公安局印)
二〇一×年××月××日

此联交协助查询单位

××公安局
协助查询财产通知书
（回　执）
×公(经)查财字〔201×〕21号

××公安局：
　　根据你局通知，现将犯罪嫌疑人侯××财产的情况提供如下：赵××农行账号6302×××××××××××××账户现有存款人民币90万元(玖拾万元)。201×年3月6日，从××公司账中划入赵××该农行账号人民币90万元(玖拾万元)。

(协助查询单位印)
二〇一年××月××日

此联由协助查询单位填写退通知机关附卷

(三)冻结犯罪嫌疑人的存款、汇款等财产的程序规定

需要冻结犯罪嫌疑人在金融机构等单位的存款、汇款、债券、股票、基金份额等财产的,应当经县级以上公安机关负责人批准,制作协助冻结财产通知书,通知金融机构等单位执行。

《协助冻结财产通知书》包括正页、回执和存根三联。

正本是公安机关通知金融部门或邮电部门冻结/解除冻结犯罪嫌疑人存款、汇款、债券、股票、基金份额等财产的凭证。

回执,是证明金融机构、邮电部门等单位已经收到通知书正页的凭证。由金融机构、邮电部门等单位填写。

存根,用于公安机关留档备查。

文书填写示例:

```
                  ××公安局
              协助冻结/解除冻结财产通知书
                    (存  根)
                ×公(刑)冻财字〔201×〕21号
案 件 名 称    侯××生产假药案
案 件 编 号    ××××××号
犯罪嫌疑人    侯××  男
出 生 日 期    ××××年××月××日
协助冻结单位    中国建设银行××市支行
冻结/解除冻结原因    防止犯罪嫌疑人转移赃款
财 产 类 型    存款
冻 结 数 额    壹万叁仟元整(13000)
冻结/解除冻结时间    201×年1月16日
批   准   人    高××
批   准   时   间    201×年8月14日
办   案   人    吴××、章××
办   案   单   位    ××市公安局治安支队
填   发   时   间    201×年8月15日
填   发   人    吴××
```

```
                    ××公安局
              协助冻结/解除冻结财产通知书
                ×公(刑)冻财字〔201×〕21号
中国建设银行××市支行：
    根据《中华人民共和国刑事诉讼法》第一百四十二之规定,请予冻结/解除冻结犯罪嫌疑
人侯××(性别男  出生日期×××年××月××日)的下列财产：
    类型(名称)  存款
    所在机构  中国建设银行××市支行
    户名或权利人  侯××
    账号等号码  6302××××××××××××
    冻结数额(大、小写)  人民币1.3万元(壹万叁仟元整)
    其他
冻结时间从201×年8月16日起至201×年1月16日止。
                                            (公安局印)
                                        二○一×年八月十五日
```

此联交协助冻结/解除冻结协助单位

```
                    ××公安局
              协助冻结/解除冻结财产通知书
                    ( 回  执 )
                ×公(刑)冻财字〔201×〕21号
××公安局：
    根据你局通知,犯罪嫌疑人侯××在我行的账户6302××××××××××××
×存款人民币1.3万元(壹万叁仟元整)已冻结,此复。
                                    (协助冻结/解除冻结单位印)
                                        二○一×年八月十八日
```

此联由协助冻结/解除冻结单位填写退通知机关附卷

(四)解除冻结犯罪嫌疑人的存款、汇款等财产的程序性规定

不需要继续冻结犯罪嫌疑人存款、汇款、债券、股票、基金份额等财产时,应当经县级以上公安机关负责人批准,制作协助解除冻结财产通知书,通知金融机构等单位执行。

(五)关于冻结的其他规定

(1)犯罪嫌疑人的存款、汇款、债券、股票、基金份额等财产已被冻结的,不得重复冻结,但可以轮候冻结。

(2)冻结存款、汇款等财产的期限为六个月。冻结债券、股票、基金份额等证

券的期限为二年。有特殊原因需要延长期限的,公安机关应当在冻结期限届满前办理继续冻结手续。每次续冻存款、汇款等财产的期限最长不得超过六个月;每次续冻债券、股票、基金份额等证券的期限最长不得超过二年。继续冻结的,应当按照《公安机关办理刑事案件程序规定》第二百三十三条的规定重新办理冻结手续。逾期不办理继续冻结手续的,视为自动解除冻结。

(3) 对冻结的债券、股票、基金份额等财产,应当告知当事人或者其法定代理人、委托代理人有权申请出售。

权利人书面申请出售被冻结的债券、股票、基金份额等财产,不损害国家利益、被害人、其他权利人利益,不影响诉讼正常进行的,以及冻结的汇票、本票、支票的有效期即将届满的,经县级以上公安机关负责人批准,可以依法出售或者变现,所得价款应当继续冻结在其对应的银行账户中;没有对应的银行账户的,所得价款由公安机关在银行指定专门账户保管,并及时告知当事人或者其近亲属。

(4) 对冻结的存款、汇款、债券、股票、基金份额等财产经查明确实与案件无关的,应当在三日以内通知金融机构等单位解除冻结,并通知被冻结存款、汇款、债券、股票、基金份额等财产所有人。

十五、鉴定

(一) 鉴定的概念和意义

鉴定是指侦查机关指派或聘请具有专门知识的人,就案件中某些专门性问题进行科学鉴别和判断并作出鉴定意见的一种侦查行为。

侦查中经常采用的鉴定有:刑事技术鉴定、人身伤害的医学鉴定、精神病的医学鉴定、扣押物品的价格鉴定、文物鉴定、珍稀动植物及其制品鉴定、违禁品和危险品鉴定、电子数据鉴定。

鉴定对于侦查机关及时收集证据,准确揭示物证、书证在诉讼中的证明作用,鉴别案内其他证据的真伪,查明案件事实真相,查获犯罪嫌疑人具有重要作用。

(二) 刑事技术鉴定

刑事技术鉴定的范围,必须是与查明案情有关的物品、文件、电子数据、痕迹、人身、尸体等。

刑事技术鉴定,由县级以上公安机关刑事技术部门或者其他专职人员负责进行。

(三) 人身伤害鉴定

对人身伤害的严重程度以及引起伤害的原因,应当对人身伤害进行医学鉴定。医学鉴定应当委托有鉴定资格的部门,依照《人体重伤鉴定标准》《人体轻伤鉴定标准》等进行鉴定。

（四）精神病鉴定

对犯罪嫌疑人、证人或者被害人、自诉人是否能辨认和控制自己的行为，是否具有刑事责任能力或作证能力、自我防卫能力、辨认能力、诉讼能力，应当进行精神病司法鉴定。精神病鉴定，应当委托省级设立的司法鉴定委员会或由省级人民政府指定的医院进行，并提供下列材料：

（1）被鉴定人及其家庭情况；
（2）案件的有关材料；
（3）工作单位提供的有关材料；
（4）知情人对鉴定人精神状态的有关证言；
（5）医疗记录和其他有关检查结果。

（五）价格鉴定

对扣押物品的价格鉴定，应当委托国家计委和地方各级政府物价部门设立的价格事务所进行，不得委托其他机构对扣押物品进行价格鉴定。侦查人员应当填写《扣押、追缴、没收估价委托书》，并会同价格事务所工作人员一同按照《扣押、追缴、没收估价委托书》载明的情况对实物进行查验。价格事务所在完成估价后，应当出具《扣押物品估价鉴定结论书》。

（六）文物和珍稀、濒危动植物鉴定

对文物和珍稀、濒危动植物的鉴定，应当委托文物保护及管理部门、野生动植物保护部门的专家，依照国家有关法律规定进行，确定类别、等级以及制品的含量。

（七）违禁品和危险品鉴定

为确定涉案物品是否为违禁品和危险品及其类型、成分含量，应当委托有关部门进行违禁、危险性的鉴定。

（八）电子数据鉴定

对电子数据的鉴定，应当委托公安机关的计算机管理监察部门根据法律规定进行鉴定。

（九）聘请鉴定人

为了查明案情，解决案件中某些专门性问题，应当指派、聘请有专门知识的人进行鉴定。需要聘请有专门知识的人进行鉴定，应当经县级以上公安机关负责人批准后，制作聘请书。

《鉴定聘请书》包括正页、副本和存根三联。

正页是聘请鉴定人的正式文书，由鉴定人持有，是开展鉴定的法律凭证。

副本是通知鉴定人收到邀请后的回执凭证。
存根用于公安机关留档备查。
正文书填写示例：

```
                    ××公安局
                    鉴定聘请书
                    （存  根）
              ×公(刑)聘字〔201×〕18 号
案 件 名 称   柳×聚众斗殴案
案 件 编 号   ××××××号
犯罪嫌疑人   柳×  男
出 生 日 期   ××××年××月××日
鉴 定 内 容   死者死亡的原因
被 聘 请 人   李××
单位及职务   ××医学院教授
鉴定意见提交时间   201×年×月××日
批  准  人   高××
批 准 时 间   201×年×月××日
办 案 人     吴××、章××
办 案 单 位   ××市公安局治安支队
填 发 时 间   201×年×月××日
填 发 人     吴××
```

```
                    ××公安局
                    鉴定聘请书
                    （副  本）
              ×公(刑)聘字〔201×〕18 号

李××：
    为了查明柳×聚众斗殴案，根据《中华人民共和国刑事诉讼法》第一百四十四条之规定，
特聘请你对死者死亡的原因进行鉴定。请于201×年××月××日前将鉴定情况和意见写
成书面材料送交我局。
                                        （公安局印）
                                        二○一×年×月××日

本聘请书已收到。
被聘请人李××
201×年×月××日
```

此联附卷

××公安局

鉴定聘请书

×公（刑）聘字〔201×〕18号

李××：

　　为了查明柳×聚众斗殴案，根据《中华人民共和国刑事诉讼法》第一百四十四条之规定，特聘请你对死者死亡的原因进行鉴定。请于201×年××月××日前将鉴定情况和意见写成书面材料送交我局。

（公安局印）

二〇一×年×月××日

此联交被聘请人

（十）提供鉴定条件

公安机关应当为鉴定人进行鉴定提供必要的条件，及时向鉴定人送交有关检材和对比样本等原始材料，介绍与鉴定有关的情况，并且明确提出要求鉴定解决的问题，禁止暗示或者强迫鉴定人作出某种鉴定意见。

（十一）检材的保管和送检的规定

侦查人员应当做好检材的保管和送检工作，并注明检材送检环节的责任人，确保检材在流转环节中的同一性和不被污染。

（十二）鉴定程序的规定

鉴定人应当按照鉴定规则，运用科学方法独立进行鉴定。鉴定后，应当出具鉴定意见，并在鉴定意见书上签名，同时附上鉴定机构和鉴定人的资质证明或者其他证明文件。多人参加鉴定，鉴定人有不同意见的，应当注明。

《鉴定意见通知书》分为正页、副本、存根部分。

正页应按格式写明通知书发文字号、鉴定事项，鉴定意见，对并说明该鉴定意见有异议，可以提出补充鉴定或者重新鉴定申请。填写日期，加盖公安局印章，分别交于犯罪嫌疑人和被害人或其家属保管。

副本是通知犯罪嫌疑人和被害人或其家属收到鉴定意见通知书后的回执凭证。应按格式写明通知书发文字号、鉴定事项、鉴定结果，并说明如对该鉴定意见有异议，可以提出补充鉴定或者重新鉴定申请，填写日期，加盖公安局印章，并交由犯罪嫌疑人和被害人及其家属签名，填写日期后将此联附入诉讼卷。

存根用作备查。应按格式所列项目依次填写发文字号，案件名称，案件编号，犯罪嫌疑人姓名、性别、出生日期，被害人姓名、性别、出生日期，鉴定内容、鉴定意见，批准人，批准时间，办案人姓名，办案单位，填发时间，填发人等。

文书填写示例：

　　　　　　　　　××公安局
　　　　　　　　鉴定意见通知书
　　　　　　　　　（存　根）
　　　　　　　×公（刑）鉴通字〔201×〕18 号

案 件 名 称　柳×销售假药案
案 件 编 号　××××××号
犯罪嫌疑人　柳×　男
出 生 日 期　××××年××月××日
被 害 人　　伍×　男
出 生 日 期　××××年××月××日
鉴 定 内 容　现场扣押的药品样品是否属于假药
鉴 定 结 论　被检药品属于假药
批 准 人　　高××
批 准 时 间　201×年××月××日
办 案 人　　吴××、章××
办 案 单 位　××市公安局治安支队
填 发 时 间　201×年××月××日
填 发 人　　吴××

　　　　　　　　　××公安局
　　　　　　　　鉴定意见通知书
　　　　　×公（刑）鉴通字〔201×〕18 号

伍×、柳×：
　　我局指派有关人员，对现场扣押的药品××进行了药品成分的鉴定，鉴定意见是：该送检药品不含有国家规定的××成分，属于假药。根据《中华人民共和国刑事诉讼法》第一百四十六条之规定，如果你对该鉴定意见有异议，可以提出补充鉴定或者重新鉴定的申请。

　　　　　　　　　　　　　　（公安局印）
　　　　　　　　　　　　　二〇一×年××月××日

本聘请书已收到。
被害人或其家属伍×　　　犯罪嫌疑人柳×（捺指印）
　201×年××月××日　　　201×年××月××日

此联附卷

```
                    ××公安局
                   鉴定意见通知书
               ×公（刑）鉴通字〔201×〕18 号
  伍×：
      我局指派有关人员，对现场扣押的药品××进行了药品成分的鉴定，鉴定意见是：该送
  检药品不含有国家规定的××成分，属于假药。根据《中华人民共和国刑事诉讼法》第一百
  四十六条之规定，如果你对该鉴定结论有异议，可以提出补充鉴定或者重新鉴定的申请。
                                              （公安局印）
                                          二〇一×年××月××日
```
此联交被害人或其家属

```
                    ××公安局
                   鉴定意见通知书
               ×公（刑）鉴通字〔201×〕18 号
  柳×：
      我局指派有关人员，对现场扣押的药品××进行了药品成分的鉴定，鉴定意见是：该送
  检药品不含有国家规定的××成分，属于假药。根据《中华人民共和国刑事诉讼法》第一百
  四十六条之规定，如果你对该鉴定结论有异议，可以提出补充鉴定或者重新鉴定的申请。
                                              （公安局印）
                                          二〇一×年××月××日
```
此联交犯罪嫌疑人

（十三）鉴定意见的审查、告知的规定

对鉴定意见，侦查人员应当进行审查。对经审查作为证据使用的鉴定意见，公安机关应当及时告知犯罪嫌疑人、被害人或者其法定代理人。

（十四）对鉴定意见有异议的处理程序的规定

犯罪嫌疑人、被害人对鉴定意见有异议提出申请，以及办案部门或者侦查人员对鉴定意见有疑义的，可以将鉴定意见送交其他有专门知识的人员提出意见。必要时，询问鉴定人并制作笔录附卷。

（十五）补充鉴定或者重新鉴定

（1）经审查，发现有下列情形之一的，经县级以上公安机关负责人批准，应当补充鉴定：

①鉴定内容有明显遗漏的；

②发现新的有鉴定意义的证物的；

③对鉴定证物有新的鉴定要求的；

④鉴定意见不完善,委托事项无法确定的;
⑤其他需要补充鉴定的情形。
经审查,不符合上述情形的,经县级以上公安机关负责人批准,作出不准予补充鉴定的决定,并在作出决定后三日以内书面通知申请人。
(2) 经审查,发现有下列情形之一的,经县级以上公安机关负责人批准,应当重新鉴定:
①鉴定程序违法或者违反相关专业技术要求的;
②鉴定机构、鉴定人不具备鉴定资质和条件的;
③鉴定人故意作虚假鉴定或者违反回避规定的;
④鉴定意见依据明显不足的;
⑤检材虚假或者被损坏的;
⑥其他应当重新鉴定的情形。
重新鉴定,应当另行指派或者聘请鉴定人。
经审查,不符合上述情形的,经县级以上公安机关负责人批准,作出不准予重新鉴定的决定,并在作出决定后三日以内书面通知申请人。

(十六) 鉴定人出庭作证、承担法律责任的规定

公诉人、当事人或者辩护人、诉讼代理人对鉴定意见有异议,经人民法院依法通知的,公安机关鉴定人应当出庭作证。
鉴定人故意作虚假鉴定的,应当依法追究其法律责任。

(十七) 鉴定期限的计算

对犯罪嫌疑人作精神病鉴定的时间不计入办案期限,其他鉴定时间都应当计入办案期限。
对犯罪嫌疑人作精神病鉴定的时间之所以不计入办案期限,由于对犯罪嫌疑人精神状态的确定比较复杂,情况也多种多样,往往需要经过一段时间的鉴定工作才能得出鉴定意见。时间的长短与作精神病鉴定的医院和犯罪嫌疑人的病情密切相关,而非公安机关所能控制,另一方面也是防止犯罪嫌疑人弄虚作假、随意伪装患有精神疾病,导致鉴定期间占用侦查时间。
其他鉴定时间应当计入办案期限。其他鉴定是指伤害鉴定、物价鉴定等。这就要求办案部门应尽早安排鉴定,抓紧时间调查取证,以免超过办案期限。

十六、辨认

(一) 辨认的概念和意义

为了查明案情,在必要的时候,侦查人员可以让被害人、证人或者犯罪嫌疑人对与犯罪有关的物品、文件、尸体、场所或者犯罪嫌疑人进行辨认。辨认对于核实

案件有关证据,查获犯罪嫌疑人等具有重要意义。

(二) 辨认过程

1. 辨认的主持

辨认应当在侦查人员的主持下进行。主持辨认的侦查人员不得少于二人。

2. 辨认前的准备

组织进行辨认前,应当查明辨认人是否具备辨认条件,向辨认人详细询(讯)问辨认对象的具体特征,并制作询(讯)问笔录,告知辨认人有意作虚假辨认应负的法律责任,并在笔录上注明。辨认前,避免辨认人见到辨认对象。

辨认应当安排在与发案时间、环境相近似的条件下进行。

3. 辨认的原则

辨认时,应当将辨认对象混杂在特征相类似的其他对象中,不得给辨认人任何暗示。辨认犯罪嫌疑人时,被辨认的人数不得少于七人;对犯罪嫌疑人照片进行辨认的,不得少于十人的照片;辨认物品时,混杂的同类物品不得少于五件。

对场所、尸体等特定辨认对象进行辨认,或者辨认人能够准确描述物品独有特征的,陪衬物不受数量的限制。

4. 分别辨认原则

几名辨认人对同一辨认对象进行辨认时,应当由辨认人个别进行。

5. 混杂辨认

辨认犯罪嫌疑人时,辨认的人数不得少于七人,并按顺序排列编号。选择被辨认的陪衬人时,应当挑选与犯罪嫌疑人年龄、气质、身高相近似的人,侦查人员不得替代。

对犯罪嫌疑人照片进行辨认的,不得少于十人的照片,被辨认的陪衬照片,应当选择年龄、发式、照片相近似的,并按顺序编号,贴在纸上,附在《辨认笔录》之后入卷。

辨认物品时,混杂的同类物品不得少于五件。

6. 独立辨认原则

侦查人员不得向辨认人进行任何暗示,也不准诱使辨认人按照侦查人员的意志进行辨认。

7. 对辨认人的保护

对犯罪嫌疑人的辨认,辨认人不愿意公开进行时,可以在不暴露辨认人的情况下进行,并应当为其保守秘密。

8. 制作《辨认笔录》

对辨认经过和结果,应当制作辨认笔录,由侦查人员签名、辨认人、见证人签名。必要时,应当对辨认过程进行录音或者录像。

文书填写示例:

辨认笔录

时　　间　201×年8月15日13时20分至201×年8月15日14时05分
地　　点　××市公安局治安支队
侦查人员姓名、单位　　王××、李××，××市公安局治安支队
辨认人姓名、住址、单位　孙××，××市××区××路××号，××市××检察院门卫
见证人姓名、住址、单位　张××，××市××区××路××号，××市××区××居委会主任
辨认对象　不同男性正面免冠照片15张
辨认目的　让辨认人在本组照片中辨认聚众冲击国家机关的首要犯罪嫌疑人
辨认过程及结果　由本案侦查人员王××、李××主持在张××的见证下，由现场目击证人××市××检察院门卫孙××对不同的15张男性免冠照片进行辨认。辨认前，侦查人员王××、李××对孙××进行了询问，他说能够辨认出犯罪嫌疑人，于是，侦查人员在向其介绍了见证人张××，说明辨认要求后，将事先准备好的15张男性正面免冠照片，分别编号为1～15（照片情况见附页），无规则地摆放在办公桌上，由孙××近距离进行辨认，孙××仔细查看了每张照片，当看到第8张照片时，拿起该照片，确认该人就是聚众冲击检察院的首要分子，并说可以对辨认结果承担法律责任。

至此，辨认结束。

　　　　　　　　　　　　　　　侦查员：王××、李××
　　　　　　　　　　　　　　　辨认人：孙××
　　　　　　　　　　　　　　　见证人：张××
　　　　　　　　　　　　　　　记录人：侯××

十七、技术侦查

（一）技术侦查的概念和意义

对于严重危害社会的犯罪案件，在一些情况下采取技术侦查措施难以破案，或者难以取得犯罪犯罪的证据，可以适用技术侦查。技术侦查是侦破案件的有效手段

（二）技术侦查的适用阶段、适用条件以及适用案件范围的规定

公安机关在立案后，根据侦查犯罪的需要，可以对下列严重危害社会的犯罪案件采取技术侦查措施：

（1）危害国家安全犯罪、恐怖活动犯罪、黑社会性质的组织犯罪、重大毒品犯罪；

（2）故意杀人、故意伤害致人重伤或者死亡、强奸、抢劫、绑架、放火、爆炸、投放危险物质等严重暴力犯罪案件；

（3）集团性、系列性、跨区域性重大犯罪案件；

（4）利用电信、计算机网络、寄递渠道等实施的重大犯罪案件，以及针对计算

机网络实施的重大犯罪案件；

(5) 其他严重危害社会的犯罪案件，依法可能判处七年以上有期徒刑的。

公安机关追捕被通缉或者批准、决定批捕的在逃的犯罪嫌疑人、被告人，可以采取追捕所必需的技术侦查措施。

(三) 实施技术侦查的主体、种类、对象的规定

技术侦查措施是指由设区的市一级以上公安机关负责技术侦查的部门实施的记录监控、行踪监控、通信监控、场所监控等措施。

记录监控，是指设区的市一级以上公安机关负责技术侦查的部门，根据侦查犯罪的需要，经过严格的批准手续，对法律规定可以使用技术侦查手段的各类刑事案件，通过通信业务服务商、网络运营服务商、网络信息服务商等部门调取特定对象和特定目标日志信息和通信交流轨迹，为办案部门侦查犯罪活动提供侦查方向、情报线索和诉讼阶段的证据支撑。

行踪监控，是指设区的市一级以上公安机关负责技术侦查的部门，根据侦查犯罪的需要，经过严格的批准手续，对法律规定可以使用技术侦查手段的各类刑事案件，使用专业设备秘密拍摄、录制涉及案件的相关犯罪活动情况、涉案人员情况的视频、语音和图片信息，为办案部门侦查犯罪活动提供侦查方向、情报线索和诉讼阶段的证据支撑。

通信监控，是指设区的市一级以上公安机关负责技术侦查的部门，根据侦查犯罪的需要，经过严格的批准手续，对法律规定可以使用技术侦查手段的各类刑事案件，使用专业设备和手段对涉及案件的特定对象和特定目标开展电话监听、短信监控、互联网上各类虚拟身份活动情况的监视，为办案部门侦查犯罪活动提供侦查方向、情报线索和诉讼阶段的证据支撑。

场所监控，是指设区的市一级以上公安机关负责技术侦查的部门，根据侦查犯罪的需要，经过严格的批准手续，对法律规定可以使用技术侦查手段的各类刑事案件，使用专业设备和手段对涉及案件的特定场所开展的监视，为办案部门侦查犯罪活动提供侦查方向、情报线索和诉讼阶段的证据支撑。

技术侦查措施的适用对象是犯罪嫌疑人、被告人以及与犯罪活动直接关联的人员。

(四) 侦查措施的批准

(1) 需要采取技术侦查措施的，应当制作呈请采取技术侦查措施报告书，报设区的市一级以上公安机关负责人批准，制作采取技术侦查措施决定书。

人民检察院等部门决定采取技术侦查措施，交公安机关执行的，由设区的市一级以上公安机关按照规定办理相关手续后，交负责技术侦查的部门执行，并将执行情况通知人民检察院等部门。

《采取技术侦查措施决定书》包括三联,分为正页、副本、存根部门。

正页是通知委托部门采取技术侦查措施决定的文书。

副本是交付办案部门采取技术侦查措施回执凭证。

存根是公安机关用作备查的材料。

文书填写示例:

××公安局

采取技术侦查措施决定书

(存　根)

×公(刑)决技字〔201×〕18号

案件名称　　柳×合同诈骗案
案件编号　　××××××号
办案部门　　××市公安局经侦支队
办　案　人　　吴××、章××
适用对象　　柳×
措施种类　　通信监控
起止时间　　201×年××月××日至201×年××月××日
批　准　人　　高××
批准时间　　201×年××月××日
填发时间　　201×年××月××日
填　发　人　　吴××

××公安局

采取技术侦查措施决定书

(副本)

×公(刑)决技字〔201×〕18号

　　因侦查犯罪的需要,根据《中华人民共和国刑事诉讼法》第一百四十八条、第一百四十九条规定,现决定自201×年×月××日至201×年××月××日,对柳×合同诈骗案的手机188××××××××采取通信监控技术侦查措施。

(公安局印)

二〇一×年××月××日

此联交办案部门

```
                          ××公安局
                      采取技术侦查措施决定书
                      ×公(刑)决技字〔201×〕18号
    因侦查犯罪的需要,根据《中华人民共和国刑事诉讼法》第一百四十八条、第一百四十九
条规定,现决定自201×年×月××日至201×年×月××日,对柳×合同诈骗案的手机
188××××××××采取通信监控技术侦查措施。
                                                    (公安局印)
                                                二〇一×年××月××日
```
此联交负责技术侦查的部门

（2）批准采取技术侦查措施的决定自签发之日起三个月以内有效。在有效期限内,对不需要继续采取技术侦查措施的,办案部门应当立即书面通知负责技术侦查的部门解除技术侦查措施;负责技术侦查的部门认为需要解除技术侦查措施的,报批准机关负责人批准,制作解除技术侦查措施决定书,并及时通知办案部门。

对复杂、疑难案件,采取技术侦查措施的有效期限届满仍需要继续采取技术侦查措施的,经负责技术侦查的部门审核后,报批准机关负责人批准,制作延长技术侦查措施期限决定书。批准延长期限,每次不得超过三个月。

有效期限届满,负责技术侦查的部门应当立即解除技术侦查措施。

（五）技术侦查措施的执行要求

采取技术侦查措施,必须严格按照批准的措施种类、适用对象和期限执行。

在有效期限内,需要变更技术侦查措施种类或者适用对象的,应当按照《公安机关办理刑事案件程序规定》第二百五十六条规定重新办理批准手续。

（六）关于技术侦查的其他规定

（1）采取技术侦查措施收集的材料在刑事诉讼中可以作为证据使用。使用技术侦查措施收集的材料作为证据时,可能危及有关人员的人身安全,或者可能产生其他严重后果的,应当采取不暴露有关人员身份和使用的技术设备、侦查方法等保护措施。

采取技术侦查措施收集的材料作为证据使用的,采取技术侦查措施决定书应当附卷。

（2）采取技术侦查措施收集的材料,应当严格依照有关规定存放,只能用于对犯罪的侦查、起诉和审判,不得用于其他用途。

采取技术侦查措施收集的与案件无关的材料,必须及时销毁,并制作销毁记录。

（3）侦查人员对采取技术侦查措施过程中知悉的国家秘密、商业秘密和个人隐私，应当保密。

公安机关依法采取技术侦查措施，有关单位和个人应当配合，并对有关情况予以保密。

（4）为了查明案情，在必要的时候，经县级以上公安机关负责人决定，可以由侦查人员或者公安机关制定的其他人员隐匿身份实施侦查。

隐匿身份实施侦查时，不得使用促使他人产生犯罪意图的方法诱使他人犯罪，不得采用可能危害公共安全或者发生重大人身危险的方法。

（5）对涉及给付毒品等违禁品或者财物的犯罪活动，为查明参与该项犯罪的人员和犯罪事实，根据侦查需要，经县级以上公安机关负责人决定，可以实施控制下交付。

（6）公安机关依照本节规定实施隐匿身份侦查和控制下交付收集的材料在刑事诉讼中可以作为证据使用。

使用隐匿身份侦查和控制下交付收集的材料作为证据时，可能危及隐匿身份人员的人身安全，或者可能产生其他严重后果的，应当采取不暴露有关人员身份等保护措施。

十八、通缉

（一）通缉的概念和意义

通缉，是指公安机关通令缉拿应当逮捕而在逃的犯罪嫌疑人的一种侦查行为。

通缉是公安机关内部通力合作、协同作战，及时制止和打击犯罪的一种重要手段，又是公安机关依靠群众同犯罪作斗争的一项有力措施。

（二）通缉的适用的对象

被通缉的对象仅限于依法应当逮捕而在逃的犯罪嫌疑人，包括依法应当逮捕而在逃的和已被逮捕但在羁押期间逃跑的犯罪嫌疑人。

（三）通缉的主体

只有县级以上的公安机关有权发布通缉令，其他任何机关、团体、单位、组织和个人都无权发布。人民检察院在办理自侦案件过程中，需要追捕在逃的犯罪嫌疑人时，经检察长批准，有权作出通缉决定后，但仍需由公安机关发布通缉令。

（四）通缉令的发布

1. 通缉令发布的范围

县级以上公安机关在自己管辖的地区内，可以直接发布通缉令；超出自己管辖的地区，应当报请有权决定的上级公安机关发布。通缉令的发送范围，由签发通缉令的公安机关负责人决定。

2. 通缉令的内容

通缉令中应当尽可能写明被通缉人的姓名、别名、曾用名、绰号、性别、年龄、民族、籍贯、出生地、户籍所在地、居住地、职业、身份证号码、衣着和体貌特征、口音、行为习惯，并附被通缉人近期照片，可以附指纹及其他物证的照片。除了必须保密的事项以外，应当写明发案的时间、地点和简要案情。

《通缉令》由正本和存根两部分组成。

文书填写示例：

```
                    ××公安局
                    通  缉  令
                    （存  根）
                ×公(刑)缉字〔201×〕11号
案 件 名 称    张××强迫卖淫案
案 件 编 号    ××××××
被 通 缉 人    张××  男
出 生 日 期    ××××年××月××日
身 份 证 号 码  ×××××××××××××××××
住       址    ××市×区××路×号
单 位 及 职 业  无业
通 缉 时 间    201×年××月××日
批 准 人       高××
批 准 时 间    201×年××月××日
办 案 人       吴××、章××
办 案 单 位    ××市公安局治安支队
填 发 时 间    201×年××月××日
填 发 人       吴××
```

```
                    通  缉  令
                ×公(刑)缉字〔201×〕11 号
发布范围:×省各市公安局
简要案情:××××××××××××××××××××××××
×××××××××××××××××××
犯罪嫌疑人的基本情况、在逃人员网上编号、身份证件号码、体貌特征、携带物品、特长:××
××××××××××××××××××××××
工作要求和注意事项:望各局接此通缉令候,立即部署力量,严密控制,注意查缉,如发现犯
罪嫌疑人,立即拘捕,并告知省公安厅治安总队。
联系人、联系电话:吴××   ××××××××××
附:1.犯罪嫌疑人照片、指纹。
   2.犯罪嫌疑人社会关系(不公开)。
                                           (公安局印)
                                     二○一×年××月××日
抄送部门:××市公安局   ××市公安局
```

3. 补发通报

通缉令发出后,如果发现新的重要情况可以补发通报。通报必须注明原通缉令的编号和日期。

(五)查缉

公安机关接到通缉令后,应当及时布置查缉。抓获犯罪嫌疑人后,报经县级以上公安机关负责人批准,凭通缉令或者相关法律文书羁押,并通知通缉令发布机关进行核实,办理交接手续。

(六)边控措施

需要对犯罪嫌疑人在口岸采取边控措施的,应当按照有关规定制作边控对象通知书,经县级以上公安机关负责人审核后,层报省级公安机关批准,办理全国范围内的边控措施。需要限制犯罪嫌疑人人身自由的,应当附有关法律文书。

紧急情况下,需要采取边控措施的,县级以上公安机关可以出具公函,先向当地边防检查站交控,但应当在七日以内按照规定程序办理全国范围内的边控措施。

(七)悬赏通告

(1)为发现重大犯罪线索、追缴涉案财物、证据,查获犯罪嫌疑人,必要时经县级以上公安机关负责人批准,可以发布悬赏通告。

悬赏通告应当写明悬赏对象的基本情况和赏金的具体数额。

(2)通缉令、悬赏通告应当广泛张贴，并可以通过广播、电视、报刊、计算机网络等方式发布。

(八)通缉令、悬赏通告的发布与撤销

经核实，犯罪嫌疑人已经自动投案、被击毙或者被抓获，以及发现有其他不需要采取通缉、边控、悬赏通告的情形的，发布机关应当在原通缉、通知、通告范围内，撤销通缉令、边控通知、悬赏通告。

撤销通缉时应制作《关于撤销×××号通缉令的通知》，该通知包括正页和存根两联。

正页填写原通缉令的发文字号、发布范围(应与原通缉令发布范围一致)、被通缉犯罪嫌疑人的姓名、犯罪嫌疑人死亡或归案的时间、地点以及死亡或归案的具体情况、抄送部门(应与原抄送部门一致)。

存根联由公安机关留档备查。

文书填写示例：

```
                    ××公安局
           关于撤销〔201×〕11号通缉令的通知
                    (存  根)
                ×公(刑)撤缉字〔201×〕9号
案 件 名 称   刘×非法持有枪支案
案 件 编 号   ××××××号
被 通 缉 人   刘×  男
出 生 日 期   ××××年××月××日
身 份 证 号 码  ××××××××××××××××
住       址   ××市×区××路×号
单位及职业    无业
通 缉 时 间   201×年××月××日
撤 销 原 因   犯罪嫌疑人刘×被当场击毙
批   准   人   高××
批 准 时 间   201×年××月××日
办  案  人    吴××、章××
办 案 单 位   ××市公安局治安支队
填 发 时 间   201×年××月××日
填  发  人    吴××
```

```
关于撤销×公缉字〔201×〕11 号
           通缉令的通知
         ×公(刑)撤缉字〔201×〕9 号
发布范围:×省各市公安局
内容:
×公缉字〔201×〕11 号通缉令通缉的刘×,于 201×年×月×日在×省×市已被当场击毙,
请撤销通缉工作。

                                      (公安局印)
                                 二〇一×年××月××日
抄送部门:××市公安局  ××市公安局
```

(九)通缉越狱逃跑的犯罪嫌疑人、被告人和罪犯的规定

通缉越狱逃跑的犯罪嫌疑人、被告人或者罪犯,适用通缉应当逮捕的犯罪嫌疑人的有关规定。如,县级以上公安机关在自己管辖的地区内,可以直接发布通缉令;超出自己管辖的地区,应当报请有权决定的上级公安机关发布。再如,通缉令发出后,如果发现新的重要情况可以补发通报等等。

十九、拘传

(一)拘传的概念

拘传,是指公安机关、人民检察院和人民法院强制未被羁押的犯罪嫌疑人、被告人到案接受讯问的强制方法。拘传是法定五种刑事强制措施中最轻微的一种。

(二)拘传的适用条件

1. 拘传的适用对象

拘传的适用对象是未被羁押的犯罪嫌疑人、被告人,对已经在押的犯罪嫌疑人、被告人进行讯问,可随时进行,不需要拘传。

经过合法传唤,无正当理由拒不到案并不是拘传的必要条件。适用拘传并没有这一前提性条件的要求。所以,公、检、法机关在没有经过传唤的情况下直接适用拘传并不违法。当然,按通常情况应是先合法传唤,在犯罪嫌疑人、被告人无正当理由拒不到庭的情况下,再实施拘传。在实践中,是先传唤,还是直接进行拘传,由公、检、法机关根据案件的具体情况和诉讼的需要决定。

2. 拘传的地点

拘传的地点,应在犯罪嫌疑人、被告人所在的市、县以内。如果犯罪嫌疑人的工作单位、户籍地与居住地不在同一市、县的,拘传应当在犯罪嫌疑人的工作单位所在地的市、县进行;特殊情况下,也可以在犯罪嫌疑人户籍地或者居住地所在的市、县内进行。

3. 拘传的审批程序

公安机关拘传犯罪嫌疑人应当出示拘传证，并责令其在拘传证上签名、捺指印。

犯罪嫌疑人到案后，应当责令其在拘传证上填写到案时间；拘传结束后，应当由其在拘传证上填写拘传结束时间。犯罪嫌疑人拒绝填写的，侦查人员应当在拘传证上注明。

《拘传证》共二联，包括附卷联、存根联。

附卷联。包括首部、正文、尾部三部分。首部包括制作机关名称、文书名称和发文字号。正文填写执行拘传的侦查员姓名、犯罪嫌疑人姓名、性别、年龄、住址（犯罪嫌疑人户口所在地的地址，或者其暂住超过一年的居住地地址）。尾部填写制作文书日期，并加盖公安局印章、公安局局长印章。其中，公安局局长印章盖在公安局印章的左上方。

存根联。由制作《拘传证》的单位存档备查。依次写明发文字号、犯罪嫌疑人涉嫌的案件名称、案件编号、犯罪嫌疑人姓名、性别、年龄、住址、单位及职业、拘传原因、批准人的姓名、批准时间、执行人姓名、办案单位、填发时间、填发人姓名。

文书填写示例：

```
            ××公安局
             拘 传 证
              （存 根）
         ×公(刑)拘传字〔201×〕11号
案 件 名 称  柳×传播淫秽物品案
案 件 编 号  ××××××号
犯罪嫌疑人  柳×  男
出 生 日 期  ××××年××月××日
住      址  ××市×区××路×号
单位及职业  无业
拘 传 原 因  接受讯问
批  准  人  高××
批 准 时 间  201×年××月××日
执  行  人  吴××、章××
办 案 单 位  ××市公安局治安支队
填 发 时 间  201×年××月××日
填  发  人  吴××
```

```
                        ××公安局
                        拘 传 证
                    ×公(刑)拘传字〔201×〕11号
    根据《中华人民共和国刑事诉讼法》第六十四条之规定,兹派我局侦查人员王××、孙×
×对柳×(性别男,××××年××月××日,住址××市××区××路××号)执行拘传。
                                            公安局(印)
                                            二〇一×年××月××日
本证已于201×年××月××日××时向我宣布。
              被拘传人柳×(捺指印)
拘传到案时间  201×年××月××日××时。
              被拘传人柳×(捺指印)
讯问结束时间  201×年××月××日××时。
              被拘传人柳×(捺指印)
```

此联附卷

(三)拘传的期限

拘传持续的时间不得超过十二小时;案情特别重大、复杂,需要采取拘留、逮捕措施的,经县级以上公安机关负责人批准,拘传持续的时间不得超过二十四小时。不得以连续拘传的形式变相拘禁犯罪嫌疑人。

拘传期限届满,未作出采取其他强制措施决定的,应当立即结束拘传。

拘传持续的时间不得超过十二小时,不得以连续拘传的形式变相拘禁犯罪嫌疑人。"以连续拘传的形式变相拘禁犯罪嫌疑人"的表现是,一次拘传期限届满了不释放被拘传人,又出示一张拘传证再次拘传被拘传人。

根据上述规定,公安机关在拘传时限内未作出采取其他强制措施决定的,拘传时限届满时应当立即结束拘传。这就要求,需要将拘传变更为其他强制措施的,应当在拘传期间内作出决定,拘传时限届满时采取其他强制措施决定未作出的,应当立即释放被拘传人。

二十、取保候审

(一)取保候审的概念

刑事诉讼中的取保候审,是指公安机关、人民检察院和人民法院责令犯罪嫌疑人、被告人提出保证人或者交纳保证金并出具保证书,以保证随传随到的一种强制方法。

(二)取保候审适用的对象

取保候审的适用对象为:

(1)可能判处管制、拘役或者独立适用附加刑的。对于罪刑较轻,没有必要逮捕,但有可能逃避侦查、起诉和审判及其他妨碍诉讼顺利进行的犯罪嫌疑人,被告人,可以采用取保候审。

(2)可能判处有期徒刑以上刑罚,采取取保候审不致发生社会危险性的。对于罪行较重,但在采取取保候审时不致发生社会危险性,而没有逮捕必要的犯罪嫌疑人,被告人,可以采用取保候审。

(3)患有严重疾病、生活不能自理,怀孕或者正在哺乳自己婴儿的妇女,采取取保候审不致发生社会危险性的。"患有严重疾病"主要是指以下情况:患有精神病或者急性传染病的;患有其他严重疾病,在羁押中可能发生生命危险或者生活不能自理的。对于"严重疾病"的把握,应履行严格的检查和审批程序。此外,如果是正在怀孕或者正在哺乳自己婴儿的妇女,采取取保候审不致发生社会危险性的,从人道主义出发,也可对其采取不予羁押、强制程度较低的取保候审措施。需要强调的是,存在"患有严重疾病、正在怀孕或者哺乳自己婴儿的妇女"的情形只是公安机关考虑是否采取取保候审措施的前提条件,关键还是要看其是否存在社会危害性。

(4)羁押期限届满,案件尚未办结,需要继续侦查的。这是对于已经被采取了拘留或者逮捕措施的犯罪嫌疑人,在羁押期限届满,案件尚未办结,需要继续侦查情况下对拘留或逮捕措施所采取的一种替代措施。

对拘留的犯罪嫌疑人,证据不符合逮捕条件,以及提请逮捕后,人民检察院不批准逮捕,需要继续侦查,并且符合取保候审条件的,可以依法取保候审。

(三)禁止适用取保候审的对象

根据公安部《公安机关办理刑事案件程序规定》第78条规定:对累犯、犯罪集团的主犯,以自伤、自残办法逃避侦查的犯罪嫌疑人,严重暴力犯罪以及其他严重犯罪的犯罪嫌疑人不得取保候审,但犯罪嫌疑人具有本规定第七十七条第一款第三项、第四项规定情形的除外。

(四)取保候审的申请

需要对犯罪嫌疑人取保候审的,应当制作呈请取保候审报告书,说明取保候审的理由、采取的保证方式以及应当遵守的规定,经县级以上公安机关负责人批准,制作取保候审决定书。取保候审决定书应当向犯罪嫌疑人宣读,由犯罪嫌疑人签名、捺手印。

《取保候审决定书》包括交被取保候审人联、交执行单位联、和附卷联三联。

文书填写示例：

××公安局
取保候审通知书
（存　根）
×公(刑)取保字〔201×〕23 号

案　件　名　称	柳××强迫卖淫案
案　件　编　号	×××××号
被取保候审人	柳××　男
出　生　日　期	××××年××月××日
住　　　　　址	××市×区××路×号
单位及职业	无业
取　保　原　因	患有严重疾病
起　算　时　间	201×年××月××日
保　证　人	郭××　男
出　生　日　期	××××年××月××日
保　证　金	
办　案　单　位	××市公安局治安支队
执　行　机　关	××县公安局××派出所
批　准　人	高××
批　准　时　间	201×年××月××日
填　发　时　间	201×年××月××日
填　发　人	吴××

××公安局
取保候审决定书
（副　本）
×公(刑)取保字〔201×〕23 号

犯罪嫌疑人：柳××，性别男，出生日××××年××月××日，住址××市××区××路××楼××号，单位及职业××县××厂工人，联系方式××××××××××。

我局正侦查柳××强迫卖淫案，因犯罪嫌疑人柳××患有严重的心脏病，根据《中华人民共和国刑事诉讼法》第六十五条之规定，决定对其取保候审，期限从××××年××月××日起算。犯罪嫌疑人应当接受保证人郭××的监督。

（公安局印）
××××年××月××日

本决定书已收到。
被取保候审人：柳××（捺指印）
××××年××月××日

此联附卷

```
                    ××公安局
                  取保候审决定书
                 ×公(刑)取保字〔201×〕23号
    犯罪嫌疑人柳××,性别男,出生日××××年××月××日,住址××市××区××
路××楼××号,单位及职业××县××厂工人,联系方式××××××××××。
    我局正侦查柳××强迫卖淫案,因犯罪嫌疑人柳××患有严重的心脏病,根据《中华人
民共和国刑事诉讼法》第六十五条之规定,决定对其取保候审,期限从××××年××月×
×日起算。犯罪嫌疑人应当接受保证人郭××的监督。
                                         (公安局印)
                                      ××××年××月××日
```
此联交被取保候审人

```
                    ××公安局
                  取保候审执行通知书
                 ×公(刑)取保字〔201×〕23号
××县公安局××派出所:
    因犯罪嫌疑人柳××患有严重的心脏病,我局正侦查柳××强迫卖淫案决定对犯罪嫌
疑人柳××(性别男,出生日××××年××月××日,住址××市××区××路××楼
××号,单位及职业××县××厂工人,联系方式××××××××××)取保候审,交由你
单位执行,取保候审期限从××××年××月××日起算。
    被取保候审人接受保证人郭××的监督。
                                         (公安局印)
                                      ××××年××月××日
```
此联交执行单位

(五)取保候审的方式

公安机关决定对犯罪嫌疑人取保候审的,应当责令犯罪嫌疑人提出保证人或者交纳保证金。对同一犯罪嫌疑人,不得同时责令其提出保证人和交纳保证金。由此可见,取保候审有人保和财产保两种方式。

符合取保候审条件的犯罪嫌疑人既不交纳保证金,又无保证人担保的,可以监视居住。

1. 保证人保证

保证人保证是指公安机关责令犯罪嫌疑人提出保证人并出具保证书,由其以个人身份保证被保证人在取保候审期间不逃避和妨碍侦查,并随传随到的保证方式。

（1）保证人的条件。采取保证人保证的，保证人必须符合以下条件，并经公安机关审查同意：与本案无牵连；有能力履行保证义务；享有政治权利，人身自由未受到限制；有固定的住处和收入。

（2）保证人的义务。保证人应当履行下列义务：监督被保证人遵守有关规定；发现被保证人可能发生或者已经发生违反规定的行为的，应当及时向执行取保候审的执行机关报告。保证人应当填写保证书，并在保证书上签名、捺指印。

《取保候审保证书》，它包括首部、正文、尾部三部分。

首部：主要指文书名称。

正文：依次填写清楚保证人住址、单位及职业、犯罪嫌疑人姓名、保证人与犯罪嫌疑人的关系、决定取保候审的公安机关的名称。

尾部：填写决定取保候审的公安机关的名称，然后由保证人签名，并填写制作保证书的日期。

文书填写示例：

取保候审保证书

我叫张××，性别男，年龄45岁，现住××市××区××路××号，身份证件名称身份证号码××××××××××××××××，单位及职务××市××区××公司销售经理，联系方式电话：×××××××××，与犯罪嫌疑人张×是父子关系。

我自愿向××市公安局作如下保证：

监督犯罪嫌疑人张×在取保候审期间遵守下列规定：

（一）未经执行机关批准不得离开所居住的市、县；

（二）住址、工作单位和联系方式发生变动的，在二十四小时以内向执行机关报告；

（三）在传讯的时候及时到案；

（四）不得以任何形式干扰证人作证；

（五）不得毁灭、伪造证据或者串供。

监督被取保候审人遵守以下规定：

（一）不得进入××等场所；

（二）不得与××会见或者通信；

（三）不得从事××等活动；

（四）将××证件交执行机关保存。

本人未履行保证义务的，愿承担法律责任。

此致

××市公安局

保证人张××
××××年××月××日

(3)对不履行义务的保证人的处罚。被保证人违反应当遵守的规定,保证人未履行保证义务的,查证属实后,经县级以上公安机关负责人批准,对保证人处一千元以上二万元以下罚款;构成犯罪的,依法追究刑事责任。

《对保证人罚款决定书》包括正本、副本和存根三个部分。

《对保证人罚款决定书》的正本,包括首部、正文、尾部三部分。首部包括制作机关名称、文书名称和发文字号。正文部分填写保证人的基本情况(包括姓名、性别、年龄、住址、单位及职业。其次写明被取保候审人的基本情况,包括姓名、性别、年龄、住址、单位及职业)、被取保候审人姓名、保证人姓名、保证人姓名、罚款数额,保证人不服罚款决定,申请复核的公安机关名称。尾部填写制作文书日期,并加盖公安局印章。

《对保证人罚款决定书》的副本,包括首部、正文、尾部三部分。首部包括制作机关名称、文书名称、发文字号。正文部分先写清被保证人(犯罪嫌疑人)姓名、然后填清保证人(被罚款人)姓名和罚款数额。尾部要填写制作日期,并加盖公安机关印章。在对保证人宣布罚款后,由被罚款人在副页下端写清向其宣布的日期,并签名。

存根:由制作单位存档备查。

文书填写示例:

××公安局
对保证人罚款决定书
(存 根)
×公(刑)保罚字〔201×〕11号

案 件 名 称	柳××强迫交易案
案 件 编 号	××××××号
保 证 人	吴×× 男
出 生 日 期	××××年××月××日
住 址	××市×区××路×号
被取保候审人	柳×× 男
出 生 日 期	××××年××月××日
罚 款 原 因	未履行保证人义务
罚款数额(大写)	叁仟
批 准 人	高××
批 准 时 间	201×年××月××日
办 案 人	吴××、章××
办 案 单 位	××市公安局治安支队
填 发 时 间	201×年××月××日
填 发 人	吴××

××公安局
对保证人罚款决定书
（副　本）
×公（刑）保罚字〔201×〕11号

　　保证人吴××，性别男，出生日期××××年××月××日，住址××市××区××路××号，单位及职业××市环保局干部。

　　被取保候审人柳××，性别男，出生日期××××年××月××日，住址××市××区××路××号，单位及职业无业。

　　因被取保候审人柳××在取保候审期间有违反《中华人民共和国刑事诉讼法》第六十九条的规定，保证人未履行保证义务，根据《中华人民共和国刑事诉讼法》第六十八条之规定，决定对保证人处以罚款（大写）叁仟元。

　　如不服本决定，保证人可以在收到决定书之日起五日以内向××市公安局申请复议一次。

（公安局印）

二〇一×年××月××日

本决定书已收到。

　　保证人吴××（捺指印）

　　　　201×年××月××日

此联附卷

××公安局
对保证人罚款决定书
×公（刑）保罚字〔201×〕11号

　　保证人吴××，性别男，出生日期××年××月××日，住址××市××区××路××号，单位及职业××市环保局干部。

　　被取保候审人柳××，性别男，年龄21岁，住址××市××区××路××号，单位及职业无业。

　　因被取保候审人在取保候审期间有违反《中华人民共和国刑事诉讼法》第六十九条的规定，保证人未履行保证义务，根据《中华人民共和国刑事诉讼法》第六十八条之规定，决定对保证人处以罚款（大写）叁仟元。

　　如不服本决定，保证人可以在收到决定书之日起五日以内向××市公安局申请复议一次。

（公安局印）

二〇一×年××月××日

此联交保证人

```
                    ××公安局
                   对保证人罚款通知书
                 ×公（刑）保罚字〔201×〕11 号
×××公安局：
    你局于××××年××月××日以×公（刑）取保字〔201×〕11号决定书对犯罪嫌疑人柳××（性别男，出生日期××××年××月××日，住址××市××区××路××楼××号）取保候审，保证人吴××，性别男，出生日期××××年××月××日，住址××市××区××路××楼××号。
    因被取保候审人在取保候审期间有违反《中华人民共和国刑事诉讼法》第六十九条的规定，保证人未履行保证义务，根据《中华人民共和国刑事诉讼法》第六十八条之规定，决定对保证人处以罚款（大写）叁仟元。
                                （公安局印）
                             二〇一×年××月××日
```

此联交取保候审决定机关

（4）保证人的复议。决定对保证人罚款的，应当报经县级以上公安机关负责人批准，制作对保证人罚款决定书，在三日以内向保证人宣布，告知其如果对罚款决定不服，可以在五日以内向作出决定的公安机关申请复议。公安机关应当在收到复议申请后七日以内作出决定。

保证人对复议决定不服的，可以在收到复议决定书后五日以内向上一级公安机关申请复核一次。上一级公安机关应当在收到复核申请后七日以内作出决定。对上级公安机关撤销或者变更罚款决定的，下级公安机关应当执行。

（5）保证人的变更。对犯罪嫌疑人采取保证人保证的，如果保证人在取保候审期间情况发生变化，不愿继续担保或者丧失担保条件，应当责令被取保候审人重新提出保证人或者交纳保证金，或者作出变更强制措施的决定。

负责执行的公安机关应当自发现保证人不愿继续担保或者丧失担保条件之日起三日以内通知决定取保候审的机关。

2. 保证金保证

（1）保证金的数额。犯罪嫌疑人的保证金起点数额为人民币一千元。具体数额应当综合考虑保证诉讼活动正常进行的需要、犯罪嫌疑人的社会危害性、案件的性质、情节、可能判处刑罚的轻重以及犯罪嫌疑人的经济状况等情况确定。

（2）保证金的交纳方式。县级以上公安机关应当在其指定的银行设立取保候审保证金专门账户，委托银行代为收取和保管保证金。

提供保证金的人,应当一次性将保证金存入取保候审保证金专门账户。保证金应当以人民币交纳。

保证金应当由办案部门以外的部门管理。严禁截留、坐支、挪用或者以其他任何形式侵吞保证金。

(3) 没收保证金。需要没收保证金的,应当经过严格审核后,报县级以上公安机关负责人批准,制作没收保证金决定书。决定没收五万元以上保证金的,应当经设区的市一级以上公安机关负责人批准。

没收保证金的决定,公安机关应当在三日以内向被取保候审人宣读,并责令其在没收保证金决定书上签名、捺指印;被取保候审人在逃或者具有其他情节不能到场的,应当向其成年家属、法定代理人、辩护人或者单位、居住地的居民委员会、村民委员会宣布,由其成年家属、法定代理人、辩护人或者单位、居住地的居民委员会或者村民委员会的负责人在没收保证金决定书上签名。

被取保候审人或者其成年家属、法定代理人、辩护人、单位、居民委员会、村民委员会负责人拒绝签名的,公安机关应当在没收保证金决定书上注明。

《没收保证金决定书》包括四联,即附卷联、存根、交银行联、交被取保候审人联。

交被取保候审人联是《没收保证金决定书》的正本。包括首部、正文、尾部三部分。首部填写制作机关名称、文书名称、发文字号。正文部分填写被取保候审人姓名、性别、年龄、住址、单位及职业,后填写被取保候审人姓名、没收保证金的理由、没收的保证金数额(大写)、被取保候审的犯罪嫌疑人不服没收决定时,可以提出申请复核的公安机关名称。尾部填写制作日期,并加盖公安局印章。

附卷联是《没收保证金决定书》副本,包括首部、正文、尾部三部分。首部包括制作机关名称、文书名称、发文字号。正文包括填写犯罪嫌疑人姓名以及写明没收保证金的原因及数额。尾部填写制作日期,并加盖公安机关印章。

存根:由制作单位存档备查。

交银行联包括首部、正文、尾部三部分。首部包括制作机关名称、文书名称、发文字号。正文首先写清公安机关指定的银行名称,然后依次写明被取保候审人姓名、没收保证金的原因、没收保证金的数额。尾部包括填写制作日期,并加盖公安机关印章。

文书填写示例:

××公安局
没收保证金决定通知书
（存　根）
×公(刑)没保字〔201×〕23号

案　件　名　称　　王×销售伪劣产品案
案　件　编　号　　××××××号
被取保候审人　　王×　男
出　生　日　期　　××××年××月××日
单　位　及　职　业　　××市××厂工人
取保候审决定机关　　××市公安局
保证金数额(大写)　　叁仟元
没收数额(大写)　　叁仟元
没　收　原　因　　王×未经批准擅自离开××区
办　理　银　行　　××市××银行××路支行
批　准　人　　高××
批　准　时　间　　201×年××月××日
办　案　人　　吴××、章××
办　案　单　位　　××市公安局治安支队
填　发　时　间　　201×年××月××日
填　发　人　　吴××

××公安局
没收保证金决定书
（副　本）
×公(刑)没保字〔201×〕23号

　　被取保候审人：王×,性别男,出生日期××××年××月××日,住址：××市××区××路××号,单位及职业无业。

　　因被取保候审人王×在取保候审期间未经批准擅自离开××区,根据《中华人民共和国刑事诉讼法》第六十九条之规定,决定没收其交纳的取保候审保证金(大写)叁仟元。

　　如不服本决定,被取保候审人可以在收到决定书之日起五日以内向××市公安局申请复议一次。

（公安局印）
二〇一×年××月××日

本决定书已收到。

　　被取保候审人王×(捺指印)
　　（被取保候审人在逃的,由其家属、法定代理人或单位负责人签收）
201×年××月××日

此联附卷

××公安局
没收保证金决定书
×公(刑)没保字〔201×〕23号

被取保候审人:王×,性别男,出生日期××××年××月××日,住址:××市××区××路××号,单位及职业无业。

因被取保候审人王×在取保候审期间未经批准擅自离开××区,根据《中华人民共和国刑事诉讼法》第六十九条之规定,决定没收其交纳的取保候审保证金(大写)叁仟元。

如不服本决定,被取保候审人可以在收到决定书之日起五日以内向××市公安局申请复议一次。

(公安局印)

二〇一×年××月××日

此联交被取保候审人(被取保候审人在逃的,此联交其家属、法定代理人或其单位)

××公安局
没收保证金通知书
×公(刑)没保字〔201×〕23号

××市××银行××路支行:

因被取保候审人王×(性别男,出生日期××××年××月××日,住址××市××区××路××号)在取保候审期间未经批准擅自离开××区,根据《中华人民共和国刑事诉讼法》第六十九条之规定,决定没收其交纳的取保候审保证金(大写)叁仟元。请予以办理。

(公安局印)

二〇一×年××月××日

此联交银行

××公安局
没收保证金通知书
(回　执)
×公(刑)没保字〔201×〕23号

××公安局:

你单位通知没收被取保候审人王×(性别男,出生日期××××年××月××日,住址××市××区××路××号)的保证金(大写)叁仟元,我单位已办理完毕。

(银行印)

二〇一×年××月××日

此联由银行填写后退公安机关附卷

公安机关向犯罪嫌疑人宣读没收保证金决定书时,应当告知其对没收保证金的决定不服的,被取保候审人或者其法定代理人可以在五日以内向作出决定的公安机关申请复议。公安机关应当在收到复核申请后七日以内作出决定。

被取保候审人或者其法定代理人对复议决定不服的,可以在收到复议决定书后五日以内向上一级公安机关申请复核一次。上一级公安机关应当在收到复核申请后七日以内作出决定。对上级公安机关撤销或者变更没收保证金决定的,下级公安机关应当执行。

没收保证金的决定已过复议期限,或者经上级公安机关复核后维持原判决的,公安机关应当及时通知指定的银行将没收的保证金按照国家的有关规定上缴国库,并在三日以内通知决定取保候审的机关。

(4) 退还保证金。被取保候审人在取保候审期间,没有违反《公安机关办理刑事案件程序规定》第八十五条、第八十六条有关规定,也没有重新故意犯罪的,或者具有本规定第一百八十三条规定的情形之一的,在解除取保候审、变更强制措施的同时,公安机关应当制作退还保证金决定书,通知银行如数退还保证金。

被取保候审人或者其法定代理人可以凭退还保证金决定书到银行领取退还的保证金。

《退还保证金决定书》包括交被取保候审人联、交银行联、附卷联和存根共四联。

附卷联包括首部、正文和尾部。首部包括制作机关名称、文书名称、发文字号。正文包括填写犯罪嫌疑人姓名以及写明退还保证金的数额。尾部填写制作日期,并加盖公安机关印章。最后,在向被取保候审人宣布退还保证金时,由其填写收到决定书的日期,并签名、捺指印。拒绝签名或者盖章的,公安机关应当予以注明。

存根:由制作单位存档备查。

交银行联:包括首部、正文和尾部。首部包括制作机关名称、文书名称、发文字号。正文首先要写清公安机关指定的银行名称,然后依次写明被取保候审人姓名、退还保证金的数额。尾部要填写制作日期,并加盖公安机关印章。

交被取保候审人联包括首部、正文、尾部。首部包括制作机关名称、文书名称、发文字号。正文包括填写犯罪嫌疑人姓名以及写明退还保证金的数额。尾部要填写制作日期,并加盖公安机关印章。

文书填写示例:

××公安局
退还保证金决定通知书
（存　根）
×公（刑）退保字〔201×〕11号

案　件　名　称　张×容留卖淫案
案　件　编　号　××××××号
被取保候审人　张×　男
出　生　日　期　××××年××月××日
保证金数额（大写）　叁仟元
退还数额（大写）　叁仟元
办　理　银　行　中国建设银行××市支行
批　准　人　高××
批　准　时　间　201×年×月×日
办　案　人　吴××、章××
办　案　单　位　××市公安局治安支队
填　发　时　间　201×年×月×日
填　发　人　吴××

××公安局
退还保证金决定书
（副　本）
×公（刑）退保字〔201×〕11号

　　被取保候审人：张×，性别男，出生日期××××年××月××日，住址××市××区××路××号，单位及职业××市××区××公司销售部经理。

　　因被取保候审人张×在取保候审期间遵守有关规定，根据《中华人民共和国刑事诉讼法》第七十一条之规定，决定退还其交纳的取保候审保证金（大写）叁仟元。请被取保候审人持此决定书、交款凭证和本人身份证件到中国建设银行××市支行领。

（公安局印）
二○一　年××月××日

本决定书已收到。
被取保候审人张×
　　201×年××月××日

此联交被取保候审人

```
                    ××公安局
                  退还保证金通知书
                 ×公(刑)退保字[201×]11号
中国建设银行××市支行：
    因被取保候审人张×(性别男,出生日期××××年××日××月,住址××市××区
××路××号)在取保候审期间遵守有关规定,根据《中华人民共和国刑事诉讼法》第七十一
条之规定,我局决定退还其交纳的取保候审保证金(大写)叁仟元。请予以办理。
                                            (公安局印)
                                      二〇一　年××月××日
```

此联交银行

```
                    ××公安局
                  退还保证金通知书
                    (回　执)
                 ×行(刑)退保字[201×]11号
××公安局：
    根据你局通知,我行已退还张×(性别男,出生日期××××年××月××日,住址××
市××区××路××号)交纳的取保候审保证金(大写)叁仟元。
                                             (银行印)
                                       二〇一　年××月××日
```

此联由银行填写后退办案机关附卷

(六) 被取保候审的犯罪嫌疑人遵守的规定

(1) 公安机关在宣布取保候审决定时,应当告知被取保候审人遵守以下规定：

①未经执行机关批准不得离开所居住的市、县；

②住址、工作单位和联系方式发生变动的,在二十四小时以内向执行机关报告；

③在传讯的时候及时到案；

④不得以任何形式干扰证人作证；

⑤不得毁灭、伪造证据或者串供。

(2) 公安机关在决定取保候审时,还可以根据案件情况,责令被取保候审人遵守以下一项或者多项规定：

①不得进入与其犯罪活动等相关联的特定场所；

②不得与证人、被害人及其近亲属、同案犯以及与案件有关联的其他特定人员会见或者以任何方式通信；

③不得从事与其犯罪行为等相关联的特定活动；

④将护照等出入境证件、驾驶证交执行机关保存。

公安机关应当综合考虑案件的性质、情节、社会影响、犯罪嫌疑人的社会关系等因素，确定特定场所、特定人员和特定活动的范围。

（七）取保候审的执行

公安机关决定取保候审的，应当及时通知犯罪嫌疑人居住地派出所执行。必要时，办案部门可以协助执行。

采取保证人担保形式的，应当同时送交有关法律文书、被取保候审人基本情况、保证人基本情况等材料。采取保证金担保形式的，应当同时送交有关法律文书、被取保候审人基本情况和保证金交纳情况等材料。

被取保候审人无正当理由不得离开所居住的市、县或者住处，有正当理由需要离开所居住的市、县的，应当经负责执行的派出所负责人批准。

人民法院、人民检察院决定取保候审的，负责执行的派出所在批准被取保候审人离开所居住的市、县前，应当征得决定机关同意。

执行取保候审的派出所应当履行下列职责：

（1）告知被取保候审人必须遵守的规定，及其违反规定或者在取保候审期间重新犯罪应当承担的法律后果；

（2）监督、考察被取保候审人遵守有关规定，及时掌握其活动、住址、工作单位、联系方式及变动情况；

（3）监督保证人履行保证义务；

（4）被取保候审人违反应当遵守的规定以及保证人未履行保证义务的，应当及时制止、采取紧急措施，同时告知决定机关。

执行取保候审的派出所可以责令被取保候审人定期报告有关情况并制作笔录。

（八）取保候审的期限及解除

公安机关在取保候审期间不得中断对案件的侦查，对取保候审的犯罪嫌疑人，根据案情变化，应当及时变更强制措施或者解除取保候审。取保候审最长不得超过十二个月。

需要解除取保候审的，由决定取保候审的机关制作解除取保候审决定书、通知书，送达负责执行的公安机关。负责执行的公安机关应当根据决定书及时解除取保候审，并通知被取保候审人、保证人和有关单位。

《解除取保候审决定书、通知书》包括交被取保候审人联、交执行机关联、交保证人联、附卷联、存根共五联。

交被取保候审人联是《解除取保候审决定书》的正本，包括首部、正文、尾部三部分。首部填写制作机关名称、文书名称、发文字号。正文部分填写被取保候审人姓名、性别、年龄、住址、单位及职业、取保候审的时间、犯罪嫌疑人姓名、解除取保候审的原因。尾部填写制作日期，并加盖公安局印章。

交执行机关联，包括首部、正文、尾部三部分。首部填写制作机关名称、文书名称、发文字号。正文填写执行取保候审的派出所名称、决定取保候审的机关、决定取保候审的时间、犯罪嫌疑人姓名、性别、年龄、住址、解除取保候审的原因。尾部填写制作日期，并加盖公安局印章。

交保证人联，包括首部、正文、尾部三部分。首部填写制作机关名称、文书名称、发文字号。正文填写保证人姓名、公安机关决定取保候审的时间、犯罪嫌疑人姓名、性别、年龄、住址、解除取保候审的原因。尾部填写制作日期，并加盖公安局印章。此联制作完毕后，送执行取保候审的派出所。

附卷联是《解除取保候审决定书》副本。此联制作完毕后，在向被取保候审人宣读解除取保候审决定后，应当责令其在本文书上签名（盖章）、捺指印，并注明日期存根联，由制作单位存档备查。

文书填写示例：

```
                  ××公安局
              解除取保候审决定/通知书
              ×公（刑）解保字〔201×〕23 号
案 件 名 称    王×容留卖淫案
案 件 编 号    ××××××号
被取保候审人   王×  男
出 生 日 期    ××××年××月××日
住       址    ××市××区××路××楼××号
取 保 方 式    保证人保证
执 行 机 关    ××市公安局
取保候审决定时间  ××××年××月××日
解 除 原 因    取保候审期限届满
批 准 人       高××
批 准 时 间    201×年××月××日
办 案 人       吴××、章××
办 案 单 位    ××市公安局
填 发 时 间    201×年××月××日
填 发 人       吴××
```

××公安局
解除取保候审决定书
（副　本）
×公（刑）解保字〔201×〕23号

　　被取保候审人王×，性别男，出生日期××××年××月××日，住址××市××区××路××号，单位及职业无业。
　　我局于201×年××月××日决定对犯罪嫌疑人王×取保候审，现因取保候审期间届满，根据《中华人民共和国刑事诉讼法》第六十九条第二款之规定，决定解除对其取保候审。
　　　　　　　　　　　　　　　　　　　　　　（公安局印）
　　　　　　　　　　　　　　　　　　　　　二〇一×年××月××日
本决定书已收到。
　　被取保候审人王×（捺指印）
　　　　201×年××月××日

此联附卷

××公安局
解除取保候审通知书
×公治解保字〔201×〕23号

王××：
　　我局于201×年×月×日决定对犯罪嫌疑人王×（性别男，出生日期××××年××月××日，住址××市×区××路×号）取保候审，现因取保候审期间届满，根据《中华人民共和国刑事诉讼法》第六十九条第二款之规定，决定解除对其取保候审，并解除你的保证义务。
　　　　　　　　　　　　　　　　　　　　　　（公安局印）
　　　　　　　　　　　　　　　　　　　　　二〇一×年××月××日

此联交保证人

××公安局
解除取保候审决定书
×公（刑）解保字〔201×〕23号

　　被取保候审人王×，性别男，出生日期××××年××月××日，住址××市××区××路××号，单位及职业无业。
　　我局于201×年××月××日决定对犯罪嫌疑人王×取保候审，现因取保候审期间届满，根据《中华人民共和国刑事诉讼法》第六十九条第二款之规定，决定解除对其取保候审。
　　　　　　　　　　　　　　　　　　　　　　（公安局印）
　　　　　　　　　　　　　　　　　　　　　二〇一×年××月××日

此联交被取保候审人

```
                    ××公安局
                  解除取保候审通知书
                 ×公治解保字〔201×〕23 号
××市××区××路派出所：
    我局于201×年×月××日决定对犯罪嫌疑人王×(性别男,年龄28岁,住址××市×
×区××路××号),现因取保候审期间届满,根据《中华人民共和国刑事诉讼法》第六十九
条第二款之规定,决定解除对其取保候审,特此通知。
                                            （公安局印）
                                          二〇一×年××月××日
```

此联交执行机关

二十一、监视居住

（一）监视居住的概念

监视居住是强制措施之一,监视居住是指公安机关责令犯罪嫌疑人不得擅自离开住处或指定居所,并对其行动自由加以监视的强制方法。

（二）监视居住的适用条件

根据刑事诉讼法的规定,公安机关对符合逮捕条件,有下列情形之一的犯罪嫌疑人,可以监视居住：

(1) 患有严重疾病、生活不能自理的；

(2) 怀孕或者正在哺乳自己婴儿的妇女；

(3) 系生活不能自理的人的唯一扶养人；

(4) 因案件的特殊情况或者办理案件的需要,采取监视居住措施更为适宜的；

(5) 羁押期限届满,案件尚未办结,需要采取监视居住措施的。

对人民检察院决定不批准逮捕的犯罪嫌疑人,需要继续侦查,并且符合监视居住条件的,可以监视居住。

对于符合取保候审条件,但犯罪嫌疑人不能提出保证人,也不交纳保证金的,可以监视居住。

对于被取保候审人违反《公安机关办理刑事案件程序规定》第八十五条、第八十六条规定的,可以监视居住。

（三）监视居住的执行地点

监视居住应当在犯罪嫌疑人、被告人住处执行；无固定住处的,可以在指定的居所执行。对于涉嫌危害国家安全犯罪、恐怖活动犯罪,在住处执行可能有碍侦

查的,经上一级公安机关批准,也可以在指定的居所执行。对于下列情形之一的,属于本条规定的"有碍侦查":可能毁灭、伪造证据,干扰证人作证或者串供的;可能引起犯罪嫌疑人自残、自杀或者逃跑的;可能引起同案犯逃避、妨碍侦查的;犯罪嫌疑人、被告人在住处执行监视居住有人身危险的;犯罪嫌疑人、被告人的家属或者所在单位人员与犯罪有牵连的。指定居所监视居住的,不得要求被监视居住人支付费用。

固定住处,是指被监视居住人在办案机关所在的市、县内生活的合法住处;指定的居所,是指公安机关根据案件情况,在办案机关所在的市、县内为被监视居住人指定的生活居所。指定的居所应当符合下列条件:具备正常的生活、休息条件;便于监视、管理;保证安全。公安机关不得在羁押场所、专门的办案场所或者办公场所执行监视居住。

(四) 监视居住的审批程序

《监视居住决定书、执行通知书》包括交被监视居住人联、交执行机关联、附卷联、存根共四联。

交被监视居住人联是《监视居住决定书》的正本,包括首部、正文、尾部三部分。首部填写制作文书机关、文书名称和发文字号。正文填写犯罪嫌疑人姓名、性别、年龄、住址、单位及职业、监视居住的理由、法律依据、监视居住的地点、执行监视居住的单位、监视居住的起算日期等。其中法律依据栏要根据采取监视居住的原因,填写所依照的刑事诉讼法条款,尾部填写制作日期并加盖公安局印章。

交执行机关联是《监视居住执行通知书》,包括首部、正文、尾部三部分。首部填写制作文书机关、文书名称和发文字号。正文部分填写执行监视居住的派出所名称、决定监视居住的原因、执行监视居住的地点、犯罪嫌疑人姓名、性别、年龄、住址、监视居住的起算日期。尾部填写制作日期并加盖公安局印章。

附卷联是《监视居住决定书》的副本。其内容和制作要求与正本相同。在向犯罪嫌疑人宣布监视居住时,应当责令其填明监视居住的日期并签名、捺指印。此联存诉讼卷。

存根联。由制作单位存档备查。

文书填写示例(仅附卷):

××公安局
监视居住决定书
（副　本）

×公（刑）监字〔201×〕23号

　　犯罪嫌疑人王×，性别男，出生日期××××年××月××日，住址：××市××区××路××号，单位及职业无业。

　　犯罪嫌疑人王×因患有非典型肺炎，根据《中华人民共和国刑事诉讼法》第七十二条第二款之规定，决定在××市××区××路××号对其监视居住，由××市××区派出所负责执行，监视居住期限从201×年××月××日起算。

　　在监视居住期间，被监视居住人应当遵守下列规定：

　　（一）未经执行机关批准不得离开执行监视居住的住处；

　　（二）未经执行机关批准不得会见他人或者以任何方式通信；

　　（三）在传讯的时候及时到案；

　　（四）不得以任何形式干扰证人作证；

　　（五）不得毁灭、伪造证据或者串供；

　　（六）将护照等出入境证件、身份证件、驾驶证件交执行机关保存。

　　如果被监视居住人违反以上规定，情节严重的，予以逮捕。

（公安局印）

二〇一×年××月××日

本决定书已收到。

被监视居住人王×（捺指印）

201×年××月××日

此联附卷

（五）监视居住的执行

（1）公安机关决定监视居住的，由被监视居住人住处或者指定居所所在地的派出所执行，办案部门可以协助执行。必要时，也可以由办案部门负责执行，派出所或者其他部门协助执行。

人民法院、人民检察院决定监视居住的，负责执行的县级公安机关应当在收到法律文书和有关材料后二十四小时以内，通知被监视居住人住处或者指定居所所在地的派出所，核实被监视居住人身份、住处或者居所等情况后执行。必要时，可以由人民法院、人民检察院协助执行。

（2）负责执行监视居住的派出所或者办案部门应当严格对被监视居住人进行监督考察，确保安全。

对于人民法院、人民检察院决定监视居住的，应当及时将监视居住的执行情况报告决定机关。

（3）被监视居住人有正当理由要求离开住处或者指定的居所以及要求会见他人或者通信的,应当经负责执行的派出所或者办案部门负责人批准。

人民法院、人民检察院决定监视居住的,负责执行的派出所在批准被监视居住人离开住处或者指定的居所以及与他人会见或者通信前,应当征得决定机关同意。

（六）被监视居住的犯罪嫌疑人应遵守的规定

1. 未经执行机关批准不得离开执行监视居住的住所;
2. 未经执行机关批准不得会见他人或者以任何方式通信;
3. 在传讯的时候及时到案;
4. 不得以任何形式干扰证人作证;
5. 不得毁灭、伪造证据或者串供;
6. 将护照等出入境证件、身份证件、驾驶证件交执行机关保存。

（七）监视居住的期限

在监视居住期间,公安机关不得中断案件的侦查,对被监视居住的犯罪嫌疑人,应当根据案情变化,及时解除监视居住或者变更强制措施。监视居住最长不得超过六个月。

（八）监视居住的解除

公安机关决定解除监视居住,应当经县级以上公安机关负责人批准,制作解除监视居住决定书,并及时通知执行的派出所或者办案部门、被监视居住人和有关单位。

人民法院、人民检察院作出解除、变更监视居住决定的,公安机关应当及时解除并通知被监视居住人和有关单位。

《解除监视居住决定书、通知书》包括交被监视居住人联、交执行机关联、附卷联、存根共四联,交被监视居住人联是《解除监视居住决定书》的正本,包括首部、正文、尾部三部分。首部填写制作机关名称、文书名称、发文字号。正文填写被监视居住人姓名、性别、年龄、住址、单位及职业、被监视居住的理由、时间、解除监视居住的理由。尾部填写制作日期,并加盖公安局印章。

交执行机关联是《解除监视居住通知书》,包括首部、正文、尾部三部分。首部填写制作机关名称、文书名称、发文字号。正文部分填写执行监视居住的派出所名称,后依次写明监视居住的时间、被监视居住人姓名、性别、年龄、住址、解除监视居住的原因。尾部填写制作日期,并加盖公安局印章。

附卷联是《解除监视居住决定书》副本。其内容和制作要求与正本相同。在向被监视居住人宣布解除监视居住时,应当责令其在本页签名(盖章)、捺指印,并写明向其宣布解除监视居住的日期。

存根联。由制作单位存档备查。

文书填写示例（仅附卷）：

××公安局
解除监视居住决定书
（副　本）
×公刑解监字〔201×〕23 号

被监视居住人王××，性别男，出生日期××××年××月××日，住址：××市××区××路××号，单位及职业无业。

犯罪嫌疑人王××因涉嫌生产假药罪于201×年××月××日被监视居住，现因变更为逮捕，根据《中华人民共和国刑事诉讼法》第七十七条第二款之规定，决定解除对其监视居住。

（公安局印）

二〇一×年××月××日

本决定书已收到。

被监视居住人王××（捺指印）

201×年××月××日

此联附卷

二十二、拘留

（一）拘留的概念

刑事拘留是指公安机关在一定的紧急情况下，对现行犯或重大嫌疑分子，临时限制其人身自由的一种强制措施。

（二）拘留适用的情形

公安机关对于现行犯或者重大嫌疑分子，有下列情形之一的，可以先行拘留：

(1) 正在预备犯罪、实行犯罪或者在犯罪后即时被发觉的；
(2) 被害人或者在场亲眼看见的人指认他犯罪的；
(3) 在身边或者住处发现有犯罪证据的；
(4) 犯罪后企图自杀、逃跑或者在逃的；
(5) 有毁灭、伪造证据或者串供可能的；
(6) 不讲真实姓名、住址，身份不明的；
(7) 有流窜作案、多次作案、结伙作案重大嫌疑的。

（三）拘留的审批

拘留犯罪嫌疑人，应当填写呈请拘留报告书，经县级以上公安机关负责人批准，制作拘留证。执行拘留时，必须出示拘留证，并责令被拘留人在拘留证上签名、捺指印，拒绝签名、捺指印的，侦查人员应当注明。

紧急情况下，对因情况紧急来不及办理拘留手续的，应当在将犯罪嫌疑人带至公安机关后立即审查，办理法律手续。

《拘留证》包括正联、副联、存根三联。

正联：包括首部、正文、尾部三部分。首部包括制作机关名称、文书名称、发文字号。正文要依次填写清楚执行拘留的侦查人员姓名、犯罪嫌疑人的姓名和住址。尾部要填写制作日期，并加盖公安机关印章。最后，在向被拘留人宣布拘留时，由其填写向其宣布的日期和时间，并签名或盖章，捺指印。

副联：包括首部、正文、尾部三部分。首部包括制作机关名称、文书名称、发文字号。正文要依次填写清楚执行拘留的侦查人员姓名、犯罪嫌疑人的姓名和住址、被羁押的看守所名称、拘留的原因和时间。尾部要填写制作日期，并加盖公安机关印章。此联制作完毕后交看守所。

存根：由制作单位存档备查。

文书填写示例：

```
                    ××公安局
                    拘  留  证
                    （存  根）
                ×公（刑）拘字〔201×〕18号
案 件 名 称    刘××组织卖淫案
案 件 编 号    ××××××
犯罪嫌疑人    刘××  男
出 生 日 期    ××××年××月××日
住       址    ××市××区××路××号
单位及职业    ××市××区××洗浴中心经理
拘 留 原 因    涉嫌组织卖淫罪
批  准   人    胡××
批 准 时 间    201×年8月11日
执  行   人    李××、张××
办 案 单 位    ××市公安局治安支队
填 发 时 间    201×年8月11日
填  发   人    高××
```

```
                    ××公安局
                     拘  留  证
                 ×公(刑)拘字〔201×〕18号
    根据《中华人民共和国刑事诉讼法》第八十条之规定,兹决定对犯罪嫌疑人刘××(性别
男,出生日期××××年××月××日,住址××市××区××路××号)执行拘留,送××
市第一看守所羁押。
                                              (公安局印)
                                         二〇一×年××月××日

  本证已于××××年××月××日××时向我宣布。
             被拘留人刘××(捺指印)
  本证副本已收到,被拘留人刘××于××××年××月××日由我所收押。
             接收民警范××
                                              (看守所印)
```

此联附卷

```
                    ××公安局
                     拘  留  证
                    (副   本)
                 ×公(刑)拘字〔201×〕18号
    根据《中华人民共和国刑事诉讼法》第八十条之规定,兹决定对犯罪嫌疑人刘××(性别
男,××××年××月××日,住址××市××区××路××号)执行拘留,送××市第一看
守所羁押。
    执行拘留时间:××××年××月××日××时
    涉嫌罪名组织卖淫罪
                                              (公安局印)
                                         二〇一×年××月××日
```

此联交看守所

(四)拘留的执行

拘留后应当立即将被拘留人送看守所羁押,至迟不得超过二十四小时。异地执行拘留的,应当在到达管辖地后二十四小时以内将犯罪嫌疑人送看守所羁押。

除无法通知或者涉嫌危害国家安全犯罪、恐怖活动犯罪通知可能有碍侦查的情形以外,应当在拘留后二十四小时以内制作拘留通知书,通知被拘留人的家属。拘留通知书应当写明拘留原因和羁押处所。有下列情形之一的,属于本条规定的"有碍侦查":可能毁灭、伪造证据,干扰证人作证或者串供的;可能引起同案犯逃避、妨碍侦查的;犯罪嫌疑人的家属与犯罪由牵连。无法通知、有碍侦查的情形消失以后,应当立即通知被拘留人的家属。对于没有在二十四小时以内通知家属的,应当在拘留通知书中注明原因。

《拘留通知书》包括交被拘留人家属或单位联、附卷联、存根共三联,交被拘留

人家属或单位联包括首部、正文、尾部三部分。

首部填写制作机关名称、文书名称、发文字号。正文部分填写需要通知的被拘留人家属姓名或单位名称、犯罪嫌疑人被刑事拘留的时间、涉嫌的罪名、犯罪嫌疑人姓名、被羁押的看守所名称。尾部填写制作日期,并加盖公安局印章。

如果公安机关在对犯罪嫌疑人刑事拘留后,没有在24小时内通知其家属或单位的,应当注明原因,由办案人签名并写清时间。

附卷联填写内容和交被拘留人家属或单位联基本相同。需要注意的是,要在印章下面的空格内写清需要通知的被拘留人家属姓名或单位名称及详细地址;在向被拘留人家属或者单位送达《拘留通知书》时,应当要求由其写明收到的时间,并签名或者盖章。对于收件人拒绝接收或者拒绝签名、盖章的,送达人可以邀请他的邻居或者其他见证人到场,说明情况,把文件留在他的住处,在签收栏内注明拒绝的事由、送达的日期,由送达人签名,即视为已经送达。如果公安机关在对犯罪嫌疑人刑事拘留后,没有在24小时内通知其家属或单位的,应当在该文书底部注明原因,由办案人签名并写清时间;对于邮寄送达的,如果犯罪嫌疑人家属或者单位没有将此联退回办案部门,邮寄送达的挂号信收据可以作为在法定时间内通知被拘留人家属或者单位的凭据存诉讼卷。

存根联由制作单位存档备查

文书填写示例(仅附卷):

```
                    ××公安局
                     拘留通知书
                     ( 副   本 )
              ×公(刑)拘通字〔201×〕18号
李××:
    根据《中华人民共和国刑事诉讼法》第八十条之规定,我局已于201×年××月××日
××时将涉嫌非法持有枪支的李××刑事拘留,现羁押在××市看守所。
                                        (公安局印)
                                    二〇一×年××月××日

    被拘留人家属  李××或单位
    地  址  ××市××区××路××号
    本通知书已收到。
    被拘留人家属  李××或单位
    201×年××月××日××时
    如未在拘留后24小时内通知被拘留人家属或单位,请注明原因:
办案人
        ××××年××月××日××时

此联附卷
```

(五)拘留的期限(公安机关提请批准逮捕的时间＋检察机关审批的时间)

(1) 对于被拘留的犯罪嫌疑人,经过审查认为需要逮捕的,应当在拘留后的三日内提请人民检察院审查批准。在特殊情况下,经县级以上公安机关负责人批准,提请审查批准逮捕的时间,可以延长一至四日。

(2) 对于流窜作案、多次作案、结伙作案的重大嫌疑分子,经县级以上公安机关负责人批准,提请审查批准的时间可以延长至三十日。

流窜作案,是指跨市、县管辖范围连续作案,或者在居住地作案后逃跑到外市、县继续作案。多次作案,是指三次以上作案。结伙作案,是指二人以上共同作案。

《延长拘留期限通知书》包括交看守所联、附卷联、存根联共三联。

交看守所联是《延长拘留期限通知书》的正本,包括首部、正文、尾部三部分。首部填写制作机关名称、文书名称、发文字号。正文部分填写需要通知的看守所名称、延长犯罪嫌疑人刑事拘留期限的原因、法律依据、犯罪嫌疑人姓名、性别、年龄、被执行拘留的日期、延长拘留时间的起止日期。尾部填写制作日期,并加盖公安局印章。

附卷联是《延长拘留期限通知书》的副本,此联制作完毕后,办案人员在拘留期限届满前向犯罪嫌疑人宣读后,应当要求被拘留人签名,并注明日期,还应当要求看守民警在收到《延长拘留期限通知书》的正本后,在本联上注明收到日期,并加盖看守所印章。

存根联,由制作单位存档备查。

文书填写示例(仅附卷):

```
                    ××公安局
                  延长拘留期限通知书
                    (副  本)
              ×公(刑)延拘通字〔201×〕18号

××看守所:
    因李××强迫卖淫案,根据《中华人民共和国刑事诉讼法》第八十九条第二款之规定,决
定延长对犯罪嫌疑人李××(性别男,××××年××月××日,于201×年7月15日被执
行拘留)的拘留期限,时间从201×年7月18日至201×年8月11日。
                                              (公安局印)
                                          二〇一×年七月十八日

本通知书已收到。              本通知书已收向我宣布。
(看守所印)                    被拘留人李××
二〇一×年七月十八日            201×年7月18日
```

此联向被拘留人宣布后附卷

（六）拘留的变更和撤销

对被拘留的犯罪嫌疑人审查后，根据案件情况报经县级以上公安机关负责人批准，分别作出如下处理：

（1）需要逮捕的，在拘留期限内，依法办理提请批准逮捕手续；

（2）应当追究刑事责任，但不需要逮捕的，依法直接向人民检察院移送审查起诉，或者依法办理取保候审或者监视居住手续后，向人民检察院移送审查起诉；

（3）拘留期限届满，案件尚未办结，需要继续侦查的，依法办理取保候审或者监视居住手续；

（4）具有《公安机关办理刑事案件程序规定》第一百八十三条规定情形之一的，释放被拘留人，发给释放证明书；需要行政处理的，依法予以处理或者移送有关部门。

二十三、逮捕

（一）逮捕的概念

逮捕是一定时间内剥夺犯罪嫌疑人、被告人人身自由并解送到一定场所予以羁押的一种强制措施。

（二）逮捕的条件

（1）有证据证明有犯罪事实，可能判处徒刑以上刑罚的犯罪嫌疑人，采取取保候审尚不足以防止发生下列社会危险性的，应当提请批准逮捕。

①可能实施新的犯罪的；

②有危害国家安全、公共安全或者社会秩序的现实危险的；

③可能毁灭、伪造证据，干扰证人作证或者串供的；

④可能对被害人、举报人、控告人实施打击报复的；

⑤企图自杀或者逃跑的。

对于有证据证明有犯罪事实，可能判处十年有期徒刑以上刑罚的，或者有证据证明有犯罪事实，可能判处徒刑以上刑罚，曾经故意犯罪或者身份不明的，应当提请批准逮捕。

公安机关在根据第一款的规定提请人民检察院审查批准逮捕时，应当对犯罪嫌疑人具有社会危险性说明理由。

有证据证明有犯罪事实，是指同时具备下列情形：

①有证据证明发生了犯罪事实；

②有证据证明该犯罪事实是犯罪嫌疑人实施的；

③证明犯罪嫌疑人实施犯罪行为的证明已有查证属实的。

前款规定的"犯罪事实"既可以是单一犯罪行为的事实,也可以是数个犯罪行为中任何一个犯罪行为的事实。

(2)被取保候审人违反取保候审规定,具有下列情形之一的,可以提请批准逮捕:

①涉嫌故意实施新的犯罪行为的;

②有危害国家安全、公共安全或者社会秩序的现实危险的;

③实施毁灭、伪造证据或者干扰证人作证、串供行为,足以影响侦查工作正常进行的;

④对被害人、举报人、控告人实施打击报复的;

⑤企图自杀、逃跑,逃避侦查的;

⑥未经批准,擅自离开所居住的市、县,情节严重的,或者两次以上未经批准,擅自离开所居住的市、县的;

⑦经传讯无正当理由不到案,情节严重的,或者经两次以上传讯不到案的;

⑧违反规定进入特定场所、从事特定活动或者与特定人员会见、通信两次以上的。

(3)被监视居住人违反监视居住规定,具有下列情形之一的,可以提请批准逮捕:

①涉嫌故意实施新的犯罪行为的;

②实施毁灭、伪造证据或者干扰证人作证、串供行为,足以影响侦查工作正常进行的;

③对被害人、举报人、控告人实施打击报复的;

④企图自杀、逃跑,逃跑侦查的;

⑤未经批准,擅自离开执行监视居住的处所,情节严重的,或者两次以上未经批准,擅自离开执行监视居住的处所的;

⑥未经批准,擅自会见他人或者通信,情节严重的,或者两次以上未经批准,擅自会见他人或者通信的;

⑦经传讯无正当理由不到案,情节严重的,或者经两次以上传讯不到案的。

(三)提请批准逮捕

需要提请批准逮捕犯罪嫌疑人的,应当经县级以上公安机关负责人批准,制作提请批准逮捕书,连同案卷材料、证据,一并移送同级同级人民检察院审查批准。

《提请批准逮捕书》包括首部、正文、尾部三部分。

首部填写制作机关名称、文书名称、发文字号。

正文部分包括五部分。第一部分填写犯罪嫌疑人姓名(包括别名、曾用名、绰号等)、性别、出生年月日、出生地、身份证件号码、民族、文化程度、职业或工作单位及职务、住址、政治面貌(如果是人大代表、政协委员的,一并写明具体级、届代表、委员)、违法犯罪经历及因本案被采取强制措施的情况等,对于有多名犯罪嫌疑人的,应逐一写明。第二部分填写犯罪嫌疑人涉嫌的罪名,案件来源、案件侦查过程中的各法律程序起始的时间。第三部分填写公安机关依法侦查查明的犯罪事实。第四段部分填写认定犯罪嫌疑人犯罪事实的证据情况。第五部分根据犯罪构成,简要说明犯罪嫌疑人罪状,其行为触犯了刑法的具体条款,涉嫌什么罪等内容。

尾部填写拟提请批准逮捕的检察院名称、制作文书的日期、所附的案卷材料共有几卷,犯罪嫌疑人被羁押的,要注明其羁押的处所,并加盖公安局长印章和公安局印章。

《提请批准逮捕书》一般是一案一份,对于共同犯罪案件需要提请逮捕数名犯罪嫌疑人的,合写一份文书。在犯罪嫌疑人基本情况部分,要按照各犯罪嫌疑人在共同犯罪中的地位和作用,按照主犯、从犯、胁从犯的顺序制作,即罪行严重的先写。

文书填写示例:

××公安局
提请批准逮捕书
×公(刑)提捕字〔201×〕11 号

犯罪嫌疑人×××〔犯罪嫌疑人姓名(别名、曾用名、绰号等),性别,出生年月日,出生地,身份证件号码,民族,文化程度,职业或工作单位及职务,住址,政治面貌(如是人大代表、政协委员,一并写明具体级、届代表、委员),违法犯罪经历及因本案被采取强制措施的情况。案件有多名犯罪嫌疑人的,应逐一写明。〕

犯罪嫌疑人涉嫌×××(罪名)一案,由×××举报(控告、移送)至我局。(写明案由和案件来源,具体为单位或者公民举报、控告、上级交办、有关部门移送、本局其他部门移交以及办案中发现等)。简要写明案件侦查过程中的各个法律程序开始的时间,如接受案件、立案的时间。具体写明犯罪嫌疑人归案情况。

经依法侦查查明:……(概括叙述经侦查认定的犯罪事实。应当根据具体案件情况,围绕刑事诉讼法规定的逮捕条件,简明扼要叙述)

(对于只有一个犯罪嫌疑人的案件,犯罪嫌疑人实施多次犯罪的犯罪事实应逐一列举;同时触犯数个罪名的犯罪嫌疑人的犯罪事实应该按照主次顺序分别列举;对于共同犯罪的案件,写明犯罪嫌疑人的共同犯罪事实及各自在共同犯罪中的地位和作用后,按照犯罪嫌疑人的主次顺序,分别叙述各个犯罪嫌疑人的单独犯罪事实)

认定上述事实的证据如下:
……(分列相关证据)

> 综上所述，犯罪嫌疑人×××……（根据犯罪构成简要说明罪状），其行为已触犯《中华人民共和国刑法》第 x 条之规定，涉嫌×××罪，有逮捕必要。依照《中华人民共和国刑事诉讼法》规定，特提请批准逮捕。
> 此致
> ××人民检察院
>
> 局长（印）
> （公安局印）
> 二〇一 年××月××日
>
> 附：1. 本案卷宗 2 卷 546 页。
> 　　2. 犯罪嫌疑人羁押处所。

（四）逮捕的执行

1. 制作《逮捕证》

接到人民检察院批准逮捕决定书后，应当由县级以上公安机关负责人签发逮捕证，立即执行，并将执行回执送达作出批准逮捕决定的人民检察院。如果未能执行，也应当将回执送达人民检察院，并写明未能执行的原因。

《逮捕证》包括附卷联、交看守所联、存根共三联。

附卷联是《逮捕证》的正本，包括首部、正文、尾部三部分。首部填写制作机关名称、文书名称、发文字号。正文部分填写批准或者决定逮捕的检察院名称、执行逮捕的侦查人员姓名、犯罪嫌疑人涉嫌的罪名、犯罪嫌疑人姓名、性别、年龄、住址、羁押犯罪嫌疑人的看守所名称。尾部填写制作日期，并加盖公安局长印章、公安局印章。向被逮捕人宣布逮捕时，应当责令其在本联注明向其宣布逮捕的时间，并签名（盖章）、捺指印。在将犯罪嫌疑人送交看守所羁押时，应当要求看守所接收民警签名、写明接收日期，并加盖看守所印章。

交看守所联是《逮捕证》的副本，填写内容和正本相同。需要注意的是在印章的下面注明公安机关执行逮捕的时间。

存根联。由制作单位存档备查。

文书填写示例：

××公安局
逮 捕 证
（存 根）
×公刑捕字〔201×〕18号

案 件 名 称　李××非法持有枪支案
案 件 编 号　××××××
犯罪嫌疑人　李××　男
出 生 日 期　××××年××月××日
住　　　　址　××市××区××路××号
单 位 及 职 业　××市××区××公司总经理
逮 捕 原 因　涉嫌非法持有枪支罪
批准或决定逮捕时间　201×年7月18日
批准或决定机关　××市人民检察院
执　行　人　王××、张××
办 案 单 位　××市公安局治安支队
填 发 时 间　201×年7月18日
填 发 人　贺××

××公安局
逮 捕 证
×公刑捕字〔201×〕18号

　　根据《中华人民共和国刑事诉讼法》第八十五条之规定，对涉嫌非法持有枪支罪的李××（性别男，出生日期××××年××月××日，住址××市××区××路××号）执行逮捕，送××市看守所羁押。

（公安局印）

二〇一×年七月十八日

　　逮捕证已于201×年7月18日20时向我宣布。

　　　　被逮捕人李××（捺指印）

　　本证副本已收到，被逮捕人李××已于201×年7月18日由我所收押（如先行拘留的，填拘留时间）。

　　　　接收民警高××

（看守所印）

二〇一×年七月十八日

此联附卷

```
┌─────────────────────────────────────────────────────┐
│                    ××公安局                          │
│                    逮 捕 证                          │
│                    （副　本）                        │
│                  ×公刑捕字〔201×〕18 号              │
│     根据《中华人民共和国刑事诉讼法》第八十五条之规定，│
│  对涉嫌非法持有枪支罪的李××（性别男，出生日期××××│
│  年××月××日，住址××市××区××路××号）执行逮 │
│  捕，送××市看守所羁押。                             │
│                              （公安局印）            │
│                              二〇一×年七月十八日     │
│                                                     │
│     注：执行逮捕时间：201×年 7 月 18 日 20 时       │
└─────────────────────────────────────────────────────┘
```

此联交看守所

2. 执行逮捕

执行逮捕的侦查人员不得少于二人。执行逮捕时，必须出示逮捕证，并责令被逮捕人在逮捕证上签名、捺指印，拒绝签名、捺指印的，侦查人员应当注明。逮捕后，应当立即将被逮捕人送看守所羁押。

3. 讯问

对被逮捕的人，必须在逮捕后的二十四小时内进行讯问，发现不应当逮捕的，经县级以上公安机关负责人批准，释放通知书，送看守所和原批准逮捕的人民检察院。看守所凭释放通知书立即释放被逮捕人，并发给释放证明书。

4. 通知家属或单位

对犯罪嫌疑人执行逮捕后，除无法通知的情形以外，应当在逮捕后二十四小时以内，制作逮捕通知书，通知被逮捕人的家属。逮捕通知书应当写明逮捕原因和羁押处所。

本条规定的"无法通知"的情形适用《公安机关办理刑事案件程序规定》的第一百零九条第二款的规定。无法通知的情形消除后，应当立即通知被逮捕人的家属。对于没有在二十四小时以内通知家属的，应当在逮捕通知书中注明原因。

（六）对不批准逮捕的处理

（1）对于人民检察院不批准逮捕并通知补充侦查的，公安机关应当按照人民检察院的补充侦查提纲补充侦查。

公安机关补充侦查完毕，认为符合逮捕条件的，应当重新提请批准逮捕。

（2）对于人民检察院决定不批准逮捕的，公安机关在收到不批准逮捕决定书后，如果犯罪嫌疑人已被拘留的，应当立即释放，发给释放证明书，并将执行回执送达作出不批准逮捕决定的人民检察院。

（3）对人民检察院不批准逮捕的决定，认为有错误需要复议的，应当在收到不批准逮捕决定书后五日以内制作要求复议意见书,报经县级以上公安机关负责人批准后,送交同级人民检察院复议。

如果意见不被接受,认为需要复核的,应当在收到人民检察院的复议决定书后五日以内制作提请复核意见书,报经县级以上公安机关负责人批准后,连同人民检察院的复议决定书,一并提请上一级人民检察院复核。

二十四、撤案

(一) 撤案的条件

经过侦查,发现具有下列情形之一的,应当撤销案件:
(1) 没有犯罪事实的;
(2) 情节显著轻微、危害不大,不认为是犯罪的;
(3) 犯罪已过追诉时效期限的;
(4) 经特赦令免除刑罚的;
(5) 犯罪嫌疑人死亡的;
(6) 其他依法不追究刑事责任的。

对于经过侦查,发现有犯罪事实需要追究刑事责任,但不是被立案侦查的犯罪嫌疑人实施的,或者共同犯罪案件中部分犯罪嫌疑人不够刑事处罚的,应当对有关犯罪嫌疑人终止侦查,并对该案件继续侦查。

(二) 撤案的审批程序

需要撤销案件或者对犯罪嫌疑人终止侦查的,办案部门应当制作撤销案件或者对犯罪嫌疑人终止侦查报告书,报县级以上公安机关负责人批准。

公安机关决定撤销案件或者对犯罪嫌疑人终止侦查时,原犯罪嫌疑人在押的,应当立即释放,发给释放证明书。原犯罪嫌疑人被逮捕的,应当通知原批准逮捕的人民检察院。对原犯罪嫌疑人采取其他强制措施的,应当立即解除强制措施;需要行政处理的,依法予以处理或者移交有关部门。

对查封、扣押的财物及其孳息、文件,或者冻结的财产,除按照法律和有关规定另行处理的以外,应当立即解除查封、扣押、冻结。

(三) 有关撤案的告之规定

公安机关作出撤销案件决定后,应当在三日以内告知原犯罪嫌疑人、被害人或者其近亲属、法定代理人以及案件移送机关。

公安机关作出终止侦查决定后,应当在三日以内告知原犯罪嫌疑人。

《撤销案件通知书》共三联,包括存根联、附卷联、交原案件犯罪嫌疑人联、交原案件被害人联、交移送机关联。

存根联由制作单位存档备查。

附卷联存诉讼卷。

交原案件犯罪嫌疑人联交由案件的犯罪嫌疑人,原案件犯罪嫌疑人死亡的交其家属。

交原案件被害人联是交原案件被害人或者其近亲属、法定代理人。

交移送机关联是送交机关的。

文书填写示例(仅附卷联):

××公安局

撤销案件决定书

×公(刑)撤字〔201×〕18号

我局办理的李××赌博案,因被指控事实不构成犯罪,根据《中华人民共和国刑事诉讼法》第一百六十一条之规定,决定撤销此案。

(公安局印)

二〇一×年七月二日

本决定书副本已收到。

原案件犯罪嫌疑人或其家属李××

201×年7月2日

此联附卷

(四)撤销案件后重新立案侦查的规定

公安机关撤销案件以后又发现新的事实或者证据,认为有犯罪事实需要追究刑事责任的,应当重新立案侦查。

对于犯罪嫌疑人终止侦查后又发现新的事实或者证据,认为有犯罪事实需要追究刑事责任的,应当继续侦查。

二十五、并案侦查

(一)可适用并案侦查的情形

具备以下一条或几条的多起案件,可以考虑并案侦查:

(1)案件性质相同的;

(2)作案手段相同的;

(3)痕迹物证相同的;

(4)作案人特征相同的;

(5)侵害对象相同的;

(6)案件环境条件相同。

(二)明确并案侦查的依据

发现可以并案的刑事案件,应当对拟定并案的各个案件进行分析推理和必要的检验鉴定,使同一个或同一伙人所作案的条件突出出来,从而明确并案依据。

侦查人员应当将犯罪的特点、规律等情况,通过案情通报、公安网络,提供给有关单位,为并案创造条件。

(三) 并案侦查的开展

并案侦查必须组织专门力量,保证并案侦查工作的顺利进行。并案的案件在本县、市范围内,可以根据实际情况组成独立的专案侦破组,在侦查机关的统一领导下,集中进行侦查破案。跨省、市、县的案件,由上一级侦查机关,组成联合专案侦破组,统一指挥、统一部署、协调行动。

二十六、侦查终结

(一) 侦查终结的条件

刑事案件的侦查终结应具备以下条件:

(1) 案件事实清楚;

(2) 证据确实充分;

(3) 案件性质和罪名认定准确;

(4) 法律手续完备;

(5) 依法应当追究刑事责任。

这里的"犯罪事实清楚"是指犯罪嫌疑人涉嫌犯罪的时间、地点、动机、目的、手段、结果已经核查清楚。共同犯罪案件中,每个犯罪嫌疑人在共同犯罪中的地位、作用和各自应负刑事责任的事实已核查清楚。"证据确实充分"是指认定或否定某一犯罪行为都必须有证据证明。案件的全部证据、材料,都应当经过检验、核对,确实无误。证据的来源清楚、合法,证据与犯罪事实的关系、证据与证据之间的关系清楚,证据之间既相互联系又相互印证,形成一个完整的体系。对证据的审查,应当结合案件的具体情况,从各证据与待证事实的关联程度、各证据之间的联系等方面进行审查判断。从技术操作层面要求达到:审查和判断证据符合规范,认定案件事实准确,确保办案质量;从价值判断层面要求要达到:有效惩治犯罪,切实保障人权,实现司法公正。[①] "犯罪性质和罪名认定准确"是指在案件事实清楚、证据确凿的基础上,分析犯罪嫌疑人是否具有主体资料,是否达到了法定责任年龄和具有刑事责任能力,在主观方面是否具有故意或过失,其行为对客体和对象的侵害程度以及实施侵害行为的表现特征,区分罪与非罪,此罪与彼罪,认定的犯罪性质和罪名准确无误。"法律手续完备"是指在侦查办案中形成的各项法律文书齐备,各项侦查措施、强制措施依法实施,有关的法律手续完备并符合法

---

① 张高文,徐公社. 刑事案件侦查. 北京:中国人民公安大学出版社,2014:30.

律要求。

（二）结案的程序

1. 制作《结案报告》(《呈请结案报告书》)

侦查终结的案件，侦查人员应当制作结案报告，结案报告应当包括以下内容：

(1) 犯罪嫌疑人的基本情况；
(2) 是否采取了强制措施及其理由；
(3) 案件的事实和证据；
(4) 法律依据和处理意见。

2. 结案处理的审批程序

侦查终结案件的处理，由县级以上公安机关负责人批准；重大、复杂、疑难的案件应当经过集体讨论决定。

（三）案卷材料整

侦查终结的案件，应当将全部案卷材料加以整理装订立卷。案卷分为诉讼卷（正卷）、秘密侦查卷（绝密卷）和侦查工作卷（副卷）。

诉讼卷（正卷）是移送同级人民检察院审查决定起诉的诉讼案卷。案件侦查中各种法律文书，获取的证据及其他诉讼文书材料都订入此卷。为便于辩护律师及经人民检察院认可的其他辩护人查阅、摘抄、复制本案的诉讼文书、技术性鉴定材料，又将"诉讼文书、技术性鉴定材料"专门装订成册，称诉讼文书卷。其他法律文书和证据另行成册，称证据卷。

1. 诉讼文书卷的装订

诉讼文书卷中应包括的材料及排列顺序如下：

(1) 卷内文件目录；
(2) 传唤通知书；
(3) 拘传证；
(4) 呈请拘留报告书；
(5) 延长拘留期限报告书；
(6) 拘留证；
(7) 对被拘留人家属或单位通知书；
(8) 提请批准逮捕书；
(9) 人民检察院批准逮捕决定书；
(10) 逮捕证；
(11) 对被捕人家属或单位通知书；
(12) 提请批准延长羁押期限意见书；
(13) 人民检察院批准延长羁押期限决定书；

（14）取保候审决定书；
（15）保证书；
（16）对被保证人罚款决定书；
（17）保证金收据；
（18）退还保证金决定书；
（19）没收保证金决定书；
（20）责令具结悔过通知书；
（21）解除取保候审决定收；
（22）监视居住决定书；
（23）解除监视居住决定书；
（24）搜查证；
（25）鉴定结论；
（26）通缉令；
（27）关于撤销××号通缉令的通知；
（28）起诉意见书。

2. 证据卷的装订

证据卷(包括部分法律文书)中应包括的材料及排列顺序如下：
（1）卷内文件目录；
（2）犯罪嫌疑人基本情况(右上贴照片)；
（3）受理刑事案件登记表；
（4）移送案件通知书；
（5）刑事案件立案报告表；
（6）刑事案件破案报告表；
（7）犯罪嫌疑人的抓获经过和自首情况；
（8）现场勘查笔录；
（9）现场勘查图；
（10）现场勘查照片；
（11）人身检查笔录；
（12）侦查实验笔录；
（13）复检、复验笔录；
（14）搜查笔录；
（15）调取证据通知书；
（16）调取证据清单；
（17）扣押物品清单；
（18）处理物品清单；

(19) 随案移交物品清单；
(20) 发还物品清单；
(21) 销毁物品清单；
(22) 没收违禁品收据；
(23) 决定扣押犯罪嫌疑人邮件通知书；
(24) 扣押邮件笔录；
(25) 退回扣押邮件、电报清单；
(26) 解除扣押邮件通知书；
(27) 决定扣押犯罪嫌疑人电报通知书；
(28) 解除扣押犯罪嫌疑人电报通知书；
(29) 查询犯罪嫌疑人汇款通知书；
(30) 冻结犯罪嫌疑人汇款通知书；
(31) 解除冻结犯罪嫌疑人汇款通知书；
(32) 查询犯罪嫌疑人存款通知书；
(33) 协助查询单位存款通知书；
(34) 冻结犯罪嫌疑人存款通知书；
(35) 解除冻结存款通知书；
(36) 协助冻结存款通知书；
(37) 解除冻结存款通知书（单位）；
(38) 鉴定聘请书；
(39) 辨认笔录；
(40) 被害人陈述；
(41) 被害人亲笔证词；
(42) 证人证言；
(43) 证人亲笔证词；
(44) 物证、书证；
(45) 物证、书证照片；
(46) 提讯证；
(47) 讯问笔录（一般综合笔录排在前面，其后按时间顺序排列）；
(48) 犯罪嫌疑人亲笔供词；
(49) 犯罪嫌疑人户籍证明；
(50) 前科材料；
(51) 释放通知书；
(52) 附带民事诉讼材料；
(53) 其他材料。

视听资料作为证据,不能装订入卷的,放入资料袋中随案卷移送。

一个案件涉及多起犯罪的,其证据卷应当以每起案件为一个完整的组成部分排列案卷,重罪在前、轻罪在后,同等罪的以时间先后排列。

诉讼卷的分册编号排列顺序为诉讼文书卷在前,一册装订不下,分册装订;证据卷在后,一册装订不下,也分册装订。全案卷宗顺序依次排列编号。

3. 侦查工作卷的装订

侦查工作卷中应包括的材料及其排列顺序如下:

(1) 卷内文件目录;
(2) 侦查终结案件审批表;
(3) 侦查终结报告;
(4) 呈请立案报告书;
(5) 呈请破案报告书;
(6) 呈请留置报告书;
(7) 呈请传唤报告书;
(8) 呈请拘传报告书;
(9) 呈请逮捕报告书;
(10) 呈请取保候审报告书;
(11) 呈请撤销取保候审报告书;
(12) 呈请监视居住报告书;
(13) 呈请撤销监视居住报告书;
(14) 呈请重新计算羁押期限报告书;
(15) 呈请调取证据通知书;
(16) 呈请人身检查报告书;
(17) 呈请侦查实验报告书;
(18) 呈请复验、复查报告书;
(19) 呈请搜查报告书;
(20) 呈请扣押犯罪嫌疑人邮件、电报报告书;
(21) 呈请解除扣押邮件、电报报告书;
(22) 呈请查询犯罪嫌疑人存款报告书;
(23) 呈请冻结犯罪嫌疑人存款报告书;
(24) 呈请冻结存款报告书;
(25) 呈请查询汇款报告书;
(26) 呈请冻结犯罪嫌疑人汇款报告书;
(27) 呈请解除冻结汇款报告书;
(28) 呈请鉴定报告;

(29) 呈请辨认报告书；

(30) 讯问计划；

(31) 案件汇报提纲；

(32) 讨论案件记录；

(33) 调查计划；

(34) 起诉意见书底稿；

(35) 呈请要求复议意见书；

(36) 呈请提请复核意见书；

(37) 其他需要保存的有关材料；

(38) 起诉书、不起诉决定书；

(39) 判决书、裁定书。

4. 秘密侦查卷的装订

秘密侦查卷中应包括的材料及排列顺序如下：

(1) 卷内文件目录；

(2) 立案材料；

(3) 破案报告；

(4) 使用秘密侦查手段和技术的请示报告；

(5) 利用秘密侦查手段获取的材料；

(6) 涉及国家机密的文件材料；

(7) 其他材料。

5. 卷宗封面的制作要求

(1) 案件名称的填写。应当以犯罪嫌疑人姓名和案件性质作为案件名称。一人一罪，写明姓名与罪名；一人数罪的，写明姓名与由主罪到轻罪的所有罪名；共同犯罪的，写明案件主犯姓名与由主罪到轻罪的所有罪名；集团犯罪的，写明首要分子姓名与集团案。

(2) 犯罪嫌疑人姓名。单独作案的，写明本案的犯罪嫌疑人姓名，集团犯罪的，由首要分子、主犯、从犯按顺序写清。

(3) 立卷人。填写整理装订案卷人的姓名。

(4) 审核人。填写负责对案卷审核人员的姓名，一般填刑侦中队、大队负责人的姓名。

(5) 立卷日期，填写装订案卷的完成日期。

6. 装订案卷的要求

(1) 侦查终结的各类案卷，均属永久性保存档案，在装订前要把文书材料上的订书钉、大头钉、回形针等金属物去掉。

(2) 对于大小不一的文书材料及其他不便装订的材料，要进行加工裱糊，裱糊时用胶水,不要用糨糊。纸张规格不一的,剪裁或折叠处理。

(3) 用铅笔或圆珠笔书写的文书材料,又不能重新制作的,应将原件复制一份,复制件放在原件之后一并入卷。

(4) 装订案卷每册以 200 页(厚度为 20 毫米左右)为宜。

(5) 装订案卷时,要将文书材料下边和右边取齐,在案卷左侧装订线处,用线绳三点一线连接,每两点之间的距离以十厘米左右为宜,装订案卷要达到整齐、美观、坚固。

(四) 移送审查起诉

对侦查终结的案件,应当制作起诉意见书,经县级以上公安机关负责人批准后,连同全部案卷材料、证据,以及辩护律师提出的意见,一并移送同级人民检察院审查决定;同时将案件移送情况告知犯罪嫌疑人及其辩护律师。

制作《起诉意见书》必须准确地反映犯罪事实、情节,认定罪名和引用法律条文要准确。文字要简练,不得使用含混不清的语句黑话或淫秽词句。

《起诉意见书》的内容包括首部、正文、尾部三个部分:

(1) 首部包括制作文书的机关名称、文书名称、文书发文字号、犯罪嫌疑人的基本情况(依次写明姓名、性别、年龄、民族、籍贯、文化程度、单位及职业、住址)和违法犯罪经历及被采取强制措施的情况。

(2) 正文主要写明犯罪嫌疑人犯罪的时间、地点、原因、动机、目的、手段和结果及其他情节。共同犯罪的案件,应写明各个犯罪嫌疑人在共同犯罪中的地位、作用、具体罪责和认罪态度以及犯罪嫌疑人之间的关系,理由及法律依据部分应本着先实体法、后程序法,先引用法条、后叙述的原则。实体法部分,首先应写明有关定罪的条款,不仅要写明涉嫌罪名的条款,还要写明有关犯罪预备、未遂、中止及其他关系到定罪的条款,再写明相应的罪名,罪名应从重罪到轻罪依次排列。然后写明有关量刑情节的条款。程序法部分,应写明依据《刑事诉讼法》第一百二十九条之规定,再叙述将本案移送审查,依法起诉。

(3) 尾部包括受文机关名称、制作日期、公安局长章和公安机关印章。并附注犯罪嫌疑人被羁押或被监视居住、取保候审的地点,本案诉讼卷宗的册数和附送本案赃、证物情况。

单独犯罪案件的《起诉意见书》应制作四份,其中送同级人民检察院三份。共同犯罪集团犯罪案件的《起诉意见书》应制作五份,移送同级人民检察院四份,存侦查工作卷一份。

对提起附带民事诉讼的案件,在侦查终结后,应把附带民事诉讼的情况写入结案报告。在案件移送审查起诉时,应把有关附带民事诉讼的材料装订入卷,一并移送人民检察院审查,并在《起诉意见书》中注明被害人(单位)已提起附带民事诉讼。共同犯罪的案件,同案犯罪嫌疑人在逃的,在案犯罪嫌疑人犯罪事实清楚,证据确实充分的,应当移送审查起诉,但应将其案卷材料复制留存,待在逃犯罪嫌疑人归案后,对其另案起诉。

由于同案犯罪嫌疑人在逃,在案犯罪嫌疑人的犯罪事实无法查清,对在案犯罪嫌疑人应当根据案件不同情况分别提请延长侦查羁押期限、变更强制措施或者解除强制措施。

犯罪嫌疑人有立功表现的,侦查人员应在诉讼卷内附上有关材料,作为对犯罪嫌疑人从轻、减轻或免除处罚的依据。

二十七、补充侦查

(一)补充侦查的期限

移送人民检察院审查起诉的案件,人民检察院退回公安机关补充侦查的,侦查人员应当在一个月内补充侦查完毕。补充侦查以二次为限。

(二)《补充侦查报告书》的制作

对于补充侦查的案件,侦查人员应当认真负责地按照检察机关所列提纲,补充证据。补充完毕,应当写出《补充侦查报告书》,经县级以上公安机关负责人批准后,连同补充的材料及原诉讼的案卷移送人民检察院审查起诉。

补充侦查证据较多时,可以另行装订成卷。

《补充侦查报告书》主要应写明补充侦查结果、所附案卷的册数,补充证据材料的页数及随案移送的物证等。

《补充侦查报告书》一式二份,一份送同级人民检察院,一份连同人民检察院退回补充侦查决定书和补充侦查情况报告,订入侦查工作卷。

(三)在补充侦查案件的处理

对人民检察院退回补充侦查的案件,根据不同情况,报县级以上公安机关负责人批准,分别作如下处理:

(1)原认定犯罪事实清楚,证据不够充分的,应当在补充证据后,制作补充侦查报告书,移送人民检察院审查;对无法补充的证据,应当作出说明。

(2)在补充侦查过程中,发现新的同案犯或者新的罪行,需要追究刑事责任的,应当重新制作起诉意见书,移送人民检察院审查。

(3)发现原认定的犯罪事实有重大变化,不应当追究刑事责任的,应当重新提出处理意见,并将处理结果通知退查的人民检察院。

(4)原认定犯罪事实清楚,证据确实、充分,人民检察院退回补充侦查不当的,应当说明理由,移送人民检察院审查。

二十八、侦查羁押期限

（一）一般刑事案件的侦查羁押期限

对犯罪嫌疑人逮捕后的侦查羁押期限不得超过二个月。

（二）案情复杂、期限届满不能终结的案件的侦查羁押期限

案情复杂、期限届满不能终结的案件，应当制作提请批准延长羁押期限意见书，经县级以上公安机关负责人批准后，在期限届满七日前送请同级人民检察院转报上一级人民检察院批准延长一个月。

（三）侦查羁押期限为五个月的适用情形

下列案件在《公安机关办理刑事案件程序规定》第一百四十四条规定的期限届满不能侦查终结的，应当制作提请批准延长羁押期限意见书，经县级以上公安机关负责人批准，在期限届满七日前送请同级人民检察院层报省、自治区、直辖市人民检察院批准，延长二个月：

（1）交通十分不便的边远地区的重大复杂案件；
（2）重大的犯罪集团案件；
（3）流窜作案的重大复杂案件；
（4）犯罪涉及面广，取证困难的重大复杂案件。

（四）侦查羁押期限为七个月的适用情形

犯罪嫌疑人可能判处十年有期徒刑以上刑罚，依照《公安机关办理刑事案件程序规定》第一百四十五条规定延长期限届满，仍不能侦查终结的，应当制作提请批准延长羁押期限意见书，经县级以上公安机关负责人批准，在期限届满七日前送请同级人民检察院层报省、自治区、直辖市人民检察院批准，再延长二个月。

在侦查期间，发现犯罪嫌疑人另有重要罪行的，应当自发现之日起五日内报县级以上公安机关负责人批准后，重新计算侦查羁押期限，制作《重新计算羁押期限通知书》，送达看守所，并报原批准逮捕的人民检察院备案。

（五）发现另有重要罪行重新计算侦查羁押期限

在侦查期间，发现犯罪嫌疑人另有重要最新的，应当自发现之日其五日以内报县级以上公安机关负责人批准后，重新计算侦查羁押期限，制作重新计算侦查羁押期限通知书，送达看守所，并报批准逮捕的人民检察院备案。

这里规定的"另有重要罪行"，是指与逮捕时的罪行不同种的重大犯罪以及同种犯罪并将影响罪名认定、量刑档次的重大犯罪。

(六) 犯罪嫌疑人的身份不明的案件的侦查羁押期限

犯罪嫌疑人不讲真实姓名、住址，身份不明的，应当对其身份进行调查。经县级以上公安机关负责人批准，侦查羁押期限自查清其身份之日起计算，但是不得停止对其犯罪行为的侦查取证。对犯罪事实清楚，证据确实、充分的，确实无法查明其身份的，按其自报的姓名移送人民检察院审查起诉。

第四部分
海上犯罪案件个案侦查

一、放火案件的侦查

(一) 侦查要领

1. 查找起火点

勘查放火案件的现场,应以起火点为重点。起火点就是物质最早燃烧的地点,也是最早发现着火的地方。起火点往往是犯罪嫌疑人选择放火的地点,是犯罪嫌疑人实施犯罪行为的中心处所,因此,在起火点常常留有与犯罪有关的痕迹和其他物证。勘验起火点有助于查明起火原因,确定案件性质和收集证据。确定起火点的依据主要有以下几个方面:

(1) 向报警人及现场周围的群众进行调查,了解起火点的位置。

(2) 冒烟最早的地方。物品燃烧,大部分情况下要冒烟,最早冒烟的地方,常常是最早起火的地方。如果现场中不止一个地方同时冒烟,可能就有两个或两个以上的起火点。

(3) 被烧最严重的地方。由于最早起火点燃烧时间最长、最为充分,而且常常是易燃物品或者引火物放置的部位,所以其周围靠近的物体燃烧得最为严重。燃烧最严重的物体,一般靠近起火点,但也有可能火烧起来一段时间后把其他部位的易燃物品引燃形成严重燃烧,这一点需要与其他条件结合判断。

(4) 汽油、酒精、柴油等易燃物品气味重的地方。汽油、酒精、柴油均是比较容易燃烧的物质,犯罪嫌疑人常常用其来作为助燃物。燃烧后,这些助燃物的气味或在现场留存,尤其是未燃烧充分,起火点的气味最重。

2. 查找可能造成火灾的原因

要判明是不慎失火、自然起火,还是有人故意放火,通常从排除前两者入手,查明、核实下述问题:起火前确实没有用火不慎的情况;经勘查,在火场上嗅到汽油、煤油、柴油等油脂或其他易燃物质的气味,而这些物质非现场所原有;经勘验证实,火场上的消防、电信设施于起火前被破坏过的痕迹,火灾现场内的箱柜被撬、财物被盗或者账目被毁;在一定区域内连续发生火灾,或者在同一时间内多处起火;在火灾现场中由两处以上的起火点;火灾现场中不存在自然起火点的客观条件。

3. 进行现场访问

对最先到达现场的人员、救火人员、消防人员及现场周围群众进行，在访问时主要应查明以下情况：

（1）发现案情的情况。什么人什么时间发现起火的，起火的具体部位及当时现场的燃烧情况，如火焰、烟雾的颜色、气味，有无响声等。

（2）现场的变动情况。哪些人参加救火，谁第一个到达救火现场，在抢救的过程中听到、看到哪些异常情况，闻到什么异常气味等。

（3）现场火源情况。现场内有无引起火灾的因素，如电器漏电、电路短线、有无其他火源等情况。

（4）财物损失的情况。哪些财物被烧毁，有无贵重物品、文件账册被烧，有无民间来往的数据被烧等。

4. 监控录像、网络数据的收集

放火案件发生后，发现、确定犯罪嫌疑人就成为侦破案件的关键环节，通过现场勘查、痕迹提取与检验对比，可以发现犯罪嫌疑人并侦破案件。但就犯罪案件现场本身而言，现场破坏严重是其显著的特点，能从犯罪现场上提取到有价值的痕迹和其他物证条件有限。因此，对犯罪嫌疑人、被害人及相关人员在案发现场留下各种资讯信息痕迹，通过资讯信息分析、比对，发现、确定犯罪嫌疑人或被害人身份就相对比较容易，如通过查询被害人通信工具的使用情况，可以发现甚至直接确定犯罪嫌疑人；通过案发现场的视频监控录像，结合其他资讯信息痕迹进行综合分析判断，可以准确查找、确定犯罪嫌疑人。

（二）证据规格

1. 主体方面的证据

本罪主体为一般主体，证据应当包括户口簿、居民身份证、户口底卡、工作证、护照或者其他有效证件；犯罪嫌疑人所在地派出所记录的犯罪嫌疑人有关前科劣迹材料；犯罪嫌疑人精神状态的鉴定意见；同案人员的供述材料；认定年龄的证据材料。

2. 主观方面的证据

主要是证明犯罪嫌疑人故意实施放火行为的相关证据。

3. 客观方面的证据

（1）报案记录、行政案件移送证明及其他受案记录。

（2）证明犯罪嫌疑人实施放火过程的相关证据，包括证人证言、被害人陈述、犯罪嫌疑人供述与辩解、物证及其鉴定意见、法医鉴定意见等。

（3）侦查过程中所收集的视听资料。

（4）对涉嫌物品进行检验检测的鉴定意见。

(5) 询问知情人、证人的询问笔录,讯问犯罪嫌疑人的讯问笔录。
(6) 其他必须调取的证据。

二、爆炸案件的侦查

(一) 侦查要领

1. 尽快控制现场

为了开展抢险救灾,排除各种险情,维持现场秩序,查缉犯罪嫌疑人,制止继续犯罪,确保现场处置人员安全,保护现场痕迹物证,必须尽快采取综合性措施,封锁控制现场。指挥员到达现场后或到达现场前,应利用已有的通信系统就近调动足够的力量,对现场进行紧急警戒。

2. 组织力量处置紧急情况

已爆案件现场紧急情况较多,应及时组织力量直接处置或配合有关部门进行处置。

一是抢救伤员。对受伤人数较多的爆炸现场,指挥员应按预案要求,指派得力人员组织抢救。在配合医务人员抢救伤者的同时,运用录像、照相、绘图、文字记录、划线标志等方法及时固定现场情况,在派专人护送伤员的同时,抓紧时间和机会询问伤者,获取案件有关情况,并注意保存好有关证据。

二是扑灭火险,排除险情。由于爆炸的高温作用,或爆炸装置添加燃烧剂,或现场有易燃物质,爆炸后常引起火灾,控制不及时还可能造成火情蔓延。出现火情是要按预定方案,配合消防人员扑灭火灾;注意未切断、隔离的电源、电线、电气设备等,应通知专业人员及时处置,确保安全;对发现的尚未爆炸的爆炸装置或者因火灾可能引起爆炸的危险物品,应按照未爆案件的程序和方法予以处置。

3. 现场勘查重点

(1) 收集炸药残留物检材。首先,应从炸点处收集。主要是收集残留炸药和爆炸生成物;其次,按规定采集爆炸尘土和未受污染的尘土对比样本。

(2) 收集爆炸装置残留物。爆炸装置残留物是复原、研究爆炸装置的重要依据,也是认定犯罪嫌疑人的重要物证。勘验中收集的该类残留物,包括炸药包壳材料碎片,如铁片、纸片、布料木料、塑料、玻璃碎片等;起爆器材残片,如雷管外壳、电脚线、导火索和导爆管残留等。

(3) 收集爆炸抛出物。爆炸抛出物,是指除爆炸装置残留物以外,出于炸点周围,因爆炸抛掷作用而发生位移的物品。

(4) 收集常规痕迹物证,如手印、足迹、工具痕迹、整体分离痕迹、遗留物等。收集上述痕迹物证主要从爆炸装置残留物、预伏地点、安置爆炸物路线等物品中和部位上寻找。

4. 开展现场访问

(1) 对目击者的访问。主要为了了解爆炸发生的具体时间、位置、爆炸物品情况;爆炸发生瞬间看到、听到的情况,如火光、声响、物品抛出等;爆炸后所见情况,包括报案、人员抢救、扑灭火险等。

(2) 对受伤人员的访问。爆炸案件中的受伤人员,是爆炸案件的受害者。因爆炸受伤的人员包括犯罪嫌疑人选定的特定对象、因报复社会实施爆炸而伤及的不特定人员及因爆炸而波及的无辜人员等。他们有的既是被害人、又是目击者,受伤程度、当时状态各不相同,但大多能提供一定的情况信息。

(3) 对死伤人员家属的访问。已爆案件死伤人员家属包括作为被害人的死者和伤者的家属。对死者家属的询问主要包括死者个人基本情况、社会关系、生前表现及案发前的活动情况,对案件的看法和可疑人、可疑情况等;对伤者家属的询问主要是核实、补充伤者的陈述内容,或者是伤者因受伤而无法提供的情况等。

(4) 对其他知情人的访问。其他知情人包括现场周围群众、现场抢救人员、死者及伤者的社会关系等。访问上述人员,主要是了解案件发生、发现情况,有关死者、伤者的情况,爆炸发生后的现场状况,现场抢救过程及伤者表现,发案前后的疑人疑事,对案件的看法等。

5. 发现犯罪嫌疑人

(1) 依据因果关系发现犯罪嫌疑人。
(2) 利用犯罪情报系统发现犯罪嫌疑人。
(3) 依据作案条件发现犯罪嫌疑人。
(4) 从死伤者中发现犯罪嫌疑人。
(5) 依据访问情况发现犯罪嫌疑人。
(6) 运用侦查手段发现犯罪嫌疑人。
(7) 利用新闻媒体获取线索。

6. 讯问犯罪嫌疑人

在抓获犯罪嫌疑人后,应及时进行讯问,在准确甄别的基础上,力争获取认罪供述。供述的主要内容包括:作案动机的产生和目的的确定、预谋策划、爆炸装置的设计和制作、爆炸物的安放、所知的爆炸结果、作案后的活动等过程及涉及的人员等。在准确、全面、客观记录讯问结果的同时,应及时通过查证、侦查实验等验证和补充相关证据。

(二) 证据规格

1. 主体方面的证据

本罪主体为一般主体,证据应当包括户口簿、居民身份证、户口底卡、工作证、护照或者其他有效证件;犯罪嫌疑人所在地派出所记录的犯罪嫌疑人有关前科劣迹材料;犯罪嫌疑人精神状态的鉴定意见;同案人员的供述材料;认定年龄的证据材料。

2. 主观方面的证据

主要是证明犯罪嫌疑人故意实施爆炸行为的相关证据。

3. 客观方面的证据

（1）报案记录、行政案件移送证明及其他受案记录。

（2）证明犯罪嫌疑人实施爆炸过程的相关证据，包括证人证言、被害人陈述、犯罪嫌疑人供述与辩解、物证及其鉴定意见、法医鉴定意见等。

（3）侦查过程中所收集的视听资料。

（4）对涉嫌物品进行检验检测的鉴定意见。

（5）询问知情人、证人的询问笔录，讯问犯罪嫌疑人的讯问笔录。

（6）其他必须调取的证据。

三、失火案件的侦查

（一）侦查要领

1. 尽快控制现场

为了开展抢险救灾，排除各种险情，维持现场秩序，确保现场处置人员安全，保护现场痕迹物证，必须尽快采取综合性措施，封锁控制现场。指挥员到达现场后或到达现场前，应利用已有的通信系统就近调动足够的力量，对现场进行紧急警戒。

2. 组织力量处置紧急情况

火灾现场紧急情况较多，应及时组织力量直接处置或配合有关部门进行处置。

一是抢救伤员。对受伤人数较多的火灾现场，指挥员应按预案要求，指派得力人员组织抢救。在配合医务人员抢救伤者的同时，运用录像、照相、绘图、文字记录、划线标志等方法及时固定现场情况，在派专人护送伤员的同时，抓紧时间和机会询问伤者，获取案件有关情况，并注意保存好有关证据。

二是扑灭火险，排除险情。出现火情是要按预定方案，配合消防人员扑灭火灾；注意未切断、隔离的电源、电线、电气设备等，应通知专业人员及时处置，确保安全。

3. 查找火灾原因

引起船舶火灾的原因有多种，常有因船员操作失误而引发事故。因操作失误引起火灾的主要原因有：违章指挥，动火审批不严；贸然动火酿成火灾；现场监护不力；现场措施不力等；违章明火，尤其是危险管线连通油舱点燃引爆；洗舱不净，管线泵间残油积聚，动力把关不严；可燃物未清理，焊割熔渣坠落引燃；电缆表面破损，电线电器老化过载，受潮短路；燃油中混入一级危险品油；压力表接头脱落，高压油管断裂,燃滑油喷射到排烟管、增压器等高温热源部位;货泵断轴,密封填料过紧,干磨发热起火;货泵间溢油,通过隔舱壁轴封漏入机炉舱;高温热源处烘烤可燃物;锅炉操作不当燃烧不良,隔热层烧红及烟道积聚油垢燃烧,烟囱冒火星,危险物品混放,油棉纱着火;装油外溢入水,外部火源引燃回烧;擅离岗位或操作不当,厨房油锅起火等。

4. 进行现场访问

对最先到达现场的人员、救火人员、消防人员及现场周围群众进行,在访问时主要应查明以下情况:

(1) 发现案情的情况。什么人什么时间发现起火的,起火的具体部位及当时现场的燃烧情况,如火焰、烟雾的颜色、气味,有无响声等。

(2) 现场的变动情况。哪些人参加救火,谁第一个到达救火现场,在抢救的过程中听到、看到哪些异常情况,闻到什么异常气味等。

(3) 现场火源情况。现场内有无引起火灾的因素,如电器漏电、电路短线、有无其他火源等情况。

(4) 财物损失的情况。哪些财物被烧毁,有无贵重物品、文件账册被烧,有无民间来往的数据被烧等。

5. 监控录像、网络数据的收集

失火案件发生后,发现、确定犯罪嫌疑人就成为侦破案件的关键环节,通过现场勘查、痕迹提取与检验对比,可以发现犯罪嫌疑人并侦破案件。但就犯罪案件现场本身而言,现场破坏严重是其显著的特点,能从犯罪现场上提取到有价值的痕迹和其他物证条件有限。因此,对犯罪嫌疑人、被害人及相关人员在案发现场留下各种资讯信息痕迹,通过资讯信息分析、比对,发现、确定犯罪嫌疑人或被害人身份就相对比较容易,如通过查询被害人通信工具的使用情况,可以发现其至直接确定犯罪嫌疑人;通过案发现场的视频监控录像,结合其他资讯信息痕迹进行综合分析判断,可以准确查找、确定犯罪嫌疑人。

(二) 证据规格

1. 主体方面的证据

本罪主体为一般主体,证据应当包括户口簿、居民身份证、户口底卡、工作证、护照或者其他有效证件;犯罪嫌疑人所在地派出所记录的犯罪嫌疑人有关前科劣迹材料;犯罪嫌疑人精神状态的鉴定意见;同案人员的供述材料;认定年龄的证据材料。

2. 主观方面的证据

主要是证明犯罪嫌疑人过失实施放火行为的相关证据。

3. 客观方面的证据

（1）报案记录、行政案件移送证明及其他受案记录。

（2）证明犯罪嫌疑人实过失导致失火的相关证据，包括证人证言、被害人陈述、犯罪嫌疑人供述与辩解、物证及其鉴定意见、法医鉴定意见等。

（3）侦查过程中所收集的视听资料。

（4）对涉嫌财产损失进行检验检测的鉴定意见。

（5）询问知情人、证人的询问笔录，讯问犯罪嫌疑人的讯问笔录。

（6）其他必须调取的证据。

四、过失爆炸案件的侦查

（一）侦查要领

1. 尽快控制现场

为了开展抢险救灾，排除各种险情，维持现场秩序，确保现场处置人员安全，保护现场痕迹物证，必须尽快采取综合性措施，封锁控制现场。指挥员到达现场后或到达现场前，应利用已有的通信系统就近调动足够的力量，对现场进行紧急警戒。

2. 组织力量处置紧急情况

已爆案件现场紧急情况较多，应及时组织力量直接处置或配合有关部门进行处置。

一是抢救伤员。对受伤人数较多的爆炸现场，指挥员应按预案要求，指派得力人员组织抢救。在配合医务人员抢救伤者的同时，运用录像、照相、绘图、文字记录、划线标志等方法及时固定现场情况，在派专人护送伤员的同时，抓紧时间和机会询问伤者，获取案件有关情况，并注意保存好有关证据。

二是扑灭火险，排除险情。由于爆炸的高温作用，或现场有易燃物质，爆炸后常引起火灾，控制不及时还可能造成火情蔓延。出现火情是要按预定方案，配合消防人员扑灭火灾；注意未切断、隔离的电源、电线、电气设备等，应通知专业人员及时处置，确保安全；对发现的尚未爆炸的危险物品，应按照未爆案件的程序和方法予以处置。

3. 开展现场访问

（1）对目击者的访问。主要为了了解爆炸发生的具体时间、位置、爆炸物品情况；爆炸发生瞬间看到、听到的情况，如火光、声响、物品抛出等；爆炸后所见情况，包括报案、人员抢救、扑灭火险等。

（2）对受伤人员的访问。爆炸案件中的受伤人员大多能提供一定情况信息。

（3）对其他知情人的访问。

（二）证据规格

1. 主体方面的证据

本罪主体为一般主体，证据应当包括户口簿、居民身份证、户口底卡、工作证、护照或者其他有效证件；犯罪嫌疑人所在地派出所记录的犯罪嫌疑人有关前科劣迹材料；犯罪嫌疑人精神状态的鉴定意见；同案人员的供述材料；认定年龄的证据材料。

2. 主观方面的证据

主要是证明犯罪嫌疑人过失实施爆炸行为的相关证据。

3. 客观方面的证据

（1）报案记录、行政案件移送证明及其他受案记录。

（2）证明犯罪嫌疑人由于过失实施爆炸过程的相关证据，包括证人证言、被害人陈述、犯罪嫌疑人供述与辩解、物证及其鉴定意见、法医鉴定意见等。

（3）侦查过程中所收集的视听资料。

（4）对涉嫌物品损失进行检验检测的鉴定意见。

（5）询问知情人、证人的询问笔录，讯问犯罪嫌疑人的讯问笔录。

（6）其他必须调取的证据。

五、破坏交通工具案件的侦查

（一）侦查要领

1. 现场勘查，收集犯罪证据

其一，要根据现场勘查情况确定中心现场和出入口。对于使用放火、爆炸、等手段破坏交通工具的案件，火种、炸药、剧毒物的安放处通常毁坏严重，遗留的痕迹、物品具有极强的证据作用，这样的地域范围应被确定为中心现场。某些案件可能有一个以上中心现场，通向中心现场路径，如门窗、甬道，能容人出入的通风管、暖气沟等均可能被作案人用于出入现场的出入口，但作案人实际通过的出入口应当留有攀爬、跳跃、蹬踏、擦蹭等痕迹，痕迹明显处肯定是出入口之一。

其二，要提取痕迹物证。首先要提取中心现场痕迹物品，研究现场遭受毁坏的可能原因。其次，要提取出入口处某些痕迹物品，如作案者遗留的攀爬、跳跃、蹬踏、擦蹭以及拆卸、挖掘形成的痕迹和遗留的各种物品，注意它们在现场中的位置、方向、距离和状态。再次，要提取检材。提取检材主要用于实验室的分析化验。最后，要提取其他遗留痕迹物品，注意发现作案者遗留的手印、足迹、擦拭物、现场遗留工具等。

2. 开展调查，访问知情群众

侦查办案人员要及时部署警力对发案部位的周围地区进行广泛的调查活动，

了解案发前有何可疑人、可疑车辆在现场周围窥视、逗留,有过什么举动,与何人攀谈过什么。请知情群众回忆有过什么人举止不正常,逃向何方,乘什么交通工具,一人或几人作案,体貌特征怎样。

由于破坏交通工具案件中,作案人采取非常绝对的举动,如拆卸、放火、爆炸等,因此应侧重在群众中了解案发以前有谁购买、准备过这类用品、装置,近来有何反常活动,而且作案者在作案后的短时间内的某些日常活动中仍不免带有某些激动的成分。因此,办案人员要真正走到群众中去,从而把疑点收集到手,为划定侦查范围确定重点嫌疑人做好准备。

3. 摸底排队,滤出嫌疑人

破坏交通工具案件的侦查范围的确定较为简单。这里主要包括：

第一,由作案时间摸排。在现场勘查确定案件发生的确切时间后,就可以对号入座地在调查访问和现场勘查中所暴露的嫌疑人员中进行逐个排查,从而确定嫌疑人。

第二,结合现场遗留的痕迹物品进行排查。案件现场遗留的某些痕迹是最好的认定犯罪嫌疑人唯一的极好证据材料,如指纹、足迹等,而现场遗留的某些物品又极能反映出作案人精通某类技能的职业性特点。加之现场遗留的其他物品的参考作用,使能够从纵的、横的几个方向构建结点,映射出确切的作案人,从而突出现场提取物的证据作用。

第三,结合因果关系排查。破坏交通工具案件作案人的作案动机有为泄愤报复的,有为陷害某人、嫁祸某人的,有借此发难以证明什么,从而达到什么目的的,以及骗赔、搞恶作剧等,其中蕴含一定因果关系,从作案动机发现因果关系确定嫌疑人要结合其他证据条件,不应贸然认定,以免转移侦查视线,越过真正的嫌疑人。

4. 讯问重点犯罪嫌疑人

在进行现场勘查、调查访问,并进行摸底排队后,对重点嫌疑人还要通过讯问进一步摸清作案人作案全过程和每个阶段、环节的证据情况,搞清作案人作案的真正动机和目的,是否有作案同伙,在同伙中的位置、作用等,为正确定罪量刑打下基础。

（二）证据规格

本案件的证据规格应具备如下几个方面：

1. 主体方面的证据

本罪只能由自然人犯罪,其主体证据应当包括户口簿、居民身份证、户口底卡、工作证、护照或者其他有效证件；犯罪嫌疑人所在地派出所记录的犯罪嫌疑人有关前科劣迹材料；犯罪嫌疑人精神状态的鉴定意见；同案人员的供述材料；认定年龄的证据材料。

2. 主观方面的证据

主要是证明犯罪嫌疑人故意破坏交通工具主观上具有故意的证据,包括犯罪嫌疑人的供述与辩解,证人证言,犯罪嫌疑人犯罪后使用反侦查手段的物证和见证人证明等。

3. 客观方面的证据

(1) 报案记录、行政案件移送证明及其他受案记录。

(2) 现场勘查提取的损坏或者损坏的财物残留物、痕迹、犯罪工具等。

(3) 现场控制的照相、录像、笔录材料。

(4) 交通工具所有人或者管理人对犯罪嫌疑人的辨认笔录,询问证人的询问笔录,讯问犯罪嫌疑人的讯问笔录。

(5) 其他必须调取的证据。

六、损坏交通设施案件的侦查

(一) 侦查要领

1. 确定保护范围、封锁现场

侦查人员到达现场,应立即采取保护措施,封锁现场,防止无关人员进入现场。保护范围确定的原则是宁大勿小,即保护的范围要略大于实地勘验的范围。现场封锁后,任何人员不得随意进入现场。

2. 进行初步调查访问

侦查人员在稳住现场请示后,应抓紧时间,对知情群众、报案人、现场发现人进行初步访问,手机现场被发现后至保护前的各种情况、犯罪嫌疑人的情况。初步访问的重点在于要进一步查清发现现场的过程及现场的变动情况,另外要将与犯罪现场有关的证人的基本情况固定下来,问清其姓名、住址、联系方式等。

3. 现场勘查重点

(1) 损坏交通设施的具体部位。

(2) 损坏交通设施采取的方式。

(3) 损坏交通设施的程度。

(4) 现场遗留与犯罪有关的痕迹、物证。

4. 对犯罪嫌疑人的讯问

(1) 作案的时间、地点、具体部位。

(2) 作案的动机、目的。

(3) 作案的手段、使用的工具。

(4) 从事同类犯罪次数、时间、地点。

（二）证据规格

1. 主体方面的证据

（1）查验其合法有效的身份证件，并将复印件入卷。

（2）认定年龄的证据材料，主要指户籍证明。

（3）如果必须涉及精神正常程度问题，需要参照刑事诉讼法规定进行鉴定，鉴定意见原件入卷。

（4）向犯罪嫌疑人所在地公安派出所调查了解犯罪嫌疑人有关"前科劣迹"的材料。

（5）同案人员的供述材料。

2. 主观方面的证据

（1）讯问犯罪嫌疑人实施犯罪行为的心理目的与动机。

（2）是否有从轻、减轻或者从重的法定情节。

3. 客观方面的证据

（1）报案记录。

（2）被损毁交通设施的现场照相、笔录。

（3）搜查发现的交通设施的残留物。

（4）损毁交通设施使用的工具。

（5）犯罪嫌疑人对损毁交通设施情况的供述。

（6）目击者的证言。

七、破坏易燃易爆设备案件的侦查

（一）侦查要领

1. 抢救人命

对于现场的伤者，特别是具有生命危险者，必须进行紧急救护或者立即送往医院进行抢救，即使受伤的是犯罪嫌疑人也应当及时救治。即使因为急救伤者使一些有价值的证据遭到破坏，也不能放弃对伤者的救治，但在救治伤者的过程中应尽量避免对事故现场、现场证据等的破坏。

2. 排除险情

现场环境中如有可能威胁到现场周围群众或侦查人员人身安全的险情存在，应当首先排除险情，另外应当注意的是，对于破坏海底天然气管道、石油管道等易燃易爆设备的案件，尽管可能当时没有危及群众的人身安全，但是破坏天然气管道、石油管道会使天然气和石油大量溢出，严重污染海洋生态环境，对海洋造成难以修复的损害，因此，对于此类案件，接到报案后，侦查人员应当首先向相关机关报告案情，请求相关机关共同排除险情。

3. 确定保护范围、封锁现场

侦查人员到达现场后，应立即采取保护措施，封锁现场，防止无关人员进入现场。保护范围确定的原则是宁大勿小，即保护的范围要略大于实地勘验的范围。现场封锁后，任何人员不得随意进入现场。

4. 提取、固定物证

提取手印、足迹、工具痕迹以及其他痕迹等物证。可用现代照相技术提取现场物证，是最简单、最常用的方法。通常情况下，这种方法适用于以下两种情况：第一，通过拍照固定记录物证所处的环境、位置及外观形态，以便通过图片的形式来展示物证的客观性。第二，通过照相的方法记录现场物证内容和表面细节特征。经常适用于现场手印、足迹等痕迹类物证和文书类物证的提取。

5. 询问案件目击人以及其他知情人

案件的目击人泛指感知到案发过程或案发过程某一情节的人。由于案件目击人对案发情况掌握着第一手资料，因此对侦破案件具有重要的价值。当然，除了目击人外还有其他的知情人，通常包括易燃易爆设备被破坏的现场的工作人员以及现场周围居住、生活等其他人员。

6. 寻找与发现犯罪嫌疑对象

主要的途径主要有：

（1）从作案人的体貌特征入手发现犯罪嫌疑对象。

（2）从作案人的损伤情况入手发现犯罪嫌疑对象。

（3）从调取现场视频监控图像入手发现犯罪嫌疑对象。

（4）从作案的方法和手段入手发现犯罪嫌疑对象。

（5）从现场遗留痕迹物品入手发现犯罪嫌疑对象。

（6）从作案时空轨迹入手发现犯罪嫌疑对象。

（7）从调查因果关系入手发现犯罪嫌疑对象。

（8）从搜集情报信息入手发现犯罪嫌疑对象。

7. 对犯罪嫌疑人的讯问

（1）作案的时间、地点、具体部位。

（2）作案的动机、目的。

（3）作案的手段、使用的工具。

（4）从事同类犯罪次数、时间、地点。

（二）证据规格

1. 主体方面的证据

（1）查验其合法有效的身份证件，并将复印件入卷。

（2）认定年龄的证据材料，主要指户籍证明。

（3）如果必须涉及精神正常程度问题，需要参照刑事诉讼法规定进行鉴定，鉴定意见原件入卷。

(4) 向犯罪嫌疑人所在地公安派出所调查了解犯罪嫌疑人有关"前科劣迹"的材料。

(5) 同案人员的供述材料。

2. 主观方面的证据

(1) 讯问犯罪嫌疑人实施犯罪行为的心理目的与动机。

(2) 是否有从轻、减轻或者从重的法定情节。

3. 客观方面的证据

(1) 报案记录。

(2) 被破坏易燃易爆设备的现场照相、笔录。

(3) 搜查发现的易燃易爆设备的残留物。

(4) 破坏易燃易爆设备使用的工具。

(5) 犯罪嫌疑人对破坏易燃易爆设备情况的供述。

(6) 目击者的证言。

八、过失破坏交通工具案件的侦查

(一) 侦查要领

1. 现场勘查,收集犯罪证据

第一,以危害结果为中心展开调查。对于过失破坏交通工具案件,一定是已经发生了严重的危害结果,所以侦查工作人员对于此案的侦查一定要从结果出发。值得注意的是涉嫌过失破坏交通工具的犯罪案件一定发生了船只等交通工具倾覆、毁坏的实际危害后果,侦查人员接到报案后应当第一时间救助被困群众,竭尽全力保障群众的生命健康和公私财产安全。

第二,要提取痕迹物证。首先要提取中心现场痕迹物品,研究现场遭受毁坏的可能原因。其次,要提取出入口处某些痕迹物品,如作案者遗留的攀爬、跳跃、蹬踏、擦蹭以及拆卸、挖掘形成的痕迹和遗留的各种物品,注意它们在现场中的位置、方向、距离和状态。再次,要提取检材。提取检材主要用于实验室的分析化验。最后,要提取其他遗留痕迹物品,注意发现作案者遗留的手印、足迹、擦拭物、现场遗留工具等。

2. 开展调查,访问知情群众

侦查办案人员要及时部署警力对发案部位的周围地区进行广泛的调查活动,了解案发后有何可疑人,可疑人因过失引发了严重的危害后果后多表现为举止不正。

3. 摸底排队，滤出嫌疑人

过失破坏交通工具案件的侦查范围的确定较为简单。这里主要包括：

第一，由案发时间摸排。在现场勘查确定案件发生的确切时间后，就可以对号入座地在调查访问和现场勘查中所暴露的嫌疑人员中进行逐个排查，从而确定嫌疑人。

第二，结合现场遗留的痕迹物品进行排查。案件现场遗留的某些痕迹是最好的认定犯罪嫌疑人唯一的极好证据材料，如指纹、足迹等，而现场遗留的某些物品又极能反映出作案人精通某类技能的职业性特点。加之现场遗留的其他物品的参考作用，使能够从纵的、横的几个方向构建结点，映射出确切的作案人，从而突出现场提取物的证据作用。

4. 讯问重点犯罪嫌疑人

在进行现场勘查、调查访问，并进行摸底排队后，对重点嫌疑人还要通过讯问进一步摸清主观上是出于过意自信的过失还是疏忽大意的过失，明确重点嫌疑人引起危害结果所实施的具体行为，为正确定罪量刑打下基础。

（二）证据规格

本案件的证据规格应具备如下几个方面：

1. 主体方面的证据

本罪只能由自然人犯罪，其主体证据应当包括户口簿、居民身份证、户口底卡、工作证、护照或者其他有效证件；犯罪嫌疑人所在地派出所记录的犯罪嫌疑人有关前科劣迹材料；犯罪嫌疑人精神状态的鉴定意见；同案人员的供述材料；认定年龄的证据材料。

2. 主观方面的证据

主要是证明犯罪嫌疑人因破坏交通工具而发生危害后果是出于过失的证据，包括犯罪嫌疑人的供述与辩解、证人证言等。

3. 客观方面的证据

（1）报案记录、行政案件移送证明及其他受案记录。

（2）现场勘查提取的损坏或者损坏的财物残留物、痕迹、犯罪工具等。

（3）现场控制的照相、录像、笔录材料。

（4）交通工具所有人或者管理人对犯罪嫌疑人的辨认笔录，询问证人的询问笔录，讯问犯罪嫌疑人的讯问笔录。

（5）其他必须调取的证据。

九、过失损坏交通设施案件的侦查

(一) 侦查要领

1. 确定保护范围、封锁现场

侦查人员到达现场,应立即采取保护措施,封锁现场,防止无关人员进入现场。保护范围确定的原则是宁大勿小,即保护的范围要略大于实地勘验的范围。现场封锁后,任何人员不得随意进入现场。

2. 进行初步调查访问

侦查人员在稳住现场请示后,应抓紧时间,对知情群众、报案人、现场发现人进行初步访问,手机现场被发现后至保护前的各种情况、犯罪嫌疑人的情况。初步访问的重点在于要进一步查清发现现场的过程及现场的变动情况,另外要将与犯罪现场有关的证人的基本情况固定下来,问清其姓名、住址、联系方式等。

3. 现场勘查,收集犯罪证据

第一,以危害结果为中心展开调查。对于过失损坏交通设施的案件,一定是已经发生了严重的危害结果,所以侦查工作人员对于此案的侦查一定要从结果出发。值得注意的是涉嫌过失损害交通设施的犯罪案件一定发生了船只等交通工具倾覆、毁坏的实际危害后果,侦查人员接到报案后应当第一时间救助被困群众,竭尽全力保障群众的生命健康和公私财产安全。

第二,要提取痕迹物证。提取检材主要用于实验室的分析化验,要提取其他遗留痕迹物品,注意发现作案者遗留的手印、足迹、擦拭物、现场遗留工具等。

4. 开展调查,访问知情群众

侦查办案人员要及时部署警力对发案部位的周围地区进行广泛的调查活动,了解案发后有何可疑人,可疑人因过失引发了严重的危害后果后多表现为举止不正常。

5. 现场勘查重点

(1) 损坏交通设施的具体部位。
(2) 损坏交通设施采取的方式。
(3) 损坏交通设施的程度。
(4) 现场遗留与犯罪有关的痕迹、物证。

6. 对犯罪嫌疑人的讯问

(1) 案发的时间、地点、具体部位。
(2) 犯罪嫌疑的主观心理。

（二）证据规格

本案件的证据规格应具备如下几个方面：

1. 主体方面的证据

本罪只能由自然人犯罪，其主体证据应当包括户口簿、居民身份证、户口底卡、工作证、护照或者其他有效证件；犯罪嫌疑人精神状态的鉴定意见；同案人员的供述材料；认定年龄的证据材料。

2. 主观方面的证据

主要是证明犯罪嫌疑人因损坏交通设施而发生危害后果是出于过失的证据，包括犯罪嫌疑人的供述与辩解、证人证言等。

3. 客观方面的证据

（1）报案记录、行政案件移送证明及其他受案记录。

（2）现场勘查提取的损坏或者损坏的灯塔、标志等交通设施残留物、痕迹，犯罪工具等。

（3）现场控制的照相、录像、笔录材料。

（4）交通工具所有人或者管理人对犯罪嫌疑人的辨认笔录，询问证人的询问笔录，讯问犯罪嫌疑人的讯问笔录。

（5）其他必须调取的证据。

十、过失损坏易燃易爆设备案件的侦查

（一）侦查要领

1. 抢救人命

涉嫌过失损坏易燃易爆设备罪的案件一定已经造成了严重后果，因此，侦查人员在接到报案赶赴现场后，对于现场的伤者，特别是具有生命危险者，必须进行紧急救护或者立即送往医院进行抢救，即使受伤的是犯罪嫌疑人也应当及时救治。即使因为急救伤者使一些有价值的证据遭到破坏，也不能放弃对伤者的救治，但在救治伤者的过程中应尽量避免对事故现场、现场证据等的破坏。

2. 排除险情

现场环境中如有可能威胁到现场周围群众或侦查人员人身安全的险情存在，应当首先排除险情，另外应当注意的是，对于破坏海底天然气管道、石油管道等易燃易爆设备的案件，尽管可能当时没有危及群众的人身安全，但是破坏天然气管道、石油管道会使天然气和石油大量溢出，严重污染海洋生态环境，对海洋造成难以修复的损害，因此，对于此类案件，接到报案后，侦查人员应当首先向相关机关报告案情，请求相关机关共同排除险情。

3. 确定保护范围、封锁现场

侦查人员到达现场,应立即采取保护措施,封锁现场,防止无关人员进入现场。保护范围确定的原则是宁大勿小,即保护的范围要略大于实地勘验的范围。现场封锁后,任何人员不得随意进入现场。

4. 提取、固定物证

提取手印、足迹、工具痕迹以及其他痕迹等物证。可用现代照相技术提取现场物证,这是最简单、最常用的方法。通常情况下,这种方法适用于以下两种情况:第一,通过拍照固定记录物证所处的环境、位置及外观形态,以便通过图片的形式来展示物证的客观性。第二,通过照相的方法记录现场物证内容和表面细节特征。经常适用于现场手印、足迹等痕迹类物证和文书类物证的提取。

5. 询问案件目击人以及其他知情人

案件的目击人泛指感知到案发过程或案发过程某一情节的人。由于案件目击人对案发情况掌握着第一手资料,因此对侦破案件具有重要的价值。当然,除了目击人外还有其他的知情人,通常包括易燃易爆设备被破坏的现场的工作人员以及现场周围居住、生活等其他人员。

6. 寻找与发现犯罪嫌疑对象

主要的途径主要有:

(1) 从作案人的体貌特征入手发现犯罪嫌疑对象。

(2) 从作案人的损伤情况入手发现犯罪嫌疑对象。

(3) 从调取现场视频监控图像入手发现犯罪嫌疑对象。

(4) 从现场遗留痕迹物品入手发现犯罪嫌疑对象。

(5) 从作案时空轨迹入手发现犯罪嫌疑对象。

(6) 从调查因果关系入手发现犯罪嫌疑对象。

(7) 从搜集情报信息入手发现犯罪嫌疑对象。

7. 对犯罪嫌疑人的讯问

(1) 案发的时间、地点、具体部位。

(2) 引发危害后果所使用的手段、使用的工具。

(二) 证据规格

1. 主体方面的证据

(1) 查验其合法有效的身份证件,并将复印件入卷。

(2) 认定年龄的证据材料,主要指户籍证明。

(3) 如果必须涉及精神正常程度问题,需要参照刑事诉讼法规定进行鉴定,鉴定意见原件入卷。

2. 主观方面的证据

(1) 讯问犯罪嫌疑人实施犯罪行为的心理目的与动机。

(2) 是否有从轻、减轻或者从重的法定情节。

3. 客观方面的证据

(1) 报案记录。

(2) 被破坏易燃易爆设备的现场照相、笔录。

(3) 搜查发现的易燃易爆设备的残留物。

(4) 破坏易燃易爆设备使用的工具。

(5) 犯罪嫌疑人对破坏易燃易爆设备情况的供述。

(6) 目击者的证言。

十一、劫持船只、汽车案件的侦查

(一) 侦查要领

1. 快速出警

劫持船只、汽车的案件的作案人作案快,可使用船只或者汽车作为使用工具,因此侦查这类劫持船只、汽车的案件必须实行预案机制,及时部署追缉堵截措施。同时要快速出警、快速勘查现场、快速调查访问,要以快制快。赶到现场后要向被劫船只、汽车的所有人或者管理人了解情况,并立即部署追缉堵截工作。同时,要立即将案情报告上级机关,请求调集各方警力协助查控,将各个交通要道严密布控,形成追缉堵截查控网络。

2. 对有关人员进行访问

针对犯罪嫌疑人已经逃跑的劫持船只、汽车的犯罪案件,侦查人员要对船只、汽车上的知情人员进行讯问。讯问的主要内容包括：犯罪嫌疑人实施劫持船只、汽车案件的全过程,以及犯罪嫌疑人的体貌特征等等。

3. 通缉通报

可以发布通缉令来查获犯罪嫌疑人,如果没有明确的犯罪嫌疑人,可以向有关地区发布通报,通报被劫持的汽车或者船只的相关情况,根据相关知情人透露出的相关犯罪嫌疑人情况通报重点嫌疑对象。

4. 实地勘验

对于劫持船只、汽车的犯罪案件,也要及时进行现场勘查,发现和提取犯罪嫌疑人遗留的痕迹、物证,并且要对船只、汽车的出入口,门窗等部位进行重点勘查,发现犯罪嫌疑人翻越、蹬踩、攀援的足迹、手印以及破坏障碍物的工具痕迹等。

5. 寻找与发现犯罪嫌疑对象

主要的途径主要有：

(1) 从作案人的体貌特征入手发现犯罪嫌疑对象。

(2) 从作案人的损伤情况入手发现犯罪嫌疑对象。

(3) 从调取现场视频监控图像入手发现犯罪嫌疑对象。

（4）从作案的方法和手段入手发现犯罪嫌疑对象。
（5）从现场遗留痕迹物品入手发现犯罪嫌疑对象。
（6）从作案时空轨迹入手发现犯罪嫌疑对象。
（7）从调查因果关系入手发现犯罪嫌疑对象。
（8）从搜集情报信息入手发现犯罪嫌疑对象。
6. 对犯罪嫌疑人的讯问
（1）作案的时间、地点、具体部位。
（2）作案的动机、目的。
（3）作案的手段、使用的工具。
（4）从事同类犯罪次数、时间、地点。

（二）证据规格

1. 主体方面的证据
（1）查验其合法有效的身份证件，并将复印件入卷。
（2）认定年龄的证据材料，主要指户籍证明。
（3）如果必须涉及精神正常程度问题，需要参照刑事诉讼法规定进行鉴定，鉴定意见原件入卷。
（4）向犯罪嫌疑人所在地公安派出所调查了解犯罪嫌疑人有关"前科劣迹"的材料。
（5）同案人员的供述材料。
2. 主观方面的证据
（1）讯问犯罪嫌疑人实施犯罪行为的心理目的与动机。
（2）是否有从轻、减轻或者从重的法定情节。
3. 客观方面的证据
（1）报案记录。
（2）劫持船只、汽车的现场照相、笔录。
（3）劫持船只、汽车使用的工具。
（5）犯罪嫌疑人对劫持汽车、船只案件情况的供述。
（6）目击者的证言。

十二、非法制造、买卖、运输、邮寄、储存枪支、弹药、爆炸物案件的侦查

（一）侦查要领

1. 查封非法制造、买卖、运输、邮寄、储存枪支、弹药、爆炸物现场，及时进行现场勘查，并制作现场勘查笔录
（1）查明枪支、弹药、爆炸物的制造、买卖、运输、邮寄、储存地点，尽早发现、

获取枪支、弹药、爆炸物,是侦破非法制造、买卖、运输、邮寄、储存枪支、弹药、爆炸物案件的首要环节。枪支、弹药、爆炸物的查获是证实犯罪的有力证据,在侦查中极易被犯罪人转移、藏匿或销毁,如果在侦查中找不到枪支、弹药、爆炸物,即使犯罪人供认了非法制造、买卖、运输、邮寄、储存枪支、弹药、爆炸物案件的犯罪事实,但因缺乏主要证据也难于定罪。同时,在侦查中首先要查明枪支、弹药、爆炸物的下落,发现后要及时将其控制、管理起来,防止危害后果的发生。

(2) 在对枪支、弹药、爆炸物的调查中,根据知情群众的揭发检举情况,可以通过卖主来查明枪支、弹药、爆炸物的名称、数量、特征、生产厂家及存放地点;可以通过买主来查明枪支、弹药、爆炸物的名称、数量、特征、生产厂家及存放地点;也可以通过有关知情群众查明枪支、弹药、爆炸物的名称、数量、特征、生产厂家及存放地点等。

(3) 在对枪支、弹药、爆炸物的调查中,如果发现枪支、弹药、爆炸物仍在运输途中,首先要尽量查明运输的时间、地点,使用的交通工具和运输路线等,同时要注意判断枪支、弹药、爆炸物可能在什么路段。然后根据具体情况在可能的车站、码头、铁路沿线或公路区间及时部署公开查缉或秘密搜查,便于及时发现、控制和获取这些枪支、弹药、爆炸物;如果发现枪支、弹药、爆炸物已经运达目的地,就要首先设法搞清买主的单位和可能存放、隐藏地点,采取公开或秘密搜查的办法及时发现、获取枪支、弹药、爆炸物。

(4) 在对枪支、弹药、爆炸物的调查中,对发现获取的枪支、弹药、爆炸物,要注意查明其名称、数量、特征、包装、体积、生产厂家、生产日期等,对枪支、弹药、爆炸物的情况要认真测量、拍照和记录,作为侦查中的重要证据。同时要对枪支、弹药、爆炸物妥善保管,防止转移、丢失或泄漏。对案件所涉及的所有人员和与案件有关的事与物要及时、深入、细致地开展调查。

2. 查明枪支、弹药、爆炸物的买卖过程

查明枪支、弹药、爆炸物的买卖过程,实际上是要查明非法制造、买卖、运输、邮寄、储存的犯罪过程。其调查工作主要应在买主、卖主、参加买卖人员和其他有关知情人员中进行。在具体调查中要注意查明以下几点:

(1) 对于买主及卖主,要注意查明是个人犯罪,还是集团犯罪,或是国家工作人员伙同他人共同犯罪;非法出售购买或出售的枪支、弹药、爆炸物的数量及次数。

(2) 查明非法买卖枪支、弹药、爆炸物的过程,包括买卖意向的提出,洽谈成交的时间、地点、次数、参加人员、达成的协议、成交的数量,形成的各种文书等。

(3) 在调查中,要注意对买主、卖主、参加人员和知情人作好笔录;要注意收集买卖枪支、弹药、爆炸物的有关账目、单据、洽谈记录及各种有关文书等,作为案件侦查的证据。

3. 枪支、弹药、爆炸物的运输过程

查明枪支、弹药、爆炸物的运输过程，实际上是要查明非法运输的犯罪过程。其调查工作主要应在买主、装卸人员、司乘人员、押运人员和其他知情人员中进行。在具体调查中要注意查明以下几点：

（1）运输枪支、弹药、爆炸物使用什么运输工具，对运输工具采取了哪些伪装，枪支、弹药、爆炸物隐藏在运输工具的什么部位，用什么合法物品作掩护。

（2）枪支、弹药、爆炸物装入车船的时间、地点、车船开动的时间，经由地点，行走路线，中间停靠的时间、地点和接触人员，到达的目的地以及到达时间等。

（3）在运输过程中，参加装卸的人员、押运的人员、司乘人员都有谁，买主是否采用了人货分离的方法，押运和司乘人员是否携带武器，如果途中遇到检查怎么应付，买主是否制造了假证件、假证明等应付检查。

（4）在调查中，对装卸人员、押运人员、司乘人员和其他知情人员要详细调查取证；对运输工具的种类、牌号、特征，对运输工具的伪装情况，枪支、弹药、爆炸物在运输工具的隐藏部位及掩护物品等均要详细拍照和记录；对枪支、弹药、爆炸物的装卸地点、途中停留地点、目的地隐藏以及储存枪支、弹药、爆炸物地点也应进行拍照取证；对买主携带制造的假证件和押运人员携带的武器等要进行拍照和提取实物，作为案件侦查中的证据。

4. 查明犯罪的动机、目的

在查明买卖、运输、邮寄、储存枪支、弹药、爆炸物的名称、数量，犯罪成员，犯罪方法手段和犯罪过程的基础上，查明其犯罪动机、目的十分重要，这是正确确定案件性质的关键步骤。必须向买主和卖主查明，买卖、运输枪支、弹药、爆炸物，是为了牟取经济利益，还是为了实施恐怖活动；是为了进行破坏活动，还是为了报复等，必须实事求是地查准，这对于案件的最后定性、量刑至关重要。

（二）证据规格

本案件的证据规格应具备如下几个方面：

1. 主体方面的证据

犯罪嫌疑人为自然人的，调取的证据应当包括户口簿、居民身份证、户口底卡、工作证、护照或者其他有效证件；犯罪嫌疑人所在地派出所记录的犯罪嫌疑人有关前科劣迹材料；犯罪嫌疑人精神状态的鉴定意见；制造、买卖、运输、储存危险物质各环节同案人员的供述材料。

犯罪嫌疑人为单位的，具体应取得的证据包括：（1）单位的营业执照、税务登记证、银行账号证明、工商注册登记资料等；（2）直接负责的主管人员和其他直接责任人员的身份证明，包括法定代表人、实际投资者、实际经营决策者、财务主管、财务会计人员、业务人员等人员的户口簿、居民身份证、户口底卡、工作证、护照或者其他有效证件；（3）已核实的单位基本情况，即由工商、税务部门出具的有关公司企业是否存在,以及经营监管方面情况的证明。

2. 主观方面的证据

主要是证明犯罪嫌疑人是否有制造、买卖、运输、邮寄、储存枪支、弹药、爆炸物的故意的证据,包括犯罪嫌疑人的供述与辩解,证人证言,犯罪嫌疑人制造、买卖、运输、邮寄、储存枪支、弹药、爆炸物中使用的隐蔽、防护等反侦查手段的物证等。

3. 客观方面的证据

(1) 报案记录、行政案件移送证明及其他受案记录。

(2) 现场勘查提取的枪支、弹药、爆炸物等物证,办理的扣押清单。

(3) 控制现场时记录的摄像拍照以及其他视听资料。

(4) 对危险物品进行检验检测的鉴定意见。

(5) 询问证人的询问笔录,讯问犯罪嫌疑人的讯问笔录。

(6) 其他根据具体案情必须调取的证据。

十三、非法制造、买卖、运输、储存危险物质案件的侦查

(一) 侦查要领

1. 查封非法制造、买卖、运输、储存危险物质现场,及时进行现场勘查,并制作现场勘查笔录

(1) 查明危险物质的制造、买卖、运输、储存地点,尽早发现、获取危险物质,是侦破非法制造、买卖、运输、储存危险物质案件的首要环节。危险物质查获是证实犯罪的有力证据,在侦查中极易被犯罪人转移、藏匿或销毁,如果在侦查中找不到危险物质,即使犯罪人供认了非法制造、买卖、运输、储存危险物质案件的犯罪事实,但因缺乏主要证据也难于定罪。同时,犯罪人在转移和藏匿危险物质过程中,由于不可能按照相应危险物质的管理规定进行存放,极易引发事故,给周围的人民生命财产造成严重侵害。因此,在侦查中首先要查明危险物质的下落,发现后要及时将其控制、管理起来,防止危害后果的发生。

(2) 在对危险物质的调查中,根据知情群众的揭发检举情况,可以通过卖主来查明危险物质的名称、数量、特征、生产厂家及存放地点;可以通过买主来查明危险物质的名称、数量、特征、生产厂家及存放地点;也可以通过有关知情群众查明危险物质的名称、数量、特征、生产厂家及存放地点等。

(3) 在对危险物质的调查中,如果发现危险物质仍在运输途中,首先要尽量查明运输的时间、地点、使用的交通工具和运输路线等,同时要注意判断危险物质可能在什么路段。然后根据具体情况在可能的车站、码头、铁路沿线或公路区间及时部署公开查缉或秘密搜查,便于及时发现、控制和获取这些危险物质;如果发现危险物质已经运达目的地,就要首先设法搞清买主的单位和可能存放、隐藏地

点,采取公开或秘密搜查的办法及时发现、获取危险物质。

(4) 在对危险物质的调查中,对发现获取的危险物质,要注意查明其名称、数量、特征、包装、体积、生产厂家、生产日期等,对危险物质的情况要认真测量、拍照和记录,作为侦查中的重要证据。同时要对危险物质妥善保管,防止转移、丢失或泄漏。对案件所涉及的所有人员和与案件有关的事与物要及时、深入、细致地开展调查。

2. 查明危险物质的买卖过程

查明危险物质的买卖过程,实际上是要查明非法制造、买卖、运输、储存的犯罪过程。其调查工作主要应在买主、卖主、参加买卖人员和其他有关知情人员中进行。在具体调查中要注意查明以下几点:

(1) 对于买主及卖主,要注意查明是个人犯罪,还是集团犯罪,或是国家工作人员伙同他人共同犯罪;非法出售购买或出售的危险物质的数量及次数。

(2) 查明非法买卖危险物质的过程,包括买卖意向的提出,洽谈成交的时间、地点、次数、参加人员、达成的协议、成交的数量、形成的各种文书等。

(3) 在调查中,要注意对买主、卖主、参加人员和知情人作好笔录;要注意收集买卖危险物质的有关账目、单据、洽谈记录及各种有关文书等,作为案件侦查的证据。

3. 危险物质的运输过程

查明危险物质的运输过程,实际上是要查明非法运输的犯罪过程。其调查工作主要应在买主、装卸人员、司乘人员、押运人员和其他知情人员中进行。在具体调查中要注意查明以下几点:

(1) 运输危险物质使用什么运输工具,对运输工具采取了哪些伪装,危险物质隐藏在运输工具的什么部位,用什么合法物品作掩护。

(2) 危险物质装入车船的时间、地点、车船开动的时间,经由地点,行走路线,中间停靠的时间、地点和接触人员,到达的目的地以及到达时间等。

(3) 在运输过程中,参加装卸的人员、押运的人员、司乘人员都有谁,买主是否采用了人货分离的方法,押运和司乘人员是否携带武器,如果途中遇到检查怎么应付,买主是否制造了假证件、假证明等应付检查。

(4) 运输途中是否造成危险物质泄漏,有否造成周围人员伤亡。如果因危险物质泄漏造成人员伤亡,不仅要对尸体进行检验鉴定,而且要对伤者开具救治证明,证明成伤的情况和原因,作为侦查中的证据。

(5) 在调查中,对装卸人员、押运人员、司乘人员和其他知情人员要详细调查取证;对运输工具的种类、牌号、特征,对运输工具的伪装情况,危险物质在运输工具的隐藏部位及掩护物品等均要详细拍照和记录;对危险物质的装卸地点、途中停留地点、目的地隐藏以及储存危险物质地点也应进行拍照取证;对买主携带制造的假证件和押运人员携带的武器等要进行拍照和提取实物,作为案件侦查中的证据。

4. 查明犯罪的动机、目的

在查明买卖、运输、储存危险物质的名称、数量,犯罪成员,犯罪方法手段和犯罪过程的基础上,查明其犯罪动机、目的十分重要,这是正确确定案件性质的关键步骤。必须向买主和卖主查明,买卖、运输危险物质,是为了牟取经济利益,还是为了实施恐怖活动;是为了进行破坏活动,还是为了报复等,必须实事求是地查准,这对于案件的最后定性、量刑至关重要。

(二) 证据规格

本案件的证据规格应具备如下几个方面:

1. 主体方面的证据

犯罪嫌疑人为自然人的,调取的证据应当包括户口簿、居民身份证、户口底卡、工作证、护照或者其他有效证件;犯罪嫌疑人所在地派出所记录的犯罪嫌疑人有关前科劣迹材料;犯罪嫌疑人精神状态的鉴定意见;制造、买卖、运输、储存危险物质各环节同案人员的供述材料。

犯罪嫌疑人为单位的,具体应取得的证据包括:(1) 单位的营业执照、税务登记证、银行账号证明、工商注册登记资料等;(2) 直接负责的主管人员和其他直接责任人员的身份证明,包括法定代表人、实际投资者、实际经营决策者、财务主管、财务会计人员、业务人员等人员的户口簿、居民身份证、户口底卡、工作证、护照或者其他有效证件;(3) 已核实的单位基本情况,即由工商、税务部门出具的有关公司企业是否存在,以及经营监管方面情况的证明。

2. 主观方面的证据

主要是证明犯罪嫌疑人是否有制造、买卖、运输、储存危险物质的故意的证据,包括犯罪嫌疑人的供述与辩解,证人证言,犯罪嫌疑人制造、买卖、运输、储存危险物质中使用的隐蔽、防护等反侦查手段的物证等。

3. 客观方面的证据

(1) 报案记录、行政案件移送证明及其他受案记录。

(2) 现场勘查提取的毒害性、放射性、传染病病原体等危险物质成品及其半成品、制剂、设备,制造、买卖、运输、储存工具等物证,办理的扣押证明。

(3) 控制现场时记录的摄像拍照以及其他视听资料。

(4) 对危险物品进行检验检测的鉴定意见。

(5) 询问证人的询问笔录,讯问犯罪嫌疑人的讯问笔录。

(6) 其他根据具体案情必须调取的证据。

十四、交通肇事案件的侦查

（一）侦查要领

1. 抢救人命

涉嫌构成交通肇事的犯罪案件一般已经造成了严重后果，因此，侦查人员在接到报案赶赴现场后，对于现场的伤者，特别是具有生命危险者，必须进行紧急救护或者立即送往医院进行抢救，即使因为急救伤者使一些有价值的证据遭到破坏，也不能放弃对伤者的救治，但在救治伤者的过程中应尽量避免对事故现场、现场证据等的破坏。

2. 现场勘查和调查取证

道路交通警察、海事以及渔政渔港等涉海行政机关工作人员在接到报警后应第一时间赶赴现场，在现场除了迅速抢救伤者、控制肇事者（对肇事逃逸的要及时布置警力进行堵截）、寻找目击证人之外，一定要对事故现场进行勘查，对现场勘查要做到及时迅速、全面细致、对现场的证据一定要及时提取，依法提取，妥善保管。对需要进行检验、鉴定的要及时进行检验、鉴定。

3. 制作交通事故认定书

根据交通事故现场勘验、检查、调查情况和有关的检验、鉴定结论，及时制作交通事故认定书。交通事故认定书可以由公安机关交通管理部门制定，海上船舶发生的交通肇事由海事局、渔政渔港等行政执法机关出具交通事故认定书。交通事故认定书是对发生交通事故基本事实和证据的集中体现，是侦查人员对交通事故案件进行勘查、调查后作出的专业性很强的科学结论，但它只是证明当事人发生交通事故的事实本身，是一种事实判断而不是价值判断，因此，交通事故认定书不是对交通事故的处理决定，是当事人保护自己合法、正当权利的依据。交通事故认定书应当载明交通事故的基本事实、成因和当事人的责任，作为处理交通事故的证据，并要及时送达当事人。

4. 立案和破案

对经过调查的交通肇事案，符合交通肇事刑事案件立案标准且归属与自己管辖的，应当立即转为刑事案件。立案后，应当进行侦查，全面客观的收集调取犯罪嫌疑人有罪或者无罪，罪轻或者罪重的材料，并予以审查核实。另外，值得注意的是，对于交通肇事刑事案件的立案，与其他一般的刑事案件存在区别。根据最高人民法院出台的司法解释，只有在分清当事人责任的基础上才能确定肇事者是否有罪，因此交通管理部门对很多交通肇事案只有在作出交通事故认定书后，才能具体适用办案程序，一般事故处理程序或者办理刑事案件程序。

5. 案件侦查终结

侦查终结的案件，侦查人员应当制作结案报告。结案报告应当包括以下内容;第一,犯罪嫌疑人的基本情况;第二,是否采取了强制措施及其理由;第三,案件的事实和证据;第四,法律依据和处理意见。侦查终结案件的处理由县级以上公安机关负责人批准;重大、复杂、疑难的案件应当经过集体讨论决定。侦查终结后,应当将全部案卷材料加以整理,按要求装订立卷。向人民法院移送案件时,只移送诉讼卷,侦查卷由公安机关存档备查。对于犯罪事实清楚,证据确凿、充分,犯罪性质和罪名认定正确,法律手续完备,依法应当追究刑事责任的案件,应当制作《起诉意见书》,经县级以上公安负责人批准后,连同案卷材料、证据,一并移送同级人民检察院审查起诉。

(二)证据规格

1. 主体方面的证据

(1)查验其合法有效的身份证件,并将复印件入卷。

(2)认定年龄的证据材料,主要指户籍证明。

(3)如果必须涉及精神正常程度问题,需要参照刑事诉讼法规定进行鉴定,鉴定意见原件入卷。

(4)向犯罪嫌疑人所在地公安派出所调查了解犯罪嫌疑人有关"前科劣迹"的材料。

2. 客观方面的证据

(1)能够证明交通事故真实情况的一切物品和痕迹,包括实物证据、痕迹物证和涉案实物照片。

(2)能够证明交通事故有关情况的现场勘查笔录、照片、现场图等书面材料。

(3)知情人亲眼目睹交通事故发生的人或其他了解情况的人,就自己知道的交通事故案件事实向交通管理部门所作的陈述,以及当事人就发生事故的经过和所了解的情况,直接向办案人员所作的陈述和辩解。

(4)交通管理部门指派或者聘请的,具有专门知识的专业技术人员或具备资格的鉴定机构对交通事故中某些专门技术问题进行科学鉴定后,所作出的鉴定意见。

(5)交通事故处理人员对事故现场、车辆、船舶、人员等进行勘验或者检查后,对勘查顺序、过程、勘查方法、勘查结果或检查结果所作出的文字记录。

(6)交通肇事录音、录像、扫描等技术手段,将声音、图像及数据等转化为各种记录载体上的物理信号,证明案件事实的证据,包括调查工作的录音、录像、电子数据及视频监控资料等。

十五、重大责任事故案件的侦查

(一) 侦查要领

1. 组织救危灭险,抢救受伤人员

接到这类案件的报案或者其他行政机关移送的案件,公安机关应当立即组织侦查人员迅速赶赴现场。到场后的首要工作就是组织人员救危灭险,寻找死者,抢救受伤人员。

(1) 救危灭险。组织人员消除现场中的险情是这类现场的首要任务,只有首先消除现场中的各种险情,对现场中的死伤人员才有可能救助。侦查人员应会同发案单位的领导,成立抢救组织,明确分工,落实责任,尽快地将现场中各种危险,如爆炸、起火、中毒、塌方等排除,便于尽早抢救伤员和寻找死者。对于在海上发生的事故,应当尽全力搜救落水失踪人员。

(2) 抢救伤员。要积极组织人员在现场中抢救伤员,并要积极组织医护人员进行救治,在抢救中,侦查人员要抓住时机积极配合医生对伤员进行询问,尽量问明事故发生的时间和经过,发生事故的具体情况,在现场中还有哪些人员在什么部位等,便于及时抢救。询问要做好记录和录音,防止伤员死亡。

(3) 寻找死者。对现场的死亡人员要积极组织寻找和发现,尤其是对于埋在土中、淹于水中、烧于火中以及在毒气中中毒死亡的尸体,必须想尽办法、全力以赴,花费代价全部找到。对于发现的尸体,应在清洗后组织家属辨认,做好辨认笔录;对于其尸体应请法医进行检验,证明损伤的情况和死亡原因,出具法医鉴定书。

(4) 组织救危灭险。一是要成立抢救组织,统一领导、统一指挥,不得擅自行事;二是要争取时间、积极抢救,做好死伤人员家属的安抚工作;三是在救危灭险中,要以尽量少破坏现场为原则,如果确需变动现场的某些部位,应事先记明原状或拍照。四是对于有条件的事故现场,抢救伤员应与现场勘查工作同步进行。

2. 开展现场勘查,发现提取物证

勘查事故现场,是侦查重大责任事故案件的首要环节。现场勘查的好与坏,直接关系到案件侦查的速度与质量。对重大责任事故案件现场勘查,公安机关应会同有关劳动部门、企业上级主管部门、安全监督和技术鉴定等部门共同参加进行。在勘查时要做到:勘查及时、勘察细致、勘察事故现场要有重点、要认真做好现场勘查记录。

(1) 勘查中应解决的问题。勘查事故现场,主要解决以下问题:是自然事故还是重大责任事故;事故发生的时间、地点;怎样发生的;事故发生的原因、经过;事故的损失后果(人员伤亡及财产损失等)。财产损失是指事故造成的直接经济损失。直接经济损失由人身伤亡后支出的费用、善后处理费用和财产损失价值组成。

(2) 事故现场的勘查重点。重大责任事故现场环境各不相同,比较复杂;事故的种类繁多,涉及的专业领域广。尤其是这类现场极易遭到破坏,给勘查工作带来很多困难。在具体勘查中应注意以下重点:

首先,应对重大责任事故现场进行封锁和保护,要划定现场范围,派员在现场外围进行守护和警戒,一方面要注意疏导现场附近的车辆和过往人员,在海上要注意疏导过往船舶,防止无关者进入现场内部;另一方面也要注意对现场有关物证的保护,防止被破坏和丢失。保护现场的主要目的就是要保证现场不受破坏,保证勘查工作的顺利进行。

其次,要注意观察现场的范围、环境和条件。首先要观察外围情况,弄清现场所在的方位、周围环境等。其次要观察现场的内部情况,现场被毁坏的程度和状态,现场哪一部分毁坏的最严重,死者和伤者在现场的什么部位,现场中的爆炸、起火、塌方、放电或泄漏毒气等在什么部位,以此判断事故发生的时间、原因和经过。

再次,要尽量更多的发现、提取有助于分析事故发生时间、原因和经过的有关痕迹和物证。要详细记明所提取痕迹、物证在现场的部位和状态,便于在分析判断中使用。

最后,要根据现场勘查的要求认真做好现场勘查笔录、现场制图和现场照相。有条件的应该搞好现场录像,作为案件侦查中的证据。

在海上发生重大事故后,事故现场往往会遭到不同程度的破坏,有的事故现场甚至可能沉没到海水之中。对此,我们应当采取侦查实验的方法,重构事故现场原貌,以便分析事故发生、发展的过程。通常来讲,侦查实验主要包括两种方法:第一,残骸复原法,就是将被破坏或在抢救时被抢救出来的建筑构件或者其他物品恢复到事故前所在的位置,再根据各种痕迹来进行调查。第二,绘图复原法,就是在事故现场的物证几乎被全部破坏、难以实现残骸复原的情况下,根据知情人的描述,利用绘图的方法,将事故发生部位的原貌复原,从而据此来推测事故发生的过程,当发生安全事故的海上钻井平台或是出事船舶沉入水中时,我们可以利用这种方法来查明事故发生原因。

3. 进行技术鉴定,确定事故性质

重大责任事故案件的技术鉴定工作,在案件侦查中占有十分重要的地位。是自然事故还是重大责任事故,事故的原因是什么,由谁负有什么责任等,多数要靠鉴定的结论来解决。所以,重大责任事故案件的定性和处理,技术鉴定意见起关键作用。

在技术鉴定中,作为公安机关自身是难于承担各种责任事故的鉴定工作的。案件发生后,公安机关往往要会同劳动部门、主管部门聘请有关专业部门或专门检验鉴定部门解决。在对鉴定人员的聘请中,应根据《刑事诉讼法》的有关规定,首先要考核其有无鉴定能力,是否胜任该项事故的鉴定工作,在该专业中是否具有权威性;另外要注意审查鉴定人员与发生的案件是否有关,只有与案件无关的鉴定人员进行技术鉴定,才能确保结论的公正性。在鉴定人员的聘请中,应按照有关法律规定,严格履行审批手续,最好事先与检察院沟通协商,取得司法部门的认可。

4. 深入开展调查,查明事故经过

重大责任事故案件的调查工作,是案件侦查的最基本、最重要的工作。案件调查过程,是查明事故发生原因和经过,事故的性质和责任的过程,也是收集案件证据的过程。所以,调查工作的开展必须深入、细致、准确。

第一,应根据案件的具体情况,重点在案件的知情人、受害人、嫌疑人当中进行。比如,在案件的知情群众、现场的围观群众、现场的受伤人员、安全员、技术员、化验员、厂长、工段长、班组长、经理以及单位的各级领导人员中进行,他们可以从不同角度反映工厂、企业的生产、作业状况,可以从不同侧面反映出事故发生的原因和经过。

第二,重点应围绕重大责任事故的发生,注意收集该行业有关生产、作业、安全等方面的规则、章程、条例、制度、规定、规程、办法等;收集符合安全生产规律性习惯规定、符合安全生产的约定俗成惯例规定等,这些有关法规是衡量、确定是否发生重大责任事故的可靠依据。

第三,重点应围绕重大责任事故的发生,注意收集该企业冒险作业的指令、通知;设计错误的图纸、方案、配方;生产、作业记录等;工作记事本、车间工作记录;有关造成重大责任事故的电话记录、便条、书信、电报、文件等,这些有关书证是证明事故发生原因的很好证据。

第四,重点应围绕重大责任事故的发生,注意收集证明行为人忽视安全生产,不执行劳动保护法规的证据,如在水上作业的不设保险装置,高空作业的不设安全装置等;行为人不服从管理和指挥,违反操作规程冒险作业的证据,如行为人在生产作业时打闹,值班时离岗或睡觉,违反操作规程冒险作业,在煤与瓦斯突出的矿井作业时,工人违反规定抽烟;造成人员伤亡的严重后果的证据;以及收集有关疏忽大意、过于自信、情节特别恶劣、法定从重或从轻等有关方面的证据。这些对于分析事故产生的原因、经过、事故的责任人等起重要作用。

5. 分析研究案情,确定事故责任

在重大责任事故案件现场勘查、技术鉴定和深入调查的基础上,就要根据获得的材料对案件情况进行深入分析,进而确定事故性质、明确事故原因,分析确定事故的责任人。在案件分析中:

第一,要重点确定事故性质,是自然事故还是重大责任事故;要确认事故发生的时间、原因和经过；要确认事故造成的危害后果，包括人员伤亡和直接财产损失；要分析确认事故的责任人，究竟由谁负责事故的什么责任等。

第二，广泛听取调查人员、技术鉴定人员、勘查人员以及劳动部门和企业主管部门的意见，注意各方面意见是否一致，有否分歧，分歧的焦点是什么，提出解决问题的方法。

第三，注意依靠案件的现场勘查材料、技术鉴定材料和各方面的有关调查材料进行，侦查人员不得先入为主，在分析判断中，必须实事求是，除掉私心杂念，排除来自各方面的干扰，顶住来自各方面的压力，要秉公执法，使案件得到公正处理。

第四，根据发生事故的原因和经过，注意分清每个嫌疑人应负的责任。尤其是事故的责任者已经死亡的案件，确定其是否负有责任，负有什么责任等就更要慎重，要有充分可靠的法律依据。对于因材料不齐备、证据不充分的案件，不要盲目下结论，必须深入开展调查，补充材料，待证据充分后再下结论。

6. 积极开展讯问，完善证据体系

重大责任事故案件中，对责任人的讯问确有一定难度。在侦查之初由于难于确定谁是事故的责任人，所以谁是证人、知情人、事故责任人等难于区分。在侦查后期，常常就会出现开始我们的依靠对象变为侦查对象的情况。在侦查实践中，对重大责任事故责任人的讯问容易出现两种极端：一种是责任人对自己的行为后果没有认识，不认为是因自己的过失造成的，不认为是犯罪。所以在讯问中，有的有满不在乎的情绪，不如实供述犯罪情节，导致有的犯罪过程或环节难于查清；另一种是责任人认为受害的知情人已经死亡，有的情况是死无对证，出现严重的抗拒心理，有的甚至抗拒到底。因此，应该把握好三个方面：

其一，对于犯罪嫌疑人一定要在认真鉴定、充分勘查和深入调查，获取充分证据的情况下开展审讯。如果证据不充分，不足以证明其是事故的当事人时，就难于获得讯问的成功。尤其是处于领导一层的事故责任人，他们大多懂得法律和政策，事故发生后容易将责任推向下属，如果证据缺乏时就开展审讯，他们往往容易产生对抗情绪。

其二，应根据重大责任事故案件的具体情况、事故责任人的责任情况和个性特点，有针对性地选择突破口。要充分利用获取的有关书证、物证、证人证言、鉴定结论等证据突破对方。如果在审讯中不能抓住责任人的主要情况和个性特点，缺乏针对性，就容易使事故责任人产生侥幸心理而拒不交代实情。

其三，侦查人员应注意向事故责任人多宣传国家法律和党的政策。与其讲明在重大责任事故中，什么样的情况属于犯罪，什么态度属于对抗，如何争取从宽处理等，以消除他们的对抗情绪和侥幸心理。

在案件侦查结束前，侦查人员应将案件的所有材料汇集在一起，对案件中的各种物证书证、证人证言、被告人的供述和辩解、被害人的陈述、现场勘查材料、鉴定结论及视听资料等,要逐一的进行审查。重点审查这些证据材料的来源是否清楚,获得是否合法;材料内容之间在犯罪的事实、情节、过程等方面是否存在矛盾;获得的材料是否充分、有否遗漏,能否形成正式证实犯罪的、无懈可击的证据链条等。最后形成该案件的证据体系,向人民检察院提出起诉意见书。

(二)证据规格

本案件的证据规格应具备如下几个方面:

1. 主体方面的证据

本罪是特殊主体,只能由直接从事生产、作业活动的人员构成,其主体方面的证据应当包括工作证、户口簿、居民身份证、户口底卡,犯罪嫌疑人精神状态的鉴定意见,从事生产、作业活动的资格证和上岗证。

2. 主观方面的证据

主要是证明犯罪嫌疑人对犯罪结果的过失证据,包括犯罪嫌疑人从事生产、作业活动的时间、经历经验、预见程度,事故现场见证人证言,结果发生时犯罪嫌疑人的采取补救措施的物证与证人证言等。

3. 客观方面的证据具体内容包括:

(1)报案记录、行政案件移送证明及其他受案记录。

(2)现场勘查笔录,主要包括事故发生第一现场的痕迹、损坏程度、残留物等。

(3)控制现场时记录的摄像拍照视听资料。

(4)对事故原因进行检验检测的鉴定意见。

(5)询问证人的询问笔录,讯问犯罪嫌疑人的讯问笔录。

(6)不服管理、违反规章制度,或者强令工人违章冒险作业的计划凭证、会议记录、工程量通知书等物证与书证材料。

(7)其他根据具体案情不同情况必须调取的证据。

十六、强令违章冒险作业案件的侦查

(一)侦查要领

1. 组织救危灭险,抢救受伤人员

接到这类案件的报案或者其他行政机关移送的案件,公安机关应当立即组织侦查人员迅速赶赴现场。到场后的首要工作就是组织人员救危灭险,寻找死者,抢救受伤人员,救危灭险中,要以尽量少破坏现场为原则,如果确需变动现场的某些部位,应事先记明原状或拍照。在开展组织救危灭险,抢救受伤人员之前一定要注意成立工作小组统一领导、统一指挥,不得擅自行事。具体需要做到以下

三点：

(1) 救危灭险。组织人员消除现场中的险情是这类现场的首要任务，只有首先消除现场中的各种险情，对现场中的死伤人员才有可能救助。侦查人员应会同发案单位的领导，成立抢救组织，明确分工，落实责任，尽快地将现场中各种危险，如爆炸、起火、中毒、塌方等排除，便于尽早抢救伤员和寻找死者。对于在海上发生的事故，应当尽全力搜救落水失踪人员。

(2) 抢救伤员。要积极组织人员在现场中抢救伤员，并要积极组织医护人员进行救治，在抢救中，侦查人员要抓住时机积极配合医生对伤员进行询问，尽量问明事故发生的时间和经过，发生事故的具体情况，在现场中还有哪些人员在什么部位等，便于及时抢救。询问要做好记录和录音，防止伤员死亡。

(3) 寻找死者。对现场的死亡人员要积极组织寻找和发现，尤其是对于埋在土中、淹于水中、烧于火中以及在毒气中中毒死亡的尸体，必须想尽办法、全力以赴，花费代价全部找到。对于发现的尸体，应在清洗后组织家属辨认，做好辨认笔录；对于其尸体应请法医进行检验，证明损伤的情况和死亡原因，出具法医鉴定书。

2. 开展现场勘查，发现提取物证

对强令违章冒险作业案件现场勘查，公安机关应会同有关劳动部门、企业上级主管部门、安全监督和技术鉴定等部门共同参加进行。在勘查时要做到：勘查及时、勘察细致、勘察事故现场要有重点、要认真做好现场勘查记录。

(1) 勘查中应解决的问题。勘查事故现场，主要解决以下问题：查明被害人违章冒险作业的事实。侦查人员可以通过对事故中幸存人员或现场知情人员的调查，查明作业的时间、地点、作业的内容、参与作业的人员、作业时的安全状况、是否配备必要的安全保护措施、事故发生的具体情况等。其次要查明犯罪嫌疑人强令违章冒险作业的事实。被害人实施违章冒险作业必须是犯罪嫌疑人强行命令的结果。所以一定要查明犯罪嫌疑人强令违章冒险的相关事实，具体包括下达命令的时间、地点、对象以及下达命令的具体内容等。再次要查明犯罪嫌疑人明知被害人从事的生产、作业活动存在安全隐患的事实。侦查人员可以调查犯罪嫌疑人的从业经历、职业技能，调查导致事故发生的安全隐患存在的时间及表现形式，调查作业人员或其他相关人员和部门是否对安全隐患提出整改意见或停止作业的建议等。最后要查明危害后果，要查明事故的损失后果（人员伤亡及财产损失等）。财产损失是指事故造成的直接经济损失。直接经济损失由人身伤亡后支出的费用、善后处理费用和财产损失价值组成。

(2) 事故现场的勘查重点。强令违章冒险作业案件现场环境各不相同。尤其是这类现场极易遭到破坏，给勘查工作带来很多困难。在具体勘查中应注意侦查人员开展现场勘查时，应绘制现场图标明事故中心现场的方位，遇难人员尸体位置,现场生产、作业工具的位置和现场遗留的物证所在位置,并对上述物证、尸体进行拍照、摄像。同时,提取事故现场的指纹、足迹、爆炸残留物等痕迹、物品。

在海上发生重大事故后,事故现场往往会遭到不同程度的破坏,有的事故现场甚至可能沉没到海水之中。对此,我们应当采取侦查实验的方法,重构事故现场原貌,以便分析事故发生、发展的过程。通常来讲,侦查实验主要包括两种方法:第一,残骸复原法,就是将被破坏或在抢救时被抢救出来的建筑构件或者其他物品恢复到事故前所在的位置,再根据各种痕迹来进行调查。第二,绘图复原法,就是在事故现场的物证几乎被全部破坏、难以实现残骸复原的情况下,根据知情人的描述,利用绘图的方法,将事故发生部位的原貌复原,从而据此来推测事故发生的过程,当发生安全事故的海上钻井平台或是出事船舶沉入水中时,我们可以利用这种方法来查明事故发生原因。

3. 深入开展调查,查明案件事实

对于强令违章冒险作业案件的调查工作,除了要对事故现场进行仔细侦查外,还要调查相关的书证材料,调查生产、作业工具以及询问知情人员进行调查以证实犯罪嫌疑人是否存在强令他人违章冒险作业的行为。

第一,首先要证实安全隐患存在的事实,通过调阅生产、作业工具、设施的检修记录,行政监管部门下达的事故隐患整改通知书等书证能够证实安全隐患存在的事实,同时也能够证明犯罪嫌疑人明知存在安全隐患的事实。其次要查明犯罪嫌疑人身份。实践中一般是上级利用职权优势恐吓、命令下属违章作业。因此要通过收集书证证实犯罪嫌疑人的职务、职权和所管理的事项、人员情况。但是要注意的是,现实的生产、作业过程中,有的上级超越权限或者没有实际权限而强令他人违章冒险作业,对于这样的情况,应当将超越权限的人或者没有实际权限的人列为犯罪嫌疑人进行立案侦查。

第二,对生产、作业工具进行调查。在某些强令违章冒险作业案件中,导致人员伤亡或者财产损失的直接原因表现为生产、作业工具出现故障,例如在施工现场的起重吊装作业中,钢缆绳索出现断裂。所以要对生产、作业工具进行勘验。查明区所在的位置、外观形态等,在一定情况下要对工具上的指纹、血迹等遗留痕迹进行提取、固定。

第三,要对知情人员进行询问。要查明事故发生前是否有人向犯罪嫌疑人报告故障情况,是否有停止作业的请示,事故发生前犯罪嫌疑人是否采取措施消除安全隐患,采取维修、防范事故发生的措施,也要查明犯罪嫌疑人下达强令作业指令的时间、地点及下达指令的内容。

4. 积极开展讯问,完善证据体系

强令违章冒险作业案件中,对责任人的讯问确有一定难度。在侦查之初由于难于确定谁是事故的责任人,所以谁是证人、知情人、事故责任人等难于区分。在侦查后期，常常就会出现开始我们的依靠对象变为侦查对象的情况。在侦查实践中，对强令违章冒险作业案件的犯罪嫌疑人的讯问容易出现两种极端：一种是责任人对自己的行为后果没有认识，不认为是因自己的过失造成的，不认为是犯罪。所以在讯问中，有的有满不在乎的情绪，不如实供述犯罪情节，导致有的犯罪过程或环节难于查清；另一种是责任人认为受害的知情人已经死亡，有的情况是死无对证，出现严重的抗拒心理，有的甚至抗拒到底。因此，应该把握好三个方面：

其一，对于犯罪嫌疑人一定要在认真鉴定、充分勘查和深入调查，获取充分证据的情况下开展审讯。如果证据不充分，不足以证明其是事故的当事人时，就难于获得讯问的成功。尤其是处于领导一层的事故责任人，他们大多懂得法律和政策，事故发生后容易将责任推向下属，如果证据缺乏时就开展审讯，他们往往容易产生对抗情绪。

其二，应根据强令违章冒险作业案件的具体情况、事故责任人的责任情况和个性特点，有针对性地选择突破口。要充分利用获取的有关书证、物证、证人证言、鉴定结论等证据突破对方。如果在审讯中不能抓住责任人的主要情况和个性特点，缺乏针对性，就容易使事故责任人产生侥幸心理而拒不交代实情。

其三，侦查人员应注意向事故责任人多宣传国家法律和党的政策。与其讲明在强令违章冒险作业案件中，什么样的情况属于犯罪，什么态度属于对抗，如何争取从宽处理等，以消除他们的对抗情绪和侥幸心理。

在案件侦查结束前，侦查人员应将案件的所有材料汇集在一起，对案件中的各种物证书证、证人证言、被告人的供述和辩解、被害人的陈述、现场勘查材料、鉴定结论及视听资料等，要逐一的进行审查。重点审查这些证据材料的来源是否清楚，获得是否合法；材料内容之间在犯罪的事实、情节、过程等方面是否存在矛盾；获得的材料是否充分、有否遗漏，能否形成正式证实犯罪的、无懈可击的证据链条等。最后形成该案件的证据体系，向人民检察院提出起诉意见书。

（二）证据规格

本案件的证据规格应具备如下几个方面：

1. 主体方面的证据

本罪是特殊主体，其主体方面的证据应当包括工作证、户口簿、居民身份证、户口底卡，犯罪嫌疑人精神状态的鉴定意见，证实劳动雇佣关系或者上下级关系的证明材料。

2. 主观方面的证据

主要是证明犯罪嫌疑人对犯罪结果的过失证据，包括犯罪嫌疑人从事生产、作业活动的时间、经历经验、预见程度，事故现场见证人证言，结果发生时犯罪嫌疑人的采取补救措施的物证与证人证言等。

3. 客观方面的证据具体内容包括：

（1）报案记录、行政案件移送证明及其他受案记录。

（2）现场勘查笔录，主要包括事故发生第一现场的痕迹、损坏程度、残留物等。

（3）控制现场时记录的摄像拍照视听资料。

（4）对事故原因进行检验检测的鉴定意见。

（5）询问证人的询问笔录，讯问犯罪嫌疑人的讯问笔录。

（6）强令工人违章冒险作业的通话记录、短信等书证材料。

（7）其他根据具体案情不同情况必须调取的证据。

十七、重大劳动安全事故案件的侦查

（一）侦查要领

1. 组织救危灭险

重大劳动安全事故案件，由于涉及人身伤亡和公私财产损失，所以案件发生后首先要解决的问题就是在现场组织救危灭险，抢救受伤人员。

对于发生爆炸、起火、中毒、塌方等险情的事故现场，侦查人员应会同发案单位的领导，组织人员进行排爆、灭火、断电、排除毒气、挖掘土方等救危灭险活动，尽快消除现场中的各种危险和隐患，这不仅可以将现场财物的损失降到最低程度，也有助于对现场死伤人员的寻找与抢救。

对于现场中的受伤人员，要积极组织医生抢救。在抢救中，要积极配合医生对受伤人员进行询问，尽量问明与事故有关的问题；对于现场中的失踪人员，要积极组织寻找、发现，必须想尽一切办法，花费一切代价全部找到。对于死者，要组织家属和有关人员辨认，查明身份，同时要组织法医进行尸体检验，查明死亡原因。

在组织救危灭险中，要成立抢救组织，统一指挥抢救工作；要以尽量少破坏现场为原则；有条件的现场，抢救伤员应与现场勘查工作同步进行。

2. 勘查事故现场

重大劳动安全事故现场的环境各不相同，又极易遭到破坏。由于劳动安全事故的种类繁多，涉及专业领域广，在勘查中公安机关应会同劳动部门、企业上级主管部门、安全监督和技术鉴定等部门共同进行。

在勘查中，重点应解决是自然事故、重大责任事故还是重大劳动安全事故；事故发生的时间、地点、怎样发生的；事故发生的原因和经过；事故的直接经济损失情况，它是由人身伤亡后支出的费用、善后处理费用、财产损失价值三大部分组成。

对于重大劳动安全事故案件，在侦查中要围绕安全生产设施和安全生产条件

的缺陷或缺失展开调查。首先要围绕安全生产设施开展调查，要逐个核实事故发生单位的安全生产设施在数量、种类、预防事故发生的功能等方面是否符合要求；其次要对安全生产条件展开调查，具体要核实事故发生单位的主体资格，安全管理人员配备，安全管理制度建立、落实，应急救援机制建立演练等安全生产条件是否符合国家规定。

除了要对安全生产设施和安全生产条件进行调查外，还要对安全生产设施和安全生产条件不符合国家规定与事故之间的关系，是导致事故发生还是加剧事故危害结果。直接导致事故发生的情况例如，在海底隧道的挖掘作业过程中，由于缺乏必要的勘测资料，导致出现管涌，造成人员伤亡。加剧事故发生的危险的情况例如，在工人海上作业出现意外坠落时，防护装置存在质量的缺陷，导致工人穿过防护网坠海身亡。

3. 进行技术鉴定

在侦破重大劳动安全事故案件中，技术鉴定工作占有重要地位。是自然事故、重大责任事故还是重大劳动安全事故，事故发生的原因是什么等，必须靠技术鉴定结论来解决。

在技术鉴定中，由于重大劳动安全事故涉及的知识比较专业，涉及的行业领域广泛，因此公安机关往往要会同劳动部门、主管部门聘请有关专业部门或专门检验鉴定部门进行。在聘请鉴定人员时，要依照《刑事诉讼法》的有关规定进行。要认真考核鉴定人员的鉴定能力，与案件是否有关联等。要认真履行审批手续，事先最好与检察院沟通协商，取得司法部门的认可。

4. 开展深入调查

重大劳动安全事故案件的调查工作十分重要，案件的调查过程，就是查明事故性质、原因、经过和事故责任的过程，也是广泛、深入收集案件证据的过程。

在调查中，应根据发案单位的具体情况，在发案单位职工、工程师、技术员、知情人、目睹人、单位领导、友邻单位、基层组织、上级主管部门领导等不同层面和角度的人员中进行。这样可以从不同角度和层面调查发案单位的生产、作业情况，劳动安全设施的隐患情况以及劳动安全事故的发生情况、发生事故的经过和原因等。

在调查中，应注意向有关人员收集、提取发生重大劳动安全事故单位的存在事故隐患的设备，如机械设备、化工设备、电器设备、易燃易爆设备等；收集、提取不符合国家规定的劳动安全设施，如各种设备上的安全网、安全罩、安全阀等。这些往往是证明重大劳动安全事故发生原因的很好物证。

在调查中，应注意向有关人员收集、提取发生重大劳动安全事故单位的安全设施配备记录；安全设施检修记录；安全设施更换记录；生产作业规程；安全生产、作业的有关条例、办法、规章、规定、制度；有关生产、作业、质量、安全、事故、操作等方面记事簿;有关技术资料、设备标准、质量认证、技术等级证等。这些是查明重大劳动安全事故发生原因的基础书证材料。

在调查中,应重点围绕发案单位重大劳动安全事故的发生、原因、经过和责任,注意收集发案单位劳动安全设施不符合国家规定的证据;注意收集能够证明发案单位及其直接主管人员、责任人员对单位的安全设施不定期检查、维修、更换的证据;注意收集能够证明发案单位及其直接主管人员、责任人员对有关部门提出的不符合国家规定的安全设施不采取措施,不及时更换的证据。如有关部门提出整改措施的通知、通报、要求或批评的时间、次数、内容以及单位主管人员的态度等;注意收集能够证明发案单位及其直接主管人员、责任人员对单位职工提出的事故隐患,不采取措施、不及时检查、维修和更换的证据;注意收集发案单位对事故隐患置之不理,不采取措施,造成重大伤亡事故和严重后果的证据;注意收集发案单位的直接主管人员、责任人员在重大劳动安全事故的责任中,是主观故意还是属于过失,疏忽大意或过于自信等。这些是证明事故发生原因和经过,事故性质,确定事故责任人的有力证据材料。

在案件充分调查的基础上,应将案件现场勘查材料、技术鉴定材料、各方面的调查材料汇集在一起,审查各方面材料在内容、情节、事实等方面是否存在矛盾,是否互相印证,是否需要补充等。在确认材料充分、准确的情况下,再深入分析研究,确定事故性质,确定事故原因,确定事故的责任人。

(二)证据规格

1. 主体方面的证据

本罪是特殊主体,承担刑事责任的是直接责任人员,其主体方面的证据应当包括户口簿、居民身份证、户口底卡、工作证。

2. 主观方面的证据

主要是证明犯罪嫌疑人对事故隐患没有采取措施从而导致事故发生的过失证据,包括犯罪嫌疑人对有关部门或者单位职工提出的事故隐患没有采取措施的见证人证言,结果发生时犯罪嫌疑人的采取补救措施的物证与证人证言等。

3. 客观方面的证据

(1) 报案记录、行政案件移送证明及其他受案记录。

(2) 现场勘查笔录,主要包括事故现场的痕迹、损坏程度、残留物等。

(3) 安全隐患是否导致事故发生的结果进行检验检测的鉴定意见。

(4) 询问证人的询问笔录,讯问犯罪嫌疑人的讯问笔录。

(5) 其他必须调取的证据。

十八、大型群众性活动重大安全事故案件的侦查

(一)侦查要领

1. 组织救危灭险

大型群众性活动重大安全事故案件,由于涉及人身伤亡和公私财产损失,所以案件发生后首先要解决的问题就是在现场组织救危灭险,抢救受伤人员。

对于发生踩踏、火灾等险情的事故现场,侦查人员应组织人员进行疏散、灭火等救危灭险活动,尽快消除现场中的各种危险和隐患,这不仅可以将现场财物的损失降到最低程度,也有助于对现场死伤人员的寻找与抢救。

对于现场中的受伤人员,要积极组织医生抢救。在抢救中,要积极配合医生对受伤人员进行询问,尽量问明与事故有关的问题;对于现场中的失踪人员,要积极组织寻找、发现,必须想尽一切办法,花费一切代价全部找到。对于死者,要组织家属和有关人员辨认,查明身份,同时要组织法医进行尸体检验,查明死亡原因。

在组织救危灭险中,要成立抢救组织,统一指挥抢救工作;要以尽量少破坏现场为原则;有条件的现场,抢救伤员应与现场勘查工作同步进行。

2. 调查事故发生的事实

调查的主要内容包括事故的发生的时间、地点、发生事故的大型活动的类型、参与人数等基本情况、事故所造成危害后果。危害后果包括人员伤亡情况和所造成的直接经济损失。直接经济损失由人身伤亡后的支出费用、善后处理费用和财产价值损失三部分构成。

3. 勘查事故现场

事故现场是事故发生地,事故发生后现场的遇难人员所在的位置、躺卧形态、安全设施状况、现场各种痕迹、物品的原始状态是解剖事故原因的重要条件。对于大型群众性活动重大安全事故案件进行现场勘查时,要以人员伤亡、财产损失等危害结果发生地为中心,逐步向外围扩展勘查事故源现场。主要对以下物品或者场所进行排查。首先,要查看现场是否有烟花爆竹、汽油、腐蚀性物品等严禁在大型群众性活动举办场所携带、使用的物品或者残渣;其次,要查看临时搭建的设施、建筑物是否存在安全隐患;再次,要查明疏散通道、安全出口、应急照明、应急广播、疏散指示标志、消防车通道是否符合法律法规、技术标准的规定;最后,要查看消防设施、器材配置是否齐全、完好有效。

4. 排查违规事实

大型群众性活动重大安全事故案件,重点要对承办者的违规事实进行排查:第一,举办大型群众性活动之前是否按照规定向公安机关提交申请,并获得安全许可;第二,是否落实大型群众性活动的安全工作方案和安全责任制度,明确安全

措施、安全工作人员岗位职责;第三,是否保障临时搭建的设施、建筑物的安全,消除安全隐患;第四,是否按照负责许可的公安机关的要求,配备必要的安全检查设备,对参加大型群众性活动的人员进行安全检查;第五,是否为大型群众性活动的安全工作提供必要的保障;第六,是否落实医疗救护、灭火、应急疏散等应急救援措施并组织演练;第七,是否按照核准的活动场所容纳人员数量、划定的区域发放或者出售门票;第八,是否对妨碍大型群众性活动安全的行为及时予以制止,发现违法犯罪行为及时向公安机关报告;第九,是否配备与大型群众性活动安全工作需要相适应的专业保安人员以及其他安全工作人员。

另外对大型群众性活动的场所管理者违规事实的调查可以从以下三个方面进行:首先,要查明大型群众性活动的场所管理者是否保障活动场所、设施符合国家安全标准和安全规定;其次,场所管理者是否保证要查明疏散通道、安全出口、应急照明、应急广播、疏散指示标志、消防车通道是否符合法律法规、技术标准的规定;最后,场所管理者是否保障监控设备和消防设施是否完好有效。

5. 开展深入调查

除了要对大型群众性活动重大安全事故案件发生的场所进行调查,对产生的危害结果进行调查,对大型群众性活动重大安全事故案件的承办者个管理者的义务落实情况的核实外,还要查明违规事实与事故发生之间的因果关系。例如,某大型化装舞会由A公司承办,举办地点是租赁的B公司所有的大型豪华游轮,在举办舞会的过程中,B公司未在游轮上配备足够的消防设施和足量的救生设备,A公司也未落实火灾应急救援措施,也未配备足量的救生设备。在举办舞会期间,有人违反规定在甲板上燃放烟花引起火灾。由于消防设施数量不够,火灾难以控制,承办者和管理者组织舞会参与人员利用救生设备撤离,但是由于救生设备也不够量,在逃生的过程中,个别人员为争夺救生设备发生斗殴事件,最后由于几个因素的共同作用,导致人员伤亡结果出现。此案在调查时要全面分析承办者、场所管理者违规事实和观众非法携带危险物品进入公共场所的违法行为、斗殴行为对事故发生和人员伤亡危害结果出现所起的作用大小。

(二) 证据规格

1. 主体方面的证据

本罪是特殊主体,承担刑事责任的是直接责任人员,其主体方面的证据应当包括户口簿、居民身份证、户口底卡等。

2. 主观方面的证据

主要是证明犯罪嫌疑人违反安全管理规定从而导致事故发生的过失证据,包括对现场目击证人和事故中幸存的参与人员的询问笔录等。

3. 客观方面的证据具体内容包括:

(1) 报案记录、行政案件移送证明及其他受案记录。

(2) 现场勘查笔录,主要包括事故现场的痕迹、损坏程度、残留物等。
(3) 询问证人的询问笔录,讯问犯罪嫌疑人的讯问笔录。
(4) 大型群众性活动策划方案、安全工作等书证材料。
(5) 可以明确责任的大型群众性活动主办、承办方、活动场所管理者之间签订的合同、协议等。
(6) 其他必须调取的证据。

十九、危险物品肇事案件的侦查

(一) 侦查要领

1. 组织现场救助

在危险物品肇事案件的现场中,无论是发生在生产车间的现场,储存库房的现场,运输工具的现场,还是使用危险品的作业现场,因都涉及人员伤亡和财物毁坏的危害后果,在现场勘查前,首先必须要组织人员进行现场救助。

在现场救助中,应根据现场被毁坏的程度和状态,积极组织人员进行排爆、灭火、断电、排除毒气等,尽快排除现场中的危险和隐患,这不仅可以抢救现场财物,也有助于对死伤人员的寻找和抢救。在现场排险中,要统一组织,统一指挥,要尽量少破坏现场的原貌,少破坏现场遗留的痕迹和物品,为勘查现场打下良好的基础。

在现场救助中,应根据现场的死伤人员情况组织抢救伤员小组。对现场受伤人员要积极组织医生抢救。在抢救中,要积极配合医生进行询问,尽量更多的问明与案件有关的问题。对于现场中的失踪人员必须积极组织寻找,对于死者,要及时组织家属或亲友辨认。同时要组织法医对尸体进行检验,确定死亡时间和死亡原因等事实。

2. 勘查肇事现场

危险物品肇事现场,有的在生产车间,有的在储存库房,有的在运输工具上,有的在使用危险物品的场所。由于这类案件现场涉及的专业领域广,在勘查中公安机关应会同有关劳动部门、工厂、企业的上级主管部门、安全监督和技术鉴定部门共同进行。

在勘查中,应注意查明事故的类型、事故发生的时间、地点,事故发生的原因,发生事故的危险物品的类型、数量等基本情况,以及危险物品肇事造成的损失后果,包括人身伤亡情况和直接经济损失情况。其中直接经济损失情况包括由人身伤亡后支出的费用、善后处理费用、财产损失价值三大部分构成。

在勘查中,要对现场的环境条件、被毁坏的程度和呈现的状态进行认真观察和分析。现场中发生的爆炸、起火、放射、毒害、腐蚀等在什么部位,死者、伤者和毁坏严重的物体在什么部位。要尽量更多的发现、提取有助于分析事故发生时间、原因和经过的有关痕迹和物证,认真观察其变化和状态,进而分析危险品肇事发生的原因和经过。

在勘查中,要根据现场勘查的要求,认真做好现场勘查笔录、现场制图和现场照相等各项记录。要对事故现场进行全景、全貌的拍照、摄像并绘制现场图;对生产危险物品的设备、运输危险物品的交通工具、储存危险物品的容器进行拍照、摄像,重点要对泄漏、倾洒、爆炸、起火的部位进行拍照、摄像;对遇难人员进行拍照、摄像;对危险物品造成环境污染的地点进行拍照、摄像。另外,现场勘查应当对危险物品的残留物、爆炸残留物、被毒害、腐蚀的物品,引燃、引爆危险物品的火源物进行提取。

3. 进行技术鉴定

在侦破危险物品肇事案件中,技术鉴定工作十分重要,确定危险物品肇事的性质、原因和过程等,离不开技术鉴定工作。

在技术鉴定工作中,由于危险物品的种类繁多,涉及的专业知识比较广泛,除对尸体进行法医检验,对伤者进行伤害鉴定外,常常涉及对爆炸性物品、易燃性物品、放射性物品、毒害性物品、腐蚀性物品的技术鉴定及各种危险物品肇事后遗留各种痕迹的检验鉴定等。因此,公安机关应会同劳动部门、主管部门聘请有关专业部门或专门检验鉴定部门进行技术鉴定。

在技术鉴定工作中,对于鉴定人的聘请,必须按照《刑事诉讼法》的有关规定进行,要考核鉴定人员的鉴定能力,审查与案件是否有关等,同时要认真履行审批手续。

4. 开展调查工作

开展危险物品肇事的调查工作,实际上就是调查危险物品肇事案件发生的原因即危险物品在生产、储存、运输、使用过程中存在的违规事实。

第一,在危险物品的生产环节,要对以下内容展开深入调查:(1)危险物品的生产单位是否有行政审批、许可文书。(2)危险物品生产单位的厂房、仓库等基本生产场地是否符合安全规定。(3)危险物品生产单位的生产设备、工艺是否符合安全标准。(4)危险物品生产单位是否建立、落实了安全生产各项规章制度。(5)作业人员是否具有资格和接受安全教育。(6)制造危险物品使用的原料是否符合国家标准的规定。

第二,在危险物品的储存环节,要对以下内容展开深入调查:(1)储存场地是否经过行政审批。(2)利用管道储存危险品是否遵守相关规定。(3)储存构成重大危险源的危险品场所地点选择是否符合规定。(4)储存危险化学品的安全设施、设备是否符合规定。(5)储存危险品的场所是否安装、设置警示、报警标志。(6)储存剧毒危险品或可用于制造爆炸物品的危险危险品是否遵守相关规定。(7)危险品的储存场地、方式、方法、数量是否符合规定。(8)储存危险品的单位转产、停产、停业或者解散的,是否采取有效措施,及时、妥善处置其危险品生产装置、储存设施以及库存的危险品,是否丢弃危险品的。

第三,在危险物品的运输环节,要对以下内容展开深入调查:(1)通过道路运输危险化学品的,托运人是否委托依法取得危险货物道路、水路运输许可的企业。(2)从事危险品运输的单位和个人是否取得行政许可。(3)运输人员是否取得资格。(4)危险品的装卸作业是否遵守安全作业标准、规程和制度,并在装卸管理人员的现场指挥或者监控下进行。(5)通过道路、水路运输危险品的汽车、船舶等交通工具是否符合规定。(6)是否采取了防护措施,并配备了必要的防护用品和应急救援器材。(7)通过道路、水路运输危险品,运输路线、途径区域是否符合规定。(8)出现应急事宜,是否履行了报告义务。(9)对于危险品的充装、装载、运输单位是否建立健全安全生产责任制,制定并落实安全生产规章制度和安全操作规程。

第四,在危险物品的使用环节,要对以下内容展开深入调查:(1)使用危险物品的单位,其使用条件、工艺是否符合法律、行政法规的规定和国家标准、行政标准的要求。(2)是否根据所使用的危险物品的种类、危险特性以及使用量等使用方式,建立健全使用危险品的安全管理规章制度和安全操作规程,保证危险化学品的安全使用。

(二)证据规格

1. 主体方面的证据

本罪是一般主体,但必须是从事生产、储存、运输、使用危险物品的人,其主体方面的证据应当包括户口簿、居民身份证、户口底卡、工作证,犯罪嫌疑人所在地派出所记录的犯罪嫌疑人有关前科劣迹材料,犯罪嫌疑人精神状态的鉴定意见,同案人员的供述材料。

2. 主观方面的证据

主要是证明犯罪嫌疑人对犯罪结果的过失证据,包括犯罪嫌疑人从事生产、储存、运输、使用危险物品的时间、经验、预见程度,对危险物品管理规定了解程度的见证人证言,结果发生时犯罪嫌疑人的采取补救措施的物证与证人证言等。

3. 客观方面的证据具体内容包括:

(1)报案记录、行政案件移送证明及其他受案记录。

(2)现场勘查笔录,主要包括事故现场的痕迹、损坏程度、残留物等。

(3)控制现场时记录的摄像拍照视听资料。

(4)生产、储存、运输、使用危险品是否导致事故发生的结果进行检验检测的鉴定意见。

(5)询问现场目击证人等知情人员的询问笔录,讯问犯罪嫌疑人的讯问笔录。

(6)其他必须调取的证据。

二十、工程重大安全事故案件的侦查

(一) 侦查要领

1. 开展现场救助

对于任何一起工程重大安全事故案件,每当接到报案后,首先要做的是现场救助工作。侦查人员应会同案发单位成立现场抢救组及时开展现场救助工作。这类案件现场救助的核心任务就是对事故中伤亡人员的寻找和抢救。在现场救助工作中:要对现场的受伤人员积极组织抢救,即便因为急救伤者使一些有价值的证据遭到破坏,也不能放弃救治。即使是受伤的犯罪嫌疑人,也用当加以救治。则既符合人道主义原则,也便于查明案情和扩大线索。① 应配合医生对受伤人员开展询问,问明事故发生的有关情况,并请医务部门开具每位受伤人员的受伤诊断,证实事故的严重后果;要对现场中的失踪人员积极寻找,对于遇难者要组织死者家属和亲友进行辨认,查明死者身份。对每具尸体都要组织法医进行检验,查明死亡原因,出具检验鉴定。要在现场救助的同时,积极开展现场保护工作。在现场寻找死伤人员中必然要对现场进行改变和破坏,侦查人员应注意将现场的破坏降到最低程度。如果确需较大程度的破坏,最好事先作好拍照和记录。

2. 勘查事故现场

工程重大安全事故的现场勘查工作,往往是在现场被变化、破坏的情况下进行。这类案件现场勘查的重点是:证实工程安全事故发生的情况,发现和寻找工程安全事故发生的原因,反映工程安全事故造成的后果。在具体勘查中应注意以下几点:

要在现场勘查前,确定现场范围,并要组织人员进行保护,维护现场秩序。在保护现场的同时,要注意疏通车辆和过往人员,创造一个良好的勘查环境。

要注意对现场整体状态的勘查。无论是楼房、桥梁、隧道、电站、水库、机房、涵洞、管道,还是各种建筑工程,首先要观察发生事故的整体形势和状态。现场的哪一部位事故状态最严重、哪些部位事故状态比较轻,现场涉及的范围有多大,引起事故的原因可能在哪里,现场中的人员伤亡和财产损失如何等。

要注意对现场中心部位的勘查。这类现场的中心部位,是指事故发生原因的部位,比如砖石塌落的部位、钢筋折断的部位、管道崩裂的部位、桥梁断裂的部位、铁路塌陷的部位、楼房倒塌的部位、堤坝决口的部位等,这些部位多是在施工中偷工减料,使用不合格建筑材料或建筑构配件的部位,大多是事故产生原因的部位。对这一部位的状态、范围、结构、质量等方面应当作现场勘查的重点。

要注意对现场有关物证的发现提取。对于现场中的能够证明事故发生原因,

---

① 郝宏奎,陈刚.侦查学.北京:中国人民公安大学出版社,2014:69.

说明降低工程质量标准的各种物证,折断的钢筋、松散的水泥、崩裂的管道、不合格质量标准的各种建筑材料以及建筑构配件等,除要注意分析研究外,还要进行提取保存,便于以后的分析研究和检验鉴定。

要注意查明事故的损失。工程安全事故案件的损失,一是人员的伤亡,二是直接财产损失。在现场勘查过程中,要注意观察现场伤亡人员在现场的分布位置,死亡人数和受伤人数;要注意现场财物损失的种类、数量及价值等,这是评价损失程度的可靠依据。

要认真做好现场勘查的各项记录。这类案件的现场勘查笔录、现场制图、现场照相以及现场录像等均十分重要,必须实事求是的记好。这不仅是证实犯罪的有力证据,也是分析研究案件的可靠依据。

3. 进行技术鉴定

在侦破工程重大安全事故案件中,技术鉴定工作占有特别重要的地位。工程安全事故产生的原因是什么,究竟应由哪个单位承担事故责任,技术鉴定是重要的依据之一。因此,侦破这类案件离不开技术鉴定工作。

第一,技术鉴定的种类。在技术鉴定工作中,由于工程安全事故案件的种类不同,每个案件的具体情况不同,要求技术鉴定的内容也有所不同。通常工程重大安全事故案件需要技术鉴定的主要有:建筑工程质量鉴定;设计质量鉴定;施工质量鉴定;建筑材料鉴定;建筑构件鉴定;建筑设备鉴定;技术资格等级鉴定;重大安全事故鉴定;工程监理单位降低工程质量标准性质的鉴定;涉及其他方面鉴定等。

第二,技术鉴定中应注意的问题。为使技术鉴定结论公正、准确,在开展技术鉴定工作中应注意以下问题:

(1) 工程重大安全事故案件的技术鉴定,因涉及的专业种类多,领域广泛,公安机关应会同建设部门、上级主管部门、安全监督部门以及专业技术部门共同协商解决。

(2) 在对鉴定单位和人员的聘请中,必须聘请该专业有鉴定能力、胜任该项事故鉴定工作,具有权威性的单位和人员进行。

(3) 在对鉴定单位和人员的聘请中,必须认真审查,应选择与案件无关、与案件各方面当事人无关的单位和人员进行。

(4) 聘请鉴定单位和鉴定人,应按照《刑事诉讼法》的有关规定,严格履行审批手续,委托鉴定单位应当正式出具委托书。

4. 深入开展调查

工程重大安全事故案件的调查工作涉及的人员多、内容广。由于各自在案件中所处的位置和应负的责任不同,所以在调查中他们所持的态度也各不相同。尤其是对施工单位的工人开展调查,他们绝大多数是素质不高,没有任何职务和责任感的外来打工人员,调查工作的难度就更大。工程重大安全事故案件的调查工作,对不同单位、不同人员应该调查不同内容。

第一,对建设单位的调查。如果工程的建设单位涉嫌要求设计单位和施工单位降低工程质量,或者提供不合格的建设材料、建筑构配件和设备强迫施工单位使用等,在案件的调查中,就应围绕建设单位有否违反国家规定降低工程质量标准的行为开展调查。调查工作应在建设单位、设计单位、施工单位以及工程监理单位的有关人员中进行。

在调查中,应注意向有关人员收集、提取该项工程的施工合同书;施工图纸;设计合同书;购买建筑材料、建筑构配件、建筑设备发票;建筑材料、建筑构配件、建筑设备标识;设计许可证;建筑许可证;施工单位资格等级证书;有关工程设计批件;批准施工文件等有关书证,这些书证是查清事故责任的基本材料。

在调查中,应围绕建设单位有否违反国家规定降低工程质量的犯罪事实,向工程设计人员、施工人员、工程监理人员、事故受害人员、知情人员以及工程各项工作的经办人员等收集其违反国家规定降低工程质量标准的有关证据。比如,收集能够证明建设单位的行为人违反国家规定,要求设计单位对设计项目降低工程质量、不合乎安全系数要求的证据;要求施工单位降低工程质量、不合乎安全系数要求的证据;向施工单位提供或强迫施工单位使用不合乎安全系数要求的建筑材料的证据;向施工单位提供或强迫施工单位使用不合乎安全系数要求的建筑构件或建筑配件的证据;向施工单位提供或强迫施工单位使用不合乎安全系数建筑设备的证据。收集能够证明建设单位的行为人造成重大安全事故的证据等。这些是证明建设单位的行为人违反国家规定降低工程质量标准的最直接、最可靠的证据之一。

在调查中,应注意收集建设单位的行为人违反国家规定降低工程质量的动机和目的,是出于主观故意还是由于过失,疏忽大意或过于自信;注意收集建设单位的行为人在该项工程中获取非法利润情况,有否贪污、受贿等牟取暴利的犯罪行为;注意根据有关法律规定确定工程重大安全事故的损失后果,人员伤亡情况、直接经济损失等。

在调查中,应注意收集能够证明建设单位的行为人违反国家规定降低工程质量的有关物证。比如建设单位的行为人向施工单位提供的不合乎安全系数要求的建筑材料、建筑构件、建筑配件、建筑设备等实物。这是证实建设单位行为人违反国家规定降低工程质量标准的有力证据。

在对案件充分调查的基础上,应根据案件的现场勘查材料、技术鉴定材料、有关案件各方面的调查材料综合进行分析,确定工程安全事故发生的原因、过程、严重程度,事故的性质,事故的责任人应负的法律责任等。

第二,对设计单位的调查。如果工程设计单位涉嫌违反国家规定降低工程质量标准,在案件的调查中,就应围绕工程设计单位有否违反国家规定降低工程质量标准的行为开展调查。调查工作应再建设单位、设计单位、施工单位以及工程监理单位的有关人员中进行。

在调查中,应注意向有关人员收集、提取该项工程的设计合同书、设计许可证、批准的设计任务书、设计说明书、设计图纸、设计证书等书证,这是查清设计单位有否违反国家规定降低工程质量标准的基本材料。

在调查中,应围绕设计单位有否违反国家规定降低工程质量的犯罪事实,向建设单位主管人员、设计人员、施工人员、工程监理人员等收集违反国家规定降低工程质量标准的有关证据。比如,收集能够证明设计单位的行为人违反或不按国家建筑工程质量标准和安全系数进行设计的证据;工程设计后造成工程质量事故、造成重大安全事故的证据等。这些是证明设计单位的行为人违反国家规定降低工程质量标准的最直接、最可靠的证据之一。

在调查中,在确认工程设计单位有违反国家规定降低工程质量标准的情况下,应注意收集建设单位、施工单位、工程监理单位是否同时也存在违反国家规定、降低工程质量标准的行为。以确定工程重大安全事故的责任应由设计单位承担,还是由几个单位承担。

在调查中,应注意收集工程设计单位的行为人违反国家规定降低工程质量的动机和目的,是出于主观故意还是由于过失,疏忽大意或过于自信;注意收集工程设计单位的行为人在该项工程中有否获取非法利润情况,有否受贿、贪污等牟取暴利的犯罪行为;注意根据有关法律规定确定重大安全事故的损失后果,人员伤亡情况、直接经济损失等。

在对案件充分调查的基础上,应根据案件的现场勘查材料、技术鉴定材料、有关案件各方面的调查材料综合进行分析,确定工程安全事故发生的原因、过程、严重程度;事故的性质;事故责任人应负的法律责任等。

第三,对施工单位的调查。如果工程施工单位涉嫌违反国家规定降低工程质量标准,在案件调查中,就应围绕施工单位有否违反国家规定降低工程质量标准的行为开展调查。应该说在工程重大安全事故案件中,施工单位违反国家规定降低工程质量标准的占大多数,其采用的方法手段各种各样。调查工作应在建设单位、设计单位、施工单位以及工程监理单位的有关人员中进行。

在调查中,应注意向有关人员收集、提取该项工程建设中使用的不合乎安全系数要求的建筑材料,如砖、石、砂、水泥、白灰、钢筋等;该项工程中使用的不符合安全系数要求的建筑构配件,如预制水泥板、预制水泥梁等;该项工程中使用的不符合安全系数要求的建筑设备,如升降机、搅拌机、卷扬机、电动机、钢丝绳、安全网、打桩机等;该项工程不符合质量标准和安全系数要求,造成重大安全事故的建筑实物,如楼房、桥梁、铁路、隧道、涵洞、水库、堤坝、管道等。这些物证尽量收集、提取、拍照和封存。通过检验鉴定如果不合乎质量标准和安全系数的要求,则成为证明施工单位的行为人违反国家规定降低工程质量标准的最直接、最可靠的证据之一。

在调查中,应围绕施工单位有否违反国家规定降低工程质量的犯罪事实,向建设单位主管人员、设计人员、施工人员、工程监理人员、知情人员以及施工中各项工作的经手人员收集违反国家规定降低工程质量标准的有关证据。比如,收集能够证明施工单位的行为人不按设计图纸施工的证据;不按照施工技术标准施工的证据;施工中偷工减料的证据;施工中使用不合乎安全系数要求的建筑材料、建筑构件、建筑配件的证据;工程标准降低,造成重大安全事故的证据等。这些是证明施工单位的行为人违反国家规定降低工程质量标准的可靠证据之一。

在调查中,在确认施工单位有违反国家规定降低工程质量标准的情况下,应注意调查建设单位、设计单位、工程监理单位是否同时也存在违反国家规定,降低工程质量标准的行为。以确定工程重大安全事故的责任是应由施工单位承担,还是由几个单位承担。

在调查中,应注意查明工程施工单位的行为人违反国家规定降低工程质量的动机和目的,是出于主观故意还是由于过失、疏忽大意或过于自信;注意查明施工单位的行为人在该项工程中有否获取非法利润情况,有否行贿受贿、贪污等牟取暴利的犯罪行为;注意根据有关法律规定确定重大安全事故的损失后果,人员伤亡情况、直接经济损失等。

在对案件充分调查的基础上,应根据案件现场勘查材料、技术鉴定材料、有关案件各方面的调查材料综合进行分析,确定工程安全事故发生的原因、过程、严重程度;事故的性质;事故责任人应负的法律责任等。

第四,对工程监理单位的调查。如果工程监理单位涉嫌违反国家规定降低工程质量标准,在案件侦查中,就应围绕工程监理单位有否违反国家规定降低工程质量标准的行为开展调查。应该说在工程重大安全事故案件中,工程监理单位违反国家规定降低工程质量标准的为数不多。调查工作应在建设单位、设计单位、施工单位以及工程监理单位的有关人员中进行。

在调查中,应注意向有关人员收集、提取该项工程建设中因工程监理而造成重大安全事故的建筑材料,如砖、石、砂、水泥、白灰、钢筋等;工程使用的构配件,如预制水泥板、预制水泥梁等;工程使用的设备,如升降机、卷扬机、电动机、钢丝绳、搅拌机等;工程造成重大安全事故的建筑实物,如楼房、桥梁、铁路、隧道、涵洞、管道、水库、堤坝等。这些物证应尽量收集、提取、拍照和封存。通过检验鉴定如果不合乎质量标准和安全系数的要求,则应让工程监理单位的有关人员说明原因,很可能就成为证明工程监理单位的行为人违反国家规定降低工程质量的有力证据。

在调查中,应注意向有关人员收集、提取该项工程建设中的施工合同;初步设计方案;设计图纸;施工图纸;设计许可证;批准的设计任务;设计证书;资质等级证书;资质审查证书;质量检验测试书;建筑许可证;工程拨款通知书;工程检查记录;停工通知书;停工整顿通知书;停止拨款通知书;工程监督管理方面的有关书面资料等书证。这些书证要尽量收集、提取,是证实工程监理单位是否有违反国家规定降低工程质量标准的可靠证据。

在调查中,应围绕工程管理单位有否违反国家规定降低工程质量的犯罪事实,向建设单位主管人员、设计人员、施工人员、工程监理人员以及工程各项工作的经手人员收集违反国家规定降低工程质量标准的有关证据。比如,收集能够证明工程监理单位的行为人违反国家规定,降低建筑工程施工质量标准监理行为的证据,如无建筑许可证、无资质审查证书、无资质等级证书、无质量检测、工程质量低劣等;降低有关建筑方面质量标准监理行为的证据,如建筑材料不合格、建筑构件不合格、建筑设备不合格等;降低建筑工程设计、施工和有关方面监理导致发生重大安全事故的证据。这些证据是证明工程监理单位违反国家规定降低工程质量标准的直接证据之一。

在调查中,在确认工程监理单位有违反国家规定降低工程质量标准的情况下,应注意调查建设单位、设计单位、施工单位是否也同时存在违反国家规定、降低工程质量标准的行为。以确定工程重大安全事故的责任是应由工程监理单位承担,还是由几个单位承担。

在调查中,应注意查明工程监理单位的行为人违反国家规定降低工程质量的动机和目的,是出于主观故意还是由于过失,疏忽大意或过于自信;注意查明工程监理单位的行为人在该项工程中有否获取非法利润情况,是否有受贿、贪污等牟取暴利的犯罪行为;注意根据有关法律规定确定重大安全事故的损失后果、人员伤亡情况、直接经济损失等。

在对案件充分调查的基础上,应根据案件现场勘查材料,技术鉴定材料,有关案件各方面的调查材料综合进行分析,确定工程安全事故发生的原因、过程、严重程度,事故的性质,事故责任人应负的法律责任等。

(二)证据规格

1. 主体方面的证据

本罪是特殊主体,只能是建设单位、设计单位、施工单位以及工程监理单位打直接责任人员,其主体方面的证据应当包括户口簿、居民身份证、户口底卡、工作证,任职或者聘任证书,技术资格证书等。

2. 主观方面的证据

主要是证明犯罪嫌疑人对犯罪结果的过失证据,包括降低工程质量标准的认识程度与预见程度,是否及时采取了预防措施,结果发生时犯罪嫌疑人的采取补救措施的物证与证人证言等。

3. 客观方面的证据

(1) 报案记录、行政案件移送证明及其他受案记录。

(2) 现场勘查笔录,主要包括工程事故现场的痕迹、损坏程度、残留物等。

(3) 案发现场记录的摄像拍照视听资料。

(4) 对工程质量是否导致事故发生的结果进行检验检测的鉴定意见。

(5) 询问证人的询问笔录,讯问犯罪嫌疑人的讯问笔录。

(6) 其他必须调取的证据。

二十一、消防责任事故案件的侦查

(一) 侦查要领

1. 抢救人命

对于火灾现场的伤者,特别是有生命危险者,必须进行紧急救护或者立即送医院抢救。需要注意的是,在采取救护措施时,要尽可能减少对现场的破坏,确实需要变动现场物品时,应事先记明变动前的原始状况。

2. 排除险情

对于涉嫌消防责任事故罪的火灾现场,应当立即组织力量排除险情,避免继续造成灾害,减少损失。在紧急情况下,还应尽快疏散现场周围的群众,防止造成人身伤亡和财产损失。在排除险情过程中,要采取严格的防护措施并使用相应的个人防护装置,以确保安全。同时,应当尽量减少现场的变动程度,并注意观察、记录在此过程中发生的各种变动、变化情况。

3. 查找可能造成火灾的原因

要判明是不慎失火、自然起火,还是有人故意放火,应查明、核实下述问题:起火前确实没有用火不慎的情况;经勘查,在火场上嗅到汽油、煤油、柴油等油脂或其他易燃物质的气味,而这些物质非现场所原有;经勘验证实,火场上的消防、电信设施于起火前被破坏过的痕迹,火灾现场内的箱柜被撬、财物被盗或者账目被毁;在一定区域内连续发生火灾,或者在同一时间内多处起火;在火灾现场中由两处以上的起火点;火灾现场中不存在自然起火点的客观条件。符合上述情形中的一种说明是有人故意放火,不符合消防责任事故罪的犯罪构成。构成消防责任事故罪需要满足不慎失火的前提,并且要查明不慎失火是由于对消防工作负有直接责任的工作人员违反消防管理法规,经消防监督机构通知采取改正措施而拒绝执行的原因导致的。

4. 核实火灾造成的损失

通过鉴定判明火灾事故是否造成了人员伤亡或者是否使得公私财产遭受到了重大损失。

(二) 证据规格

1. 主体方面的证据

具体应取得的证据包括:(1) 单位的营业执照、工商注册登记资料等;(2) 直接对消防工作负责的主管人员和其他直接责任人员的身份证明的户口簿、居民身份证、户口底卡、工作证、护照或者其他有效证件;(3) 已核实的单位基本情况,即由工商、税务部门出具的有关公司企业是否存在,以及经营监管方面情况的证明。

2. 主观方面的证据

主要是证明犯罪嫌疑人是否有实施犯罪的过失的证据,包括犯罪嫌疑人违反消防管理法规、经消防监督机构通知采取改正措施而拒绝执行的物证和知情人证明、犯罪嫌疑人的供述与辩解、证人证言等。

3. 客观方面的证据

(1) 报案记录、行政案件移送证明及其他受案记录。
(2) 现场勘查能证明起火原因的物证、书证、视听资料等。
(3) 对财产损失以及人身伤害进行鉴定的鉴定意见。
(4) 询问证人的询问笔录,讯问犯罪嫌疑人的讯问笔录。
(5) 其他必须调取的证据。

二十二、不报、谎报安全事故案件的侦查

(一) 侦查要领

1. 组织救危灭险

不报、谎报安全事故案件,由于涉及人身伤亡和公私财产损失,所以案件发生后首先要解决的问题就是在现场组织救危灭险,抢救受伤人员。对于发生坍塌等险情的事故现场,侦查人员应组织人员进行救助,尽快消除现场中的各种危险和隐患,这不仅可以将现场财物的损失降到最低程度,也有助于对现场死伤人员的寻找与抢救。对于现场中的受伤人员,要积极组织医生抢救。在抢救中,要积极配合医生对受伤人员进行询问,尽量问明与事故有关的问题;对于现场中的失踪人员,要积极组织寻找、发现,必须想尽一切办法,花费一切代价全部找到。对于死者,要组织家属和有关人员辨认,查明身份,同时要组织法医进行尸体检验,查明死亡原因。在组织救危灭险中,要成立抢救组织,统一指挥抢救工作;要以尽量少破坏现场为原则;有条件的现场,抢救伤员应与现场勘查工作同步进行。

2. 勘查事故现场

事故现场是事故发生地,也是证实事故发生时间、地点、原因、危害后果最为重要的场地。侦查事故现场,主要解决以下问题:是自然事故还是重大责任事故;事故发生的时间、地点;事故发生的原因、经过;事故的损失后果,这是指人员伤亡

情况和所造成的直接经济损失情况。直接经济损失由人身伤亡后支出的费用、善后处理费用、财产损失价值三大部分组成。

3. 开展深入调查

首先应当查明是否有未接到报告或者接到虚假报告的事实。在事故发生后，负责事故调查、处理和救援的单位和个人未接到事故发生的相关报告，或者虽然接到报告但是报告不及时，或者接到的报告的内容与事故发生的真实状况严重不符合，事故状况主要包括事故发生单位概况；事故发生的时间、地点以及事故现场情况；事故的简要经过；事故已经造成的或者可能造成的伤亡人数（包括下落不明的人数）和初步估计的经济损失；已经采取的措施以及其他应当报告的情况。

其次要查明不报、谎报安全事故罪的犯罪主体。在查明事故发生后未接报或者接报虚假事故事实的情况后，应进一步排查犯罪主体，即负有报告义务的人员。在司法实践中，此类案件的犯罪主体范围较广，既包括直接引发事故的生产、作业人员，也包括承担安全生产管理职责的人员，还包括事故发生单位的法人、投资人、实际控制人等。因此，排查犯罪主体实际上是逐级调查下级知晓事故发生真实情况的负有报告义务人员是否向上级领导报告，是否如实报告，最终出现不报、谎报的结果是由于何人所致。在此类案件犯罪主体排查方面需要特别注意的是，实施不报、谎报行为是否存在集体意志，即是否存在共同犯罪。在查明不报、谎报安全事故罪的主体时要注意查明主体的主观心理，犯罪嫌疑人不报、谎报是基于故意的心理，但通常对此故意实施的查证需要排除犯罪嫌疑人无报告条件的情况。所以这就要求侦查人员要调查犯罪嫌疑人在法定的应当报告事故发生情况的期间是否有及时向有关部门报告事故情况的条件。此处的报告条件既包括通信状况，也包括交通状况和接收事故报告相关部门的状况。在侦查实践中，调查此部分事实主要通过调查犯规嫌疑人在明知发生事故的时间后是否有可供使用的手机、固定电话、传真、网络、交通工具、交通道路等可能的报告条件；调查接收事故报告的相关部门在事故发生后的法定报告期限内人员值班情况、通讯接收终端工作状况等事实予以查证。

在勘查现场阶段对危害结果进行调查后，在深入调查阶段就要查明不报、谎报安全事故行为与导致事故后果扩大情况。调查如果该事故及时向有关部门报告，有关部门通过及时组织开展事故抢险救援工作后可能减小的事故危害后果，通过组织专家论证或事故发生单位主管部门、安全生产监督管理部门出具情况说明等方式予以查证。需要注意的是，对于导致事故后果扩大情况的认定，应准确、客观地查明不报、谎报行为与伤亡人数、直接经济损失增加之间的因果联系。

最后要对知情人员进行调查。应当分别向事故发生时的生产、作业人员，各级已经向上级领导汇报事故情况的人员，事故发生单位的上级主管部门或安监部门工作人员等进行调查访问，具体查明以下事实：犯罪嫌疑人明知事故发生的时间,所明知的事故真实情况,犯罪嫌疑人有及时向有关部门报告事故发生情况的条件,犯罪嫌疑人为防止谎报事故行为暴露所采取的掩盖事故情况的行为,犯罪嫌疑人不报事故的动机,由于不及时报告事故所导致的危害后果等。

(二)证据规格

1. 主体方面的证据

本罪是包括三部分人员:第一,生产、作业单位的负责人、实际控制人、负责生产经营管理的投资人;第二,生产、作业单位的各级生产、作业指挥、管理人员;第三,对事故的发生负有直接责任的生产、作业人员其主体方面的证据应当包括户口簿、居民身份证、户口底卡、工作证,任职或者聘任证书,技术资格证书等。

2. 主观方面的证据

主要是证明犯罪嫌疑人故意的心理和不报、谎报事故情况的动机,但要注意排除因客观条件不允许而不能报告事故的情况。

3. 客观方面的证据

(1) 报案记录、行政案件移送证明及其他受案记录。

(2) 现场勘查笔录,主要包括工程事故现场的痕迹、损坏程度、残留物等。

(3) 案发现场的现场图、现场照片、现场录像和辨认笔录等。

(4) 询问证人的询问笔录,讯问犯罪嫌疑人的讯问笔录。

(5) 其他必须调取的证据。

二十三、走私武器、弹药案件的侦查

(一)侦查要领

1. 现场勘查

无论是通关夹藏类走私,还是沿边绕关走私,如果是现场查获的案件,应立即开展现场勘查工作,收集和固定证据。对于发现的涉嫌走私武器、弹药的犯罪案件,应初步判断行为的性质。主要查明:是否申报;申报的单证内容;进出境的方式;申报人的主体资格等。现场勘查是取得夹藏走私犯罪证据的关键。通过现场勘查工作,可以取得当事人进行夹藏走私犯罪的第一手资料。武器、弹药属于特殊物品,一般很难获取。发现涉嫌走私武器、弹药案件的,应尽量查清武器、弹药的来源及去向。对于涉嫌走私进境的武器、弹药的案件,应首先进行现场勘查,对走私武器、弹药的包装物、包装方式、摆放位置、掩盖物等进行拍照、录像。特别是收集夹藏手法的证据,以证明行为人走私的事实。对于现场勘查发现的各种痕迹、物证、书证等资料,不但要分阶段记录,还要用可能的技术手段,细致、有效地提取和固定。对于现场物证,要拍照、录像,制作现场勘查笔录,固定证据。对于武器、弹药的夹藏地点、位置、包装物、掩盖物以及表面物体形状等都要进行拍照、录像,制作现场勘查笔录。必要时,邀请相关证人,证明夹藏的客观事实。

走私的武器、弹药是否属于走私武器、弹药罪中的犯罪对象,必须通过专门机构进行鉴定才能定性。对走私的武器、弹药合法取样,送到有合法鉴定资格的单位进行鉴定,出具鉴定意见。因为是否是刑法意义上的武器、弹药,直接决定了是否构成走私武器、弹药罪,是否需要追究刑事责任;是构成走私武器、弹药罪还是其他罪名。鉴定意见对于走私犯罪嫌疑人的定罪量刑具有重大的意义。所以,办案部门要对查获的物品进行鉴定。鉴定样本的取样过程要进行拍照、录像,鉴定主体要适格,鉴定意见的内容要全面。

2. 深入侦查

对走私进境的武器、弹药的来源进行调查,调查武器、弹药的品名、型号、特征,再确定武器、弹药来源地的情况,对涉案人的身份、亲戚朋友、尤其是国外的亲戚朋友进行调查。接着,对走私来的武器、弹药的去向进行调查,"由案到人",核查收货人的身份及基本情况,初步调查收货人的住址、家人、收入情况,尽量不要打草惊蛇,先开展外围调查。走私犯罪行为一般需要多人作案,尤其是境内外勾结的走私犯罪案件,更多的是团伙作案,多次作案。对于涉案境外走私人,着重调查境外人员在境内的信息,如身份证明、家庭情况、亲戚好友、出入境记录等,必要时调查出入境时的视频监控。对于涉案境内人员,则重点调查境内人员基本情况,包括是否有走私的记录、从事的职业、朋友圈、上网的记录、通讯记录、住宿记录等,如果有证据证明涉嫌走私的,则对其实施抓捕行动,对其住房、工作单位等进行搜查,收集犯罪证据。

走私武器、弹药犯罪案件,从走私预谋到购买武器弹药、实施走私、销售走私的武器弹药、跨国(境)支付货款等,一般都有一个走私链条。除非是在旅检渠道现场查获的案件,一般可以在不惊动犯罪嫌疑人的情况下,秘密开展秘密调查。调查分为内部调查和外部调查。内部调查是在海关内部开展的调查工作。因为通关类的走私犯罪案件,都需要履行基本的报关手续,所以这类的走私行为在海关内部就留下了痕迹。侦查人员可以在海关内部初步开展调查,主要包括报关单证的内容、报关人、报关行、报关时间等。对承接海关业务的海关关员进行询问,初步判明是否存在走私的行为、具备走私的主观故意、需要追究刑事责任等。外部调查,主要是对涉案人的身份、是否有走私的前科、以前的通关记录、可能的同案人员等进行调查,必要时可以对其有关银行账户、活动轨迹、通信记录、关联人员等进行调查。

条件允许时,可以采取控制下交付手段,进一步确认和查明收货人的身份。所谓控制下交付,就是在秘密监控的前提下,允许涉嫌走私的武器、弹药继续流转,从而彻底查明案件。具体到走私武器弹药犯罪的侦察过程中,有以下几个方面需要注意:首先,缉私部门在经过情势研判、风险分析之后,如果存在采取控制下交付的需要与可能的,应当迅速做出反应,妥善安排涉案货物,要求承运方将其及时伪装复原,按正常流程流转、投递,以防犯罪分子通过上网查询物流状态等途径察觉事发。其次,在跟踪监视涉案货物流向的同时,对其随附文件(包括合同、发票、运单、保单)上记载的信息要进行仔细分析,从中挖掘线索,既为抓捕行动提供指引,也为后续工作做好铺垫。再次,应当预计到犯罪分子在取货时极有可能随身携带武器,行动前要求各参战人员务必注意人身安全,做好各项预案。最后,在抓获收货人之后不能就此放松懈怠,应当在第一时间开展审讯和搜查工作以扩大战果,对犯罪嫌疑人的通信、资金等情况进行全方位的侦查,及时获取犯罪证据,掌握其上下线的情况,追回之前可能走私进境的武器弹药,防止其继续在社会上流散。对于走私出境的走私武器、弹药案件,应着重对境内武器、弹药的来源进行调查。

(二)证据规格

1. 主体方面的证据

本罪是一般主体,自然人和单位都可以构成走私武器、弹药罪的犯罪主体。如果是自然人犯罪其主体方面的证据应当包括户口簿、居民身份证、户口底卡、工作证,犯罪嫌疑人所在地派出所记录的犯罪嫌疑人有关前科劣迹材料,犯罪嫌疑人精神状态的鉴定意见,同案人员的供述材料。

如果是单位犯罪,具体应取得的证据包括:(1)单位的营业执照、税务登记证、银行账号证明、工商注册登记资料等;(2)直接负责的主管人员和其他直接责任人员的身份证明,包括法定代表人、实际投资者、实际经营决策者、财务主管、财务会计人员、业务人员等人员的户口簿、居民身份证、户口底卡、工作证、护照或者其他有效证件;(3)已核实的单位基本情况,即由工商、税务部门出具的有关公司企业是否存在,以及经营监管方面情况的证明。

2. 主观方面的证据

主要是证明犯罪嫌疑人是否有走私武器、弹药罪的故意的证据,包括犯罪嫌疑人的供述与辩解,证人证言,犯罪嫌疑人走私武器、弹药行为中使用的隐蔽、防护等反侦查手段的物证等。

3. 客观方面的证据

(1)报案记录、行政案件移送证明及其他受案记录。
(2)现场勘查提取的武器、弹药等物证,办理的扣押证明。
(3)控制现场时记录的摄像拍照以及其他视听资料。
(4)对武器、弹药进行检验检测的鉴定意见。
(5)询问证人的询问笔录,讯问犯罪嫌疑人的讯问笔录。
(6)其他根据具体案情必须调取的证据。

二十四、走私核材料案件的侦查

(一) 侦查要领

1. 多方联动

对于走私核材料的案件,侦查机关应当多方联动,综合利用"海上截""岸边堵""路上查""定点伏"等方式多管齐下控制走私核材料的犯罪渠道,从中发现有效侦查线索推进侦查工作展开。

2. 关注可能涉案人员

无论是单位犯罪还是自然人犯罪,走私核材料的行为最终都是自然人实施的,而人都不是孤立存在的,必然要和其他人产生联系,和外界进行信息交换,走私核材料犯罪行为也必然会留下各种痕迹,为可能的涉案人员所发现或知悉,侦查机关要做的就是对可能涉案的人员进行重点关注,动态控制,以此为突破口推进侦查工作开展。司法实践中,可能的涉案人员通常包括以下几种:

(1) 与走私犯罪分子内外勾结的执法工作人员。走私犯罪分子为了顺利走私,往往会腐蚀拉拢海关、边防检查站、缉私部门的执法工作人员,甚至有的执法工作人员本身就是走私犯罪案件的组织者或者策划者,对于这些人员,侦查机关应当与检察院、纪检委等职务犯罪防控部门密切联系,互通情报,一经发现涉及走私核材料线索,迅速跟进,顺线追查。

(2) 走私核材料犯罪案件的外围知情人员。侦查机关在打击、防范、控制犯罪的过程中,通常会接触到一些走私犯罪的外围人员或间接涉案人员,这些人员一般不直接参与走私犯罪,但是他们很可能与走私核材料犯罪人员存在一定的社会关系或接触,加强对这些人员的关注与控制,往往会获得涉及走私人员身份、核材料所在、来源及流向的关键线索。

(3) 到案的犯罪嫌疑人。走私核材料犯罪案件一般均为有组织的犯罪,近来集团犯罪日益突出。走私集团的犯罪分子各有分工,互相配合实施走私核材料行为,因此,对于到案的个别犯罪嫌疑人应当迅速讯问,可以获得大量侦查线索,如犯罪预备行为情况,核材料的转移、去向情况,其他犯罪嫌疑人身份及逃匿情况,作案工具的下落情况,走私资金的流向情况等,这些侦查线索可以为深入推进走私核材料犯罪案件的侦查确定明确的方向与范围。

3. 勘查犯罪现场

通过犯罪现场勘查获取证据。走私核材料犯罪一般是系列犯罪案件,其涉案现场通常处在多处不同场所,如核材料失窃现场、转运和隐藏现场、交易现场以及其他与走私核材料犯罪活动相关的场所,如为实施犯罪准备工具、制造条件的场所,制作、存放涉案工具、单证、账册的场所。通过对相关涉案现场进行实地勘验与现场访问,侦查人员可以及时发现涉案线索,收集到有价值的物证、书证、视听资料、电子证据和证人证言。

4. 获取证人证言

通过调查询问获取证人证言。调查询问贯穿于侦查活动的始终，是侦查人员向了解案件情况的人进行询问，查证案件有关问题并获取证人证言的一项基本取证措施。了解走私核材料犯罪案件情况的知情人员都是调查询问的对象，包括同案件有利害关系的人或举报人、执法人员、工作人员以及广大群众。侦查人员要坚持群众路线和专门工作相结合的工作方式，广泛地了解涉案情况，也要注意对证言进行必要的可信性判断，对某些重要环节和矛盾之处作深入的询问。

5. 进行搜查

通过搜查获取证据。搜查是侦查人员对犯罪嫌疑人、嫌疑物品、嫌疑场所进行搜寻检查从而发现书证、物证、电子证据等客观证据的一种常用取证措施。搜查分为公开搜查与秘密搜查，公开搜查主要适用于侦查人员掌握了可靠的线条，嫌疑目标比较明确的场合；秘密搜查是针对不太可靠的线索又不想惊动嫌疑人，而采用合理合法的不暴露侦查身份或意图的方式进行的搜查。在侦办走私核材料犯罪案件过程中，侦查人员应该视案情采用公开或秘密的方式对重大犯罪嫌疑人的人身、交通工具、住所及其他可能隐藏罪证的处所进行搜查。搜查核材料时应该使用手持便携式的放射线同位素探测仪器，同时注意自身安全防护，必要时可邀请核工业专家到场指导。

6. 进行扣押

通过扣押获取证据。扣押，是指侦查人员对于能够证明犯罪嫌疑人有罪或者无罪的涉案物品、文件依法向持有人予以强制提取、留置、封存的一项侦查措施。扣押通常在现场勘查过程中进行，有时也可单独进行。在走私核材料犯罪案件侦查中，扣押的范围主要包括：(1) 走私的核材料、作案工具、涉案现金、物品、存折等物证；(2) 报关单据、合同、运单、交通凭证等书证；(3) 视听资料；(4) 存储电子通讯记录、电子凭证等电子证据的移动存储设备、笔记本电脑等电子设备。

7. 进行技术鉴定

通过技术鉴定获取证据。核材料认定是破获走私核材料犯罪案件的关键。所以，侦查人员查获走私的核材料后应立即委托国家核安全局及其所属科研单位、国家科学技术工业委员会及其所属科研单位分别对民用核材料与军用和材料进行鉴定，以确定核材料的种类、纯度及数量。此外，还应当对核材料包装物的防辐射性进行鉴定，以证明犯罪嫌疑人主观上对走私对象为核材料的明知；对犯罪嫌疑人伪装商人或商务进出口的虚假身份证明、单据。合同等进行文件鉴定，证明犯罪嫌疑人走私的主观故意。鉴定机构或鉴定人进行鉴定后，应当出具符合法律规定的鉴定意见作为案件证明的证据。

(二)证据规格

1. 主体方面的证据

本罪是一般主体,自然人和单位都可以构成走私核材料罪的犯罪主体。如果是自然人犯罪其主体方面的证据应当包括户口簿、居民身份证、户口底卡、工作证,犯罪嫌疑人所在地派出所记录的犯罪嫌疑人有关前科劣迹材料,犯罪嫌疑人精神状态的鉴定意见,同案人员的供述材料。如果是单位犯罪,具体应取得的证据包括:(1)单位的营业执照、税务登记证、银行账号证明、工商注册登记资料等;(2)直接负责的主管人员和其他直接责任人员的身份证明,包括法定代表人、实际投资者、实际经营决策者、财务主管、财务会计人员、业务人员等人员的户口簿、居民身份证、户口底卡、工作证、护照或者其他有效证件;(3)已核实的单位基本情况,即由工商、税务部门出具的有关公司企业是否存在,以及经营监管方面情况的证明。

2. 主观方面的证据

主要是证明犯罪嫌疑人是否有走私核材料罪的故意的证据,包括犯罪嫌疑人的供述与辩解,证人证言,犯罪嫌疑人走私核材料行为中使用的隐蔽、防护等反侦查手段的物证等。

3. 客观方面的证据

(1)报案记录、行政案件移送证明及其他受案记录。

(2)现场勘查提取的核材料等物证,办理的扣押证明。

(3)控制现场时记录的摄像拍照以及其他视听资料。

(4)对核材料进行检验检测的鉴定意见。

(5)询问证人的询问笔录,讯问犯罪嫌疑人的讯问笔录。

(6)其他根据具体案情必须调取的证据。

二十五、走私假币案件的侦查

(一)侦查要领

1. 选择侦查途径

一般情况下,侦查机关在获取走私假币线索并决定立案侦查后,应根据案件的具体情况,选择正确的侦查途径。此类案件的侦查途径往往是根据其线索来源的不同,选择的侦查途径也不尽相同,实践中主要有以下几种情况:

(1)如果是在海关关口处及时发现犯罪行为的,主要应从货物的报关、手续是否齐全、货物的包装等异常情况入手发现线索,从货物的报关人员的姓名、地址、联系电话等信息开展侦查工作,选择以物找人的侦查途径。

(2)如果是在假币的使用和流通中发现嫌疑的,应选择以人找物的侦查途径。这种情况的侦查难度比较大，要追根溯源，从流通查起，沿线跟踪使用假币的人，寻找假币的存放地，分析大量使用假币者的特征和关系人，也可以通过秘密手段，查询使用假币人的关系网和通话记录等分析有价值的破案线索。

（3）如果是有知情群众举报或检举揭发而发现假币的存放地或生产基地的，应选择以物找人的侦查途径。侦查机关应围绕着可疑地点分析可疑人员情况，顺藤摸瓜，严密控制，循线追踪，适时采取措施，查获赃物和犯罪嫌疑人。

综上，走私假币案件的侦查途径主要有两种：一是以币找人；二是以人找币，实践应用中应根据不同情况选取最佳途径。

2. 选择侦查方法

针对走私假币案件的不同特点及案件的不同来源，采用的侦查方法也不尽相同。其具体方法主要有：

（1）针对海关边防查获的正在实施的犯罪案件，侦查机关应该及时采取紧急措施，力图抓获现行，争取人赃俱获，将买卖双方都控制住。侦查中可以根据截获买卖一方的情况后，及时了解另一方人员的具体特征、交接时间地点、交接船只等工具特征条件快速布控，严密监视海域内各个船只的行踪，并根据掌握的情况决定采取追击堵截、沿线巡查等措施，以便及时抓获作案的双方人员。然后再根据抓获人员的交代，查明走私的链条、制造假币额上线人员和窝点，深入调查取证，争取一网打尽。

（2）针对有群众举报的有假币出现或存放迹象等线索的，侦查机关应该根据此类案件预谋时间长等特点，从外围开展调查走访，深线经营，或采取秘密调查取证等相应的措施进行部署，查清假币的数量、存放假币地点的物权人、假币持有者的情况、投放假币渠道、投放假币的规律等情况，使案件能够顺利侦破。侦查过程中还要注意鉴定查明假币的特征，判断其出处，如果是境外贩运来的假币，达到一定数额的，则属于走私行为，就要查清走私假币的流向、制造的源头、走私的渠道等犯罪情况；如果是国内制造的假币，则属于伪造假币的犯罪行为，侦查时要区分清楚此罪与其他犯罪的交叉之处。

（3）针对在侦查其他案件时发现涉及假币行为的，侦查机关应重点加大审讯力度，注重深挖细查，查清有关假币的来源、运输、销售与去向等情况，从而为侦破走私假币的犯罪行为提供线索和证据。

3. 广泛收集情报线索

走私假币犯罪作案过程比较复杂，一般作案跨度大，持续时间长，并多有预谋，犯罪过程中暴露的犯罪信息也较多，因此，在该类案件的侦查工作中情报线索的收集就显得尤为重要。

具体的做法主要有：第一，加强与海关、出入境管理等部门沟通联合。海关、出入境管理部门是走私假币犯罪案件的必经环节，加强与之联系与合作，有利于发现有关犯罪的蛛丝马迹。第二,加强与金融部门、治安管理、新闻出版管理等部门的协调沟通,定期或不定期地互通可疑情报,以发现假币的制造、来源和流通渠道等情报线索。第三,多家度、多方位布建秘密力量。由于此类犯罪的特殊性,可以在印刷行业发展秘密力量,以发现有关犯罪线索。对于已发案件,还可以根据案件实际情况布建专案或境内外秘密情报力量,以获取犯罪证据,查清犯罪事实。

4. 加强各方协作

在实践中,侦查走私假币犯罪案件,不仅要加强与国内海关、公安、武警、边防、海军、工商、税务、监察、纪检、银行金融机构等相关部门的密切合作,还要加强与国外相关组织和各国警方联手协作,共同打击这一跨境跨国犯罪。

5. 重视审讯策略

走私假币的犯罪行为速度快、隐蔽性强,现场变动性大,所以大多数情况下需要通过审讯工作来获取关键证据。又由于犯罪行为的需要,走私假币犯罪的参与人数较多,分工明确,犯罪各个环节之间的作案人不一定认识或见过面,这给审讯工作带来了一定的难度,所以审讯时要善于运用谋略战术,针对犯罪嫌疑人的心理变化过程,适时巧妙地运用其他证据,旁敲侧击,同时加强法律、政策教育,使其突破心理防线,交代犯罪事实。尤其对主犯或惯犯,他们社会经验丰富,反侦查意识强,更要抓住时机,及时攻破,扩大审讯战果。

(二) 证据规格

1. 主体方面的证据

本罪是一般主体,自然人和单位都可以构成走私假币罪的犯罪主体。如果是自然人犯罪其主体方面的证据应当包括户口簿、居民身份证、户口底卡、工作证,犯罪嫌疑人所在地派出所记录的犯罪嫌疑人有关前科劣迹材料,犯罪嫌疑人精神状态的鉴定意见,同案人员的供述材料。如果是单位犯罪,具体应取得的证据包括:(1) 单位的营业执照、税务登记证、银行账号证明、工商注册登记资料等;(2) 直接负责的主管人员和其他直接责任人员的身份证明,包括法定代表人、实际投资者、实际经营决策者、财务主管、财务会计人员、业务人员等人员的户口簿、居民身份证、户口底卡、工作证、护照或者其他有效证件;(3) 已核实的单位基本情况,即由工商、税务部门出具的有关公司企业是否存在,以及经营监管方面情况的证明。

2. 主观方面的证据

主要是证明犯罪嫌疑人是否有走私假币罪的故意的证据,包括犯罪嫌疑人的供述与辩解,证人证言,犯罪嫌疑人走私假币行为中使用的隐蔽、防护等反侦查手段的物证等。

3. 客观方面的证据

(1) 报案记录、行政案件移送证明及其他受案记录。

(2) 现场勘查提取的假币等物证，办理的扣押证明。
(3) 控制现场时记录的摄像拍照以及其他视听资料。
(4) 对假币进行检验检测的鉴定意见。
(5) 询问证人的询问笔录，讯问犯罪嫌疑人的讯问笔录。
(6) 其他根据具体案情必须调取的证据。

二十六、走私文物案件的侦查

（一）侦查要领

1. 在货运渠道现场收集证据

在货运渠道现场查验发现的涉嫌走私文物案件，首先应对原始的走私文物存放的方式进行拍照、录像，因为这是证明犯罪嫌疑人是否采取伪装方式欺骗海关的重要证据。走私分子常常将文物放到集装箱的最里层，在外层则放置向海关申报的正常货物如工艺品等。其次，对走私文物现场的位置、外观、文物的放置方式、包装等进行拍照固定，对涉嫌走私的文物进行清点。以货找人，按照报关单显示的报关员、发货人、收货人等涉案人员，追查真正的走私犯罪嫌疑人，然后全面调查走私文物的来源、仓储地、包装地、运输工具等。

2. 搜查相关场所

按照走私文物的惯常做法，一般是找好境外买家后才会实施走私行为。办案人员应沿着文物的来源及去向进行调查，在追查涉案人员及走私网络。确定犯罪嫌疑人身份后，应及时开展抓捕工作，并对涉案人员的相关场所进行搜查，重点搜查办公场所、住址等，搜查目标主要是寻找实施走私时与境内外同伙的联系记录（包括手机通讯记录、网络聊天记录、往来信函、传真件等），有无走私文物的剩余文物、剩余包装物、掩盖物等。

3. 通关现场收集证据

在通关过程中被查获的走私文物犯罪案件占整个被查获的走私文物犯罪案件比重较大，尤其是利用行李、邮寄和货运渠道走私文物案罪案件较多。现场侦查是取得夹藏走私犯罪证据的关键。通过现场勘查，可以取得当事人进行夹藏走私文物犯罪的第一手资料，特别是收集夹藏手法的证据，以证明行为人走私的事实。对于现场查获的走私案件，缉私部门应抓住时机，在人赃俱获的有利情形下，对犯罪嫌疑人展开及时的讯问工作，讯问内容主要包括文物的特征、文物的包装方式、行李的外表、是否申报、申报的方式、申报的内容以及对走私的态度、走私缘由、走私文物的来源及去向等。对于走私文物的藏匿方式、藏匿工具、藏匿地点、现场方位进行拍照、录像。对犯罪嫌疑人随身物品进行搜查，尤其是涉及手机、通讯记录、笔记本电脑、钱包等，及时进行扣押，为以后的查证走私事实提供条件。对于申报为"工艺品"等货物而实际夹藏走私的货运渠道走私文物的案件，在现场环节,缉私人员主要是对文物藏匿的集装箱等进行拍照、录像,进而逆向查明货物的报关员、代理人、持有人等。

4. 运用信息化手段侦查

通关只是走私文物的中间环节,缉私人员要根据查获的走私文物案件进行前后延伸,充分运用信息化侦查手段,查明走私文物的来源、去向、运输方式、储存方式、资金支付方式等。对于涉案人员的相关场所进行搜查,扣押相关涉案证据。缉私部门利用视频侦查,通过对海关通关现场、犯罪嫌疑人活动轨迹涉及的视频监控信息进行调取和分析,判断行为人的活动轨迹,查明是否有同伙人员、文物的交接方式、交接地点、运输方式等。利用话单分析工具,对犯罪嫌疑人的手机通信信息进行分析,分析犯罪嫌疑人的真实身份、生活规律、关系人群、工作场所和作案轨迹。对犯罪嫌疑人互联网信息进行调查和分析,对于网上实施走私文物犯罪的聊天记录、网上支付交易记录、发布的文物买卖信息、照片等收集电子证据。对于犯罪嫌疑人涉案银行账户进行资金调查,尤其是对银行卡的开户情况、交易记录等进行调查,进而查明犯罪嫌疑人的活动轨迹。综合运用各种信息化侦查手段,沿着走私链条,收集各个走私环节的证据,形成环环相扣的证据链条。

5. 区别侦查

走私文物犯罪的手段不同,涉及的具体证据种类有所不同,这里主要分析行李夹藏走私、邮寄渠道走私、货运渠道走私文物主要应收集的证据。

对于行李夹藏走私文物犯罪案件,主要应收集的证据包括:证明犯罪嫌疑人身份信息护照、身份证件、通行证件等方面的证据;现场勘查笔录;查获文物时的录音、录像;现场监控录像;证人证言;文物鉴定意见;搜查相关场所的笔录;银行卡交易记录;犯罪嫌疑人口供;关于走私文物来源的证据等。

对于邮寄渠道走私文物的犯罪案件,主要应收集的证据的证据包括:申报邮寄物品的照片、录像;文物包装方式;邮件上的邮寄单;邮局及反映寄件人活动轨迹的监控录像资料;寄件人相关场所的搜查笔录;笔迹鉴定意见;犯罪嫌疑人口供等。

对于货运渠道走私文物的犯罪案件,主要应收集的证据包括:运输工具的照片;报关单证;进出口合同、发票;夹藏走私文物的外包装、内包装以及相关照片、录像;掩盖物;集装箱;运输工具;运输证明;文物鉴定意见;证人证言;犯罪嫌疑人供述;相关场所搜查笔录;电子数据;银行卡交易记录;有关场所的视频监控资料等。

(二) 证据规格

1. 主体方面的证据

本罪是一般主体,自然人和单位都可以构成走私文物罪的犯罪主体。如果是自然人犯罪其主体方面的证据应当包括户口簿、居民身份证、户口底卡、工作证,犯罪嫌疑人所在地派出所记录的犯罪嫌疑人有关前科劣迹材料,犯罪嫌疑人精神状态的鉴定意见,同案人员的供述材料。

如果是单位犯罪,具体应取得的证据包括:(1)单位的营业执照、税务登记证、银行账号证明、工商注册登记资料等;(2)直接负责的主管人员和其他直接责任人员的身份证明,包括法定代表人、实际投资者、实际经营决策者、财务主管、财务会计人员、业务人员等人员的户口簿、居民身份证、户口底卡、工作证、护照或者其他有效证件;(3)已核实的单位基本情况,即由工商、税务部门出具的有关公司企业是否存在,以及经营监管方面情况的证明。

2. 主观方面的证据

主要是证明犯罪嫌疑人是否有走私文物罪的故意的证据,包括犯罪嫌疑人的供述与辩解,证人证言,犯罪嫌疑人走私文物行为中使用的隐蔽、防护等反侦查手段的物证等。

3. 客观方面的证据

(1)报案记录、行政案件移送证明及其他受案记录。

(2)现场勘查提取的文物等物证,办理的扣押证明。

(3)控制现场时记录的摄像拍照以及其他视听资料。

(4)对文物进行检验检测的鉴定意见。

(5)询问证人的询问笔录,讯问犯罪嫌疑人的讯问笔录。

(6)其他根据具体案情必须调取的证据。

二十七、走私贵重金属案件的侦查

(一)侦查要领

1. 选择侦查途径

由于走私贵重金属犯罪案件的特点,决定了针对该类案件侦查途径的选择,必须认真分析案情的基础上,根据具体实际情况和案情的变化情况来进行。其主要途径有以下几种:

(1)从甄别分析案件线索来源入手,展开侦查。走私贵重金属犯罪案件的线索来源多种多样,因此,对已获取的走私贵重金属犯罪活动情报和日常工作中发现的走私活动线索进行甄别和分析,是一种常见的侦查途径。

(2)从查找贵重金属的来源与去向入手,展开侦查。由于贵重金属是禁止出境的物品,所以,在侦查工作当中既要把好国门,防止贵重金属流失境外,也要注意查找贵重金属的来源渠道,从根源上杜绝走私行为的发生。查找来源重点在于查清贵重金属从何人、何处企图走私境外。对于贵重金属的去向,则要将重点放在是否存在大型跨国走私贵重金属犯罪集团的认定上。必要的情况下,可以寻求国际刑警组织的帮助或要求与我国有合作关系的境外警方进行协助。对于常见的海关日常发现的出境旅客随身藏匿贵重金属走私的情况,则要注意将贵重金属截留境内。缉私部门要协同海关、边防等部门,在候检、受检、验放等环节加强监控和监视。

(3) 从审查有关证明文件入手,展开侦查。按照《金银管理条例》及中国人民银行1984年2月15日发布的《对金银进出国境的管理办法》等行政法规的规定,贵重金属及其制品进出国边境所涉及的证明文件有:《中国人民银行黄金及其制品进出口准许证》《携带金银出境许可证》《金银产品出口准许证》及携带金银入境旅客向入境地海关申报登记单等。针对以上相关证明文件的真伪进行审查也是常用侦查途径的一种。

(4) 从控制重点地区、重点行业入手,展开侦查。应重点控制贵重金属,如黄金、白银、铂、铱、锇等的产地,如我国重点黄金产区山东、河南、福建、内蒙古,铂产区云南等省、自治区;另外,也应重点控制走私贵重金属的热点地区,如东南沿海省份、西藏、黑龙江、内蒙古等省、自治区。重点行业,如金矿开采业、黄金加工业、金银饰品销售行业等。通过对重点地区和重点行业的控制,获得走私贵重金属案件的线索,展开侦查。

(5) 从内线侦查入手,展开侦查。秘密侦查力量是获取走私犯罪情报、控制走私犯罪动态、破或重大走私犯罪集团的重要手段。做好长期规划,运用内线侦查力量,掌握走私预谋动态、渠道线路,采取外线监控和内线侦查相结合的方式,才能更好地防范走私贵重金属犯罪。

2. 选择侦查对象

(1) 人身检查。机场、码头等海关所在地针对出境旅客应当进行例行检查,如旅客携带金银等贵重金属出境,应当检查其是否具有特种发货票、《携带金银出境许可证》等相关证明文件。若为入境时携带、复带出境的,应当检查其入境时的申报记录。若发现有重大走私贵重金属嫌疑的,可由公安机关对嫌疑人进行人身检查,由此查明案件性质、走私手段、犯罪工具等情节。

实践当中,多数人体随身携带或行李夹带贵重金属走私的案件都是在海关例行检查当中被发现的。对相关的证明文件,应当注意查明其真伪,对真实性及数量有所怀疑的,应当联系发证机关予以鉴定。对旅客本身,应注意发现下列疑点:第一,是否有神色慌张、行动不自然等表现;第二,所携带行李是否明显体积与重量不相称;第三,对检查人员的例行询问及要求明显不配合及行动反常的等等。应当注意,人身检查,必须由侦查人员进行,或者在侦查人员的主持下,聘请有职业资格的法医或者医师严格依法进行。

(2) 对运输工具进行检查。对出境车辆、船只、飞机等运输工具进行检查时,应注意防范贵重金属藏匿于运输工具的隐蔽位置走私出境。对于无船号、无船籍、无船名的"三无"船只应当重点进行查缉。例如,船只于棚顶、侧壁、底仓中设置暗格,夹藏贵重金属,或者在车辆的座椅下方都有可能夹藏贵重金属出境,应注意配合仪器或缉私犬进行检查。

(3) 对邮寄、快递出境货物的检查。随着电子商务的不断发展,采用网上销售、海外代购等方式交易的货物、物品越来越多,也可能被走私犯罪分子所利用,采取人货分离的方法逃避打击。在侦查此类走私案件时,可能会遇到在包裹内夹藏贵重金属出境的情况。对此,侦查人员可采取守候监视、查阅快递单据及行李寄存单、痕迹鉴定等措施寻找犯罪嫌疑人及犯罪线索。

3. 外围调查

在案件的侦查中,要注意案件的外围信息的收集和查找,外围调查通常围绕人员、运输工具和物品展开。针对知情人员进行外围信息收集,其中包括机场、车站、码头、配货站等枢纽的工作人员,相关职能部门的操作人员,常年从事运输的从业人员,特别是从事进出口边贸经营的相关人员要重点进行信息的外围走访,在实际的工作中,绝大多数有价值的信息都是通过外围走访汲取的。

4. 深线经营

在案件的侦破中,案件的经营尤为重要,往往经营好了一起简单的案件会串联出大的系列案,甚至能够挖出案件的源头,这就要求我们在案件的侦查过程中进行深线经营,在获取案件的相关信息和证据的时候,要善于思维拓展和举一反三,甚至不要急于进行抓捕和结案,通过继续跟踪、外围拓展、发展秘密力量深入侦查等方式,将案件经营到最大化和彻底化。

5. 秘密取证

在证据的收集过程中,针对形形色色的案件要采取因地制宜的取证方法。当今是信息、网络爆炸的时代,不光是公安机关连续多年进行信息化建设,犯罪嫌疑人和犯罪团伙的犯罪手段的科技含量也逐步提高,所以在案件的调查过程中,秘密取证将会是我们经常运用的方式。秘密取证通常分为两方面:一是在取证的手段上采取秘密的方式,如简单的密听、密录到高端的监听、卫星定位、活体筛选等方式,都能在秘密的情况下获取最直接的信息和证据;二是在取证的操作方式上采取秘密的方法,如在取证的过程中进行必要的乔装和低调进行,防止惊动犯罪嫌疑人,或者利用刑事特情、灰色力量,甚至派遣卧底侦查余案在秘密、隐蔽的情况下获取有价值的证据。

(二) 证据规格

1. 主体方面的证据

本罪是一般主体,自然人和单位都可以构成走私贵重金属罪的犯罪主体。如果是自然人犯罪其主体方面的证据应当包括户口簿、居民身份证、户口底卡、工作证,犯罪嫌疑人所在地派出所记录的犯罪嫌疑人有关前科劣迹材料,犯罪嫌疑人精神状态的鉴定意见,同案人员的供述材料。

如果是单位犯罪,具体应取得的证据包括:(1)单位的营业执照、税务登记证、银行账号证明、工商注册登记资料等;(2)直接负责的主管人员和其他直接责任人员的身份证明,包括法定代表人、实际投资者、实际经营决策者、财务主管、财务会计人员、业务人员等人员的户口簿、居民身份证、户口底卡、工作证、护照或者其他有效证件;(3)已核实的单位基本情况,即由工商、税务部门出具的有关公司企业是否存在,以及经营监管方面情况的证明。

2. 主观方面的证据

主要是证明犯罪嫌疑人是否有走私贵重金属罪的故意的证据,包括犯罪嫌疑人的供述与辩解,证人证言,犯罪嫌疑人走私贵重金属行为中使用的隐蔽、防护等反侦查手段的物证等。

3. 客观方面的证据

(1)报案记录、行政案件移送证明及其他受案记录。

(2)现场勘查提取的贵重金属等物证,办理的扣押证明。

(3)控制现场时记录的摄像拍照以及其他视听资料。

(4)对贵重金属进行检验检测的鉴定意见。

(5)询问证人的询问笔录,讯问犯罪嫌疑人的讯问笔录。

(6)其他根据具体案情必须调取的证据。

二十八、走私珍贵动物、珍贵动物制品案件的侦查

(一)侦查要领

1. 在货运渠道现场收集证据

在货运渠道现场查验发现的涉嫌走私珍贵动物、珍贵动物制品案件,首先应对原始的走私珍贵动物、珍贵动物制品存放的方式进行拍照、录像,因为这是证明犯罪嫌疑人是否采取伪装方式欺骗海关的重要证据。走私分子通常会将文物放到集装箱的最里层,在外层则放置向海关申报的正常货物如工艺品等。其次对走私珍贵动物、珍贵动物制品现场的位置、外观、文物的放置方式、包装等进行拍照固定,对涉嫌走私的珍贵动物、珍贵动物制品进行清点。以货找人,按照报关单显示的报关员、发货人、收货人等涉案人员,追查真正的走私犯罪嫌疑人,然后全面调查走私珍贵动物、珍贵动物制品的来源、仓储地、包装地、运输工具等。

2. 通关现场收集证据

通过现场勘查,可以取得当事人进行夹藏走私珍贵动物、珍贵动物制品犯罪的第一手资料,特别是收集夹藏手法的证据,以证明行为人走私的事实。对于现场查获的走私案件,缉私部门应抓住时机,在人赃俱获的有利情形下,对犯罪嫌疑人展开及时的讯问工作,讯问内容主要包括珍贵动物、珍贵动物制品的特征、珍贵动物、珍贵动物制品的包装方式、行李的外表、是否申报、申报的方式、申报的内容

以及对走私的态度、走私缘由、走私珍贵动物、珍贵动物制品的来源及去向等。对于走私珍贵动物、珍贵动物制品的藏匿方式、藏匿工具、藏匿地点、现场方位进行拍照、录像。对犯罪嫌疑人随身物品进行搜查,尤其是涉及手机、通讯记录、笔记本电脑、钱包等,及时进行扣押,为以后的查证走私事实提供条件。对于申报为"工艺品"等货物而实际夹藏走私的货运渠道走私珍贵动物、珍贵动物制品的案件,在现场环节,缉私人员主要是对珍贵动物、珍贵动物制品藏匿的集装箱等进行拍照、录像,进而逆向查明货物的报关员、代理人、持有人等。

3. 进行司法鉴定

办理走私珍贵动物及其制品犯罪案件,鉴定意见的出具对定罪量刑有着重要的意义。对珍贵动物及其制品进行鉴定,需对以下信息进行确认:涉案动物物种的名称和国家保护的级别,同时尽可能查清涉案动物的来源、年龄、体重、估计价值、实体的死亡时间、死亡原因,以及该珍贵动物在我国和国际上种群分布和存量、濒危程度等情况。如果是珍贵动物制品,通常要对行为人所走私的动物制品是否由珍贵动物加工而成进行鉴定,确认涉及的动物物种的名称和国家规定的保护级别,同时尽可能查清用于加工的珍贵动物肢体的可辨认部分的性质和来源及其重量、数量等,用于加工的珍贵动物在我国和国际上种群分布和存量、濒危程度等情况,以及涉案珍贵动物制品价值等。

4. 深线经营

在案件的侦破中,案件的经营尤为重要,往往经营好了一起简单的案件会串联出大的系列案,甚至能够挖出案件的源头,这就要求我们在案件的侦查过程中进行深线经营,在获取案件的相关信息和证据的时候,要善于思维拓展和举一反三,甚至不要急于进行抓捕和结案,通过继续跟踪、外围拓展、发展秘密力量深入侦查等方式,将案件经营到最大化和彻底化。

5. 秘密取证

在证据的收集过程中,针对形形色色的案件要采取因地制宜的取证方法。当今是信息、网络爆炸的时代,不光是公安机关连续多年进行信息化建设,犯罪嫌疑人和犯罪团伙的犯罪手段的科技含量也逐步提高,所以在案件的调查过程中,秘密取证将会是我们经常运用的方式。秘密取证通常分为两方面:一是在取证的手段上采取秘密的方式,如简单的密听、密录到高端的监听、卫星定位、活体筛选等方式,都能在秘密的情况下获取最直接的信息和证据;二是在取证的操作方式上采取秘密的方法,如在取证的过程中进行必要的乔装和低调进行,防止惊动犯罪嫌疑人,或者利用刑事特情、灰色力量,甚至派遣卧底侦查余案在秘密、隐蔽的情况下获取有价值的证据。

6. 讯问犯罪嫌疑人

通过讯问犯罪嫌疑人获取证据。讯问犯罪嫌疑人可以获取犯罪嫌疑人的供述和辩解,通过查证可以作为法定的证据。根据犯罪嫌疑人的供述可以发现新的证据和线索,同时与其他的书证、物证材料、证人证言之间相互印证,强化证据的证明力。在讯问中要做到侦审结合、审调结合,不断获得新的证据,拓宽侦查渠道,推动侦查开展。

(二) 证据规格

1. 主体方面的证据

本罪是一般主体,自然人和单位都可以构成走私珍贵动物、珍贵动物制品的犯罪主体。如果是自然人犯罪其主体方面的证据应当包括户口簿、居民身份证、户口底卡、工作证,犯罪嫌疑人所在地派出所记录的犯罪嫌疑人有关前科劣迹材料,犯罪嫌疑人精神状态的鉴定意见,同案人员的供述材料。

如果是单位犯罪,具体应取得的证据包括:(1)单位的营业执照、税务登记证、银行账号证明、工商注册登记资料等;(2)直接负责的主管人员和其他直接责任人员的身份证明,包括法定代表人、实际投资者、实际经营决策者、财务主管、财务会计人员、业务人员等人员的户口簿、居民身份证、户口底卡、工作证、护照或者其他有效证件;(3)已核实的单位基本情况,即由工商、税务部门出具的有关公司企业是否存在,以及经营监管方面情况的证明。

2. 主观方面的证据

主要是证明犯罪嫌疑人是否有走私珍贵动物、珍贵动物制品罪的故意的证据,包括犯罪嫌疑人的供述与辩解,证人证言,犯罪嫌疑人走私珍贵动物、珍贵动物制品行为中使用的隐蔽、防护等反侦查手段的物证等。

3. 客观方面的证据

(1) 报案记录、行政案件移送证明及其他受案记录。

(2) 现场勘查提取的珍贵动物、珍贵动物制品等物证,办理的扣押证明。

(3) 控制现场时记录的摄像拍照以及其他视听资料。

(4) 对走私珍贵动物、珍贵动物制品进行检验检测的鉴定意见。

(5) 询问证人的询问笔录,讯问犯罪嫌疑人的讯问笔录。

(6) 其他根据具体案情必须调取的证据。

二十九、走私国家禁止进出口的货物、物品案件的侦查

(一) 侦查要领

1. 选择侦查途径

走私国家禁止进出口的货物、物品犯罪案件的侦查途径的选择,必须在认真分析案情的基础上,根据案情和走私国家禁止进出口的货物、物品犯罪活动的特点加以选择。

(1)"从人查货"的侦查途径。"从人查获"的侦查途径,就是从秘密监控嫌疑对象入手,将走私犯罪嫌疑人的活动及其交往人员纳入侦查视野,以便从中发现赃物、赃款。这种侦查途径的选择和实施,是以海关缉私部门获取的走私国家禁止进出口的货物、物品犯罪活动情报和日常工作中发现的走私国家禁止进出口的货物、物品犯罪线索为基础的。国内外的缉私实践证明:有无情报网,事关海关缉私部门能否掌握侦查走私案件的主动权。在境内外建立秘密侦查力量是获取走私国家禁止进出口的货物、物品犯罪活动情报的基础,而加强情报工作不仅是控制走私国家禁止进出口的货物、物品犯罪人员和走私国家禁止进出口的货物、物品犯罪动态的关键性措施,也是实施"从人查获"的侦查途径,破获重大走私国家禁止进出口的货物、物品犯罪集团案件和走私国家禁止进出口的货物、物品犯罪预谋案件的重要手段。

(2)"从货到人"的侦查途径。有赃物可查,是走私国家禁止进出口的货物、物品犯罪案件的特点之一。由于走私国家禁止进出口的货物、物品犯罪分子的根本目的是牟取暴利,所以无论他们在何时、何地、采用何种手段走私都离不开与大量的国家禁止进出口的货物、物品、赃款打交道。这些走私物品和赃款在筹集、转运、交易、隐藏、销售的整个犯罪活动中,难免会暴露其蛛丝马迹而被群众所察觉。侦查中,"从货查人"的侦查途径,是指一旦发现了走私国家禁止进出口的货物、物品犯罪的赃款、赃物,海关缉私部门就可通过钱物去查找有关的人员(窝主、经销者、贩运者),进而查获地下运输线、窝点以及走私犯罪分子。查获的国家禁止进出口的货物、物品和赃款自然也成为侦破走私国家禁止进出口货物、物品犯罪案件的有力证据。

(3)"立体巡查"的侦查途径。走私国家禁止进出口的货物、物品出入境渠道的多样性,是走私国家禁止进出口货物、物品犯罪案件的显著特点之一。当前走私的主要渠道有:海上走私、陆地走私和航空走私。"立体巡查"的侦查途径就是针对国家禁止进出口的货物、物品通过海、陆、空渠道进出境的特点,通过控制陆地重点区域,加强海上、空中巡逻查缉来达到取证破案、缉捕走私国家禁止进出口的货物、物品犯罪分子的目的。首先,要控制陆地重点区域。所谓的"重点区域",是指各出入境口岸,保税区,陆路边境,沿海地带,国家禁止进出口的货物、物品交易市场等走私国家禁止进出口的货物、物品犯罪活动频繁、猖獗的区域。

2. 对走私国家禁止进出口的货物、物品现场进行勘查

虽然走私国家禁止进出口的货物、物品现场勘查的条件较差,但海关缉私人员若能及时、细致、全面地进行勘查还是能够发现侦查线索和证据的,因此,要提高对现场勘查工作的重视程度。与此同时,对于能够提供走私国家禁止进出口的货物、物品犯罪线索和证据材料的知情人员、海关工作人员、边卡工作人员、运输人员等要进行调查询问,以期尽早发现案件线索,化解侦查僵局,推动案件侦查工

作的进程。

3. 对走私的国家禁止进出口的货物、物品进行技术鉴定

侦查走私国家禁止进出口的货物、物品犯罪案件，要充分发挥科学技术的作用，扩大收取证据的范围。对于查获的被走私分子伪装过的名贵药材（如冬虫夏草）和珍稀植物（如檀香紫檀），需要及时做生物技术检验认定其名称及真伪。对于侦查走私国家禁止进出口的货物、物品案件中获取的货币、票据、文件、身份证、护照、签证等，需要通过物理、化学和笔迹检验等确定其真伪，确定有关文书的书写人、制作人，结合案件的实际情况，确定其是否为犯罪嫌疑人。

4. 讯问走私的国家禁止进出口的货物、物品的犯罪嫌疑人

不少走私国家禁止进出口的货物、物品犯罪集团案件是通过讯问犯罪嫌疑人才得以侦破的。鉴于走私国家禁止进出口的货物、物品案件绝大多数都属于结伙和集团犯罪性质，海关缉私人员，应根据这一特点，重视对犯罪嫌疑人的取证工作。

凡是查获的走私国家禁止进出口的货物、物品犯罪嫌疑人，无论其来自境内或境外，都应依法对其进行讯问。在审讯策略上，应先讯问境内走私国家禁止进出口的货物、物品犯罪分子，在境内的走私分子中又应当先讯问那些初犯、偶犯、从犯等团伙成员，主犯人身形象及其特点，组织结构，关系网络，走私渠道，惯用的作案手段，接头暗号，运输、通信、武器装备等内容。由于境外的走私分子多数是走私国家禁止进出口的货物、物品犯罪集团的主犯或黑社会组织成员，犯罪经验比较丰富，即使他们在走私现场被人赃俱获，但其面临讯问时，一般也不会轻易坦白交代其走私集团的内幕和后台。讯问具有反审讯经验的走私犯罪嫌疑人，一方面，对其进行政策、法律教育；另一方面，还应适当利用物证、同案犯的口供，善于利用矛盾，有针对性地突破其侥幸的心理防线，瓦解其思想，促使其交代走私国家禁止进出口的货物、物品的犯罪行为。

（二）证据规格

1. 主体方面的证据

本罪是一般主体，自然人和单位都可以构成走私国家禁止进出口的货物、物品的犯罪主体。如果是自然人犯罪其主体方面的证据应当包括户口簿、居民身份证、户口底卡、工作证，犯罪嫌疑人所在地派出所记录的犯罪嫌疑人有关前科劣迹材料，犯罪嫌疑人精神状态的鉴定意见，同案人员的供述材料。

如果是单位犯罪，具体应取得的证据包括：（1）单位的营业执照、税务登记证、银行账号证明、工商注册登记资料等；（2）直接负责的主管人员和其他直接责任人员的身份证明，包括法定代表人、实际投资者、实际经营决策者、财务主管、财务会计人员、业务人员等人员的户口簿、居民身份证、户口底卡、工作证、护照或者其他有效证件；（3）已核实的单位基本情况，即由工商、税务部门出具的有关公司

企业是否存在,以及经营监管方面情况的证明。

2. 主观方面的证据

主要是证明犯罪嫌疑人是否有走私国家禁止进出口的货物、物品罪的故意的证据,包括犯罪嫌疑人的供述与辩解,证人证言,犯罪嫌疑人走私国家禁止进出口的货物、物品行为中使用的隐蔽、防护等反侦查手段的物证等。

3. 客观方面的证据

(1) 报案记录、行政案件移送证明及其他受案记录。

(2) 现场勘查提取的国家禁止进出口的货物、物品等物证,办理的扣押证明。

(3) 控制现场时记录的摄像拍照以及其他视听资料。

(4) 对走私国家禁止进出口的货物、物品进行检验检测的鉴定意见。

(5) 询问证人的询问笔录,讯问犯罪嫌疑人的讯问笔录。

(6) 其他根据具体案情必须调取的证据。

三十、走私淫秽物品案件的侦查

(一) 侦查要领

1. 选择侦查途径

侦办走私淫秽物品犯罪案件,应根据走私渠道、走私方式的不同,选择适当的侦查途径。

(1) 对隐藏、夹带方式走私淫秽物品的侦查途径。从当前走私淫秽物品的方式来看,对海关进行虚假申报,将走私的淫秽物品进行伪装或者藏匿在合法进出口的普通货物中,从而将淫秽物品运输、携带进出境,是比较常见的走私方式。对于此种走私行为,侦查人员在接到报案后,应迅速赶赴现场展开侦查工作,通过细致的搜查,查获犯罪嫌疑人用于藏匿淫秽物品的器具、包装材料,尤其是对于为藏匿淫秽物品而精心改装的运输工具等而形成的痕迹要进行固定取证;同时,应及时控制走私嫌疑人员,迅速展开询问、调查工作,通过查明藏匿淫秽物品的此批次货物的实际拥有人或控制人,最终找到实施瞒报、藏匿走私淫秽物品的犯罪嫌疑人,对犯罪嫌疑人及时组织、实施抓捕,抓捕后及时开展讯问工作。

(2) 通过邮寄方式走私淫秽物品的侦查途径。随着我国对外开放程度的不断提高,国际邮递业务迅速发展,也给走私淫秽物品的犯罪分子提供了便利渠道,有的淫秽物品以电子存储介质为载体,具有体积小的便利条件,因此犯罪分子往往选择通过邮寄的方式实施走私行为。对于此种途径的走私行为,侦查人员应对邮件进行仔细检查,查明邮件内走私淫秽物品的种类、数量,提取走私人留在物品包装物上的指纹;认真分析邮寄物品的申报单。从寄件人地址、姓名和收件人地址、姓名及邮寄物品等方面综合分析,找出犯罪线索,寻找犯罪嫌疑人,查明走私犯罪事实。对于邮寄进境的淫秽物品邮件,犯罪分子所填写的收件人地址、姓名一般是真实的,侦查人员可以根据获得的地址和姓名信息对犯罪嫌疑人展开侦查工作,等境内犯罪嫌疑人收取邮件时,可实施控制下交付手段,实现人赃并获。

(3) 对于绕关走私淫秽物品的侦查途径。所谓绕关走私,是指利用边境陆路接壤地带或界河、界湖等天然条件,避开设关口岸、通道,直接将淫秽物品运输进出境的行为。不同于前述两种走私方式,绕关走私避开了海关、边境哨卡,从而避免了直接结束相关检查的环节,对于以绕关走私的方式走私淫秽物品的犯罪行为,应重视主动预防工作。

2. 查缉走私的淫秽物品

公安机关侦查部门协助海关对进出海关的货物检查,查获走私的淫秽物品。走私淫秽物品的犯罪活动往往对走私的淫秽物品进行巧妙伪装,如走私的淫秽图片用绘有正常图案的包装盒精心包装,走私的淫秽光盘隐藏在其他正常货物当中,犯罪嫌疑人为了逃避打击,在运输淫秽物品的过程中采取人、货分离的办法。根据走私淫秽物品犯罪主要通过夹带、隐藏方式的特点,公安机关侦查人员应加强对进出境运输工具和运输货物的检查力度,运用搜查等侦查措施及时发现用于走私的淫秽物品。

3. 控制淫秽物品的特定市场

犯罪嫌疑人从境外运送、携带进境的淫秽物品,除少数用于自己观看、使用外,大多用于传播或者销售牟利,走私的淫秽物品通常通过特定市场进行销售,侦查人员应对于这些特定市场加强监视,有重点地进行侦查,审查淫秽物品的来源,查获走私犯罪分子。

4. 进行技术鉴定

侦查走私淫秽物品犯罪案件,要充分发挥科学技术的作用,扩大收取证据的范围。对于查获的被犯罪分子伪装的淫秽物品,组织人力进行性质鉴定,以确定是否属于淫秽物品。对于走私淫秽物品犯罪案件中涉及的票据、文件、身份证、护照、货币等运用紫外、红光、光谱分析等方法,鉴别其真伪,确定其伪造的事实和方法;通过笔迹鉴定,确定因走私活动涉及的书写文书和书写人。

5. 讯问犯罪嫌疑人

对于重大的或者经常性的走私淫秽物品的犯罪行为,通常为多人配合作案,这些人员对于国外的货源、国内销售渠道等具有较为丰富的经验,同时,具有一定反侦查能力,这些人员在被公安机关查获后,在审讯中往往不肯彻底交代罪行,尤其是不交代走私淫秽物品的主观故意和用以传播或者牟利的目的。因此,在讯问这些犯罪嫌疑人时,要巧妙运用策略,特别是讯问集团犯罪案件时,要攻其薄弱环节,进行分化瓦解,采用各个击破的方法获取口供。讯问中要做到侦据结合,审调结合,分段获取新的证据,及时破案。

（二）证据规格

1. 主体方面的证据

犯罪嫌疑人为自然人的，证据应当包括：户口簿、居民身份证、户口底卡、工作证、护照及其他有效证件；犯罪嫌疑人所在地派出所记录的犯罪嫌疑人有关前科劣迹的材料。一般情况下，根据犯罪嫌疑人的有效身份证件证明犯罪嫌疑人达到刑事责任年龄，如果犯罪嫌疑人主张自己未达到刑事责任年龄，侦查机关应当提出以下证据：犯罪嫌疑人父母、周围邻居、老师、同学、朋友的证言；犯罪嫌疑人父母做绝育手术的证明以及犯罪嫌疑人兄弟姐妹的户籍证明、身份证、护照等。

能够证明犯罪嫌疑人达到刑事责任年龄即可认为其具有刑事责任能力，但犯罪嫌疑人主张自己不具备刑事责任能力的，侦查机关还要提供以下证据：精神状态的鉴定意见；犯罪嫌疑人父母、老师、同学、朋友、周围邻居对犯罪嫌疑人行为能力评价的证人证言。

同时，还要注意犯罪嫌疑人是否具有特殊政治身份的证据。

犯罪嫌疑人为单位的，证据应包括：企业营业执照、企业组织机构代码证、个体工商户营业执照、企业登记档案、税务登记证、银行账号证明、企业文件等。

2. 客观方面的证据

（1）通过对犯罪嫌疑人走私的货物、物品、夹藏工具、邮寄包裹、运输工具、藏匿地点、存储介质等进行勘验、检查，形成勘验笔录。

（2）通过勘验、检查，获取犯罪嫌疑人运送的淫秽物品的内容、种类、数量的证据材料。

（3）获取犯罪嫌疑人用于走私淫秽物品往来账目的证据材料。

（4）利用扣押措施，扣押犯罪嫌疑人走私的淫秽物品、存储介质、运输工具等关键证物；扣押犯罪嫌疑人用于走私淫秽物品形成的各类账目、票据等关键书证，如报关单、报价单、合同、发票、单据、业务函电等。

（5）对扣押的淫秽物品按照程序规定进行鉴定；走私物品的数量、非法所得数额等进行司法会计鉴定。

（6）通过询问证人获取询问笔录。主要询问犯罪嫌疑人走私货物的品名、数量、来源、走私方式、销售渠道、查封经过、走私犯罪集团内部的人数及分工情况等。

（7）讯问犯罪嫌疑人获取口供。主要讯问犯罪嫌疑人走私淫秽物品的数量、种类、次数、途径、目的、用途、购买价格、犯罪团伙的人数、分工等情况。

三十一、走私废物犯罪案件的侦查

(一) 侦查要领

1. 选择侦查途径

走私废物犯罪案件的侦查途径应围绕走私废物犯罪案件线索和犯罪手段来选择。通常有以下几种:

(1) 从走私废物犯罪信息情报入手开展侦查。随着信息化时代的到来和犯罪形势的日益严峻,信息情报工作在各类案件侦破中的关键作用日益凸显,尤其是在走私废物犯罪这种有预谋、有组织、跨度大的犯罪案件中,信息情报的作用更是不容忽视。走私废物犯罪信息情报传递及时,能使缉私侦查部门做到耳聪目明、及时发现、迅速反应,从而破获案件,极大提高走私废物案件的侦查效率。此外,分析利用情报信息,可以有针对性地采取侦查谋略和侦查措施,有利于科学决策和预测,使侦查部门掌握侦查的主动权。

(2) 从发现走私的废物入手开展侦查。有进境的废物可查是走私废物犯罪案件侦查的特点之一。走私废物犯罪的目的是利用走私废物获取高额利润,因此,走私废物罪的标的物是整个核心,查获走私废物也就成为侦查工作的切入点和重点。通过查获伪报隐匿的走私废物,可以顺线查找有关的人员,如进口商、代理商、经销商等,进而查获走私犯罪分子。同时查获的走私废物也是证实走私犯罪的重要证据。走私犯罪分子在废物进境、转运、仓储、报关、销售等各个环节中,难免会暴露出蛛丝马迹,侦查部门可以对可能存在走私行为的各个环节,对可能出现走私废物的关卡、重点区域加大查缉力度,从中发现可疑情况,顺线开展侦查。例如,可以通过对进出海关的货物仔细查验,重点对装运货物的集装箱内部货物的外包装、摆放位置、品名、数量、货物种类、货物性质等进行查验和开展调查,搜寻走私废物的痕迹、物证。侦查人员还可以对无主货物的有关单据、承运公司进行核查,缩小侦查范围,查找、发现和确定犯罪嫌疑人。

(3) 从审查许可证等证明文件入手开展侦查。我国实行严格的废物进口管理制度。对禁止进口的废物,任何单位和个人都不准从事进口及其他经营活动。对国家允许作为再生资源使用的进口固体废物实行限制进口和自动许可进口制度。进境废物的主管部门包括环境保护部、商务部、海关总署和国家质检总局。环境保护部是进口废物的主管部门,其职责是会同有关部门制定进口固体废物各项管理规定,制定、调整并公布禁止进口、限制进口和自动许可进口的固体废物目录,签发"固体废物进口许可证",制定进口固体废物环境管理标准等,并对进口固体废物进行国内监管。商务部重点对自动进口许可类进口废物实行备案管理,加强进口监测。国家质检总局统一管理进口固体废物的检验检疫工作,对进口废物境外供货企业以及国内收货人进行注册或登记管理,对允许进口的固体废物进行装船前检验,口岸检验检疫部门对进口废物进行检验(以上检验主要是按照中国环境控制标准等进行),凡经检验合格的进口固体废物,签发"入境货物通关单"。海关验核"固体废物进口许可证""入境货物通关单"等证件,按规定办理固体废物进口征税验放手续。侦查部门要对拥有"固体废物进口许可证"的企业进行风险排查,对许可证审批的进口废物的具体种类、名称、海关商品编码及数量进行查证;对相关合同、发票、装箱单等票据审查是否伪造,同时将上述票据与许可证一一核对,发现矛盾和不一致的地方,然后顺线查走私废物流向。通过"借证走私"的走私方式非常隐蔽,海关很难从货物代理公司提供的报关手续中发现走私动向,因为货代报关时所拿资料是有进口许可证资质企业的手续,且海关通过正常的"验单验货"查验也不容易发现问题,这也是很多货物代理公司能够钻空子的原因。因此,侦查人员需要花费更多的精力,多方摸排废物流向,以获取更多线索。

2. 查缉走私废物

走私废物犯罪案件中的废物是该类案件的首要证据,因此,加大查缉力度,尽可能地缉查走私进境的废物,不仅是重要的侦查途径,也是必不可少的侦查措施。一是严密监视和控制进境通关的货物,如利用仪器设备进行检查查验,从中发现藏匿的废物。二是通过守候监控重点企业对有关企业适时进行风险研判,查缉废物进境利用情况。三是对走私的各种运输渠道进行全方位的动态查缉,要对一切可能的运输渠道,重点高发的区域严密监控,采取海、陆、空立体式的动态查缉。

3. 现场勘查取证

走私废物案件犯罪现场,是走私分子实施走私犯罪的地点或场所,遗留有与犯罪有关的痕迹或者物证、书证,隐含大量走私犯罪信息。废物走私犯罪现场,主要是指放置走私废物处所,还包括其他与走私犯罪活动相关的处所,如制作、存放与走私废物有关的账册以及其他单据的地方。现场勘查是发现侦查线索、收集犯罪证据的重要手段。现场勘查包括实地勘验和现场访问。实地勘验首先要进行现场巡视,控制,按照勘验顺序对各种相关的痕迹物证进行提取、固定。勘查中尤其要注意观察货物存放状态的异常点,发现藏匿在普通货物中的废物,获取有价值的物证、书证材料。现场访问主要是对现场周围了解案件情况的人进行访问,获取证人证言。

4. 调查访问取证

调查访问贯穿于侦查活动的始终,是侦查人员向了解案件情况的人获取证人证言,揭露、证实走私犯罪的一项重要取证措施。调查访问的对象主要是走私废物犯罪过程的目击者和知情人。一是广泛走访群众,调查收集群众耳闻目睹的同案件有关的情况和材料,该方法多在侦查初期,尚无特定的对象的情况下进行,其目的是全面收集与案件有关的线索情况。二是调查访问同案件有利害关系的人或知情人,在此过程中注意准确判断其可信程度,对某些重要环节和矛盾之处,要做深入的询问。

5. 进行技术鉴定

走私废物鉴定意见是查办走私废物案件的重要证据之一，是侦查此类案件的必经阶段。不仅要对废物进行技术鉴定，得出鉴定意见。对于侦查走私废物案件中获取的单证、文件等有时需要通过笔迹检验确定其真伪，确定是否伪造及伪造方法，确定有关文书的书写人、制作人。所有文件进行技术鉴定后，要出具鉴定意见，作为证明走私案件的证据材料。

6. 讯问犯罪嫌疑人

讯问犯罪嫌疑人是一种常规的取证措施。通过讯问可以获取犯罪嫌疑人供述和辩解。讯问中要根据走私废物犯罪案件的案情，和针对不同的犯罪嫌疑人制定不同的讯问策略。重点围绕走私废物的来源、去向，走私各个环节的犯罪手段、方式方法以及人员分工、交接联系方式、各个犯罪嫌疑人在走私废物犯罪过程中的行为作用、犯罪嫌疑人的主观认知程度等内容展开讯问。对于走私废物的犯罪团伙，要在讯问中注重深挖其团伙的其他成员情况，组织内部预谋、策划、分工情况，挤清余罪。

讯问犯罪嫌疑人取证，关键是对犯罪嫌疑人供述和辩解的查证核实。犯罪嫌疑人为了逃避法律惩罚，往往存在侥幸心理，避重就轻，趋利避害，企图蒙混过关，因此其供述与辩解往往有真有假，侦查人员要特别注意对其供述和辩解进行全面细致的审查判断，掌握其心理状态，发现矛盾，利用矛盾，将讯问和查证同时进行，保证其供述真实可靠。需要注意的是，在讯问中，不仅要手机犯罪嫌疑人的有罪陈述，还要注意其无罪和罪轻的辩解。

（二）证据规格

1. 主体方面的证据

本罪是一般主体，自然人和单位都可以构成走私废物罪的犯罪主体。如果是自然人犯罪其主体方面的证据应当包括户口簿、居民身份证、户口底卡、工作证，犯罪嫌疑人所在地派出所记录的犯罪嫌疑人有关前科劣迹材料，犯罪嫌疑人精神状态的鉴定意见，同案人员的供述材料。

如果是单位犯罪，具体应取得的证据包括：(1) 单位的营业执照、税务登记证、银行账号证明、工商注册登记资料等；(2) 直接负责的主管人员和其他直接责任人员的身份证明，包括法定代表人、实际投资者、实际经营决策者、财务主管、财务会计人员、业务人员等人员的户口簿、居民身份证、户口底卡、工作证、护照或者其他有效证件；(3) 已核实的单位基本情况，即由工商、税务部门出具的有关公司企业是否存在以及经营监管方面情况的证明。

2. 主观方面的证据

主要是证明犯罪嫌疑人是否有走私废物罪的故意的证据，包括犯罪嫌疑人的供述与辩解，证人证言，犯罪嫌疑人走私废物行为中使用的隐蔽、防护等反侦查手段的物证等。

3. 客观方面的证据

(1) 报案记录、行政案件移送证明及其他受案记录。

(2) 现场勘查提取的废物等物证，办理的扣押证明。

(3) 控制现场时记录的摄像拍照以及其他视听资料。

(4) 对走私的废物进行检验检测的鉴定意见。

(5) 询问证人的询问笔录，讯问犯罪嫌疑人的讯问笔录。

(6) 其他根据具体案情必须调取的证据。

三十二、走私普通货物、物品案件的侦查

(一) 侦查要领

1. 侦查途径

走私普通货物物品、物品犯罪案件常用的侦查途径大体有以下几种：

(1) 通关类走私首先要从走私商品的品名、数量、价格、参数等入手。此类以偷逃税款为最终目的的犯罪案件，其获利的核心是围绕改变私货的品名、规格、数量、价格、参数、产地、物理、化学属性，最终少缴税款。因此，侦查此类案件的首选途径，就是紧紧围绕上述决定计核走私货物税款的核心参照系来进行综合分析，深入审核，非此即彼，寻找个案规律。

(2) 从走私商品的物流（来源与流向）入手。国际快件走私和水客走私均有一个共同点，即境外货源和境内汇集地相对集中。大量内含走私物品的快件运达国内监管场所后，物流公司一般是通过电话或者电子邮件通知收货人，而大批量、同时承运的快件因为实际上是有一个人或者几个人操作的，所以必然会出现电话或者电子邮件地址相对集中的特点。侦查机关抓住了这一特点就极大地缩小了排查目标范围，明确了侦查方向，同时也固定了客观证据。水客作为走私货物的直接过失承运人，在境外集中分货、装货，化整为零，然后像蚂蚁搬家一样通关，以图分散被查获的风险，过关后必须再化零为整到相对集中的库房交货。对于国际快件走私和水客走私，查获和惩治零散的快件或者个别水客是没有价值的，只有关注两头——源头与流向，方能深挖幕后的组织者，抓住真正的走私集团主犯。

(3) 从走私商品的资金流入手。以谋利为目的的走私普通货物、物品犯罪案件，无论有多少人参与，经过多少复杂的环节，在对外付款环节，一定是相对狭窄的，目标一定集中。由于走私而不可能正常对外付款，就必须选择其他非正常渠道。而走私的标的越大，持续的时间越长，涉案的金额就越大。在走私猖獗的特定地区，地下钱庄的生意也非常兴隆，行规严格，效率甚至高于正规金融机构。在相关证据不足以证明走私获取的相关要素进而无法确定实际成交价时，通过地下

钱庄交付款项数额是走私货物品名、价格、数量、规格等要素的有力佐证。同时，控制付款的人物必是走私共同犯罪嫌疑人中的关键人物，甚至就是首犯。有的走私犯罪集团为了方便付款，会自己操控一个或者数个钱庄，循钱定物、循钱搜人是侦查经济领域犯罪的有效途径。

（4）从重点监管环节入手。在擅自销售类案件中，根据擅自销售保税或特定减免税货物行为发生环节和阶段的不同特点，擅自销售保税或特定减免税货物走私犯罪案件大致分为两种类型：一是货物（或设备）进口不进厂的"飞聊"走私；二是货物（或设备）进厂后伺机倒卖的走私。因此，侦查取证工作应围绕查证擅自销售货物（或设备）的事实展开。根据不同类型案件的实际情况，可选择采取"顺查法"（即从经营或加工单位查到购货单位）和"逆查法"（即从购货单位查到经营加工单位）开展侦查。

2. 现场勘查

基础不牢，地动山摇。作为传统技术手段的现场勘查，仍然具有基础性地位。在信息技术时代，对于传统的犯罪案件侦查有着不可替代的作用。

3. 依法有效利用技侦手段

办理走私普通货物、物品犯罪案件工作中，技术侦查措施适用对象和证据效力的明确，将给打击走私犯罪带来巨大的帮助。重大走私普通货物、物品犯罪案件，应属新《刑事诉讼法》第一百四十八条中规定的"其他严重危害社会的犯罪案件"，可根据侦查犯罪的需要，经过严格的批准手段，可以采取技术侦查措施。并且，走私普通货物、物品犯罪案件还属于涉及给付财物的犯罪活动，可根据侦查犯罪的需要，可以依照规定实施控制下交付。

4. 依法有效利用网侦手段

使走私分子在虚拟和现实空间无所遁形。在技术手段面前，虚拟空间反而比现实空间更易留下人类活动的印迹。走私普通货物、物品犯罪分子不可能不留下任何蛛丝马迹。他们也越来越依赖现代信息技术进行联络，洽谈合同，沟通走私方式和交付事宜，商定走私标的物要素及付款事项等。在计算机时代，文字处理和联络对计算机及其载体的依赖日深，计算机及其载体中的痕迹的恢复与解读成为现代侦查取证的重要领域。

5. 及时固定手机短信、微信，完成电子数据与书面证据的转换

走私分子也依赖于现代通信手段从事非法活动，正常生活越来越离不开手机短信和微信，走私活动的日常联系融于正常生活之中。手机短信和微信发出去的是文本，可以书面形式保存和显示，已有大量案例用短信作为书证，证明相关犯罪事实。同时，微信的音频、视频通信还起到了录音、录像的作用。

6. 积极开展刑事司法协助

侦查机关应该按照有关条约和协议的规定，开展刑事司法协助。虽然这种方

式获得证据适用范围广泛,使用限制较少,但工作成效要取决于我国与境外的国家或地区之间签订的条约或协议,并且受到有关方面法律限制和审批手续繁简的影响。

7. 有效利用国际刑警组织渠道

国际刑警组织的国际合作中的一项重要工作就是证据的收集和送达,在证据收集范围上,除了涉及政治、军事、宗教或种族性质案件的证据不予协助收集外,主要取决于各国法律的规定。

8. 充分利用国际海关合作机制

国际海关合作是国家间海关当局,基于国家间签订的行政互助协定,在情报交换、核查、特别监视、关税计征、代为查缉、特别协助等方面而给予对方海关当局以帮助,共同打击日益猖獗的走私活动。

(二)证据规格

1. 主体方面的证据

走私普通货物、物品犯罪的主体为一般主体,包括自然人和单位。犯罪嫌疑人为自然人的,要有下列证明资料:(1)身份证明资料。包括:内地居民身份证、户口簿、微机户口底卡、居住地证明以及公安部门出具的其他身份证明资料等;港、澳居民身份证、护照、来往内地通行证,台湾居民来往大陆通行证或台湾同胞回乡证、身份证以及居住地证明资料等;外国人护照、出入境证明、在华长期拘留证明以及使领馆出具的身份证明资料等。(2)任职状况的证明资料。所在单位出具的任职、职务范围证明以及任职情况的任免记录、会议纪要等证明资料;报关员证、船员证等专业技术证书;证明任职状况的证人证言,犯罪嫌疑人、被告人供述和辩解;其他证明任职状况的材料。(3)人大代表、政协委员、外交人员等特殊身份的证明材料。(4)证明犯罪嫌疑人、被告人患有严重疾病,正在怀孕或哺乳自己婴儿的妇女,属于又聋又哑盲人、精神病人的有关证明材料。

犯罪主体为单位的,要有下列证明资料:(1)国家机关、事业单位、团体性质的证明文件及法人代码。(2)公司、企业营业执照,法人设定注册登记、法定代表人身份证明、股权构成、出资情况、年审情况,分立、合并、资产重组、吊销、注册、宣告破产等工商注册登记资料。(3)单位内部组成的有关合同、章程、协议书,以及主管单位出具的相关证明。(4)证明境外单位主体资格的资料。(5)证明范围情况的证人证言,犯罪嫌疑人、被告人供述和辩解等其他证据材料。

2. 主观方面的证据

(1)犯罪嫌疑人、被告人的供述和辩解及同案犯的指证。犯罪嫌疑人、被告人关于通过隐瞒、夹藏、伪报、绕关等手段逃避海关监管、检查的动机、目的及预谋的时间、地点、参与人员及其分工、违法所得分配等问题的供述笔录和亲笔供词;其他犯罪嫌疑人、被告人指证该犯罪嫌疑人、被告人走私犯罪的供述。(2)证人证言。海关、边防、工商等执法部门工作人员证言,举报人、运输人、保管人、收购贩卖人等知情人对犯罪嫌疑人、被告人预谋、准备、组织、实施走私行为的证言。(3) 书证、物证。伪造的报关单、商业单证、许可证、纳税单据、财物账册等书证;单位有关负责人签署的文件、单位的财物账目等书证;关于策划、组织、实施走私犯罪的会议记录、工作计划、网络记录、传真信函、手机短信记录、电话记录等书证;改制或特制的车、船等运输工具和特制藏私工具。(4) 其他有助于判断主观故意的证据。阻碍、抗拒海关监管、缉私工作的证据材料;反映主观恶性的有罪判决书、释放证明书、海关行政处罚决定书等前科证明材料。

通过上述证据,证明犯罪嫌疑人、被告人明知或应知应当缴纳关税和其他海关代征税,而希望或放任偷逃应缴税款的危害结果发生的主观心态。

3. 犯罪客观方面的证据

(1) 报案记录、行政案件移送证明及其他受案记录。

(2) 现场勘查提取的废物等物证,办理的扣押证明。

(3) 控制现场时记录的摄像拍照以及其他视听资料。

(4) 对走私的废物进行检验检测的鉴定意见。

(5) 询问证人的询问笔录,讯问犯罪嫌疑人的讯问笔录。

(6) 其他根据具体案情必须调取的证据。

三十三、强迫交易案件的侦查

(一) 侦查要领

1. 访问、了解案件的发生经过

对报案人要详细了解案件发生的经过,情绪激动的要设法使之尽快缓和情绪,如实陈述强迫交易案的前后经过,特别是作案者在实施强买强卖、强迫提供或接受服务的过程中,都实施了哪些威胁、暴力手段,使用了哪些凶器,几人作案,强买强卖何商品,强迫提供或接受何服务,确切地点,知情群众有哪些等。

2. 现场勘查,获取犯罪证据

本案现场勘查应与现场访问同时进行。由于在强迫交易过程中双方短暂接触,可能有讨价还价、叫嚷争吵、威胁、暴力等情节发生,故而现场附近有目睹案件发生过程的知情群众,为在现场勘查的同时进行现场访问提供了可能性。

(1) 现场勘查。现场的勘查重点应主要放在强迫交易或服务的现场中心部位,这里最易于遗留作案人用于威胁、暴力行为的凶器类用品,有进行暴力打斗时遗留的痕迹、血迹,双方遗留于现场的某些物品等等。现场勘查就是要通过勘查提取强迫交易犯罪过程中形成的各种犯罪证据。

(2) 现场访问。对知情群众的访问要及时进行,访问内容应该是作案者的作案部位,作案者的真实身份。是否持照经营,几人作案,帮凶者有谁,是否也有打斗中的受伤及其受伤部位、受伤程度、现在何处、强迫交易服务的品种、类别、近来是否曾发生过,用以查清案情,印证事实,搞清现场遗留物所证实的事实,为下一步的侦查步骤打好基础。

3. 排查嫌疑人

(1) 通过市场内的业户、经常购物的知情者查访作案者的身份。

(2) 通过市场管理部门查找作案者。

(3) 通过调查了解到嫌疑人的体貌特征查找作案者。

(4) 在相关市场、街巷通过巡查辨认查找作案者。

(5) 在案件发生的附近地区通过社区、派出所的查访寻找嫌疑人。

(6) 通过已经查破的案件,处理过的事件等所存档案资料查找嫌疑人。

4. 讯问犯罪嫌疑人

讯问中要搞清如下问题:强迫交易案件发生的时间、地点;是否持照经营,是否发案市场的正规业户;案件发生原因,同伙都是谁;预谋及作案过程,分工如何;是否有前科劣迹,曾犯何罪等等。

(二) 证据规格

1. 主体方面的证据

犯罪嫌疑人为自然人的,证据应当包括户口簿、居民身份证、户口底卡、工作证、护照或者其他有效证件;犯罪嫌疑人所在地派出所记录的犯罪嫌疑人有关前科劣迹材料;犯罪嫌疑人精神状态的鉴定意见;同案人员的供述材料。

犯罪嫌疑人为单位的,具体应取得的证据包括:(1) 单位的营业执照、工商注册登记资料等;(2) 直接负责的主管人员和其他直接责任人员的身份证明,包括法定代表人、实际投资者、实际经营决策者、财务主管、财务会计人员、业务人员等人员的户口簿、居民身份证、户口底卡、工作证、护照或者其他有效证件;(3) 已核实的单位基本情况,即由工商、税务部门出具的有关公司企业是否存在,以及经营监管方面情况的证明。

2. 主观方面的证据

主要是证明犯罪嫌疑人是否有实施犯罪的故意的证据,包括犯罪嫌疑人对不愿意买卖商品或者提供、接受服务的受害人实施强制交易的物证和知情人证明;受害人在强买商品、强卖商品、强迫他人提供服务、强迫他人接受服务犯罪过程中与嫌疑人交涉、事后向有关主管部门报案的陈述;犯罪嫌疑人的供述与辩解;证人证言等。

3. 客观方面的证据

(1) 报案记录、行政案件移送证明及其他受案记录。

(2) 现场勘查或者进行搜查时提取的低价购买、高价出卖、提供低价服务、要求他人接受高价服务等行为的物证材料、票据凭证等书证材料,需要扣押的,出具

《扣押清单》。

(3) 对强迫交易现场、受害人人身伤害所作的摄像拍照视听资料。

(4) 对涉嫌的商品价值和服务价格以及人身伤害进行鉴定的鉴定意见。

(5) 询问证人的询问笔录,讯问犯罪嫌疑人的讯问笔录。

(6) 其他必须调取的证据。

三十四、故意杀人案件的侦查

(一) 侦查要领

1. 现场勘查、收集现场信息

杀人案件与其他刑事案件相比,现场上的痕迹、物证不仅数量多,而且可利用价值大。在现场上有被害人的尸体、血迹存在,也有其他能够反映犯罪行为的痕迹、物证。勘查杀人现场,不仅是收集证据的重要手段,也是判断案件性质、划定侦查范围、确定侦查方向的客观依据,是侦破杀人案件的重要基础。尽管许多犯罪嫌疑人试图破坏现场,消除犯罪痕迹,例如,发生在船上的杀人案件,犯罪嫌疑人为了毁尸灭迹,很可能将尸体扔入海中。但又会在现场上留下新的破坏痕迹,只要认真勘查,深入走访,就能发现与犯罪有关的线索,查明案件真相。

现场勘查从以下几个方面展开:

(1) 寻找发现杀人凶器和物品。根据伤痕特征和死亡原因判断凶器及杀人物品种类,并注意在现场尽可能寻找此类物品。从尸体附近的处所发现致伤、致死的工具物品,对工具物品上黏附的毛发、血迹、人体组织、指印等痕迹物质仔细研究和妥善提取与保存。

(2) 寻找、发现其他痕迹、物品。对于犯罪嫌疑人遗留在现场上的衣帽、鞋袜、手套、包装物、捆绑物等,可以利用其特征为侦查办案提供线索。从犯罪嫌疑人可能接触过的客体上和到过的部位发现并提取手印、足迹、枪弹等痕迹。

(3) 对现场外围的勘验、搜索。重要是对犯罪嫌疑人来去路线的勘验,寻找丢弃在现场周围与案件有关的痕迹物证,如作案工具、擦拭血迹的物品、交通工具等。

在收集上述现场信息的同时,要特别注意根据尸体状态、血迹分布,尸体、血迹与现场环境及其他痕迹、物证之间的关系,分析研究其形成的原因,从而分析判断案情。

2. 无尸体杀人案件的侦查方法

在海上发生的杀人案件,犯罪嫌疑人一般都会通过将尸体沉入海中而达到掩盖犯罪事实的目的。这就需要海警人员熟练掌握无尸体杀人案件的侦查方法。

(1) 详细了解失踪人的情况,对失踪人的调查重点在于了解以下情况:失踪的时间、场所;最后的去向和接触的人;对失踪人的寻找经过及结果,发现了什么疑点。失踪人的情况包括：姓名、年龄等相貌特征；失踪时的衣着、装饰物特征；携带物品的特征和钱财数量，失踪人一贯的行为表现，外出后的活动习惯；近期有无反常表现；失踪人与他人的交往情况，有何矛盾冲突或者经济纠葛，失踪前来往密切的人有哪些。

（2）分析失踪人遗留的信息。要仔细阅读失踪人的来往书信、记事本，手机电话、手机、网络等信息，逐一了解失踪人失踪之前参与的活动情况或者来往人员。

（3）向有关地区发协查通告。根据失踪人失踪前节能的去向，可以向有关公安机关发协查通告，请求帮助寻找。同时还要注意核对有关地区发放的认尸启示，分析尸体特征与失踪人有无相似之处。也可以派人到失踪地展开调查，寻找侦查线索。

3. 运用视频资料

随着科技的进步和视频监控系统的普及，视频侦查已经逐步成为杀人案件侦查中的常用措施，视频监控能直接或间接地记录过程，发现犯罪嫌疑人的行动路线、逃跑方向和可能的落脚点区域，明晰犯罪嫌疑人的体貌特征、语音等身份特征，提供手机通话、进入特定场所等可供深查的侦查渠道，有助于快速有效地确定侦查方向、范围，及早发现、锁定犯罪嫌疑人。

4. 摸底排队、排查犯罪嫌疑人

杀人案件后果严重，传播速度快，容易引起群众的关注，这是获得侦查线索的有利条件。在划定的侦查范围内，根据案情分析所刻画的犯罪嫌疑人特点与条件，从体貌特征、身份职业、作案动机、作案时间、犯罪技能、痕迹物证、伤痕血迹等方面开展摸排调查工作，筛选出符合条件的嫌疑对象，排查出重点犯罪嫌疑人。

（二）证据规格

1. 主体方面的证据

本罪主体为一般主体，证据应当包括户口簿、居民身份证、户口底卡、工作证、护照或者其他有效证件；犯罪嫌疑人所在地派出所记录的犯罪嫌疑人有关前科劣迹材料；犯罪嫌疑人精神状态的鉴定意见；同案人员的供述材料；认定年龄的证据材料。

2. 主观方面的证据

主要是证明犯罪嫌疑人行为目的的相关证据。

3. 客观方面的证据

（1）报案记录、行政案件移送证明及其他受案记录。

（2）证明犯罪嫌疑人实施杀人犯罪过程的相关证据，包括证人证言、犯罪嫌疑人供述与辩解、物证及其鉴定意见、法医鉴定意见等。

（3）侦查过程中所收集的视听资料。

(4) 对涉嫌物品进行检验检测的鉴定意见。

(5) 询问知情人、证人的询问笔录,讯问犯罪嫌疑人的讯问笔录。

(6) 其他必须调取的证据。

三十五、过失致人死亡案件的侦查

(一) 侦查要领

1. 现场勘查、收集现场信息

过失致人死亡案件与其他刑事案件相比,现场上的痕迹、物证不仅数量多,而且可利用价值大。在现场上可能有被害人的尸体、血迹存在,也有其他能够反映犯罪行为的痕迹、物证。勘查犯罪现场,不仅是收集证据的重要手段,也是判断案件性质、划定侦查范围、确定侦查方向的客观依据,是侦破过失杀人案件的重要基础。尽管许多犯罪嫌疑人试图破坏现场,消除犯罪痕迹,例如,发生在船上的杀人案件,犯罪嫌疑人为了毁尸灭迹,很可能将尸体扔入海中。但又会在现场上留下新的破坏痕迹,只要认真勘查,深入走访,就能发现与犯罪有关的线索,查明案件真相。现场勘查从以下几个方面展开:

(1) 寻找发现使用的凶器和物品。根据伤痕特征和死亡原因判断凶器及物品种类,并注意在现场尽可能寻找此类物品。从尸体附近的处所发现致伤、致死的工具物品,对工具物品上黏附的毛发、血迹、人体组织、指印等痕迹物质仔细研究和妥善提取与保存。

(2) 寻找、发现其他痕迹、物品。对于犯罪嫌疑人遗留在现场上的衣帽、鞋袜、手套、包装物、捆绑物等,可以利用其特征为侦查办案提供线索。从犯罪嫌疑人可能接触过的物体上和到过的部位发现并提取手印、足迹、枪弹等痕迹。

(3) 对现场外围的勘验、搜索。重要是对犯罪嫌疑人来去路线的勘验,寻找丢弃在现场周围与案件有关的痕迹物证,如作案工具、擦拭血迹的物品、交通工具等。

在收集上述现场信息的同时,要特别注意根据尸体状态、血迹分布,尸体、血迹与现场环境及其他痕迹、物证之间的关系,分析研究其形成的原因,从而分析判断案情。

2. 运用视频资料

随着科技的进步和视频监控系统的普及,视频侦查已经逐步成为案件侦查中的常用措施,视频监控能直接或间接地记录过程,发现犯罪嫌疑人的行动路线、逃跑方向和可能的落脚点区域,明晰犯罪嫌疑人的体貌特征、语音等身份特征,提供手机通话、进入特定场所等可供深查的侦查渠道,有助于快速有效地确定侦查方向、范围,及早发现、锁定犯罪嫌疑人。

3. 摸底排队、排查犯罪嫌疑人

过失致人案件后果严重,传播速度快,容易引起群众的关注,这是获得侦查线索的有利条件。在划定的侦查范围内,根据案情分析所刻画的犯罪嫌疑人特点与条件,从体貌特征、身份职业、作案动机、作案时间、犯罪技能、痕迹物证、伤痕血迹等方面开展摸排调查工作,筛选出符合条件的嫌疑对象,排查出重点犯罪嫌疑人。

4. 讯问犯罪嫌疑人

对于过失致人死亡的案件,要有足够的证据来证明犯罪嫌疑人对造成被害人死亡的结果具有过失的主观心理态度,但是不能因为犯罪嫌疑人声称自己是过失的,就按照过失处理,还应当根据被害人受伤的部位,刀口的深浅,死亡的原因等鉴定意见,以及其他证人证言、视听资料等证据综合证明。

(二)证据规格

1. 主体方面的证据

本罪主体为一般主体,证据应当包括户口簿、居民身份证、户口底卡、工作证、护照或者其他有效证件;犯罪嫌疑人所在地派出所记录的犯罪嫌疑人有关前科劣迹材料;犯罪嫌疑人精神状态的鉴定意见;同案人员的供述材料;认定年龄的证据材料。

2. 主观方面的证据

主要是证明犯罪嫌疑人对死亡结果具有过失的相关证据

3. 客观方面的证据

(1)报案记录、行政案件移送证明及其他受案记录。

(2)证明犯罪嫌疑人实施犯罪过程的相关证据,包括证人证言、犯罪嫌疑人供述与辩解、物证及其鉴定意见、法医鉴定意见等。

(3)侦查过程中所收集的视听资料。

(4)对被害尸体进行检验检测的鉴定意见。

(5)询问知情人、证人的询问笔录,讯问犯罪嫌疑人的讯问笔录。

(6)其他必须调取的证据。

三十六、故意伤害案件的侦查

(一)侦查要领

1. 进行立案

对轻伤以上的,或者伤情鉴定结论暂时难以做出,但经过初步检查分析明显属于轻伤范围或者轻伤范围以上的案件,应在24小时立案侦查。对伤情鉴定结论暂时难以做出,经初步检查分析可能属于轻微伤及以下的案件,应在72小时内立为行政案件进行调查,如最终伤势鉴定为轻伤以上的,自出具伤势鉴定结果之日起立刑事案件办理。

2. 收取证据方法

（1）讯问报警人、受害人。了解犯罪嫌疑人的姓名、性别、年龄、身高、体态等有关情况，案发的时间、地点、原因、经过，作案工具、方式、伤情等，并制作讯问笔录。受害人伤情严重的，条件允许时首先立即询问，必要时录音、录像。

（2）讯问证人。现场走访，寻找目击者、知情人，了解案发时间、地点、经过，犯罪嫌疑人基本情况和作案工具、方式等，双方当事人所处的位置、实施伤害行为的先后顺序、证人所处位置，与受害人、嫌疑人是否相识等，案发前后是否发现可疑人、可疑事等，并制作询问笔录。现场来不及制作笔录的，应当登记证人的姓名、住址、单位、联系方式等基本情况。

（3）勘验，检查现场。对可能构成轻伤以上的伤害案件，应当及时进行现场勘验、检查。

（4）拍照、录像。救治伤员时，应当先行对现场情况和受害人的伤情进行拍照、录像，及时固定证据。必要时，告知受害人作伤情鉴定。

（5）提取和保存物证。对现场遗留的凶器、血衣、血手印、血泊等痕迹、物证，应当分别进行保管，包括被害人身上的衣服都要收集保管。

3. 深入群众，排查嫌疑对象

（1）从因果关系入手。侦查时要注意从现场勘查、现场访问，特别是受害人那里了解有关的因果关系情况，如经济关系、婚恋纠纷、利害冲突等，围绕这些关系进行调查，发现犯罪嫌疑人。

（2）从作案的工具入手。采用这种途径主要是通过现场勘查、访问、伤检等确定犯罪嫌疑人在伤害案件使用的行凶工具。侦查中注意分析判断工具的来源、使用等情况。

（3）从犯罪嫌疑人的特征入手。从暴露出来的犯罪嫌疑人的面貌特征、职业特征、外伤特征等入手进行侦查。例如，根据现场勘查和访问，判断犯罪嫌疑人受伤的种类、部位、伤势程度、血迹多少等特征，布置医院、卫生所、诊疗室等医疗卫生部门，从控制治疗不明外伤的人员入手，或深入调查摸底，发现带伤、带血潜逃的犯罪嫌疑人。

（二）证据规格

1. 主体方面的证据

本罪主体为一般主体，证据应当包括户口簿、居民身份证、户口底卡、工作证、护照或者其他有效证件；犯罪嫌疑人所在地派出所记录的犯罪嫌疑人有关前科劣迹材料；犯罪嫌疑人精神状态的鉴定意见；同案人员的供述材料；认定年龄的证据材料。

2. 主观方面的证据

主要是证明犯罪嫌疑人行为目的的相关证据。

3. 客观方面的证据

(1) 报案记录、行政案件移送证明及其他受案记录。

(2) 证明犯罪嫌疑人实施故意伤害犯罪过程的相关证据,包括证人证言、被害人陈述、犯罪嫌疑人供述与辩解、物证及其鉴定意见、法医鉴定意见等。

(3) 证明犯罪嫌疑人损伤程度的相关证据,包括被害人的诊断证明、访问主治医生的询问笔录、法医鉴定意见等。

(4) 其他必须调取的证据。

三十七、抢劫案件的侦查

(一) 侦查要领

1. 追缉堵截

对报案及时的抢劫案件,在现场勘查的同时,应根据案件的具体情况,不失时机地采取追缉堵截措施,力求尽快抓获犯罪嫌疑人。在实施这一措施中,应首先弄清犯罪嫌疑人的体貌特征、携带物品、使用的交通工具、逃跑时间、逃跑方向、受伤条件等。实施中要迅速布置,快速出动,认真组织,严密控制。对于持枪抢劫和抢劫枪支案件的犯罪嫌疑人,在追捕中必须全面部署,及时组织力量进行大规模的围追堵截;对于顽抗拒捕的犯罪嫌疑人,应采用各种手段就地击毙。

2. 控制赃物

抢劫案件是一种以非法获取财物为目的的犯罪,犯罪嫌疑人在抢劫前往往对钱财有一种强烈的需求。作案后,只要犯罪既遂的,犯罪嫌疑人一般都会拥有一定的赃款、赃物。而拥有赃款、赃物还不是犯罪嫌疑人的最终目的,其最终目的是变赃物为赃款(自用的除外),并且往往有快速换取赃款来满足需求欲望的行为。因此,在侦查初期,要立即查明被劫赃物的名称、数量、特征、商标、暗记以及存折、储蓄单的户主姓名、数额,迅速印发赃物通报并布置有关行业、二手市场、车站、码头、行李寄存处、集贸市场、非法交易场所等,严密控制赃物,以发现犯罪线索和犯罪嫌疑人或销赃人。

3. 对犯罪现场进行实地勘验

要及时进行现场勘验,发现和提取犯罪嫌疑人遗留的痕迹、物证。

(1) 要注意犯罪嫌疑人翻动物品、寻找钱财和被害人与犯罪嫌疑人周旋、搏斗的部位,发现和提取犯罪嫌疑人的手印、脚印、血迹、毛发及遗落在现场的随身物品。

(2) 主要在犯罪嫌疑人出入现场经过的围墙、门窗等部位,发现犯罪嫌疑人翻越、蹬踩、攀缘的足迹,手印以及破坏障碍物的工具痕迹,并要注意分析、判断犯罪嫌疑人对现场出入口选择的准确程度、对进出路线的熟悉程度以及来去的路线、方向和交通工具。

（3）对现场周围进行现场搜索。中心现场勘验完毕后，要对现场周围进行搜索，以发现犯罪嫌疑人等待作案动机的隐藏处所和查明犯罪嫌疑人的来去路线，从而在隐蔽处所和来去路线上发现犯罪嫌疑人的足迹、坐痕、纸张以及丢弃、遗落的赃物、作案工具等，甚至还有可能搜寻缉捕到在现场附近隐藏或未及远逃的犯罪嫌疑人。

4．对有关人员进行访问

抢劫案件现场访问应着重围绕被害人以及其他知情人员进行。

（1）询问被害人。对被害人进行询问的主要内容有：抢劫发生的时间和具体地点；犯罪嫌疑人实施抢劫的全过程；犯罪嫌疑人的条件；被抢财物情况；被害人是否进行了抵抗；如果是女性被害人，访问有无性侵犯行为。

（2）询问知情人。抢劫案件的知情人包括被害人亲友、同事、邻居以及现场周围的人员。对知情人进行询问的重点是请他们回忆与案件有关的疑人、疑事、疑物情况。

5．讯问犯罪嫌疑人

通过讯问犯罪嫌疑人，不仅可以查证核实侦查部门获取的证据，起获赃物赃款、作案工具、凶器、麻醉药物等罪证，而且还能查明侦查部门未掌握的犯罪事实，并获取新的证据。通过讯问，可以查清余罪和犯罪同伙，获取罪证，扩大战果。

（二）证据规格

1．主体方面的证据

本罪主体为一般主体，证据应当包括户口簿、居民身份证、户口底卡、工作证、护照或者其他有效证件；犯罪嫌疑人所在地派出所记录的犯罪嫌疑人有关前科劣迹材料；犯罪嫌疑人精神状态的鉴定意见；同案人员的供述材料；认定年龄的证据材料。

2．主观方面的证据

主要是证明犯罪嫌疑人以非法占有财物为目的的相关证据。

3．客观方面的证据

（1）报案记录、行政案件移送证明及其他受案记录。

（2）证明犯罪嫌疑人实施抢劫犯罪过程的相关证据，包括证人证言、被害人陈述、犯罪嫌疑人供述与辩解、物证及其鉴定意见、法医鉴定意见等。

（3）侦查过程中所收集的视听资料。

（4）对涉嫌物品进行检验检测的鉴定意见。

（5）询问知情人、证人的询问笔录，讯问犯罪嫌疑人的讯问笔录。

（6）其他必须调取的证据。

三十八、盗窃案件的侦查

（一）侦查要领

1. 追缉堵截

对报案及时的盗窃案件，在现场勘查的同时，应根据案件的具体情况，不失时机地采取追缉堵截措施，力求尽快抓获犯罪嫌疑人。在实施这一措施中，应首先弄清犯罪嫌疑人的体貌特征、携带物品、使用的交通工具、逃跑时间、逃跑方向等。实施中要迅速布置，快速出动，认真组织，严密控制。

2. 控制赃物

盗窃案件是一种以非法获取财物为目的的犯罪，犯罪嫌疑人在盗窃前往往对钱财有一种强烈的需求。作案后，只要犯罪既遂的，犯罪嫌疑人一般都会拥有一定的赃款、赃物。而拥有赃款、赃物还不是犯罪嫌疑人的最终目的，其最终目的是变赃物为赃款（自用的除外），并且往往有快速换取赃款来满足需求欲望的行为。因此，在侦查初期，要立即查明被劫赃物的名称、数量、特征、商标、暗记以及存折、储蓄单的户主姓名、数额，迅速印发赃物通报并布置有关行业、二手市场、车站、码头、行李寄存处、集贸市场、非法交易场所等，严密控制赃物，以发现犯罪线索和犯罪嫌疑人或销赃人。

3. 侦查取证认定嫌疑

根据案件的实际情况和不同的重点嫌疑人，选择其中较为薄弱的一方作为侦查的突破口。一般情况下，对重点犯罪嫌疑人的侦查取证，主要围绕外部发现的重点嫌疑人进行。对现场上发现、提取的犯罪嫌疑人的手印、脚印、损坏工具痕迹，可取的犯罪嫌疑人的手印、脚印样本或工具痕迹样本进行鉴定，认定是否同一。对犯罪嫌疑人遗留在现场的犯罪工具和随身物品，可组织有关人员辨认。发现重点嫌疑人可能藏匿的场所也可以进行秘密搜查。

4. 讯问犯罪嫌疑人

发现犯罪嫌疑人后，可采用有效的审讯策略，查明团伙成员、犯罪嫌疑人之间的关系、作案分工情况和问题。主要内容是：嫌疑对象的主要基本情况、性格特点、爱好特长、生活作风、经济状态、社会交往、前科劣迹；在发案时间的行踪去向，作案动机、手段、目的、赃物去向、有谁能够证明等，从中锁定犯罪嫌疑人和主要犯罪嫌疑人，以及从各犯罪嫌疑人间的口供矛盾中发现新的嫌疑，掌握新的线索，突破新的案件，以获得新的战果。

（二）证据规格

1. 主体方面的证据

本罪主体为一般主体，证据应当包括户口簿、居民身份证、户口底卡、工作证、护照或者其他有效证件；犯罪嫌疑人所在地派出所记录的犯罪嫌疑人有关前科劣迹材料；犯罪嫌疑人精神状态的鉴定意见；同案人员的供述材料；认定年龄的证据材料。

2. 主观方面的证据

主要是证明犯罪嫌疑人以非法占有财物为目的的相关证据。

3. 客观方面的证据

（1）报案记录、行政案件移送证明及其他受案记录。

（2）证明犯罪嫌疑人实施抢劫盗窃过程的相关证据，包括证人证言、被害人陈述、犯罪嫌疑人供述与辩解、物证及其鉴定意见、法医鉴定意见等。

（3）侦查过程中所收集的视听资料。

（4）对涉嫌物品进行检验检测的鉴定意见。

（5）询问知情人、证人的询问笔录，讯问犯罪嫌疑人的讯问笔录。

（6）其他必须调取的证据。

三十九、聚众哄抢案件的侦查

（一）侦查要领

1. 现场勘查要点

首先，侦查人员要迅速赶赴案发现场，控制聚众哄抢势头，维持现场秩序。由于聚众哄抢涉及的人员较多，且群情激昂，必定会有不同程度的伤情发生。在控制哄抢势头时，要严格把守哄抢现场的对外通道，以防首要分子趁机溜掉。受伤人员去指定医院处理伤情时，要派人看护，防止聚众哄抢人员趁治伤之机溜掉。

其次，要确认聚众哄抢人数及具体人员，并把其隔离控制。

再次，拍录绘制现场图景，力求客观反映聚众哄抢所造成的直接破坏场景。特别是处于人流量较大的交通要道及露天公共场所的案件现场，不易久留和封锁。要以固定有关证据为第一步骤。

最后，要查找聚众哄抢现场的主人或负责人、值勤人员等利害关系人，为事后的调查处理工作创立方便条件，询问有关案件线索。

2. 案件调查重点

其一，询问案发现场的受害人和目击证人。重点调查聚众哄抢的引发事由、所哄抢财物的种类、数量、价值。

其二，询问案发现场的主人或值勤人员。由于主人对发生在自己场所内的哄抢案件最为关注。值勤人员由于职业特点能较清晰地回忆聚众哄抢的混乱场景，记忆案件发生的来龙去脉。特别是与聚众哄抢案发事由没有关系的场所主人或值勤人员，更能公正、客观地反映实际案情。

其三，调查案发现场对外通道处的围观群众，向其了解趁机逃走犯罪嫌疑人的逃遁方向、路线及体貌特征,为追缉工作捕捉线索。

其四,询问犯罪嫌疑人的家庭及日常交往较为密切的人,调查了解犯罪嫌疑人案发前的有关情况,以查证聚众哄抢的事由,受谁的调动,做了哪些准备等等。

其五,调查在哄抢中受伤的伤员、调查了解动手伤人的犯罪嫌疑人,犯罪嫌疑人致人伤害的器械等。

最后,查阅医师出具的验伤、医伤诊断报告及法医作出的鉴定意见。

3. 侦查措施运用

第一,对案发现场的聚众成员实施强制控制,可使用非杀伤类武器,必要时,也可鸣枪示警。

第二,对犯罪嫌疑人适时监控或传唤,防止其逃跑或其他意外情况发生。

第三,对持有械具的犯罪嫌疑人的住所,进行搜查,搜查重点:是否私藏枪支、弹药等违禁物品。

最后,对已逃跑的犯罪嫌疑人,根据有关线索实施路卡控制和向友邻地域发出协查通报。

4. 对犯罪嫌疑人的讯问

对犯罪嫌疑人的讯问要注意以下几点:

一是把同案犯成员分室讯问,通过突审找出突破口。利用一个成员的口供攻破其他犯罪嫌疑人,以尽快破坏他们的心理防线,丢弃侥幸心理,如实供认罪行。

二是做好罪行较轻的犯罪人的思想工作,利用畏罪感,讯问出聚众的幕后操纵者、组织者和临战指挥者、积极参与者。

三是讯问犯罪嫌疑人日常的社会交往状况,经济来源情况,以深挖余罪。

5. 聚众哄抢案件的特别提示

一方面,严格实行"区别对待"。聚众哄抢成员是有层次区别的,首要分子、积极参加者是侦查措施的主要集中目标。对于一般成员特别是不明真相被临时裹胁近来的涉案人员应以说服教育,行政处罚为主。另一方面,利用讯问、搜查等措施手段,深挖团伙或成员的余罪。

(二)证据规格

1. 主体方面的证据

本罪为自然人犯罪,但是只处罚聚众哄抢的首要分子和其他积极参加者,因此,本罪主体证据应当包括首要分子和其他积极参加者户口簿、居民身份证、户口底卡、工作证、护照或者其他有效证件;犯罪嫌疑人所在地派出所记录的犯罪嫌疑人有关前科劣迹材料;犯罪嫌疑人精神状态的鉴定意见;同案人员的供述材料;认定年龄的证据材料。

2. 主观方面的证据

主要是证明犯罪嫌疑人聚众哄抢的故意及其动机证据,包括犯罪嫌疑人的供述与辩解,和围观群众、知情人的证人证言等。

3. 客观方面的证据

(1) 报案记录、行政案件移送证明及其他受案记录。

(2) 控制现场时的摄像拍照视听资料。

(3) 对涉嫌物品、人身伤害进行检验检测的鉴定意见。

(4) 询问案发现场的受害人和目击证人的询问笔录,现场的主人或负责人、值勤人员等利害关系人的证明材料。

(5) 讯问犯罪嫌疑人的讯问笔录。

(6) 其他必须调取的证据。

四十、故意毁坏财物案件的侦查

(一) 侦查要领

1. 现场勘查,收集犯罪证据

其一,要根据现场勘查情况确定中心现场和出入口。对于使用放火、爆炸、投毒等手段毁坏公私财物的案件,火种、炸药、剧毒物的安放处通常毁坏严重,遗留的痕迹、物品具有极强的证据作用,这样的地域范围应被确定为中心现场。某些案件可能有一个以上中心现场,通向中心现场路径,如门窗、甬道,能容人出入的通风管、暖气沟等均可能被作案人用于出入现场的出入口,但作案人实际通过的出入口应当留有攀爬、跳跃、蹬踏、擦蹭等痕迹,痕迹明显处肯定是出入口之一。

其二,要提取痕迹物证。首先,要提取中心现场痕迹物证,研究现场遭受毁坏的可能原因。其次,要提取出入口处某些痕迹物证,如作案者遗留的攀爬、跳跃、蹬踏、擦蹭以及拆卸、挖掘形成的痕迹和遗留的各种物品,注意它们在现场中的位置、方向、距离和状态。第三,要提取检材。提取检材主要用于实验室的分析化验。第四,要提取其他遗留痕迹物证,注意发现作案者遗留的手印、足迹、擦拭物、现场遗留工具等。

2. 开展调查,访问知情群众

侦查办案人员要及时部署警力对发案部位的周围地区进行广泛的调查活动,了解案发前有何可疑人、可疑车辆在现场周围窥视、逗留,有过什么举动,与何人攀谈过什么。请知情群众回忆有过什么人举止不正常、逃向何方、乘什么交通工具、一人或几人作案、体貌特征怎样。

由于故意毁坏财物案件中,作案人对目标财物并没有占有的意思,因而作案中毁坏意图坚决,采取非常绝对的举动,如放火、爆炸等,因此应侧重在群众中了解案发以前有谁购买、准备过这类用品、装置,近来有何反常活动,而且作案者在作案后的短时间内的某些日常活动中仍不免带有某些激动的成分。因此,办案人员要真正走到群众中去,从而把疑点收集到手,为划定侦查范围确定重点嫌疑人做好准备。

3. 摸底排队，滤出嫌疑人

故意毁坏财物案件的侦查范围的确定较为简单。由于作案人作案地域范围不会很大，人员范围也很有限，摸底排队，滤出嫌疑人的可能性很大。这里主要包括：

第一，由作案时间摸排。在现场勘查确定案件发生的确切时间后，就可以对号入座地在调查访问和现场勘查中所暴露的嫌疑人员中进行逐个排查，从而确定嫌疑人。

第二，结合现场遗留的痕迹物品进行排查。案件现场遗留的某些痕迹是最好的认定犯罪嫌疑人唯一的极好证据材料，如指纹、足迹等，而现场遗留的某些物品又极能反映出作案人精通某类技能的职业性特点，加之现场遗留的其他物品的参考作用，使能够从纵的、横的几个方向构建结点，映射出确切的作案人，从而突出现场提取物的证据作用。

第三，结合因果关系排查。故意毁坏财物案件作案人的作案动机有为泄愤报复的，有为陷害某人、嫁祸某人的，有借此发难以证明什么，从而达到什么目的的，以及骗赔、搞恶作剧等，其中蕴含一定因果关系，从作案动机发现因果关系确定嫌疑人要结合其他证据条件，不应贸然认定，以免转移侦查视线，越过真正的嫌疑人。

4. 讯问犯罪嫌疑人

在进行现场勘查、调查访问，并进行摸底排队后，对重点嫌疑人还要通过讯问进一步摸清作案人作案的每个阶段、环节的证据情况，搞清作案人作案的真正动机和目的，是否有作案同伙，在同伙中的地位、作用等，为正确定罪量刑打下基础。

(二) 证据规格

1. 主体方面的证据

本罪只能由自然人犯罪，其主体证据应当包括户口簿、居民身份证、户口底卡、工作证、护照或者其他有效证件；犯罪嫌疑人所在地派出所记录的犯罪嫌疑人有关前科劣迹材料；犯罪嫌疑人精神状态的鉴定意见；同案人员的供述材料；认定年龄的证据材料。

2. 主观方面的证据

主要是证明犯罪嫌疑人毁灭或者毁坏公私财物的故意的证据，包括犯罪嫌疑人的供述与辩解、证人证言、犯罪嫌疑人犯罪后使用反侦查手段的物证和见证人证明等。

3. 客观方面的证据

(1) 报案记录、行政案件移送证明及其他受案记录。

(2) 现场勘查提取的损坏或者损坏的财物残留物、痕迹、犯罪工具等。

（3）现场控制的照相、录像、笔录材料。

（4）财物损坏价值的鉴定意见。

（5）财物所有人或者管理人对犯罪嫌疑人的辨认笔录，询问证人的询问笔录，讯问犯罪嫌疑人的讯问笔录。

（6）其他必须调取的证据。

四十一、破坏生产经营案件的侦查

（一）侦查要领

1. 现场勘查，确定案件性质

首先，认真检查现场出入口。现场出入口是作案人进出现场的必经之地，侦查人员要在通往现场的若干个出入口中找出可疑痕迹，对之进行耐心细致的检视、观察，发现和提取被蹬蹭、挖掘、擦蹭、撬压等痕迹，提取作案人遗留于现场的各种物品。如作案人骑坐的交通工具、遗忘的服装、遗失的作案工具、备用凶器等。

其次，勘查中心现场。通过勘查中心现场研究作案人对现场的熟悉程度。对现场仪器设备工作原理的熟悉程度和对现场值班值宿制度的熟悉程度。研究作案人选择的出入口与中心现场间体现的某种关系。注意发现和提取作案人在实施破坏过程中所使用的诸如引火物、拆卸、砍砸工具等物品，发现和提取某些部位的手印、足迹、工具痕迹等犯罪证据，进一步判定案件的发生是自然事件还是人为破坏，从而确定案件性质。

2. 调查访问，了解发案经过

调查访问是侦查破案工作中的一项重要工作。与现场勘查工作同时进行，重点访问报案人、值班员、案件发现人、围观群众及其他知情群众，重点搞清以下方面问题：

（1）案件的发现人是在何时、因何原因到现场附近，并发现和报案的，同行人是谁。

（2）案发前是谁最后离开的现场，离开时有何反应，他们的分析判断理由和怀疑根据等。

3. 缩小侦查范围，采取必要措施

破坏毁损重要的生产经营设施，使生产经营无法进行的犯罪行为使作案人的泄愤报复、干扰生产的真正作案目的充分暴露，因而通过调查访问和现场勘查所获得情况对案件整个过程进行梳理，使案件的本来面目更加清晰，从而大大缩小侦查范围，更有利于侦查机关施行必要的侦查措施。

（1）在一定范围内摸排，突出重点嫌疑人。从在近期与发案单位有过冲突、误会、一定利害关系的嫌疑人中摸排；从企业内部与上级、同事、业主、投资老板有看法、闹矛盾的嫌疑人中排查；从与发案单位有行业、所处地理位置、使用专业人员以及产品的销售等方面有竞争的企业、个体人员中进行排查；从受发案单位所排污所害的当地居民中有反常行为者中进行排查；从被开除、解聘、下岗等人员中对当前某些社会现象不满的嫌疑人中排查；从知情群众所反映有重大作案嫌疑人员中进行排查。

（2）搜查。搜查作案嫌疑人的住所和工作处所，目的是发现作案人预谋犯罪的准备的作案残留用品、用具及其他与作案有关的证据。如放火时使用的延时起火装置、爆炸装置及炸药残留物。残害耕畜的药物或药物包装物，毁损果树、庄稼使用的毒物或工具，如刀、斧、锯、铲等等，包括与现场痕迹相吻合的鞋子、交通工具等。

4. 运用侦查手段收集犯罪证据

该类案件作案人员智商高低差别较大。一部分人智商较高，从电视、电影等作品中悟到很多反侦查知识，因而"死硬到底抵抗讯问，销赃毁证不留痕迹"，使侦破进程停滞不前。此时有必要根据案件特点采取一定的侦查手段，如监听密录等收集直接证据。

（二）证据规格

1. 主体方面的证据

本罪只能由自然人犯罪，其主体证据应当包括户口簿、居民身份证、户口底卡、工作证、护照或者其他有效证件；犯罪嫌疑人所在地派出所记录的犯罪嫌疑人有关前科劣迹材料；犯罪嫌疑人精神状态的鉴定意见；同案人员的供述材料；认定年龄的证据材料。

2. 主观方面的证据

主要是证明犯罪嫌疑人具有泄愤报复或者其他个人目的证据，包括犯罪嫌疑人的供述与辩解，证人证言，犯罪嫌疑人实施毁坏机器设备、残害耕畜等行为过程中对这些生产经营物质的破坏部位的证明等。

3. 客观方面的证据

（1）报案记录、行政案件移送证明及其他受案记录。

（2）现场勘查提取的被毁坏的机器设备、被残害的耕畜或者其他被破坏的生产经营物质的残留物、痕迹，犯罪工具等。

（3）现场控制的照相、录像、笔录材料。

（4）财物损坏价值的鉴定意见。

（5）财物所有人或者管理人对犯罪嫌疑人的辨认笔录，询问证人的询问笔录，讯问犯罪嫌疑人的讯问笔录。

（6）其他必须调取的证据。

四十二、妨害公务案件的侦查

(一) 侦查要领

1. 现场勘查重点

案件发生后,出动充足的警力及时赶赴现场,疏散围观群众,解救被围困的国家工作人员及有关工作人员,将受伤的国家机关工作人员送往医院。

准确、详细拍录,绘制案件现场方位图。观察、记录现场参与人员的规模、数量及国家机关工作人员执行职务遭受障碍的情况。

观察、发现、确认案件的组织者和指挥者,并加以监视控制。

收缴犯罪嫌疑人及一般群众实施暴力的器械物品。

搞好现场控制。由于涉嫌妨害公务罪的国家工作人员肯定使用了暴力或者威胁的方法,所以执法人员到达案件发生现场时应尽快搞好现场控制,稳定局面。在现场勘查提取证据的同时,要密切注视首要人员的活动迹象并加以监控。

2. 侦查措施运用

对以暴力或者威胁的方法阻碍国家机关工作人员、人大代表、事业编制人员、红十字会工作人员依法执行职务或者履行职责的行为人及时监控,必要时可使用秘密力量和技侦手段获取其犯罪的主要证据材料。

通缉通报,为防止犯罪嫌疑人逃跑,在侦查活动中可向友邻地区和有关单位发通缉通报,请求协查控制。

设卡控制。如犯罪嫌疑人已逃离现场,应立即布置将其控制在最小的范围内进行捕获。尤其是对那些造成严重后果的案件,更要设法将犯罪嫌疑人尽快抓捕归案。

3. 犯罪嫌疑人的讯问

讯问同案的犯罪嫌疑人,应当个别进行,以防同案的犯罪嫌疑人之间,相互影响,不利于讯问工作的顺利进行,影响讯问的效果。

由于此类案件的犯罪嫌疑人大多是两个以上,要在讯问过程中发现他们供述的矛盾点,并对每个犯罪嫌疑人的供述进行彼此间的相互印证,以求对犯罪事实全面、真实的暴露。

4. 侦查中应注意的问题

一是严格依法办事,掌握政策原则,注意执法技术。在控制事态发展,使用侦查措施的过程中,不要因工作技术上的差错,引发新的矛盾,加剧案件的危害后果。

二是在案发现场拘捕犯罪嫌疑人时,应尽量避免在人群激动的风头上。可采取"冷处理"的办法,将其引到现场人数不多,气氛比较平和的环境中将其抓获。如现场抓获难度较大,可使用秘密力量,跟踪监视,将案件平息后再处理,也可采用密捕、诱捕等方法。总之,应尽量避免群情激昂的场面。

(二) 证据规格

1. 主体方面的证据

应该调取的主体证据包括犯罪嫌疑人的户口簿、居民身份证、户口底卡、工作证、护照或者其他有效证件;犯罪嫌疑人所在地派出所记录的犯罪嫌疑人有关前科劣迹材料;犯罪嫌疑人精神状态的鉴定意见;同案人员或者其他参与人员的供述材料。

2. 主观方面的证据

主要是证明犯罪嫌疑人明知对方是正在依法执行职务的国家机关工作人员、事业编制人员、人大代表,或者是正在依法履行职责的红十字会工作人员,而故意对其实施暴力或者威胁的证据,包括犯罪嫌疑人的供述与辩解,执法人员的反映材料,现场发现的物证,其他参加人员或者知情人的证人证言等。

3. 客观方面的证据具体内容包括:

(1) 报案记录、行政案件移送证明及其他受案记录。

(2) 现场勘查提取的阻碍国家机关工作人员、事业编制人员、人大代表、红十字会工作人员依法执行职务或者履行职责的物证。

(3) 造成被侵权人轻伤害的鉴定意见。

(3) 控制现场时所作的摄像拍照视听资料。

(4) 询问知情人、证人的询问笔录,讯问犯罪嫌疑人的讯问笔录。

(5) 其他必须调取的证据。

四十三、伪造、变造、买卖国家机关公文、证件、印章案件的侦查

(一) 侦查要领

1. 案件调查重点

(1) 对涉罪的国家公文、证件、印章进行扣押。

(2) 组织专业人员对涉罪的国家公文、证件、印章进行鉴定。

(3) 查明伪造、变造国家机关公文、证件、印章的数量。

(4) 对伪造、变造的国家公文、证件、印章的来源进行侦查。

2. 案件调查重点

第一,查明行为人的动机。

第二,查清全部违法犯罪事实。

3. 对犯罪嫌疑人的讯问

主要应围绕以下方面展开:

第一,按时间顺序的主要犯罪事实。

第二,涉案人员。

第三,有无涉嫌其他方面犯罪。

(二) 证据规格

1. 主体方面的证据

证据应当犯罪嫌疑人包括户口簿、居民身份证、户口底卡、工作证、护照或者其他有效证件;犯罪嫌疑人所在地派出所记录的犯罪嫌疑人有关前科劣迹材料;同案人员的供述材料;认定年龄的证据材料。

2. 犯罪客观方面的证据

(1) 报案记录。

(2) 伪造、变造的国家公文、证件、印章的鉴定意见。

(3) 伪造、变造的国家公文、证件、印章的数量。

(4) 伪造、变造的国家公文、证件、印章等书证。

(5) 证人证言。

(6) 其他应当调取的证据。

四十四、聚众扰乱社会秩序案件的侦查

(一) 侦查要领

1. 现场勘查重点

首先,及时赶赴案发现场,控制事态发展;发现案件的组织者、积极参加者、拍录案发现场场景;详细了解记录案件规模,包括参与人数、活动范围;发现、收缴案发现场有关违法性的宣传品(如横幅、漫画等)。如有暴力行为,要收缴涉案人员动用的械具。其次,对受伤者进行验伤和鉴定。

2. 案件调查重点

首先,询问受扰乱单位的负责人员以及了解案由的工作人员。向其了解案发的事由、案件造成的后果严重程度。

其次,向案发现场的一般群众调查访问,认真指认案件的组织、指挥者和案发过程中态度积极,表现突出的积极参加者。

再次,调查访问犯罪嫌疑人的亲朋近邻,向其了解案件组织者的有关证据。

最后,做好一般参加者的思想教育工作,让他们讲清案件的谋划者、组织者及联络方式等有关问题。

3. 侦查措施运用

第一,对案件现场的涉案人在劝说宣传教育之后仍拒绝撤离的,可采取必要的强制手段,将其强制带离现场。

第二,对发生在国家要害部门或重点部位的扰乱案件,特别是封闭、占据国家

机要部门通道、办公场所的案件,可采用必要的警械,将涉案人员强行驱散。

第三,对在幕后指挥、遥控的案件组织者,应布用秘密力量,寻觅其行踪,收集有关犯罪的证据。

第四,对已逃匿的犯罪嫌疑人,要及时布控,特别是那些具有一定政治色彩的人物,更要防止寻求避难的行为发生。必要时,可发通缉令,请有关单位协查。

第五,有些案件情况复杂,在布建秘密力量之同时,使用必要的技侦手段,以便在办案中争取主动,减少失误。

第六,对犯罪嫌疑人住所、聚众场所进行搜查,以摸清案件策划过程中的有关证据。

4. 对犯罪嫌疑人的讯问

本类案件属于"聚众"性案件,行为人需达到三人以上,在讯问前,要根据不同嫌疑人的个性特点和在案件中的所处地位,拟订出切实可行的审讯计划。讯问时,要对每一个嫌疑人单独进行讯问,防止嫌疑人串供行为发生。讯问的重点是:犯罪动机、目的,犯罪的实际组织者、策划者及整个案件的预谋过程,在案件发生过程中积极参加者的具体行为。

讯问过程中,要注意审查案件背后是否有国内外敌对势力的参与介入;犯罪嫌疑人是否还有更大的图谋。

5. 侦查聚众扰乱社会秩序案件的特别提示

(1) 现场控制要及时、得力。说服教育要与使用强制措施相配合。

(2) 侦查工作应确定侧重点,强制措施的使用、监控力量与技术手段的运用应放在案件的组织者、幕后操纵者、现场上的积极活动者身上。

(3) 调查取证工作要严格遵循法律程序,证据材料要符合法律要求,力争搞到手的证据个个都是"铁证",即都是通过秘密手段获得的资料,也要能够转换成公开的,具有法律效力的东西。

(4) 案件侦查过程中,要注意已发案件的发展趋势,以防更严重的扰乱行为发生。

(5) 及时把别有用心的人的反动意图和诡计公之于众,以尽快瓦解其群体内聚力,争取大多数人积极配合侦查破案工作。

(6) 侦办案件过程中,要就有关案发事由问题积极与有关单位通报信息,以求多方面配合,及时、高质的完成案件的查处工作。

(二) 证据规格

1. 主体方面的证据

本罪主体为一般主体,但是只处罚首要分子和积极参加者,因此,主体证据应当包括首要分子和积极参加者户口簿、居民身份证、户口底卡、工作证、护照或者其他有效证件;犯罪嫌疑人所在地派出所记录的犯罪嫌疑人有关前科劣迹材料;

犯罪嫌疑人精神状态的鉴定意见；同案人员的供述材料；认定年龄的证据材料。

2. 主观方面的证据

主要是证明犯罪嫌疑人是否有聚集多人扰乱社会秩序而希望或放任危害结果的发生的证据，包括犯罪嫌疑人的供述与辩解；案发现场的围观群众、知情人的证人证言；首要分子和积极参加者在犯罪过程中的组织策划煽动等活动的证明材料等。

3. 客观方面的证据

（1）报案记录、行政案件移送证明及其他受案记录。

（2）受扰乱单位负责人及工作人员出具的情况说明。

（3）现场勘查提取的受害单位遭到的破坏物质、痕迹、残留物，现场收缴的违法宣传品，扰乱秩序运用的有关工具、物品，在犯罪嫌疑人住所、聚会场所搜查的与案件有关的物证、书证。

（4）控制现场时所做的监控、摄像拍照视听资料。

（5）询问知情人、证人的询问笔录，讯问犯罪嫌疑人的讯问笔录。

（6）办案人员在现场形成的勘查笔录及请有关部门出具的具有法律效力的鉴定意见。

（7）其他必须调取的证据。

四十五、聚众扰乱公共场所秩序、交通秩序案件的侦查

（一）侦查要领

1. 现场勘查重点

案件发生后，出动充足的警力及时赶赴现场，疏散围观群众，解救被围困的执法人员及有关工作人员，抢救伤员，疏导交通。

准确、详细拍录，绘制案件现场方位图。观察、记录现场参与人员的规模、数量及公共场所、交通要道遭破坏的情况。

观察、发现、确认案件的组织者和指挥者，并加以监视控制。

收缴犯罪嫌疑人及一般群众实施暴力的器械物品。收集、拍录堆放交通要道上的障碍物，为保证交通尽快畅通无阻，可先拍照后移动障碍物。

搞好现场控制。由于公共场所和交通要道人员密集，且流动性强，容易使犯罪嫌疑人趁机逃跑，逃避打击处理。在现场勘查提取证据的同时，要密切注视首要人员的活动迹象并加以监控。

2. 案件调查重点

在疏散围观群众的同时，要搞好询问围观群众的取证工作，让其描述案件中的"活跃"人物。

分化瓦解聚众扰乱公共秩序、交通秩序的群体成员。耐心细致做好那些被动

员、裹胁进来的个别参与人员的思想转化工作,向其了解组织者的个人情况,组织联络方式、途径等有关问题。

向公共场所的负责人、值班工作人员和交通要道上的治安交通值勤人员了解案件形式的直接后果与间接损失情况。

无论是对围观群众的询问调查,还是对被动参与人员的摸底了解及受害对象的调查访问,都要紧紧围绕群体成员情况,案件发生原因,案件危害后果及主要责任展开工作。

3. 侦查措施运用

对案件的组织者、领导者、指挥者及时监控,必要时可使用秘密力量和技侦手段获取其犯罪的主要证据材料。

对于经宣传教育疏导仍不撤离的人员可使用非杀伤性武器、警械将其制服或驱散。但要做好证据保存,以便事后追查处理。

通缉通报,为防止犯罪嫌疑人逃跑,在侦查活动中可向友邻地区和有关单位发通缉通报,请求协查控制。

设卡控制。如犯罪嫌疑人已逃离现场,应立即布置将其控制在最小的范围内进行捕获。尤其是对那些造成严重后果的案件,更要设法将犯罪嫌疑人尽快抓捕归案。

4. 犯罪嫌疑人的讯问

讯问同案的犯罪嫌疑人,应当个别进行,以防同案的犯罪嫌疑人之间,相互影响,不利于讯问工作的顺利进行,影响讯问的效果。

讯问案件的策划组织过程及主谋策划人。

讯问案发前是否形成了严密的组织领导机构,制定了具体的纲领,纵向、横向联系的主要方式和途径。

通过讯问让犯罪嫌疑人供述出真实的行为动机、目的。

讯问在案发现场的幕后是否有国内外反动势力的操纵和支持。

由于此类案件的犯罪嫌疑人大多是两个以上,要在讯问过程中发现他们供述的矛盾点,并对每个犯罪嫌疑人的供述进行彼此间的相互印证,以求对犯罪事实全面、真实的暴露。

5. 侦查中应注意的问题

一是严格依法办事,掌握政策原则,注意执法艺术。在控制事态发展,使用侦查措施的过程中,不要因工作艺术上的差错,引发新的矛盾,加剧案件的危害后果。

二是在案发现场拘捕犯罪嫌疑人时,应尽量避免在人群激动的风头上。可采取"冷处理"的办法,将其引到现场人数不多,气氛比较平和的环境中将其抓获。如现场抓获难度较大,可使用秘密力量,跟踪监视,将案件平息后再处理,也可采用密捕、诱捕等方法。总之,应尽量避免群情激昂的场面。

使用侦查措施、实施询问、讯问,要严格区分参与案件的群体层次结构,要严密监视控制起组织、领导、指挥作用的核心层人员;极力争取稳定那些受外力参与、受骗参与、从众参与、盲目参与形成的附加层人员;尽快疏散"看热闹"的围观人员,千方百计遏制住这类案件的辐射作用。

(二)证据规格

1. 主体方面的证据

本罪主体为一般主体,但是法律规定只处罚首要分子,因此,应该调取的主体证据包括首要分子的户口簿、居民身份证、户口底卡、工作证、护照或者其他有效证件;犯罪嫌疑人所在地派出所记录的犯罪嫌疑人有关前科劣迹材料;犯罪嫌疑人精神状态的鉴定意见;同案人员或者其他参与人员的供述材料。

2. 主观方面的证据

主要是证明犯罪嫌疑人组织、策划、现场指挥以及积极参加的证据,包括犯罪嫌疑人的供述与辩解,执法人员的反映材料,在首要分子住处、现场或者其身上获取的宣传材料、器具、通讯录等书证、物证,其他参加人员或者知情人的证人证言等。

3. 客观方面的证据具体内容包括:

(1)报案记录、行政案件移送证明及其他受案记录。

(2)现场勘查提取的破坏痕迹、抗拒、阻碍执法等与案件有关的物证、书证、鉴定意见。

(3)控制现场时所作的摄像拍照视听资料。

(4)询问知情人、证人的询问笔录,讯问犯罪嫌疑人的讯问笔录。

(5)其他必须调取的证据。

四十六、聚众斗殴案件的侦查

(一)侦查要领

1. 现场勘查要点

首先,侦查人员要迅速赶赴案发现场,控制聚众斗殴势头,抢救受伤人员。由于聚众斗殴涉及的人员较多,且群情激昂,有的还持械殴斗,双方必定会有不同程度的伤情发生。在控制斗殴势头时,要严格把守斗殴现场的对外通道,以防首要分子趁机溜掉。受伤人员去指定医院处理伤情时,要派人看护,防止聚众斗殴人员趁治伤之机溜掉。

其次,要收缴聚众斗殴参战方持有的械具,认定丢弃在案发现场上的械具所属。

第三，要确认聚众斗殴参战方的人数及具体人员，并把其隔离控制。

第四，拍录绘制现场图景，力求客观反映聚众斗殴所造成的直接破坏场景。特别是处于人流量较大的交通要道及露天公共场所的案件现场，不易久留和封锁。要以固定有关证据为第一步骤。

最后，要查找聚众斗殴现场的主人或负责人、值勤人员等利害关系人，为事后的调查处理工作创立方便条件，特别是涉嫌有雇用打手聚众斗殴报私仇的，更要把现场主人找到，询问有关案件线索。

2. 案件调查重点

其一，询问案发现场的受害人和目击证人。重点调查聚众斗殴的引发事由、殴斗参战方的临战组织者、指挥者和积极参与者。参与殴斗人员手持的械具种类、数量。

其二，询问案发现场的主人或值勤人员。由于主人对发生在自己场所内的殴斗案件最为关注，特别是关注现场设备、器具由于斗殴带来的损失破坏程度。值勤人员由于职业特点能较清晰地回忆聚众斗殴的混乱场景，记忆案件发生的来龙去脉。特别是与聚众斗殴案发事由没有关系的场所主人或值勤人员，更能公正、客观地反映实际案情。

其三，调查案发现场对外通道处的围观群众，向其了解趁机逃走的犯罪嫌疑人的逃遁方向、路线及体貌特征，为追缉工作捕捉线索。

其四，询问犯罪嫌疑人的家庭及日常交往较为密切的人，调查了解犯罪嫌疑人案发前的有关情况，以查证聚众斗殴的事由，受谁的调动，做了哪些准备等等。

其五，调查在殴斗中受伤的伤员、调查了解动手伤人的犯罪嫌疑人，犯罪嫌疑人致人伤害的器械等。

最后，查阅医师出具的验伤、医伤诊断报告及法医作出的鉴定意见。

3. 侦查措施运用

第一，对案发现场的聚众成员实施强制控制，可使用非杀伤类武器，必要时，也可鸣枪示警。

第二，收缴聚众斗殴成员手中持有的、身上私藏的械具。

第三，对犯罪嫌疑人适时监控或传唤，防止其逃跑或其他意外情况发生。

第四，对持有械具的犯罪嫌疑人的住所，进行搜查，搜查重点：是否私藏枪支、弹药等违禁物品。

最后，对已逃跑的犯罪嫌疑人，根据有关线索实施路卡控制和向友邻地域发出协查通报。

4. 对犯罪嫌疑人的讯问

一是利用矛盾，做好聚众斗殴成员间的分化瓦解工作，化整为零，以使各个击破。聚众斗殴成员在案发前有的是较为稳定的团伙，他们为隐瞒罪行、逃避惩罚往往订立"攻守同盟",来反侦查、反审讯。对此,要适用心理学、犯罪心理学的有关知识充分利用他们之间的矛盾,运用策略手段,各个攻心、破坏其攻守同盟。

二是把同案犯成员分室讯问,通过突审找出突破口。利用一个成员的口供攻破其他犯罪嫌疑人,以尽快破坏他们的心理防线,丢弃侥幸心理,如实供认罪行。

三是做好罪行较轻的犯罪人的思想工作,利用畏罪感,讯问出聚众的幕后操纵者、组织者和临战指挥者、积极参与者。

四是讯问犯罪嫌疑人日常的社会交往状况,经济来源情况,以深挖余罪。

5. 聚众斗殴案件的特别提示

第一,严格实行"区别对待"。聚众斗殴成员是有层次区别的,首要分子、积极参加者是侦查措施的主要集中目标。对于一般成员特别是不明真相被临时裹胁近来的涉案人员应以说服教育,行政处罚为主。

第二,利用讯问、搜查等措施手段,深挖团伙或成员的余罪。充分利用其殴斗所使用的刀具、枪支来源,引调其他罪案线索。

第三,对于聚众斗殴团伙组织,应用强有力的侦查手段,将其一网打尽,彻底损毁其元气。如涉及幕后的经济靠山或地方上的"保护伞",迅速向地方党政部门报告,以求尽快解除社会治安的"毒瘤"。

(二) 证据规格

1. 主体方面的证据

本罪为自然人犯罪,但是只处罚聚众斗殴的首要分子和其他积极参加者,因此,本罪主体证据应当包括首要分子和其他积极参加者户口簿、居民身份证、户口底卡、工作证、护照或者其他有效证件;犯罪嫌疑人所在地派出所记录的犯罪嫌疑人有关前科劣迹材料;犯罪嫌疑人精神状态的鉴定意见;同案人员的供述材料;认定年龄的证据材料。

2. 主观方面的证据

主要是证明犯罪嫌疑人聚众斗殴的故意及其动机证据,包括犯罪嫌疑人的供述与辩解,证人证言,犯罪嫌疑人参加成帮结伙地互相进行殴斗的物证和围观群众、知情人的证人证言等。

3. 客观方面的证据

(1) 报案记录、行政案件移送证明及其他受案记录。

(2) 现场勘查提取的遗留的械具、痕迹、受到破坏的现场设备、器具等。

(3) 控制现场时的摄像拍照视听资料。

(4) 对涉嫌物品、人身伤害进行检验检测的鉴定意见。

(5) 询问案发现场的受害人和目击证人的询问笔录,现场的主人或负责人、值勤人员等利害关系人的证明材料。

(6) 讯问犯罪嫌疑人的讯问笔录。
(7) 其他必须调取的证据。

四十七、寻衅滋事案件的侦查

（一）侦查要领

1. 现场勘查重点

首先，及时赶赴案发现场，制止事态发展。

其次，收缴殴打他人的器械、扣留强拿强要的公私财物。

再次，拍录犯罪嫌疑人起哄闹事造成的公共场所的混乱场景。

最后，详细收录犯罪嫌疑人辱骂他人的污言秽语，记载其拦截、追逐他人的行为方式。

2. 案件调查重点

询问受害人、重点了解寻衅滋事行为的行为方式，具体情节的严重程度。如果行为人已逃离现场，要向受害人询问行为人的体貌特征，为日后追踪侦查，打击处罚收集依据和证据。

向公共场所的负责人和值勤人员了解情况，内容包括寻衅滋事行为人或行为团伙出现该场所的次数与频率；寻衅滋事行为的具体表现方式；对该场所的公共秩序造成的破坏程度等。

向现场群众了解寻衅滋事成员的居住地、聚集地及经常出没的公共场所。因为这种典型的流氓行为，一般情况极易引起群众的公愤，他们乐于向办案人员提供有关线索。

查看医师或法医报告或鉴定，以确定寻衅滋事行为随心所欲殴打他人伤情程度，是否符合立为刑事案件的标准。

向经常发生追逐、拦截、辱骂他人案件的路段居民收集情况，包括经常出没于本地段的无赖之徒的人员特征、人数、惯用的行为方式，以便在守候侦查过程中准确发现目标。

3. 侦查措施的运用

其一，对于发案现场上的犯罪嫌疑人，可采取必要的人身强制措施，迫使其中止滋事行为。

其二，使用秘密力量及时收集反馈犯罪嫌疑人的行踪轨迹。

其三，对犯罪嫌疑人适时监控或传唤，防止其逃匿或发生其他意外情况。

其四，对已经逃跑的犯罪嫌疑人，要迅速组织设卡堵截，或向有关单位发协查通报。

4. 对犯罪嫌疑人的讯问

针对寻衅滋事的犯罪嫌疑人的特有心理特征，选择讯问策略，制订讯问计划。

如共同犯罪，应对每个犯罪嫌疑人单独个别讯问，寻找其中的薄弱环节，确定讯问突破口。

要注意深挖余罪。因为这类犯罪嫌疑人大多积习较深，只要感到精神空虚、无聊，就会随意出动，随意逞能闹事。在一人或一伙犯罪嫌疑人身上往往隐藏着多起案件或其他类案件。

讯问犯罪嫌疑人时，要重点讯问以下内容：犯案次数、参与人数、惯用的手段、滋事的具体情节，给危害对象造成的后果的严重程度等与定罪定性有关的问题。

5. 侦办寻衅滋事案件的特别提示

（1）此类案件所有的参与者都是犯罪嫌疑人，即都是立案侦查的对象。因此，遇有群体性寻衅滋事案件发生，要力争全面监控，一网打尽。

（2）此类案件的立案标准，主要看行为情节是否恶劣、严重。案件定性准确，主要看犯罪嫌疑人的犯罪动机、目的。因此，在调查访问、询问和对犯罪嫌疑人进行讯问时，要严格把握以下相关问题：第一，主观故意方面，实施滋事行为，是出于有目的报复特定对象，对公私财物具有强烈的占有欲，对公共场所秩序具有强烈的破坏欲，这是出于取乐、寻求精神刺激，耍威风的等心理需求。第二，侦查过程中，要把握行为情节的严重程度和恶劣程度。如随意以打人为乐，殴打他人多人多次或手段残忍的；多次向人身、车辆、住宅抛投石头、污物等，引起公愤的；无辜无理、多次追逐拦截、辱骂女性，造成严重影响、激起民愤或发生其他严重后果的；在城乡市场强拿强要公私财物，数额较大或随心所欲毁损、占有公私财物数量较大或次数较多的；在公共场所无故起哄闹事，致使场所正常秩序受到破坏，引起群众惊慌、逃离等混乱局面出现的等等。只有把握住上述情节，才能准确立案定案。

（二）证据规格

1. 主体方面的证据

本罪主体为一般主体，主体证据应当包括户口簿、居民身份证、户口底卡、工作证、护照或者其他有效证件；犯罪嫌疑人所在地派出所记录的犯罪嫌疑人有关前科劣迹材料；犯罪嫌疑人精神状态的鉴定意见；同案人员的供述材料；认定年龄的证据材料，必要时，对犯罪嫌疑人做骨龄检测。

2. 主观方面的证据

主要是证明犯罪嫌疑人实施寻衅滋事行为的证据，包括犯罪嫌疑人的供述与辩解，知情人的证人证言，犯罪嫌疑人犯罪过程中殴打他人的器械、扣留强拿强要他人公私财物的物证等。

3. 客观方面的证据

（1）报案记录、行政案件移送证明及其他受案记录。

（2）现场勘查提取的殴打他人的器械、扣留强拿强要的公私财物，填写《扣押清单》。

（3）控制现场时记录的寻衅滋事行为引起的公共场所的混乱场景、辱骂他人、拦截、追逐他人的摄像拍照视听资料。

（4）对受伤人员、财物损坏进行检测鉴定的鉴定意见。

（5）询问公共场所的负责人或者值勤人员、知情人、证人的询问笔录，讯问犯罪嫌疑人的讯问笔录。

（6）其他必须调取的证据。

四十八、赌博案件的侦查

（一）侦查要领

1. 广泛开辟情报来源，搜集赌博犯罪线索

本类案件的线索来源，大多为知情群众举报。举报人往往是"赌场"上的"输家败者"，对内幕了解得较为深刻。因此，接到举报后，应尽快与举报人取得较为密切的联系，迅速开展侦查工作，特别是尽快了解案件现场情况。

2. 现场勘查的重点

赌博案件现场，大致分二种情况。一种利用机器设备进行的赌博。如：啤酒机（也叫球机）、电子百家乐、大小点等；另一种是利用牌九、扑克、掷骰子进行的赌博。

在查处案件中发现是利用啤酒机、电子百家乐、网络进行赌博的现场勘查的重点是：

（1）进入现场后，要对所有通道设专人把守，严防赌博人员乘机逃脱。

（2）对现场参赌人员令其在原位置上坐好，逐一登记账单、赌资、筹码。啤酒机用的投注单一般都是三联，应收缴吧台和参赌人员手持那张单子，收缴后以便计算赌资量。对吧台上的存放的赌具、赌资、传递投注单用的器具，要收缴、扣押。对利用网络赌博的，进入现场时，要携带打印机，在关闭计算机之前，将电脑的赌博资料打印出来，让犯罪嫌疑人或赌博人员（一般是会员）签字。

对查处赌博案件利用扑克、牌九、掷骰子等聚众赌博案件勘查的重点是：

（1）进入现场后，要稳定参赌人员的情绪，原地接受办案人员检查，不能随意走动，甚至是防止参赌人员乘机脱逃。

（2）让参赌人员原地接受检查时，要查清参赌人员手中、衣兜里有多少赌资；现场上有没有无人认领的赌资，对无人认领的赌资也要扣押，让参赌人员证实、签字捺印。对发生在宾馆等场所内的聚众赌博，要重点检查房间衣柜、保险箱、暖气罩、床铺下面、被、褥、睡枕、冰箱、冰柜、饮水机后身；卫生间内的天棚、卫生洁具的水箱内、纸篓等都容易让参赌人员利用，藏匿赌资或与赌博有关的物品。

（3）对所有赌具、备用赌具、赌场上的账单进行收缴、扣押。

（4）无论哪种形式的赌博，都要拍录现场、绘制现场图。

3. 案件调查访问

(1) 及时进行现场访问。查明赌博场所什么时间营业,或者场所内赌博进行多长时间,每天经营情况,参赌人员出入情况,每天能有多少人出入;现场外围是否有"站岗""放哨"可疑人员,有无车辆停留,是否为放风车辆等等。

(2) 对于赌场的投资者与赌场经营管理者相分离的案件,要注意深挖,一定要查处幕后的投资者和真正的赌场经营者,防止漏掉犯罪,防止"替罪羊"顶替经营者。

(3) 严格看管被查获的参赌人员。参赌人员多,组织者、经营者可能混入其中,一时还调查不清,在这种情况下,严格看管参赌人员十分必要。一是防止组织者、经营者乘机脱逃;二是防止组织者、经营者制造事端,干扰、阻止公安人员办案,造成现场失控,使参赌人员乘机脱逃。

4. 讯问犯罪嫌疑人

本类犯罪往往多个犯罪嫌疑人,讯问前根据每个人在案中的大概地位及犯罪嫌疑人自身的气质、性格等心理特征,拟订审讯计划,确定讯问策略。

讯问的内容主要包括:犯罪嫌疑人本人的全部犯罪事实;"赌头"是谁;经常在一起"聚赌"的其他犯罪嫌疑人及主要犯罪事实;赌博的形式及所用的赌具;输赢过程中"赌资"的给付方式等。

讯问过程中,要适时正确地使用证据,要保障犯罪嫌疑人的诉讼权利,严禁刑讯逼供。

5. 运用侦查措施

对犯罪嫌疑人适时进行监控或传唤,防止其逃跑或其他意外情况发生。

其一,对已经逃跑的犯罪嫌疑人,根据有关线索发出协查通报。必要时要组织追缉、堵截。

其二,对赌场及犯罪嫌疑人进行必要的搜查,对涉嫌的物品进行扣押,对重要的物证进行提取固定。

其三,根据有关线索,清查、封存犯罪嫌疑人的银行账号。

其四,对于情况复杂的赌博案件,可选择特情人员,采用"拉出来""打进去"的办法,使用秘密力量,获取证据情报。

其五,对于特别重大的赌博现场,侦查员可化装暗访,深入赌场、了解实情。

6. 侦查赌博、开设赌场案件的特别提示

(1) 在侦查赌博案件时,要保持高度警惕,防止在参赌人员中携带凶器人员,防止"狗急跳墙",同时要严格看管参赌人员,开设赌场人员防止有逃犯混在其中,看管不严可能脱逃,或者防止其袭警。

(2) 在侦查赌博案件时,防止刑讯逼供。

(3) 要把赌博罪与赌博行为、赌博罪与少量输赢进行娱乐消遣的行为区别开来。

(二) 证据规格

1. 主体方面的证据

本罪主体为一般主体,证据应当包括户口簿、居民身份证、户口底卡、工作证、护照或者其他有效证件;犯罪嫌疑人所在地派出所记录的犯罪嫌疑人有关前科劣迹材料;犯罪嫌疑人精神状态的鉴定意见;同案人员的供述材料;认定年龄的证据材料。

2. 主观方面的证据

主要是证明犯罪嫌疑人以营利为目的的证据,包括犯罪嫌疑人的供述与辩解,参加赌博人员或者知情人的证人证言,组织策划多人参与赌博或者开设赌场或者以赌博为业的物证和证人证言等。

3. 客观方面的证据

(1) 报案记录、行政案件移送证明及其他受案记录。

(2) 现场勘查提取的赌场上的赌资、记账单、赌具、用以赌博的仪器设备等与案件有关的物证、书证,办理扣押手续证明。

(3) 控制现场时所作的摄像拍照视听资料。

(4) 对涉嫌物品进行检验检测的鉴定意见。

(5) 询问知情人、证人的询问笔录,讯问犯罪嫌疑人的讯问笔录。

(6) 其他必须调取的证据。

四十九、开设赌场案件的侦查

(一) 侦查要领

1. 现场勘查的重点

赌博案件现场,大致分二种情况:一种利用机器设备进行的赌博,如:啤酒机(也叫球机)、电子百家乐、大小点等;另一种是利用牌九、扑克、掷骰子进行的赌博。

在查处案件中发现是利用啤酒机、电子百家乐进行赌博的现场勘查的重点是:

(1) 进入现场后,要对所有通道设专人把守,严防开设赌场的犯罪嫌疑人乘机逃脱。

(2) 对现场参赌人员令其在原位置上坐好,逐一登记账单、赌资、筹码。啤酒机用的投注单一般都是三联,应收缴吧台和参赌人员手持那张单子,收缴后以便计算赌资量。对吧台上的存放的赌具、赌资、传递投注单用的器具,要收缴、扣押。

对利用网络赌博的,进入现场时,要携带打印机,在关闭计算机之前,将电脑的赌博资料打印出来,让犯罪嫌疑人或赌博人员(一般是会员)签字。

对查处赌博案件利用扑克、牌九、掷骰子等聚众赌博案件勘查的重点是:

(1) 进入现场后,要稳定参赌人员的情绪,原地接受办案人员检查,不能随意走动,甚至是防止参赌人员以及涉嫌开设赌场罪的犯罪嫌疑人乘机脱逃。

(2) 让参赌人员原地接受检查时,要查清参赌人员手中、衣兜里有多少赌资;现场上有没有无人认领的赌资,对无人认领的赌资也要扣押,让参赌人员证实、签字捺印。对发生在宾馆等场所内的聚众赌博,要重点检查房间衣柜、保险箱、暖气罩、床铺下面、被、褥、睡枕、冰箱、冰柜、饮水机后身;卫生间内的天棚、卫生洁具的水箱内、纸篓等都容易让参赌人员利用,藏匿赌资或与赌博有关的物品。

(3) 对所有赌具、备用赌具、赌场上的账单进行收缴、扣押。

(4) 无论哪种形式的赌博,都要拍录现场、绘制现场图。

2. 案件调查访问

(1) 及时进行现场访问。查明赌博场所什么时间营业,或者场所内赌博进行多长时间,每天经营情况,参赌人员出入情况,每天能有多少人出入;现场外围是否有"站岗""放哨"可疑人员,有无车辆停留,是否为放风车辆等等。

(2) 对于赌场的投资者与赌场经营管理者相分离的案件,要注意深挖,一定要查处幕后的投资者和真正的赌场经营者,防止漏掉犯罪,防止"替罪羊"顶替经营者。

(3) 严格看管被查获的参赌人员。参赌人员多,组织者、经营者可能混入其中,一时还调查不清,在这种情况下,严格看管参赌人员十分必要。一是防止组织者、经营者乘机脱逃;二是防止组织者、经营者制造事端,干扰、阻止公安人员办案,造成现场失控,使犯罪嫌疑人乘机脱逃。

3. 运用侦查措施

对犯罪嫌疑人适时进行监控或传唤,防止其逃跑或其他意外情况发生。

其一,对已经逃跑的犯罪嫌疑人,根据有关线索发出协查通报。必要时要组织追缉、堵截。

其二,对赌场及犯罪嫌疑人进行必要的搜查,对涉嫌的物品进行扣押,对重要的物证进行提取固定。

其三,根据有关线索,清查、封存犯罪嫌疑人的银行账号。

其四,对于情况复杂的赌博案件,可选择特情人员,采用"拉出来""打进去"的办法,使用秘密力量,获取证据情报。

其五,对于特别重大的赌博现场,侦查员可化装暗访,深入赌场、了解实情。

（二）证据规格

1. 主体方面的证据

本罪主体为一般主体，证据应当包括户口簿、居民身份证、户口底卡、工作证、护照或者其他有效证件；犯罪嫌疑人所在地派出所记录的犯罪嫌疑人有关前科劣迹材料；犯罪嫌疑人精神状态的鉴定意见；同案人员的供述材料；认定年龄的证据材料。

2. 主观方面的证据

主要是证明犯罪嫌疑人以营利为目的的证据，包括犯罪嫌疑人的供述与辩解，参加赌博人员或者知情人的证人证言等。

3. 客观方面的证据

（1）报案记录、行政案件移送证明及其他受案记录。

（2）现场勘查提取的赌场上的赌资、记账单、赌具、用以赌博的仪器设备等与案件有关的物证、书证，办理扣押手续证明。

（3）控制现场时所作的摄像拍照视听资料。

（4）对涉嫌物品进行检验检测的鉴定意见。

（5）询问知情人、证人的询问笔录，讯问犯罪嫌疑人的讯问笔录。

（6）其他必须调取的证据。

五十、运送他人偷越国（边）境案件的侦查

（一）侦查要领

1. 现场勘查重点

（1）进入现场后，要对所有通道设专人把守，严防涉案人员乘机脱逃。

（2）对运送他人偷越国（边）境案件的现场进行拍照录像，记录现场情况。

（3）对实施运送他人偷越国（边）境行为所使用的船只的安全状况进行勘查，注意收集与能证明船舶属性、性能、安全级别的相关证书，另外还需要对船只进行拍照。

（4）要将在现场勘查过程中发现的受伤的运送人及时送医治疗。

2. 案件调查重点

（1）对犯罪嫌疑人调查。调查主要内容是：什么时间，地点，什么原因开始实施运送他人偷越国（边）境行为；在作案过程中使用手段、方法；是否团伙作案，团伙内部成员的分工情况；是否有多次实施运送行为；非法牟利多少，或者其他目的；整个作案过程等等。

（2）对见证人的调查。调查主要内容是：运送他人偷越国（边）境的指挥、策划者是谁；运送他人偷越国（边）境的人数、次数等。

(3) 对受害人和参与人员的询问。主要是为了查明受害人被犯罪嫌疑人运送的经过等情况。

(二) 证据规格

1. 主体方面的证据

本罪主体为一般主体,证据应当包括户口簿、居民身份证、户口底卡、工作证、护照或者其他有效证件;犯罪嫌疑人所在地派出所记录的犯罪嫌疑人有关前科劣迹材料;犯罪嫌疑人精神状态的鉴定意见;同案人员的供述材料;认定年龄的证据材料。

2. 主观方面的证据

主要是证明犯罪嫌疑人故意实施运送他人偷越国(边)境行为的证据。

3. 客观方面的证据

(1) 报案记录、行政案件移送证明及其他受案记录。
(2) 控制现场时所作的摄像拍照视听资料。
(3) 可证实交通工具安全性能、属性等方面的书证。
(4) 询问知情人、证人的询问笔录,讯问犯罪嫌疑人的讯问笔录。
(5) 其他必须调取的证据。

五十一、偷越国(边)境案件的侦查

(一) 侦查要领

1. 现场勘查重点

(1) 进入现场后,要对所有通道设专人保守,严防涉案人员乘机脱逃。
(2) 查明涉案人员是否有以下五种情形之一:没有出入境证件出入国(边)境或者逃避接受边防检查的;使用伪造、变造、无效的出入境证件出入国(边)境的;使用他人出入境证件出入国(边)境的;使用以虚假的出入境事由、隐瞒真实身份、冒用他人身份证件等方式骗取的出入境证件出入国(边)境的;采用其他方式非法出入国(边)境的。
(3) 对偷越国(边)境案件的现场进行拍照录像,记录现场情况。
(4) 涉案人员是否携带了大量现金等可疑物品,对这些物品进行拍照,固定证据。
(5) 核实涉案人员是否是在逃犯。

2. 对犯罪嫌疑人进行讯问

讯问的主要内容主要有以下几个方面:所前往的目的地是哪个国家或者地区;实施偷越国(边)境的行为的目的是什么;为实施偷越国(边)境行为是否有其他伪造、变造、买卖国家机关公文、证件、印章等犯罪行为;是否有同案成员等。

(二) 证据规格

1. 主体方面的证据

本罪主体为一般主体，证据应当包括户口簿、居民身份证、户口底卡、工作证、护照或者其他有效证件；犯罪嫌疑人所在地派出所记录的犯罪嫌疑人有关前科劣迹材料；犯罪嫌疑人精神状态的鉴定意见；同案人员的供述材料；认定年龄的证据材料。

2. 主观方面的证据

主要是证明犯罪嫌疑人故意实施偷越国（边）境行为的证据。

3. 客观方面的证据

（1）报案记录、行政案件移送证明及其他受案记录。

（2）控制现场时所作的摄像拍照视听资料。

（3）如犯罪嫌疑人是使用伪造、变造、无效的出入境证件出入国（边）境的，或者使用他人出入境证件出入国（边）境的，或者使用以虚假的出入境事由、隐瞒真实身份、冒用他人身份证件等方式骗取的出入境证件出入国（边）境的，要有相关的书证。

（4）询问知情人、证人的询问笔录，讯问犯罪嫌疑人的讯问笔录。

（5）其他必须调取的证据。

五十二、破坏永久性测量标志案件的侦查

(一) 侦查要领

1. 现场勘查重点

（1）明确被损坏的犯罪对象是否为"永久性测量标志"，它是指国家测绘单位在全国各地进行测绘工作所建立的地上、地下或者水上的各种测量标志物，包括各等级的三角点、导线点、军用控制点、重力点、天文点、水准点的木质觇标、钢质觇标和标石标志，地形测量、工程测量和形变测量的各种固定标志等等。

（2）对遭到破坏后的"永久性测量标志"进行拍照，固定证据。

（3）根据犯罪现场推断犯罪嫌疑人所使用的手段：拔除、移动、毁坏等。

2. 开展调查，访问知情群众

侦查办案人员要及时部署警力对发案部位的周围地区进行广泛的调查活动，了解案发前有何可疑人、可疑船舶在现场周围窥视、逗留，有过什么举动，与何人攀谈过什么。请知情群众回忆有过什么人举止不正常、逃向何方、乘什么交通工具、一人或几人作案、体貌特征怎样。

3. 摸底排队,滤出嫌疑人

破坏永久性测量标志的侦查范围主要包括：

第一,由作案时间摸排。在现场勘查确定案件发生的确切时间后,就可以对号入座地在调查访问和现场勘查中所暴露的嫌疑人员中进行逐个排查,从而确定嫌疑人。

第二,结合现场遗留的痕迹物品进行排查。案件现场遗留的某些痕迹是最好的认定犯罪嫌疑人唯一的极好证据材料,如指纹、足迹等,而现场遗留的某些物品又极能反映出作案人精通某类技能的职业性特点。加之现场遗留的其他物品的参考作用,使能够从纵的、横的几个方向构建结点,映射出确切的作案人,从而突出现场提取物的证据作用。

第三,结合因果关系排查。破坏永久性测量标志作案人的作案动机有为泄愤报复的,有借此发难以证明什么,从而达到什么目的的,其中蕴含一定因果关系,从作案动机发现因果关系确定嫌疑人要结合其他证据条件,不应贸然认定,以免转移侦查视线,越过真正的嫌疑人。

4. 讯问重点犯罪嫌疑人

在进行现场勘查、调查访问,并进行摸底排队后,对重点嫌疑人还要通过讯问进一步摸清作案人作案全过程和每个阶段、环节的证据情况,搞清作案人作案的真正动机和目的,是否有作案同伙,在同伙中的位置、作用等,为正确定罪量刑打下基础。

（二）证据规格

1. 主体方面的证据

本罪主体为一般主体,证据应当包括户口簿、居民身份证、户口底卡、工作证、护照或者其他有效证件;犯罪嫌疑人所在地派出所记录的犯罪嫌疑人有关前科劣迹材料;犯罪嫌疑人精神状态的鉴定意见;同案人员的供述材料;认定年龄的证据材料。

2. 主观方面的证据

主要是证明犯罪嫌疑人故意实施破坏永久性测量标志行为的证据。

3. 客观方面的证据

（1）报案记录、行政案件移送证明及其他受案记录。

（2）勘查现场时所作的摄像拍照视听资料。

（3）可证实所破坏的犯罪对象是永久性测量标志的证据。

（4）询问知情人、证人的询问笔录,讯问犯罪嫌疑人的讯问笔录。

（5）其他必须调取的证据。

五十三、污染环境案件的侦查

(一) 侦查要领

1. 现场勘查重点

在污染环境案件发生以后,公安机关要迅速会同环境保护部门赶赴事故发生现场。通常情况下,公安机关在接到有污染环境案件发生的时候,人民群众的生命、财产安全已经受到了严重的威胁或者将要被破坏;一些水体、土壤和大气可能已经被严重污染并且将继续扩散。在这样的情形下,公安机关应当及时会同有关部门赶到事故发生的现场。在到达事故发生现场后,首先,要有效地维护事故现场秩序,为撤离、疏散群众和现场的抢险、救助活动提供保障;其次,要做好现场保护工作,避免无关人员进入现场。此外,由于污染环境案件发生后,为避免危害后果继续扩大从而导致更大规模的人员伤亡和财产损失,有关部门会迅速对现场进行紧急的处置,这无疑会使现场的物证、痕迹遭受破坏,所以先期到达现场的侦查人员务必对现场进行拍照、录像或及时提取可能被破坏的证据。

在污染环境案件发生后,公安机关要协同相关部门第一时间选派经验丰富及具有相关专业知识的人组成事故分析小组,负责对案件的具体分析工作,对案件准确、及时地定性,判断污染物的危害程度及其将要可能带来的危害后果,为侦查办案人员展开具体的侦查工作提供方便。

通常,污染环境案件的现场可分为污染物排放、倾倒、处置现场,污染物产生现场和污染物扩散现场。为了能都有效、全面、及时地勘查现场,通常可将侦查人员分成调查追溯组、实地勘验组、现场访问组等三个小组。

调查追溯组以到达的初始现场为中心,通过放射性勘查,拉网式地向外围调查污染物的排放和扩散路径。这么做的目的,一方面是通过测定污染物在水体、空气和土壤中的浓度、含量的变化,逐步查明污染源;另一方面是逐步确定环境污染的范围。调查追溯组在排查过程中要将所确定的污染区域进行拍照、录像,制作现场方位图、整体扩散范围图,按污染区域的严重程度进行划分编号。在完成以上工作后,调查追溯组要立即通知实地勘验组下一步要勘验现场的重点。最后要做好沿线现场尤其是排污现场和产生污染物现场的保护工作。

实地勘验组根据调查追溯组侦查人员提供的线索,对污染物扩散的路径逐一进行细致勘验。勘验污染物扩散区域的工作包括:对居民的被污染饮用水和人群密集区的水体、空气和土壤的样本进行提取;对于现场中的因污染致死的动物如鱼、鸟等以及枯死的植物如水草、树木等和受损的农作物进行提取。勘查排污现场时的重点是:对污染物存放容器设备、运输设备和排污管道设备进行扣押,不便移动的要进行封存并拍照、录像,对于个人野外排放、倾倒、处置现场,要对现场足迹、手印和现场遗留物进行勘验提取,为日后查明排污嫌疑人做准备。

2. 案件调查重点

首先，查明环境污染的程度和范围。要查清环境被污染的程度和环境被污染的范围。环境被污染的程度的调查需要查明：大气、水体、空气中所含有毒、有害、放射性物质、传染病病原体的种类、含量以及超出标准的倍数。环境被污染的范围的调查需要查明：被有毒、有害、放射性物质、传染病病原体污染的土地的面积和渗透至土壤的深度；被有毒、有害、放射性物质、传染病病原体污染的水体水域面积和水体流经线路；被有毒、有害、放射性物质、传染病病原体污染的空气面积、高度和空气流动方向、线路等。

其次，要查明环境污染的危害后果。具体包括以下六个方面内容。第一，污染行为所导致的经济损失情况；第二，导致土地耕种能力被破坏的情况；第三，导致森林资源被破坏的情况；第四，导致人员伤亡情况；第五，导致传染病产生、流行、蔓延的情况；第六，导致其他危害后果，如导致影响群众生活、生产，影响我国的国家声誉情况等。

再次，要查明排放、倾倒、处置有毒、有害、放射性物质、传染病病原体的事实。对于调查排放、倾倒、处置有毒、有害、放射性物质、传染病病原体事实的调查一般应包含：第一，排放、倾倒、处置人或者单位；第二，排放、倾倒、处置时间；第三，排放、倾倒、处置的地点；第四，排放、倾倒、处置的方式；第五，排放、倾倒、处置使用的工具、设备。

（二）证据规格

1. 主体方面的证据

犯罪嫌疑人为自然人的，证据应当包括户口簿、居民身份证、户口底卡、工作证、护照或者其他有效证件；犯罪嫌疑人所在地派出所记录的犯罪嫌疑人有关前科劣迹材料；犯罪嫌疑人精神状态的鉴定意见；同案人员的供述材料。

犯罪嫌疑人为单位的，具体应取得的证据包括：（1）单位的营业执照、税务登记证、银行账号证明、工商注册登记资料等；（2）直接负责的主管人员和其他直接责任人员的身份证明，包括法定代表人、实际投资者、实际经营决策者、财务主管、财务会计人员、业务人员等人员的户口簿、居民身份证、户口底卡、工作证、护照或者其他有效证件；（3）已核实的单位基本情况，即由工商、税务部门出具的有关公司企业是否存在，以及经营监管方面情况的证明。

2. 客观方面的证据

（1）报案记录。

（2）污染的技术鉴定材料和程度结论。

（3）经济损失情况；人员受害程度、数量；实际污染扩散范围。

（4）受害人员或单位对造成污染损害的证实材料。

（5）现场勘查有关地点、污染状况、危害情况等方面的照相、笔录。

（6）犯罪嫌疑人关于造成重大环境污染事实的供述。

五十四、非法处置进口的固体废物案件的侦查

（一）侦查要领

1. 现场勘查重点

一是确定倾倒的固体废物的地点。

二是倾倒固体废物所使用的交通工具情况。

三是核实船舶的相关证书。

四是相关人员的执业证书。

五是倾倒固体废物的种类和数量。

六是进行照相、制作现场勘查笔录。

2. 案件调查重点

第一，查明行为人的动机。

第二，查清全部违法犯罪事实。

第三，查明固体废物的来源（是否为境外）。

3. 对犯罪嫌疑人进行讯问

主要应围绕以下方面展开：

第一，按时间顺序的主要犯罪事实。

第二，作案动机。

第三，涉案人员。

第四，固体废物的来源。

第五，倾倒固体废物的数量和种类。

第六，作案的规律、手段、特点。

第七，有无涉嫌其他方面犯罪。

（二）证据规格

1. 主体方面的证据

犯罪嫌疑人为自然人的，证据应当包括户口簿、居民身份证、户口底卡、工作证、护照或者其他有效证件；犯罪嫌疑人所在地派出所记录的犯罪嫌疑人有关前科劣迹材料；同案人员的供述材料；认定年龄的证据材料。

犯罪嫌疑人为单位的，具体应取得的证据包括：（1）单位的营业执照、税务登记证、银行账号证明、工商注册登记资料等；（2）直接负责的主管人员和其他直接责任人员的身份证明，包括法定代表人、实际投资者、实际经营决策者、财务主管、财务会计人员、业务人员等人员的户口簿、居民身份证、户口底卡、工作证、护照或者其他有效证件；（3）已核实的单位基本情况，即由工商、税务部门出具的有关公

司企业是否存在,以及经营监管方面情况的证明。

2. 主观方面的证据

主要是证明犯罪嫌疑人是否有实施犯罪的故意的证据,包括犯罪嫌疑人的供述与辩解,证人证言,犯罪嫌疑人采用的隐蔽、欺骗,反侦查手段的物证和知情人证言等。

3. 客观方面的证据

(1) 报案记录。

(2) 倾倒境外的固体废物的地点的勘查。

(3) 使用的工具,方法。

(4) 固体废物的种类、数量等。

(5) 证人证言。

(6) 其他必须调取的证据。

五十五、擅自进口固体废物案件的侦查

(一) 侦查要领

1. 开展案件初查

本类案件在接到群众举报后,首先要开展案件初查工作,开展这项工作的目的是初步查明利用进口的固体废弃物为原料进行生产的有关情况,为下一步开展侦查工作提供条件。在案件初查中,有的可以采取公开调查的方法,有的也可以采取秘密调查的方法。

(1) 公开调查。公开调查,多用于采用公开调查时犯罪人无法销毁、转移、隐藏有关犯罪证据的情况下。多是由侦查人员会同工商等部门进行。在调查中应具体做好以下工作:

一是查明固体废物的来源。在什么时间、什么地点、从哪个国家或地区买来的,进行固体废弃物交易时是否有人在场。

二是查明固体废物的数量。

(2) 秘密调查。秘密调查,常常用于采用公开调查时犯罪人容易销毁、转移、隐藏有关犯罪证据的情况下,主要是选派得力的侦查人员或刑事特情,深入到犯罪嫌疑人所在方面开展秘密侦查工作。

2. 组织现场勘查

擅自进口固体废物案件现场很多,主要有生产现场、储存现场等。这类现场勘查的重点是:尽量发现、提取能够证实擅自进口固体废物案件各种物证和书证,主要是要查明是否未经许可主要是指未经国务院有关主管部门的许可,一般是指不符合申请进口废物的条件,或者已符合申请进口废物的条件,没有国家环境保护主管部门批准的情形;伪造、变造国家环境保护局《进口废物批准书》的情形;逾

期未向国家环境保护局补办进口废物经营审批手续,并继续从事进口废物经营活动的情形。

3. 进行检验鉴定

侦破擅自进口固体废物案件,检验鉴定工作特别重要。检验鉴定的结果不仅是确定能否立案的重要依据,也是确定涉案物品具有固体废物属性的重要手段。

在检验鉴定中,应聘请该专业中具有检验鉴定能力,胜任检验鉴定工作,具有权威性的检验鉴定单位和人员进行。以保证检验鉴定的及时性、科学性、公正性和合法性。

(二) 证据规格

1. 主体方面的证据

犯罪嫌疑人为自然人的,证据应当包括户口簿、居民身份证、户口底卡、工作证、护照或者其他有效证件;犯罪嫌疑人所在地派出所记录的犯罪嫌疑人有关前科劣迹材料;同案人员的供述材料。

犯罪嫌疑人为单位的,具体应取得的证据包括:(1)单位的营业执照、税务登记证、银行账号证明、工商注册登记资料等;(2)直接负责的主管人员和其他直接责任人员的身份证明,包括法定代表人、实际投资者、实际经营决策者、财务主管、财务会计人员、业务人员等人员的户口簿、居民身份证、户口底卡、工作证、护照或者其他有效证件;(3)已核实的单位基本情况,即由工商、税务部门出具的有关公司企业是否存在,以及经营监管方面情况的证明。

2. 主观方面的证据

主要是证明犯罪嫌疑人是否有实施犯罪的故意的证据,包括犯罪嫌疑人的供述与辩解,证人证言,犯罪嫌疑人采用的隐蔽、欺骗,反侦查手段的物证和知情人证言等。

3. 客观方面的证据

(1) 报案记录、行政案件移送证明及其他受案记录。

(2) 搜查现场提取的涉案物品、文件,填写扣押清单。

(3) 控制现场时所做的摄像拍照视听资料。

(4) 对涉嫌物品进行检验检测的鉴定意见。

(5) 询问证人的询问笔录,讯问犯罪嫌疑人的讯问笔录。

(6) 其他必须调取的证据。

五十六、非法捕捞水产品案件的侦查

（一）侦查要领

1. 现场勘查的重点

（1）捕鱼船所处的方位。

（2）捕鱼船上所有的捕鱼工具、渔获物。

（3）水面上有无漂浮的鱼类（已死或受伤的）。

（4）捕捞许可证及其内容。

（5）进行现场照相、制作勘查笔录。

2. 案件调查重点

（1）违法犯罪嫌疑人的基本情况。

（2）违法犯罪的时间、地点。

（3）违法犯罪的事实及情节。

（4）违法犯罪造成的后果。

3. 对犯罪嫌疑人的讯问

（1）非法捕捞水产品的使用的工具。

（2）非法捕捞水产品的作案时间。

（3）非法捕捞水产品的次数。

（4）非法捕捞水产品的获利情况。

（二）证据规格

1. 主体方面的证据

犯罪嫌疑人为自然人的，证据应当包括户口簿、居民身份证、户口底卡、工作证、护照或者其他有效证件；犯罪嫌疑人所在地派出所记录的犯罪嫌疑人有关前科劣迹材料；犯罪嫌疑人精神状态的鉴定意见；同案人员的供述材料；认定年龄的证据材料，必要时，也可对犯罪嫌疑人的年龄通过骨龄检测技术进行鉴定。

犯罪嫌疑人为单位的，具体应取得的证据包括：（1）单位的营业执照、税务登记证、银行账号证明、工商注册登记资料等；（2）直接负责的主管人员和其他直接责任人员的身份证明，包括法定代表人、实际投资者、实际经营决策者、财务主管、财务会计人员、业务人员等人员的户口簿、居民身份证、户口底卡、工作证、护照或者其他有效证件；（3）已核实的单位基本情况，即由工商、税务部门出具的有关公司企业是否存在，以及经营监管方面情况的证明。

2. 客观方面的证据

（1）报案记录。

（2）捕捞许可证及其他船舶证件、证书。

(3) 当事人出售水产品或苗种的单据等。
(4) 渔具、渔获物等。
(5) 证人证言。
(6) 法医鉴定结论、水质化验结论、鱼死亡原因结论等。
(7) 对渔具规格、渔获物、现场测定船位等记录和现场勘验检查笔录。

五十七、非法猎捕、杀害珍贵、濒危野生动物案件的侦查

(一) 侦查要领

1. 现场勘查重点
(1) 确定猎捕的地点。
(2) 猎杀野生动物遗弃的部分及遗弃地点的勘查。
(3) 使用的猎捕工具、方法。
(4) 猎杀的种类、数量。
(5) 进行现场制图、照相、制作现场勘查笔录。

2. 案件调查重点
(1) 查明行为人的动机。
(2) 查清全部违法犯罪事实。

3. 对犯罪嫌疑人的讯问
(1) 按时间顺序的主要犯罪事实。
(2) 作案动机。
(3) 涉案人员。
(4) 销赃的方法、渠道。
(5) 作案的规律、手段、特点。
(6) 有无涉嫌其他方面犯罪。

(二) 证据规格

1. 主体方面的证据

犯罪嫌疑人为自然人的,证据应当包括户口簿、居民身份证、户口底卡、工作证、护照或者其他有效证件;犯罪嫌疑人所在地派出所记录的犯罪嫌疑人有关前科劣迹材料;犯罪嫌疑人精神状态的鉴定意见;同案人员的供述材料;认定年龄的证据材料,必要时,也可对犯罪嫌疑人的年龄通过骨龄检测技术进行鉴定。

犯罪嫌疑人为单位的,具体应取得的证据包括:(1) 单位的营业执照、税务登记证、银行账号证明、工商注册登记资料等;(2) 直接负责的主管人员和其他直接责任人员的身份证明,包括法定代表人、实际投资者、实际经营决策者、财务主管、财务会计人员、业务人员等人员的户口簿、居民身份证、户口底卡、工作证、护照或

者其他有效证件;(3)已核实的单位基本情况,即由工商、税务部门出具的有关公司企业是否存在,以及经营监管方面情况的证明。

2. 客观方面的证据

(1) 报案记录。

(2) 猎杀野生动物遗弃的部分及遗弃地点的勘查。

(3) 使用的猎捕工具、方法。

(4) 猎杀的种类、数量等。

(5) 证人证言。

(6) 是否属于珍贵、濒危野生动物的鉴定意见。

五十八、非法采矿案件的侦查

(一) 侦查要领

1. 现场勘查重点

(1) 现场方位、周边环境、地物地貌等情况。

(2) 开采方式是露天开采还是打井开采,进度情况,已开采的数量。

(3) 有何种矿,矿脉走向。

(4) 开采使用的工具、设备状况、安全程度。

(5) 进行现场照相、制作现场图和勘查笔录。

(6) 进行现场访问,围绕开采时间、方法、人数及来源,开采出来的矿物、矿石去向进行调查。

2. 案件调查重点

(1) 采矿批件的调查。主要内容包括:有无取得矿产开采许可证;是否属于有关单位(领导)默许;是以挂靠的形式个体开采,还是擅自开采。

(2) 非法开采情况的调查。主要内容包括:非法开采的地点(国矿还是地矿管理区),开采的矿种、数量、出售、获利情况。

(3) 非法采矿的企业单位主管人员、直接责任人和有关人员。

(4) 对矿产资源破坏的情况等。

3. 对犯罪嫌疑人的讯问

不管是对个人还是对单位,也不管是对主管人员还是直接责任人的讯问,围绕的内容大体是相同的。讯问的主要内容包括:发现矿点到实施开采的经过情况;有无采矿许可证;与哪些部门打过招呼,各自的态度;资金、人力是怎样解决的;破土动工的时间、进展情况、已开采的数量、出售的渠道、获利情况等。

讯问的附带内容包括:开采过程中有无受到有关部门的检查、制止;有无危及国矿的正常开采;是否发生过什么事故,伤亡、损失情况等。

(二)证据规格

本案件的证据规格应具备如下几个方面:

1. 主体方面的证据

本罪是一般主体,自然人和单位都可以构成非法采矿罪的犯罪主体。如果是自然人犯罪其主体方面的证据应当包括户口簿、居民身份证、户口底卡、工作证,犯罪嫌疑人所在地派出所记录的犯罪嫌疑人有关前科劣迹材料,犯罪嫌疑人精神状态的鉴定意见,同案人员的供述材料。如果是单位犯罪,具体应取得的证据包括:(1)单位的营业执照、税务登记证、银行账号证明、工商注册登记资料等;(2)直接负责的主管人员和其他直接责任人员的身份证明,包括法定代表人、实际投资者、实际经营决策者、财务主管、财务会计人员、业务人员等人员的户口簿、居民身份证、户口底卡、工作证、护照或者其他有效证件;(3)已核实的单位基本情况,即由工商、税务部门出具的有关公司企业是否存在,以及经营监管方面情况的证明。

2. 主观方面的证据

主要是证明犯罪嫌疑人是否有非法采矿罪的故意的证据,包括犯罪嫌疑人的供述与辩解,证人证言等。

3. 客观方面的证据

(1)报案记录、行政案件移送证明及其他受案记录。

(2)现场证据,包括现场所处的位置;实际开采情况(进展、开采数量、矿产种类、开采的方法以及对矿产资源造成的破坏后果等);控制现场时记录的摄像拍照以及其他视听资料。

(3)对矿物质进行检验检测的鉴定意见。

(4)询问证人的询问笔录,嫌疑人对于非法采矿事实真实的供述材料,即讯问笔录。

(5)知情人及雇工对非法采矿有关情况的证实材料。

(6)地质矿产部门对有无正常审批手续方面的证明。

(7)其他根据具体案情必须调取的证据。

五十九、破坏性采矿案件的侦查

(一)侦查要领

1. 现场勘查重点

(1)现场方位、周边环境、地物地貌等情况。

(2)开采方式是露天开采还是打井开采,进度情况,已开采的数量。

(3)有何种矿,矿脉走向。

（4）开采使用的工具、设备状况、安全程度。

（5）进行现场照相、制作现场图和勘查笔录。

（6）进行现场访问，围绕开采时间、方法、人数及来源，开采出来的矿物、矿石去向进行调查。

2. 案件调查重点

（1）采矿批件的调查。主要内容包括：有无取得矿产开采许可证；是否属于有关单位（领导）默许；是以挂靠的形式个体开采，还是擅自开采。

（2）实行破坏性开采情况的调查。主要内容包括：破坏性开采的地点（国矿还是地矿管理区），开采的矿种、数量、出售、获利情况。

（3）实行破坏性采矿的企业单位主管人员、直接责任人和有关人员。

（4）对矿产资源破坏的情况等。

3. 对犯罪嫌疑人的讯问

不管是对个人还是对单位，也不管是对主管人员还是直接责任人的讯问，围绕的内容大体是相同的。讯问的主要内容包括：发现矿点到实施开采的经过情况；有无采矿许可证；与哪些部门打过招呼，各自的态度；资金、人力是怎样解决的；破土动工的时间、进展情况、已开采的数量、出售的渠道、获利情况等。

讯问的附带内容包括：开采过程中有无受到有关部门的检查、制止；有无危及国矿的正常开采；是否发生过什么事故，伤亡、损失情况等。

4. 进行鉴定

对犯罪嫌疑人行为人违反地质矿产主管部门审查批准的矿产资源开发利用方案开采矿产资源，并造成矿产资源严重破坏的价值进行鉴定，是侦查破坏性采矿罪的重中之重，成立本罪要求矿产资源遭受破坏的价值在 30 万元以上。

（二）证据规格

本案件的证据规格应具备如下几个方面：

1. 主体方面的证据

本罪是一般主体，自然人和单位都可以构成破坏性采矿罪的犯罪主体。如果是自然人犯罪其主体方面的证据应当包括户口簿、居民身份证、户口底卡、工作证，犯罪嫌疑人所在地派出所记录的犯罪嫌疑人有关前科劣迹材料，犯罪嫌疑人精神状态的鉴定意见，同案人员的供述材料。如果是单位犯罪，具体应取得的证据包括：(1) 单位的营业执照、税务登记证、银行账号证明、工商注册登记资料等；(2) 直接负责的主管人员和其他直接责任人员的身份证明，包括法定代表人、实际投资者、实际经营决策者、财务主管、财务会计人员、业务人员等人员的户口簿、居民身份证、户口底卡、工作证、护照或者其他有效证件；(3) 已核实的单位基本情况，即由工商、税务部门出具的有关公司企业是否存在，以及经营监管方面情况的证明。

2. 主观方面的证据

主要是证明犯罪嫌疑人是否有破坏采矿罪的故意的证据,包括犯罪嫌疑人的供述与辩解,证人证言等。

3. 客观方面的证据

(1) 报案记录、行政案件移送证明及其他受案记录。

(2) 现场证据,包括现场所处的位置;实际开采情况(进展、开采数量、矿产种类、开采的方法以及对矿产资源造成的破坏后果等);控制现场时记录的摄像拍照以及其他视听资料。

(3) 对矿物质进行检验检测以及对破坏的矿产资源价值进行鉴定的鉴定意见。

(4) 询问证人的询问笔录,嫌疑人对于破坏性采矿事实真实的供述材料,即讯问笔录。

(5) 知情人及雇工对破坏性采矿有关情况的证实材料。

(6) 地质矿产部门对有无正常审批手续方面的证明。

(7) 其他根据具体案情必须调取的证据。

六十、非法采伐、毁坏国家重点保护植物案件的侦查

(一) 侦查要领

1. 勘查现场

对于非法采伐国家重点保护植物现场,应寻找和清点被盗伐的植物种类、数量和分布情况,然后根据勘查确定的范围,开展侦查和摸排工作。

勘查窝藏现场主要是发现和提取以下物证痕迹:包裹国家重点保护植物组织的麻袋等工具及其表面遗留的指纹;交通工具及其表面黏附的物质,交通工具遗留的生活用品、用具和生活垃圾等;用国家重点保护植物及其制品制成的家具、茶叶、中药等成品和半成品。

2. 针对销赃渠道进行调查

犯罪嫌疑人在归案后往往以不知所采伐、毁坏的树木是国家重点保护植物为理由,企图逃避法律制裁。对此,侦查人员可以通过调查、收集相关书证材料反驳嫌疑人的辩解。要证实犯罪嫌疑人主观明知,可以通过调查犯罪嫌疑人将被采伐、毁坏的国家重点保护植物、组织或制品的销售价格和购买单位的用途等,可直接证实犯罪嫌疑人主观上明知所采伐、毁坏的为国家重点保护的植物,并且通过赃物销售渠道的调查可以深挖余罪,查明犯罪嫌疑人既往实施此类犯罪的数量和持续的时间。

3. 运用侦查措施

非法采伐的国家重点保护植物,多数是通过加工制成中草药、家具等高价值

物品。因此，侦查人员要对辖区内药材加工点、土特产生产工厂、工艺品加工点、红木家具工厂进行走访、调查。对于可疑加工点，重点调查其原材料的来源、收购时间和数量，发现线索、确定侦查范围。

4. 针对涉案植物进行调查

通过对涉案植物的形态进行检查，可以查明犯罪嫌疑人非法采伐、毁坏国家重点保护植物的手段、方式和使用的工具等案件事实。

另外，对涉案植物的鉴定一般从以下方面展开：

（1）聘请专业技术人员对国家重点保护植物的种属进行鉴定，以判明是否属于国家重点保护植物。

（2）通过技术鉴定确定国家重点保护植物的立木材积或株数。

（3）对现场提取的土壤和水体样本进行鉴定；对于已经枯死的树木的根系、主干、枝梢和树叶进行鉴定，以确定国家重点保护植物死亡的时间和直接原因。

（二）证据规格

1. 主体方面的证据

本罪主体为一般主体，证据应当包括户口簿、居民身份证、户口底卡、工作证、护照或者其他有效证件；犯罪嫌疑人所在地派出所记录的犯罪嫌疑人有关前科劣迹材料；犯罪嫌疑人精神状态的鉴定意见；同案人员的供述材料；认定年龄的证据材料。

2. 主观方面的证据

主要是证明犯罪嫌疑人明知是国家重点保护的植物而故意非法采伐的证据，包括犯罪嫌疑人的供述与辩解，犯罪嫌疑人将被采伐、毁坏的国家重点保护植物、组织或制品的销售价格和购买单位的用途等。

3. 客观方面的证据

（1）报案记录、行政案件移送证明及其他受案记录。

（2）现场勘查提取的国家重点保护的植物、作案工具等与案件有关的物证、书证，办理扣押手续证明。

（3）控制现场时所作的摄像拍照视听资料。

（4）对涉嫌物品进行检验检测的鉴定意见。

（5）询问知情人、证人的询问笔录，讯问犯罪嫌疑人的讯问笔录。

（6）其他必须调取的证据。

六十一、非法收购、运输、加工、出售国家重点保护植物、国家重点保护植物制品案件的侦查

(一) 侦查要领

1. 查封收购、运输、加工、出售国家重点保护植物、国家重点保护植物制品案件现场

(1) 查明国家重点保护植物、国家重点保护植物制品的收购、运输、加工、出售地点，尽早发现、获取国家重点保护植物、国家重点保护植物制品，是侦破非法收购、运输、加工、出售国家重点保护植物、国家重点保护植物制品案件的首要环节。国家重点保护植物、国家重点保护植物制品的查获是证实犯罪的有力证据，在侦查中极易被犯罪人转移、藏匿或销毁，如果在侦查中找不到国家重点保护植物、国家重点保护植物制品，即使犯罪人供认了非法收购、运输、加工、出售国家重点保护植物、国家重点保护植物制品的犯罪事实，但因缺乏主要证据也难于定罪。

(2) 在对国家重点保护植物、国家重点保护植物制品的调查中，根据知情群众的揭发检举情况，可以通过卖主来查明国家重点保护植物、国家重点保护植物制品的名称、数量、特征及存放地点；可以通过买主来查明国家重点保护植物、国家重点保护植物制品的名称、数量、特征及存放地点；也可以通过有关知情群众查明国家重点保护植物、国家重点保护植物制品的名称、数量、特征及存放地点等。

(3) 在对国家重点保护植物、国家重点保护植物制品的调查中，如果发现国家重点保护植物、国家重点保护植物制品仍在运输途中，首先要尽量查明运输的时间、地点，使用的交通工具和运输路线等，同时要注意判断国家重点保护植物、国家重点保护植物制品可能在什么路段。然后根据具体情况在可能的车站、码头、铁路沿线或公路区间及时部署公开查缉或秘密搜查，便于及时发现、控制和获取这些国家重点保护植物、国家重点保护植物制品；如果发现国家重点保护植物、国家重点保护植物制品已经运达目的地，就要首先设法搞清买主的单位和可能存放、隐藏地点，采取公开或秘密搜查的办法及时发现、获取国家重点保护植物、国家重点保护植物制品。

(4) 在对国家重点保护植物、国家重点保护植物制品的调查中，对发现获取的国家重点保护植物、国家重点保护植物制品，要注意查明其名称、数量、特征、属性等，对国家重点保护植物、国家重点保护植物制品的情况要认真测量、拍照和记录，作为侦查中的重要证据。同时要对国家重点保护植物、国家重点保护植物制品妥善保管，防止转移、丢失。对案件所涉及的所有人员和与案件有关的事与物要及时、深入、细致地开展调查。

2. 查明国家重点保护植物、国家重点保护植物制品的买卖过程

查明国家重点保护植物、国家重点保护植物制品的买卖过程，实际上是要查

明非法收购、运输、加工、出售的犯罪过程。其调查工作主要应在买主、卖主、参加买卖人员和其他有关知情人员中进行。在具体调查中要注意查明以下几点：

（1）对于买主及卖主，要注意查明是个人犯罪，还是单位犯罪，或是国家工作人员伙同他人共同犯罪；非法收购、运输、加工、出售国家重点保护植物、国家重点保护植物制品的数量及次数。

（2）查明非法收购、运输、加工、出售国家重点保护植物、国家重点保护植物制品的过程，包括买卖意向的提出，洽谈成交的时间、地点、次数、参加人员、达成的协议、成交的数量，形成的各种文书等。

（3）在调查中，要注意对买主、卖主、参加人员和知情人作好笔录；要注意收集有关账目、单据、洽谈记录及各种有关文书等，作为案件侦查的证据。

3. 查明国家重点保护植物、国家重点保护植物制品的运输过程

查明国家重点保护植物、国家重点保护植物制品的运输过程，实际上是要查明非法运输的犯罪过程。其调查工作主要应在买主、装卸人员、司乘人员、押运人员和其他知情人员中进行。在具体调查中要注意查明以下几点：

（1）运输国家重点保护植物、国家重点保护植物制品使用什么运输工具，对运输工具采取了哪些伪装，国家重点保护植物、国家重点保护植物制品隐藏在运输工具的什么部位，用什么合法物品作掩护。

（2）国家重点保护植物、国家重点保护植物制品装入车船的时间、地点、车船开动的时间，经由地点，行走路线，中间停靠的时间、地点和接触人员，到达的目的地以及到达时间等。

（3）在运输过程中，参加装卸的人员、押运的人员、司乘人员都有谁，买主是否采用了人货分离的方法，押运和司乘人员是否携带武器，如果途中遇到检查怎么应付，买主是否制造了假证件、假证明等应付检查。

（4）在调查中，对装卸人员、押运人员、司乘人员和其他知情人员要详细调查取证；对运输工具的种类、牌号、特征，对运输工具的伪装情况，国家重点保护植物、国家重点保护植物制品在运输工具的隐藏部位及掩护物品等均要详细拍照和记录；对国家重点保护植物、国家重点保护植物制品的装卸地点、途中停留地点、目的地隐藏以及储存国家重点保护植物、国家重点保护植物制品地点也应进行拍照取证；对买主携带制造的假证件和押运人员携带的武器等要进行拍照和提取实物，作为案件侦查中的证据。

（二）证据规格

1. 主体方面的证据

犯罪嫌疑人为自然人的，调取的证据应当包括户口簿、居民身份证、户口底卡、工作证、护照或者其他有效证件；犯罪嫌疑人所在地派出所记录的犯罪嫌疑人有关前科劣迹材料；犯罪嫌疑人精神状态的鉴定意见；非法收购、运输、加工、出售

国家重点保护植物、国家重点保护植物制品各环节同案人员的供述材料。

犯罪嫌疑人为单位的,具体应取得的证据包括:(1)单位的营业执照、税务登记证、银行账号证明、工商注册登记资料等;(2)直接负责的主管人员和其他直接责任人员的身份证明,包括法定代表人、实际投资者、实际经营决策者、财务主管、财务会计人员、业务人员等人员的户口簿、居民身份证、户口底卡、工作证、护照或者其他有效证件;(3)已核实的单位基本情况,即由工商、税务部门出具的有关公司企业是否存在,以及经营监管方面情况的证明。

2. 主观方面的证据

主要是证明犯罪嫌疑人是否有非法收购、运输、加工、出售国家重点保护植物、国家重点保护植物制品的故意的证据,包括犯罪嫌疑人的供述与辩解,证人证言,犯罪嫌疑人收购、运输、加工、出售国家重点保护植物、国家重点保护植物制品中使用的隐蔽、防护等反侦查手段的物证等。

3. 客观方面的证据

(1)报案记录、行政案件移送证明及其他受案记录。

(2)现场勘查提取的国家重点保护植物、国家重点保护植物制品等物证。

(3)控制现场时记录的摄像拍照以及其他视听资料。

(4)对国家重点保护植物、国家重点保护植物制品进行检验检测的鉴定意见。

(5)询问证人的询问笔录,讯问犯罪嫌疑人的讯问笔录。

(6)其他根据具体案情必须调取的证据。

六十二、走私、贩卖、运输、制造毒品案件的侦查

(一)侦查要领

1. 外线调查

外线侦查的作用主要在于通过跟踪盯梢、守候监视的方法掌握侦查对象的外围活动,达到扩大线索、证实犯罪、获取证据的目的。走私、贩卖、运输、制造毒品案件中,往往只有通过外线侦查才能够查清案件涉及的毒品来源、犯罪团伙成员、毒品藏匿地点、销售渠道、走私线路等具体情况。通过外线侦查还为检验特情可信度,保障内线人员的人身安全,给予内线人员支援等方面提供有力支持。侦查人员通过外线侦查,首先要跟踪了解侦查对象的活动区域、交往范围、家庭情况、住所等基本社会情况。其次,通过对侦查对象的监控,发现新的涉案人员,查清团伙成员及其活动规律。同时,及时获取侦查对象的电信资料,为案件侦查提供更多线索。此外,加强外线侦查,为正确选去破案时机、抓获现行犯罪提供条件,为从根本上打击犯罪奠定基础。

2. 公开查缉

毒品犯罪案件证据的收集主要围绕着毒品物证、毒品为犯罪嫌疑人所有以及嫌疑人主观上明知是毒品者三个方面进行，有时虽然是现场抓获，犯罪嫌疑人也可能百般狡辩，在案件中获取的证据更多是辩解而不是供述。因此，在审查时主要是对犯罪嫌疑人的辩解、证人证言进行查证，而且特别强调现场抓获。① 所以哦，对毒品公开进行查缉就显得尤为重要。毒品公开查缉，是指公安机关依法对特定范围内可能藏匿毒品的人、行李、物品、货物、车辆、住所、场所等进行公开检查和搜查，以期查获毒品和抓获毒品犯罪嫌疑人的一项工作措施。毒品公开查缉是一种重要的堵源截流形式，尤其是"陆海空邮"立体毒品公开查缉网络体系的建设，有效地将大量毒品堵截在境外，在很大程度上遏制了毒品犯罪形势。同时，毒品公开查缉工作的开展形成了强大的缉毒声势，有力地震慑毒品犯罪活动，是有效收集走私毒品犯罪情报线索的方法之一。

3. 技术侦查

技术侦查是集团性和隐蔽性极强的走私、贩卖、运输、制造毒品案件侦查中不可或缺的重要手段。技术侦查是利用科技或一些特殊的手段侦查案情。技术侦查主要适用于侦查一些重、特大案件，尤其对那些走私、贩卖、运输、制造大宗毒品的集团性案件、国际性贩毒集团组织策划的过境贩毒案件、武装走私毒品案件、携带大量现金、毒品准备成交的案件等尤为重要。技侦部门使用密控通信、密搜密取、密拍密录、秘密检查等手段，可以及时、准确掌握侦查对象的活动情况，配合查明案情、获取证据、调整侦查方向。

4. 深线经营

深线经营，旨在于要彻底摧毁毒品犯罪集团。对于集体性走私、贩卖、运输、制造毒品的组织，必须从点滴线索入手，放长线钓大鱼，长期经营，抓团伙，查源头，实现破获一个毒品犯罪案件即捣毁一个毒品犯罪网络，从根本上铲除犯罪组织。侦查人员通过跟踪、守候犯罪嫌疑人的行踪，以发现其与其他犯罪行为人的接头地点、接头暗号、交货方式、毒品去向等情况，选择适当的时机，抓捕全部犯罪成员。

5. 控制下交付

控制下交付方法，对跨国域、跨地区的隐蔽较深的集团性走私、贩卖、运输、制造毒品的活动极为有效，便于将毒品犯罪链条中的所有人员一网打尽，因而被许多国家的缉毒机构所采用。控制下交付，是指海关在出境时查获毒品，但在严密监控之下，允许非法交运的毒品（或替代品）继续运送、经过或进出一国或数国领土（也包括一国领土内的数地区），在到达目的地交付时，统一行动，一举抓获毒

---

① 杨辉解，刘权. 侦查取证实务指引. 北京：中国人民公安大学出版社，2015：276.

贩、毒品、毒资,获取证据的一种侦查手段。实施控制下交付通常要具备以下几个方面的要素:意识要有成功的内线侦查,做到"敌中有我、知敌控敌";二是要有可靠的情报证据及与内线情报的联络畅通,从而做到以内线情报为主,外线、技侦情报为辅,在基本查明案情的基础上,准确、具体地掌握人员、贩运路线及方式、时间、地点、数量,是否带有武器、对抗能力如何等情况,并能在情况变化时迅速做出反应;三是要有足够的警力布置和科学分工;四是要有基本的物质保障,除执行任务必需的各种装备、设备外,还须有向毒贩出示的毒品等及其他必需的保障;五是要有精明的组织指挥及良好的国际、地区和部门之间的协同合作。

(二)证据规格

1. 主体方面的证据

本罪是一般主体,自然人和单位都可以构成走私、贩卖、运输、制造毒品罪的犯罪主体。如果是自然人犯罪其主体方面的证据应当包括户口簿、居民身份证、户口底卡、工作证,犯罪嫌疑人所在地派出所记录的犯罪嫌疑人有关前科劣迹材料,犯罪嫌疑人精神状态的鉴定意见,同案人员的供述材料。如果是单位犯罪,具体应取得的证据包括:(1)单位的营业执照、税务登记证、银行账号证明、工商注册登记资料等;(2)直接负责的主管人员和其他直接责任人员的身份证明,包括法定代表人、实际投资者、实际经营决策者、财务主管、财务会计人员、业务人员等人员的户口簿、居民身份证、户口底卡、工作证、护照或者其他有效证件;(3)已核实的单位基本情况,即由工商、税务部门出具的有关公司企业是否存在,以及经营监管方面情况的证明。

2. 主观方面的证据

主要是证明犯罪嫌疑人是否有走私、贩卖、运输、制造毒品罪的故意的证据,包括犯罪嫌疑人的供述与辩解,证人证言等。

3. 客观方面的证据

(1)报案记录、行政案件移送证明及其他受案记录。

(2)控制现场时记录的摄像拍照以及其他视听资料。

(3)对毒品进行检验检测的鉴定意见。

(4)询问证人的询问笔录,嫌疑人对于走私、贩卖、运输、制造毒品事实真实的供述材料,即讯问笔录。

(5)其他根据具体案情必须调取的证据。

六十三、走私、贩卖、运输、制造制毒物品案件的侦查

(一) 侦查要领

1. 外线调查

外线侦查的作用主要在于通过跟踪盯梢、守候监视的方法掌握侦查对象的外围活动,达到扩大线索、证实犯罪、获取证据的目的。走私、贩卖、运输、制造制毒物品案件的中,往往只有通过外线侦查才能够查清案件涉及的制毒物品的来源、犯罪团伙成员、制毒物品的藏匿地点、销售渠道、走私线路等具体情况。通过外线侦查还为检验特情可信度,保障内线人员的人身安全,给予内线人员支援等方面提供有力支持。侦查人员通过外线侦查,首先要跟踪了解侦查对象的活动区域、交往范围、家庭情况、住所等基本社会情况。其次,通过对侦查对象的监控,发现新的涉案人员,查清团伙成员及其活动规律。同时,及时获取侦查对象的电信资料,为案件侦查提供更多线索。此外,加强外线侦查,为正确选去破案时机、抓获现行犯罪提供条件,为从根本上打击犯罪奠定基础。

2. 公开查缉

毒品公开查缉,是指公安机关依法对特定范围内可能藏匿制毒物品的人、行李、物品、货物、车辆、住所、场所等进行公开检查和搜查,以期查获制毒物品和抓获制毒物品犯罪嫌疑人的一项工作措施。制毒物品公开查缉是一种重要的堵源截流形式。同时,制毒物品毒品公开查缉工作的开展形成了强大的声势,有力地震慑制毒物品相关的犯罪活动,是有效收集走私、贩卖、运输、制造制毒物品犯罪情报线索的方法之一。对于走私、贩卖、运输、制造制毒物品犯罪案件公安查缉的内容主要包括:化学品的种类、数量、是否有专门机关所发的生产经营许可证、使用许可证和运输许可证等。

3. 技术侦查

技术侦查是集团性和隐蔽性极强的走私、贩卖、运输、制造制毒物品犯罪案件侦查中不可或缺的重要手段。技术侦查是利用科技或一些特殊的手段侦查案情。技术侦查主要适用于侦查一些重、特大案件,尤其对那些走私、贩卖、运输、制造大宗制毒物品的集团性案件、武装走私、贩卖、运输、制造制毒物品案件、携带大量现金、制毒物品准备成交的案件等尤为重要。技侦部门使用密控通信、密搜密取、密拍密录、秘密检查等手段,可以及时、准确掌握侦查对象的活动情况,配合查明案情、获取证据、调整侦查方向。技术侦查的实施有效地为侦办案件提供走私活动的轨迹、企图、行动及其他细节和变化,做到及时掌握情况,主动进攻,克敌制胜。它既可以在侦办的某个阶段使用,也可以运用于整个案件经营的过程中。

4. 深线经营

对于集体性走私、贩卖、运输、制造制毒物品的组织,必须从点滴线索入手,放

长线钓大鱼,长期经营,抓团伙,查源头,实现破获一个走私、贩卖、运输、制造制毒物品案件即捣毁一个制毒物品相关的犯罪网络,从根本上铲除犯罪组织。侦查人员通过跟踪、守候犯罪嫌疑人的行踪,以发现其与其他犯罪行为人的接头地点、接头暗号、交货方式、制毒物品的去向等情况,选择适当的时机,抓捕全部犯罪成员。

5. 控制下交付

控制下交付方法,对跨国域、跨地区的隐蔽较深的集团性走私、贩卖、运输、制造制毒物品的活动极为有效,便于将走私、贩卖、运输、制造制毒物品链条中的所有人员一网打尽,因而被许多国家的缉毒机构所采用。控制下交付,是指海关在出境时查获制毒物品,但在严密监控之下,允许非法交运的制毒物品(或替代品)继续运送、经过或进出一国或数国领土(也包括一国领土内的数地区),在到达目的地交付时,统一行动,一举抓获犯罪嫌疑人,获取证据的一种侦查手段。实施控制下交付通常要具备以下几个方面的要素:意识要有成功的内线侦查,做到"敌中有我、知敌控敌";二是要有可靠的情报证据及与内线情报的联络畅通,从而做到以内线情报为主,外线、技侦情报为辅,在基本查明案情的基础上,准确、具体地掌握人员、贩运路线及方式、时间、地点、数量,是否带有武器、对抗能力如何等情况,并能在情况变化时迅速做出反应;三是要有足够的警力布置和科学分工;四是要有基本的物质保障,执行任务必需的各种装备、设备等;五是要有精明的组织指挥及良好的国际、地区和部门之间的协同合作。

(二)证据规格

1. 主体方面的证据

本罪是一般主体,自然人和单位都可以构成走私、贩卖、运输、制造制毒物品罪的犯罪主体。如果是自然人犯罪其主体方面的证据应当包括户口簿、居民身份证、户口底卡、工作证,犯罪嫌疑人所在地派出所记录的犯罪嫌疑人有关前科劣迹材料,犯罪嫌疑人精神状态的鉴定意见,同案人员的供述材料。

如果是单位犯罪,具体应取得的证据包括:(1)单位的营业执照、税务登记证、银行账号证明、工商注册登记资料等;(2)直接负责的主管人员和其他直接责任人员的身份证明,包括法定代表人、实际投资者、实际经营决策者、财务主管、财务会计人员、业务人员等人员的户口簿、居民身份证、户口底卡、工作证、护照或者其他有效证件;(3)已核实的单位基本情况,即由工商、税务部门出具的有关公司企业是否存在,以及经营监管方面情况的证明。

2. 主观方面的证据

主要是证明犯罪嫌疑人是否有走私、贩卖、运输、制造制毒物品罪的故意的证据,包括犯罪嫌疑人的供述与辩解,证人证言等。

3. 客观方面的证据

(1)报案记录、行政案件移送证明及其他受案记录。

（2）控制现场时记录的摄像拍照以及其他视听资料。

（3）对制毒物品进行检验检测的鉴定意见。

（4）询问证人的询问笔录，嫌疑人对于走私、贩卖、运输、制造制毒物品事实真实的供述材料，即讯问笔录。

（5）其他根据具体案情必须调取的证据。

六十四、破坏武器装备、军事设施、军事通信案件的侦查

（一）侦查要领

1. 现场勘查，收集犯罪证据

其一，要根据现场勘查情况确定中心现场和出入口。对于使用放火、爆炸、等手段破坏武器装备、军事设施、军事通信的案件，火种、炸药、剧毒物的安放处通常毁坏严重，遗留的痕迹、物品具有极强的证据作用，这样的地域范围应被确定为中心现场。

其二，要提取痕迹物证。首先要提取中心现场痕迹物品，研究现场遭受毁坏的可能原因。其次，要提取出入口处某些痕迹物品，如作案者遗留的攀爬、跳跃、蹬踏、擦蹭以及拆卸、挖掘形成的痕迹和遗留的各种物品，注意它们在现场中的位置、方向、距离和状态。

再次，要提取检材。提取检材主要用于实验室的分析化验。

最后，要提取其他遗留痕迹物品，注意发现作案者遗留的手印、足迹、擦拭物、现场遗留工具等。

2. 开展调查，访问知情群众

侦查办案人员要及时部署警力对发案部位的周围地区进行广泛的调查活动，了解案发前有何可疑人、可疑车辆在现场周围窥视、逗留，有过什么举动，与何人攀谈过什么。请知情群众回忆有过什么人举止不正常，逃向何方，乘什么交通工具，一人或几人作案，体貌特征怎样。

由于破坏武器装备、军事设施、军事通信案件中，作案人采取非常绝对的举动，如拆卸、放火、爆炸等，因此应侧重在群众中。而且作案者在作案后的短时间内的某些日常活动中仍不免带有某些激动的成分。因此，办案人员要真正走到群众中去，从而把疑点收集到手，为划定侦查范围确定重点嫌疑人做好准备。

3. 摸底排队，滤出嫌疑人

破坏武器装备、军事设施、军事通信案件的侦查范围的确定较为简单。这里主要包括：

第一，由作案时间摸排。在现场勘查确定案件发生的确切时间后，就可以对号入座地在调查访问和现场勘查中所暴露的嫌疑人员中进行逐个排查，从而确定嫌疑人。

第二，结合现场遗留的痕迹物品进行排查。案件现场遗留的某些痕迹是最好的认定犯罪嫌疑人唯一的极好证据材料，如指纹、足迹等，而现场遗留的某些物品又极能反映出作案人精通某类技能的职业性特点。加之现场遗留的其他物品的参考作用，使能够从纵的、横的几个方向构建结点，映射出确切的作案人，从而突出现场提取物的证据作用。

第三，结合因果关系排查。破坏武器装备、军事设施、军事通信案件作案人的作案动机有为泄愤报复的，有为陷害某人、嫁祸某人的，也有的是为了实施恐怖活动的等，其中蕴含一定因果关系，从作案动机发现因果关系确定嫌疑人要结合其他证据条件，不应贸然认定，以免转移侦查视线，越过真正的嫌疑人。

4. 讯问重点犯罪嫌疑人

在进行现场勘查、调查访问，并进行摸底排队后，对重点嫌疑人还要通过讯问进一步摸清作案人作案全过程和每个阶段、环节的证据情况，搞清作案人作案的真正动机和目的，是否有作案同伙，在同伙中的位置、作用等，为正确定罪量刑打下基础。

（二）证据规格

1. 主体方面的证据

本罪只能由自然人犯罪，其主体证据应当包括户口簿、居民身份证、户口底卡、工作证、护照或者其他有效证件；犯罪嫌疑人所在地派出所记录的犯罪嫌疑人有关前科劣迹材料；犯罪嫌疑人精神状态的鉴定意见；同案人员的供述材料；认定年龄的证据材料。

2. 主观方面的证据

主要是证明犯罪嫌疑人故意破坏武器装备、军事设施、军事通信主观上具有故意的证据，包括犯罪嫌疑人的供述与辩解，证人证言，犯罪嫌疑人犯罪后使用反侦查手段的物证和见证人证明等。

3. 客观方面的证据

（1）报案记录、行政案件移送证明及其他受案记录。

（2）现场勘查提取的损坏的财物残留物、痕迹、犯罪工具等。

（3）现场控制的照相、录像、笔录材料。

（4）相关人员对犯罪嫌疑人的辨认笔录，询问证人的询问笔录，讯问犯罪嫌疑人的讯问笔录。

（5）其他必须调取的证据。

六十五、过失损坏武器装备、军事设施、军事通信案件的侦查

(一) 侦查要领

1. 现场勘查,收集犯罪证据

第一,以危害结果为中心展开调查。对于过失损坏武器装备、军事设施、军事通信案件,一定是已经发生了严重的危害结果,所以侦查工作人员对于此案的侦查一定要从结果出发。值得注意的是涉嫌过失损坏武器装备、军事设施、军事通信的犯罪案件一定发生了武器装备、军事设施、军事通信遭受损坏,造成了严重的后果,侦查人员接到报案后应当第一时间组织人员进行维修。

第二,要提取痕迹物证。首先要提取中心现场痕迹物品,研究现场遭受毁坏的可能原因。其次,要提取出入口处某些痕迹物品,如作案者遗留的攀爬、跳跃、蹬踏、擦蹭以及拆卸、挖掘形成的痕迹和遗留的各种物品,注意它们在现场中的位置、方向、距离和状态。再次,要提取检材。提取检材主要用于实验室的分析化验。最后,要提取其他遗留痕迹物品,注意发现作案者遗留的手印、足迹、擦拭物、现场遗留工具等。

2. 开展调查,访问知情群众

侦查办案人员要及时部署警力对发案部位的周围地区进行广泛的调查活动,了解案发后有何可疑人,可疑人因过失引发了严重的危害后果后多表现为举止不正。

3. 摸底排队,滤出嫌疑人

过失损坏武器装备、军事设施、军事通信案件的侦查范围主要包括:

第一,由案发时间摸排。在现场勘查确定案件发生的确切时间后,就可以对号入座地在调查访问和现场勘查中所暴露的嫌疑人员中进行逐个排查,从而确定嫌疑人。

第二,结合现场遗留的痕迹物品进行排查。案件现场遗留的某些痕迹是最好的认定犯罪嫌疑人唯一的极好证据材料,如指纹、足迹等,而现场遗留的某些物品又极能反映出作案人精通某类技能的职业性特点。加之现场遗留的其他物品的参考作用,使能够从纵的、横的几个方向构建结点,映射出确切的作案人,从而突出现场提取物的证据作用。

4. 讯问重点犯罪嫌疑人

在进行现场勘查、调查访问,并进行摸底排队后,对重点嫌疑人还要通过讯问进一步摸清主观上是出于过意自信的过失还是疏忽大意的过失,明确重点嫌疑人引起危害结果所实施的具体行为,为正确定罪量刑打下基础。

(二)证据规格

1. 主体方面的证据

本罪只能是自然人犯罪,其主体证据应当包括户口簿、居民身份证、户口底卡、工作证、护照或者其他有效证件;犯罪嫌疑人所在地派出所记录的犯罪嫌疑人有关前科劣迹材料;犯罪嫌疑人精神状态的鉴定意见;同案人员的供述材料;认定年龄的证据材料。

2. 主观方面的证据

主要是证明犯罪嫌疑人损坏武器装备、军事设施、军事通信,造成严重后果是出于过失的证据,包括犯罪嫌疑人的供述与辩解,证人证言等。

3. 客观方面的证据

(1)报案记录、行政案件移送证明及其他受案记录。

(2)现场勘查提取损坏的财物残留物、痕迹,犯罪工具等。

(3)现场控制的照相、录像、笔录材料。

(4)相关人员对犯罪嫌疑人的辨认笔录、询问证人的询问笔录、讯问犯罪嫌疑人的讯问笔录。

(5)其他必须调取的证据。

参考文献

[1] 曹云清,宋利红.走私犯罪案件侦查.北京:中国人民公安大学出版社,2015.
[2] 陈志中,柏启传.命案侦破的理论与实践.北京:群众出版社,2005.
[3] 程小白.侦查理论与实务研究.北京:中国人民公安大学出版社,2004.
[4] 樊崇义.刑事审前程序改革与展望.北京:中国人民公安大学出版社,2005.
[5] 郭立新.检察机关侦查实务.北京:中国检察出版社,2005.
[6] 郝宏奎,陈刚.刑事案件侦查教程.北京:中国人民公安大学出版社,2011.
[7] 黄豹.侦查构造论.北京:中国人民公安大学出版社,2006.
[8] 瞿丰,杨维根.侦查总论.北京:中国人民公安大学出版社,2000.
[9] 李富成.公安机关常见刑事案件证明规范.北京:中国人民公安大学出版社,2011.
[10] 马进保.中国区际侦查合作.北京:群众出版社,2003.
[11] 彭文.刑事侦查学教程.北京:中国人民公安大学出版社,2003.
[12] 任克勤,徐公社.刑事案件侦查教程.北京:中国人民公安大学出版社,2013.
[13] 谢佑平,万毅.刑事侦查制度原理.北京:中国人民公安大学出版社,2003.
[14] 陈永生.侦查程序原理论.北京:中国人民公安大学出版社,2003.
[15] 徐公社,张文琴.刑事案件侦查(修订本).北京:群众出版社,2012.
[16] 许细燕,谢盛坚.侦查学教程.北京:中国人民公安大学出版社,2009.
[17] 杨宗辉.刑事案件侦查实务.北京:中国检察出版社,2011.
[18] 张高文,徐公社.刑事案件侦查.北京:中国人民公安大学出版社,2014.
[19] 周道鸾,张军.刑法罪名精释(下)(第四版).北京:人民法院出版社,2013.
[20] 左卫民,周长军.刑事诉讼基本理念.北京:法律出版社,1999.